독학사

2단계

컴퓨터공학과

컴퓨터구조

시대에듀

머리말 INTRO

학위를 얻는 데 시간과 장소는 더 이상 제약이 되지 않습니다. 대입 전형을 거치지 않아도 '학점은행제'를 통해 학사학위를 취득할 수 있기 때문입니다. 그중 독학학위제도는 고등학교 졸업자이거나 이와 동등 이상의 학력을 가지고 있는 사람들에게 효율적인 학점 인정 및 학사학위 취득의 기회를 줍니다.

학습을 통한 개인의 자아실현 도구이자 자신의 실력을 인정받을 수 있는 스펙인 독학사는 짧은 기간 안에 학사학위를 취득할 수 있는 가장 빠른 지름길로써 많은 수험생들의 선택을 받고 있습니다.

이 책은 독학사 시험을 준비하는 수험생분들이 단기간에 효과적인 학습을 할 수 있도록 다음과 같이 구성하였습니다.

---

01 '기출복원문제'를 수록하여 최근 시험 경향을 파악하고 이에 맞춰 학습할 수 있도록 하였습니다.

02 시행처의 평가영역을 바탕으로 시험에 출제될 수 있는 내용을 정리하여 '핵심이론'으로 구성하였으며, '더 알아두기'와 '체크 포인트'를 통해 관련 내용까지 파악할 수 있도록 하였습니다. (2022년 시험부터 적용되는 개정 평가영역 반영)

03 해당 영역에 맞는 출제 포인트를 분석하여 구성한 '실전예상문제'를 수록하였습니다.

04 최신 출제 유형을 반영한 '최종모의고사(2회분)'를 통해 자신의 실력을 점검해 볼 수 있도록 하였습니다.

05 요점을 정리한 '핵심요약집'으로 전반적인 내용을 한눈에 파악할 수 있도록 하였습니다

시간 대비 학습의 효율성을 높이기 위해 방대한 학습 분량을 최대한 압축하여 정리하였으며, 출제 유형을 반영한 문제들로 구성하도록 노력하였습니다. 이 책으로 학위취득의 꿈을 이루고자 하는 수험생 여러분의 합격을 응원합니다.

편저자 드림

시대에듀 나무의사 합격 라인업

유료 동영상 교재

나무의사
한권으로 끝내기

❶ 학습의 효율을 높이는 핵심이론과 삽화!
❷ 출제예상 적중예상문제로 실력 확인!
❸ 합격판단 비법! 모의고사 3회분 수록
❹ 합격특급 비법! 2025년 제11회 기출문제 수록

나무의사 필기
기출문제해설 한권으로 끝내기

❶ 빈출이론으로 구성된 나무의사 핵심요약!
❷ 2025년 제11회 기출문제 수록!
❸ 최신 기출문제 및 기출유사문제 10회분 수록!
❹ 전문가의 자세하고 친절한 해설!

※ 도서의 이미지 및 구성은 변경될 수 있습니다.

조경기사 · 산업기사 실기 한권으로 끝내기

도면작업 + 필답형 대비

- 사진과 그림, 예제를 통한 쉬운 설명
- 각종 표현기법과 설계에 필요한 테크닉 수록
- 최근 기출복원도면 + 필답형 기출복원문제 수록
- 저자가 직접 작도한 도면 다수 포함
- 국배판 / 1,024p / 41,000원

조경기능사 필기 한권으로 끝내기

최근 기출복원문제 및 해설 수록

- 빨리보는 간단한 키워드 : 시험 전 필수 핵심 키워드
- 필수 핵심이론 + 출제 가능성 높은 적중예상문제 수록
- 각 문제별 상세한 해설을 통한 고득점 전략 제시
- 조경의 이해를 돕는 사진과 이미지 수록
- 4×6배판 / 828p / 29,000원

유선배 조경기능사 실기 과외노트

- 저자 직강 유튜브 무료 동영상 강의 제공
- NCS 기반 출제기준에 따른 상세한 조경설계 및 도면작성 이론
- 11가지 유형별 설계 문제와 기출복원문제 5회분 수록
- 조경기능사 수목감별 표준수종 목록 반영
- 한눈에 보는 작업순서와 구술예상문제
- 국배판 / 208p / 27,000원

※ 도서의 구성 및 가격은 변동될 수 있습니다.

나는 이렇게 합격했다

자격명: 위험물산업기사
구분: 합격수기
작성자: 배*상

나는할수있다
69년생50줄반직장인 입니다. 요즘
자격증을2개정도는가지고 입사하는젊은친구들에게
일을시키고 지시하는 역할이지만 정작 제자신에게 부족한점
이많다는것을느꼈기 때문에자격증을따야겠다고
결심했습니다.처음 시작할때는과연되겠
냐?하는의문과걱정 **합격은** 이한가득이었지만
시대에듀인강 **시대에듀** 을우연히접하게
되었고잘차려 진밥상과같은커
리큘럼은뒤늦게시 작한늦깍이수험 생이었던저를
합격의길 로인도해주었습니다.직장생활을
하면서취득했기에더욱기뻤습니다.
감사합니다!
♥

당신의 합격 스토리를 들려주세요.
추첨을 통해 선물을 드립니다.

QRコード스캔하고 ▷ ▷ ▶
이벤트 참여해 푸짐한 경품받자!

베스트 리뷰	상/하반기 추천 리뷰	인터뷰 참여
갤럭시탭/ 버즈 2	**상품권/ 스벅커피**	**백화점 상품권**

합격의 공식
시대에듀

독학학위제 소개 BDES

독학학위제란?

「독학에 의한 학위취득에 관한 법률」에 의거하여 국가에서 시행하는 시험에 합격한 사람에게 학사학위를
수여하는 제도

- ✓ 고등학교 졸업 이상의 학력을 가진 사람이면 누구나 응시 가능
- ✓ 대학교를 다니지 않아도 스스로 공부해서 학위취득 가능
- ✓ 일과 학습의 병행이 가능하여 시간과 비용 최소화
- ✓ 언제, 어디서나 학습이 가능한 평생학습시대의 자아실현을 위한 제도
- ✓ 학위취득시험은 4개의 과정(교양, 전공기초, 전공심화, 학위취득 종합시험)으로 이루어져 있으며 각 과정별 시험을
  모두 거쳐 학위취득 종합시험에 합격하면 학사학위 취득

독학학위제 전공 분야 (11개 전공)

국어
국문학

영어
영문학

심리학

경영학

컴퓨터
공학

간호학

법학

행정학

가정학

유아
교육학

정보
통신학

※ 유아교육학 및 정보통신학 전공 : 3, 4과정만 개설
  (정보통신학의 경우 3과정은 2025년까지, 4과정은 2026년까지만 응시 가능하며, 이후 폐지)
※ 간호학 전공 : 4과정만 개설
※ 중어중문학, 수학, 농학 전공 : 폐지 전공으로, 기존에 해당 전공 학적 보유자에 한하여 2025년까지 응시 가능

※ 시대에듀는 현재 4개 학과(심리학과, 경영학과, 컴퓨터공학과, 간호학과) 개설 완료
※ 2개 학과(국어국문학과, 영어영문학과) 개설 중

⬡ 과정별 응시자격

단계	과정	응시자격	과정(과목) 시험 면제 요건
1	교양	고등학교 졸업 이상 학력 소지자	• 대학(교)에서 각 학년 수료 및 일정 학점 취득 • 학점은행제 일정 학점 인정 • 국가기술자격법에 따른 자격 취득 • 교육부령에 따른 각종 시험 합격 • 면제지정기관 이수 등
2	전공기초		
3	전공심화		
4	학위취득	• 1~3과정 합격 및 면제 • 대학에서 동일 전공으로 3년 이상 수료 　(3년제의 경우 졸업) 또는 105학점 이상 취득 • 학점은행제 동일 전공 105학점 이상 인정 　(전공 28학점 포함) • 외국에서 15년 이상의 학교교육과정 수료	없음(반드시 응시)

⬡ 응시방법 및 응시료

- 접수방법 : 온라인으로만 가능
- 제출서류 : 응시자격 증빙서류 등 자세한 내용은 홈페이지 참조
- 응시료 : 20,700원

⬡ 독학학위제 시험 범위

- 시험 과목별 평가영역 범위에서 대학 전공자에게 요구되는 수준으로 출제
- 독학학위제 홈페이지(bdes.nile.or.kr) ➜ 학습정보 ➜ 과목별 평가영역에서 확인

⬡ 문항 수 및 배점

과정	일반 과목			예외 과목		
	객관식	주관식	합계	객관식	주관식	합계
교양, 전공기초 (1~2과정)	40문항×2.5점 =100점	–	40문항 100점	25문항×4점 =100점	–	25문항 100점
전공심화, 학위취득 (3~4과정)	24문항×2.5점 =60점	4문항×10점 =40점	28문항 100점	15문항×4점 =60점	5문항×8점 =40점	20문항 100점

※ 2017년도부터 교양과정 인정시험 및 전공기초과정 인정시험은 객관식 문항으로만 출제

◎ 합격 기준

■ 1~3과정(교양, 전공기초, 전공심화) 시험

단계	과정	합격 기준	유의 사항
1	교양	매 과목 60점 이상 득점을 합격으로 하고, 과목 합격 인정(합격 여부만 결정)	5과목 합격
2	전공기초		6과목 이상 합격
3	전공심화		

■ 4과정(학위취득) 시험 : 총점 합격제 또는 과목별 합격제 선택

구분	합격 기준	유의 사항
총점 합격제	• 총점(600점)의 60% 이상 득점(360점) • 과목 낙제 없음	• 6과목 모두 신규 응시 • 기존 합격 과목 불인정
과목별 합격제	매 과목 100점 만점으로 하여 전 과목(교양 2, 전공 4) 60점 이상 득점	• 기존 합격 과목 재응시 불가 • 1과목이라도 60점 미만 득점하면 불합격

◎ 시험 일정

| 1단계
2월 중 | 2단계
5월 중 | 3단계
8월 중 | 4단계
10월 중 |

■ 컴퓨터공학과 2단계 시험 과목 및 시간표

구분(교시별)	시간	시험 과목명
1교시	09:00~10:40(100분)	논리회로, C프로그래밍
2교시	11:10~12:50(100분)	자료구조, 객체지향프로그래밍
중식 12:50~13:40(50분)		
3교시	14:00~15:40(100분)	웹프로그래밍, 컴퓨터구조
4교시	16:10~17:50(100분)	운영체제, 이산수학

※ 시험 일정 및 세부사항은 반드시 독학학위제 홈페이지(bdes.nile.or.kr)를 통해 확인하시기 바랍니다.

※ 시대에듀에서 개설된 과목은 빨간색으로 표시하였습니다.

독학학위제 출제방향 GUIDE

국가평생교육진흥원에서 고시한 과목별 평가영역에 준거하여 출제하되, 특정한 영역이나 분야가 지나치게 중시되거나 경시되지 않도록 한다.

독학자들의 취업 비율이 높은 점을 감안하여, 과목의 특성을 반영하는 범주 내에서 학문적이고 이론적인 문항뿐만 아니라 실무적인 문항도 출제한다.

단편적 지식의 암기로 풀 수 있는 문항의 출제는 지양하고, 이해력 · 적용력 · 분석력 등 폭넓고 고차원적인 능력을 측정하는 문항을 위주로 한다.

이설(異說)이 많은 내용의 출제는 지양하고 보편적이고 정설화된 내용에 근거하여 출제하며, 그럴 수 없는 경우에는 해당 학자의 성명이나 학파를 명시한다.

교양과정 인정시험(1과정)은 대학 교양교재에서 공통적으로 다루고 있는 기본적이고 핵심적인 내용을 출제하되, 교양과정 범위를 넘는 전문적이거나 지엽적인 내용의 출제는 지양한다.

전공기초과정 인정시험(2과정)은 각 전공영역의 학문을 연구하기 위하여 각 학문 계열에서 공통적으로 필요한 지식과 기술을 평가한다.

전공심화과정 인정시험(3과정)은 각 전공영역에 관하여 보다 심화된 전문적인 지식과 기술을 평가한다.

학위취득 종합시험(4과정)은 시험의 최종 과정으로서 학위를 취득한 자가 일반적으로 갖추어야 할 소양 및 전문지식과 기술을 종합적으로 평가한다.

교양과정 인정시험 및 전공기초과정 인정시험의 시험방법은 객관식(4지택1형)으로 한다.

전공심화과정 인정시험 및 학위취득 종합시험의 시험방법은 객관식(4지택1형)과 주관식(80자 내외의 서술형)으로 하되, 과목의 특성에 따라 다소 융통성 있게 출제한다.

독학학위제 합격수기 COMMENT

> 저는 학사편입 제도를 이용하기 위해 2~4단계 시험에 순차로 응시했고 한 번에 합격했습니다.
> 아슬아슬한 점수라서 부끄럽지만 독학사는 자료가 부족해서 부족하나마 후기를 쓰는 것이 도움이 될까 하여
> 제 합격전략을 정리하여 알려 드립니다.

#1. 교재와 전공서적을 가까이에!

학사학위 취득은 본래 4년을 기본으로 합니다. 독학사는 이를 1년으로 단축하는 것을 목표로 하는 시험이라 실제
시험도 변별력을 높이는 몇 문제를 제외한다면 기본이 되는 중요한 이론 위주로 출제됩니다. 시대에듀의 독학사
시리즈 역시 이에 맞추어 중요한 내용이 일목요연하게 압축·정리되어 있습니다. 빠르게 훑어보기 좋지만 내가
목표로 한 전공에 대해 자세히 알고 싶다면 전공서적과 함께 공부하는 것이 좋습니다. 교재와 전공서적을 함께
보면서 교재에 전공서적 내용을 정리하여 단권화하면 시험이 임박했을 때 교재 한 권으로도 자신 있게 시험을
치를 수 있습니다.

#2. 시간확인은 필수!

쉬운 문제는 금방 넘어가지만 지문이 길거나 어렵고 헷갈리는 문제도 있고, OMR 카드에 마킹까지 해야 하니
실제로 주어진 시간은 더 짧습니다. 앞부분에 어려운 문제가 있다고 해서 시간을 많이 허비하면 쉽게 풀 수 있는
뒷부분 문제들을 놓칠 수 있습니다. 문제 푸는 속도가 느려지면 집중력도 떨어집니다. 그래서 어차피 배점은 같
으니 아는 문제를 최대한 많이 맞히는 것을 목표로 했습니다.
① 어려운 문제는 빠르게 넘기면서 문제를 끝까지 다 풀고 ② 확실한 답부터 우선 마킹한 후 ③ 다시 시험지로
돌아가 건너뛴 문제들을 다시 풀었습니다. 확실히 시간을 재고 문제를 많이 풀어봐야 실전에 도움이 되는 것
같습니다.

#3. 문제풀이의 반복!

여느 시험과 마찬가지로 문제는 많이 풀어볼수록 좋습니다. 이론을 공부한 후 예상문제를 풀다보니 부족한 부분이
어딘지 확인할 수 있었고, 공부한 이론이 시험에 어떤 식으로 출제될지 예상할 수 있었습니다. 그렇게 부족한 부분
을 보충해가며 문제유형을 파악하면 이론을 복습할 때도 어떤 부분을 중점적으로 암기해야 할지 알 수 있습니다.
이론 공부가 어느 정도 마무리되었을 때 시계를 준비하고 모의고사를 풀었습니다. 실제 시험시간을 생각하면서
예행연습을 하니 시험 당일에는 덜 긴장할 수 있었습니다.

학위취득을 위해 오늘도 열심히 학습하시는 수험생 여러분에게도 합격의 영광이 있길 기원하면서 이만 줄입니다.

이 책의 구성과 특징 STRUCTURES

컴퓨터구조
기출복원문제

※ 본 문제는 다년간 독학사 컴퓨터공학과 2단계 시험에서 출제된 기출문제를 복원한 것입니다. 문제의 난이도와 수험경향 파악용으로 사용하시길 권고드립니다. 본 기출복원문제에 대한 무단복제 및 전재를 금하며 저작권은 시대에듀에 있음을 알려드립니다.

01 폰 노이만 구조에 대한 설명으로 옳지 않은 것은?

① 병목현상으로 인한 성능의 저하를 유발한다.
② 컴퓨터가 연속적으로 명령어를 가져와 실행할 수 있게 한다.
③ 메모리는 CPU를 위한 용도와 I/O를 위한 용도로 구별하여 각각 사용한다.
④ 컴퓨터의 핵심요소는 CPU, 입출력장치 및 메모리를 각각 구성하는 것이다.

02 클라우드 컴퓨팅에 대한 설명으로 옳지 않은 것은?

① 서비스 모델은 IaaS, PaaS, SaaS로 구별한다.
② 배포 모델은 퍼블릭, 프라이빗 및 하이브리드 모델로 구별한다.
③ 유연성 및 비용효율성의 장점이 있으나 신뢰성은 보장할 수 없다.
④ 기업은 클라우드를 통해 글로벌 데이터를 관리하고 분석하며, IT 인프라의 유연성을 높일 수 있다.

03 다음 중 부울대수식이 옳은 것은?

① A + B = A + A

01 폰 노이만 구조의 가장 큰 특징 중 하나는 단일 메모리 구조로서, 프로그램 코드와 데이터가 같은 메모리 공간에 저장된다는 점이다. 이는 컴퓨터가 연속적으로 명령어를 가져와 실행할 수 있게 해주는 장점이 있지만, 병목현상이 발생하는 문제도 있다. 이 병목현상은 CPU가 메모리에서 명령어를 읽는 속도와 데이터 처리 속도 사이의 차이 때문에 발생하며, 컴퓨터 성능의 저하를 유발할 수 있다. 폰 노이만 구조는 오늘날 대부분의 컴퓨터 시스템에서 여전히 사용되고 있으며, 현대 컴퓨터 공학의 기초를 이루고 있다.

02 클라우드 컴퓨팅은 필요에 따라 자원을 쉽게 확장하거나 축소할 수 있어, 변화하는 비즈니스 요구에 신속히 대응할 수 있는 유연성을 보장한다. 또한 데이터 백업, 재해 복구 기능 등이 내장되어 있어 데이터 유실 위험을 최소화할 수 있어 신뢰성을 보장한다.

03 ① 교환법칙 : A + B = B + A
② 흡수법칙 : A + (A · B) = A
③ 분배법칙 : A · (B + C) = (A ·

---

01 기출복원문제

'기출복원문제'를 풀어 보면서 독학사 시험의 기출 유형과 경향을 파악해 보세요.

제 1 장 | 컴퓨터시스템 개요

컴퓨터는 프로그램이 가능한 장치이고, 명령어의 순서에 따라서 데이터를 처리하는 기계이다. 또한, 컴퓨터는 여러 형태의 계산을 수행함으로써 인간을 도와주는 역할을 하는 기계이기도 하다. 우리는 컴퓨터로 둘러싸인 세상에 살고 있다. 아침에 스마트폰의 자동 알람 소리에 맞춰 침대에서 일어나고, 마이크로프로세서가 임베디드(embedded)된 냉장고, 김치냉장고 및 전자레인지 등을 통해 음식을 조달하고, CCTV 관제 시스템과 자동 교통 정보시스템이 곳곳에 설치된 거리로 나와 회사로 향한다. 회사에서는 책상 위에 놓인 개인용 컴퓨터로 업무를 처리하고 인터넷으로 거래처와 필요한 상담을 주고받는다. 점심시간에는 IC카드가 부착된 신용카드로 신용단말기를 통해 결제하면 그 내용이 금융결제원과 은행 간 자동으로 나의 금융거래 기록이 저장된다. 저녁이 되면 집으로 돌아와 인터넷을 통해 전 세계 어느 곳과도 온라인 게임이나 인터넷 쇼핑을 즐기고, 밤늦은 시간까지 야근이라도 하는 날이면 시간에 맞춰 스마트폰으로 예약해 둔 택시를 타고 편하게 귀가할 수 있다. 이처럼 컴퓨터가 없는 우리의 일상을 얘기하기 어렵지만, "컴퓨터가 무엇인가요?"라는 질문에는 컴퓨터를 전공한 사람조차도 쉽게 설명을 하지 못한다.

컴퓨터를 이해하기 위한 첫걸음은 기본구조를 이해하는 것이다. 컴퓨터는 다음의 3가지의 중요한 특징을 갖고 있다.

> 첫째, 잘 정의된 형식으로 구성된 명령어에 응답한다.
> 둘째, 사전에 기록된 명령어 목록을 실행한다.
> 셋째, 대용량 데이터를 신속하게 검색하고 저장한다.

컴퓨터는 20세기 최고의 발명품이다. 1차 산업혁명 최대의 발명품은 증기기관이었고, 2차 산업혁명 최대의 발명품은 전기라고 이야기한다. 다시 말해서 증기기관이나 전기가 발명되지 않았다면 1차 산업혁명도 2차 산업혁명도 일어나지 않았을 것이다. 컴퓨터는 3차 산업혁명의 주인공이다. 컴퓨터에 대한 관심으로 반도체 산업이 발전하였고 반도체 산업과의 보완 관계로 컴퓨터는 지금처럼 소형화, 경량화가 가능해지게 된 것이다. 본 장에서는 컴퓨터의 역사, 기본구조 및 분류 방식에 대해 학습함으로써 컴퓨터에 대한 기초 지식을 이해하도록 한다.

> **더 알아두기**
>
> **임베디드(embedded)**
> 사전적인 의미로는 어떤 조그만 것이 큰 것에 들어가 박힌다는 뜻이지만, IT 분야에서의 '임베디드'란 소프트웨어와 하드웨어의 조합을 의미한다. 즉, 프로그램된 하드웨어가 시스템 내에 들어가서 특정한

---

02 핵심이론

평가영역을 바탕으로 꼼꼼하게 정리된 '핵심이론'을 통해 꼭 알아야 하는 내용을 명확히 파악해 보세요.

제 **1** 장 | **실전예상문제**

01 가공되지 않은 순수한 자료를 컴퓨터의 언어로 변환하여 조직의 목적에 맞는 정보로 가공하는 장치를 컴퓨터라고 한다.

01 산술 및 논리 연산을 수행하는 전자 장치 혹은 데이터를 처리하여 정보로 변환하는 장치를 무엇이라 하는가?
① 컴퓨터
② 집적회로
③ 클라우드
④ 사물인터넷

02 가공되지 않은 자료를 데이터라고 하며, 데이터(data)를 가공하여 얻은 의미 있는 결과를 정보(information)라

02 입력된 데이터가 처리되면 그때서야 비로소 가치 있는 결과물을 얻게 되는데, 이처럼 가치 있는 결과물을 무엇이라고 하는가?

03 실전예상문제

'핵심이론'에서 공부한 내용을 바탕으로 '실전예상문제'를 풀어 보면서 문제를 해결하는 능력을 길러 보세요.

제1회 **최종모의고사** | 컴퓨터구조

제한시간: 50분 | 시작 ___시 ___분 ~ 종료 ___시 ___분

⊐ 정답 및 해설 345p

01 다음 중 설명이 옳지 않은 것은?
① 컴퓨터는 크게 입력장치, 출력장치, 중앙처리장치, 기억장치로 구분한다.
② 기억용량의 크기는 바이트, 킬로바이트, 기가바이트, 메가바이트 등의 순서이다.
③ 기억장치와 중앙처리장치의 속도의 차이를 해결하기 위하여 캐시기억장치를 두었다.
④ 1세대 컴퓨터는 기억소자로 진공관을 사용했고 2세대 컴퓨터는 트랜지스터를 사용했다.

04 특정 비트의 내용을 0으로 변환시키기 위해 필요한 연산은?
① XOR 연산
② AND 연산
③ OR 연산
④ NOR 연산

05 12비트의 데이터를 전송하고자 한다. 이때 데이터 스트링에 포함할 패리티 비트의 개수는?
① 2

04 최종모의고사

'최종모의고사'를 실제 시험처럼 풀어 보며 실력을 점검해 보세요.

컴퓨터구조
시험장에 가져가는 핵심요약집

제1장 **컴퓨터시스템 개요**

제1절 컴퓨터의 역사 및 발전과정
1 컴퓨터의 정의
(1) 컴퓨터는 '산술 및 논리 연산을 수행하는 전자 장치' 혹은 '데이터를 처리하여 정보로 변환하는 장치'로 표현할 수 있음
(2) 데이터(data)는 순서가 없는 기본적인 숫자를 말하고, 데이터를 가공하여 얻는 의미 있는 결과물을 정보(Information)라고 하며, 정보를 또다시 가공하면 지식(knowledge)을 얻음

2 컴퓨터의 역사 및 세대별 발전과정
(1) 컴퓨터의 역사
① 근대 컴퓨터 이전의 역사

05 핵심요약집

요점을 정리한 '핵심요약집'으로 전반적인 내용을 한눈에 파악해 보세요.

목차 CONTENTS

목차 CONTENTS

| PART 3 | **최종모의고사** |

| PART 4 | **시험장에 가져가는 핵심요약집** |

합격의 공식 시대에듀 www.sdedu.co.kr

기출복원문제

출/ 제/ 유/ 형/ 완/ 벽/ 파/ 악/

훌륭한 가정만한 학교가 없고, 덕이 있는 부모만한 스승은 없다.

– 마하트마 간디 –

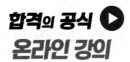

※ 본 문제는 다년간 독학사 컴퓨터공학과 2단계 시험에서 출제된 기출문제를 복원한 것입니다. 문제의 난이도와 수험경향 파악용으로 사용하시길 권고드립니다. 본 기출복원문제에 대한 무단복제 및 전제를 금하며 저작권은 시대에듀에 있음을 알려드립니다.

01 폰 노이만 구조에 대한 설명으로 옳지 않은 것은?

① 병목현상으로 인한 성능의 저하를 유발한다.

② 컴퓨터가 연속적으로 명령어를 가져와 실행할 수 있게 한다.

③ 메모리는 CPU를 위한 용도와 I/O를 위한 용도로 구별하여 각각 사용한다.

④ 컴퓨터의 핵심요소는 CPU, 입출력장치 및 메모리를 각각 구성하는 것이다.

01 폰 노이만 구조의 가장 큰 특징 중 하나는 단일 메모리 구조로서, 프로그램 코드와 데이터가 같은 메모리 공간에 저장된다는 점이다. 이는 컴퓨터가 연속적으로 명령어를 가져와 실행할 수 있게 해주는 장점이 있지만, 병목현상이 발생하는 문제도 있다. 이 병목현상은 CPU가 메모리에서 명령어를 읽는 속도와 데이터 처리 속도 사이의 차이 때문에 발생하며, 컴퓨터 성능의 저하를 유발할 수 있다. 폰 노이만 구조는 오늘날 대부분의 컴퓨터 시스템에서 여전히 사용되고 있으며, 현대 컴퓨터 공학의 기초를 이루고 있다.

02 클라우드 컴퓨팅에 대한 설명으로 옳지 않은 것은?

① 서비스 모델은 IaaS, PaaS, SaaS로 구별한다.

② 배포 모델은 퍼블릭, 프라이빗 및 하이브리드 모델로 구별한다.

③ 유연성 및 비용효율성의 장점이 있으나 신뢰성은 보장할 수 없다.

④ 기업은 클라우드를 통해 글로벌 데이터를 관리하고 분석하며, IT 인프라의 유연성을 높일 수 있다.

02 클라우드 컴퓨팅은 필요에 따라 자원을 쉽게 확장하거나 축소할 수 있어, 변화하는 비즈니스 요구에 신속히 대응할 수 있는 유연성을 보장한다. 또한 데이터 백업, 재해 복구 기능 등이 내장되어 있어 데이터 유실 위험을 최소화할 수 있어 신뢰성을 보장한다.

03 다음 중 부울대수식이 옳은 것은?

① $A + B = A + A$

② $A + (A \cdot B) = B$

③ $A \cdot (B \cdot C) = (A \cdot B) \cdot C$

④ $A + (B \cdot C) = (A \cdot B) + (A \cdot C)$

03 ① 교환법칙 : $A + B = B + A$
② 흡수법칙 : $A + (A \cdot B) = A$
④ 분배법칙 : $A \cdot (B + C) = (A \cdot B) + (A \cdot C)$

정답 (01 ③ 02 ③ 03 ③)

04 카르노맵은 논리회로 설계에서 사용되는 도구로, 부울대수식을 단순화하는 데 유용한 시각적 방법이다. 위의 그림은 양단을 하나로 보고 정리하면 된다. 좌측 행을 정리하면 $C'D'$이 된다. 우측행을 정리하면 CD'이 된다. 따라서 이것을 OR로 묶으면 $C'D' + CD' = D'(C' + C) = D'$

04 다음과 같은 4변수 카르노맵을 간소화한 결과로 옳은 것은?

AB\CD	00	01	11	10
00	1			1
01	1			1
11	1			1
10	1			1

① A'
② B'
③ C'
④ D'

05 XOR(Exclusive-OR, 배타적 연산) 연산은 두 개의 입력 값이 서로 다를 때만 결과가 1(참)이 되는 연산이다.

05 다음 중 XOR에 대한 설명으로 옳지 <u>않은</u> 것은?

① $X = 0$, $Y = 0$이면 결과는 0이다.
② $X = 0$, $Y = 1$이면 결과는 1이다.
③ $X = 1$, $Y = 0$이면 결과는 1이다.
④ $X = 1$, $Y = 1$이면 결과는 1이다.

06 조합논리회로는 입력의 상태에 따라 즉각적인 출력이 결정되고, 출력은 현재의 입력 조합에만 의존하며 이전의 입력 상태와는 무관한 논리회로이다. 가산기, 감산기, 디코더, 멀티플렉서 등이 이에 해당한다.
순차논리회로는 현재 입력뿐만 아니라 이전 상태(이전 입력)의 영향을 받아 출력이 결정된다.

06 다음 중 논리회로에 대한 설명으로 옳지 <u>않은</u> 것은?

① 플립플롭, 레지스터, 카운터, 시프트 레지스터 등은 순차논리회로의 종류이다.
② 출력이 현재의 입력 조합에만 의존하며, 이전의 입력 상태와는 무관한 논리회로를 순차논리회로라고 한다.
③ 논리회로는 전기신호를 입력받아 특정한 논리연산을 수행하고 그 결과에 따라 출력을 생성하는 전자회로이다.
④ 논리회로는 논리게이트로 구성되며, 각 논리게이트는 기본적인 논리연산(AND, OR, NOT, XOR 등)을 수행한다.

정답 04 ④ 05 ④ 06 ②

07 전가산기를 디코더로 구현할 때 필요 개수는?

① 1개
② 2개
③ 3개
④ 4개

08 6가지 순서를 논리회로로 구현할 때 필요한 플립플롭의 최소 개수는?

① 1개
② 2개
③ 3개
④ 4개

09 다음 내용에 해당하는 논리회로는?

- 모든 플립플롭이 동일한 클록 신호에 의해 동시에 동작하는 디지털 회로이다.
- 설계가 복잡할 수 있지만, 고속 동작과 정확성을 요구하는 현대 디지털 회로 설계에서 중요한 역할을 한다.

① 멀티플렉서
② 디멀티플렉서
③ 동기식 카운터
④ 비동기식 카운터

07 전가산기(Full Adder)는 세 개의 이진 입력(A, B, Carry-in)에 대한 덧셈을 수행하여 두 개의 출력(Sum, Carry-out)을 생성하는 디지털 회로이다. Sum은 A, B, Carry-in의 입력 조합에 따라 1 또는 0을 출력하고, Carry-out도 A, B, Carry-in의 입력 조합에 따라 결정된다. 전가산기의 Sum과 Carry-out 출력을 모두 구현하려면 각각 1개의 3×8 디코더가 필요하므로, 전가산기를 디코더로 구현하기 위해서는 총 2개의 디코더가 필요하다.

08 6가지 순서를 논리회로로 구현하기 위해서는 시스템이 6개의 서로 다른 상태를 가질 수 있어야 한다. 상태를 나타내기 위해서는 이진수로 상태를 표현해야 하며, 각 상태는 고유한 이진수로 표시된다. n개의 플립플롭은 2^n개의 상태를 표시하므로, 6개의 순서를 구현하기 위해서는 최소 3개의 플립플롭이 필요하다.

09 동기식 카운터는 고속 카운팅이 필요하거나, 정확한 타이밍 제어가 요구되는 다양한 디지털 시스템에서 사용된다. 반면 비동기식 카운터는 플립플롭들이 동일한 클록 신호에 의해 동시에 동작하지 않고, 하나의 플립플롭의 출력이 다음 플립플롭의 클록 신호로 사용되어 순차적으로 동작하는 디지털 회로이다.

정답 07 ② 08 ③ 09 ③

10 10진수 −128의 2의 보수를 구하기 위해서는 먼저 128을 이진수로 표현한 후, 2의 보수를 계산하면 된다. 128을 8비트 이진수로 표현하면 10000000, 2의 보수는 모든 비트를 반전(1을 0으로, 0을 1로)한 후, 1을 더해 구한다. (10000000 → 01111111 → 10000000)

10 다음 중 10진수 −128의 2의 보수에 해당하는 것은? (단, 8비트 2진수로 표현함)

① 01111111_2

② 11111111_2

③ 10000000_2

④ 10000001_2

11 10진수 0.625를 2진수로 변환하기 위해서는, 소수 부분을 2로 곱한 후 정수 부분을 기록하고, 남은 소수 부분이 0이 될 때까지 다시 2로 곱하는 과정을 반복한다.

11 다음 중 10진수 0.625를 2진수로 변환한 것은?

① 0.101_2

② 0.110_2

③ 0.011_2

④ 0.111_2

12 부동소수점(Floating Point)은 매우 큰 수나 매우 작은 수를 효과적으로 표현하고 연산하기 위해 사용되는 숫자 표현 방식이다. 부호 비트, 지수, 가수(유효숫자)로 구성한다. 정수 표현이나 고정소수점 방식과 달리, 부동소수점 표현은 소수점의 위치를 가변적으로 처리할 수 있어 넓은 범위의 수를 표현하는 데 적합하다.

12 다음 중 부동소수점에 대한 설명으로 옳지 <u>않은</u> 것은?

① 부호 비트가 0이면 양수, 1이면 음수이다.

② 넓은 범위의 수를 처리하기에는 부적합하다.

③ 부호 비트, 지수, 가수의 세 부분으로 구성한다.

④ 가수는 일반적으로 정규화(normalized)된 형태로 저장한다.

13 0010_2은 부호 비트가 0이므로 양수이며, 10진수로 2에 해당한다. 1000_2은 음수로서 10진수로 −8에 해당한다. 두 수를 곱하면 −16이다.

13 2의 보수로 표현된 0010_2과 1000_2의 곱을 10진수로 변환한 것은?

① 8

② 16

③ −8

④ −16

정답 (10 ③ 11 ① 12 ② 13 ④)

14 2028×16 메모리에서 메모리의 주소를 식별하기 위해 필요한 최소 비트수는?

① 9
② 10
③ 11
④ 12

15 다음 중 명령어 형식에 대한 설명으로 옳지 <u>않은</u> 것은?

① 0-주소 형식은 초기 컴퓨터에서 사용한 방식이다.
② 1-주소 형식은 보통 메모리의 데이터를 지정하거나 누산기와 함께 사용한다.
③ 2-주소 형식은 하나의 주소는 입력 데이터를, 다른 하나는 연산 결과를 저장할 위치를 지정한다.
④ 3-주소 형식은 두 개의 주소에는 피연산자를 저장하고, 다른 한 개의 주소에는 결과를 저장한다.

16 다음 중 스택으로 구현 가능한 명령어 형식은?

① 0-주소 명령어
② 1-주소 명령어
③ 2-주소 명령어
④ 3-주소 명령어

14 2048×16 메모리에서 2048은 메모리의 주소로 지정 가능한 위치(워드)의 수를 나타낸다. 메모리의 각 위치에 접근하기 위해서는 2048개의 위치를 구분할 수 있어야 한다. 2048은 2^{11}이므로, 각 메모리 위치를 식별하기 위해서는 11비트가 필요하다.

15 2-주소 명령어의 주소는 두 개 모두 입력 데이터를 저장하고 그 결과 값을 명령어의 가장 앞부분 주소에 저장한다. 따라서 앞부분의 주소값은 변경된다.

16 0-주소 명령어 형식은 모든 연산이 스택을 통해 이루어지므로 별도의 주소 필드가 필요하지 않으며, PUSH와 POP 명령을 사용한다.

정답 14 ③ 15 ③ 16 ①

17 ② 7을 왼쪽으로 산술 시프트하면 14이다.
③ -1을 오른쪽으로 논리 시프트하면 127이다.
④ -128을 오른쪽으로 산술 시프트하면 -64이다.

17 8비트 시프트 수행 연산결과에 대한 설명으로 옳은 것은?

① -1을 오른쪽으로 산술 시프트하면 -1이다.

② 7을 왼쪽으로 산술 시프트하면 -1이다.

③ -1을 오른쪽으로 논리 시프트하면 68이다.

④ -128을 오른쪽으로 산술 시프트하면 -256이다.

18 유효 주소(effective address)는 컴퓨터에서 명령어가 실행될 때 실제로 접근하는 메모리 주소를 의미한다. 간접 주소 지정 모드에서는 명령어에 지정된 주소는 실제 데이터가 있는 주소를 가리키는 포인터 역할을 한다. 간접 주소로 주어진 100번지에 접근하면 200이라는 주소가 저장되어 있고, 이 200이 유효 주소이다.

18 기억장치에 저장된 간접 주소는 100번지이고, 이 곳에는 200이라는 숫자가 저장되어 있다. 이때 유효 주소를 계산하면?

① 100

② 200

③ 300

④ 400

19 함수를 호출할 때 사용하는 명령어는 CALL이다. CALL 명령어는 프로그램 실행 중에 특정 함수 또는 서브루틴을 호출할 때 사용하며, 이 명령어를 실행하면 제어가 호출된 함수로 이동한다. 현재 명령어의 다음 주소(즉, 호출된 함수가 완료된 후 돌아올 위치)를 스택에 저장하고, 함수 실행이 완료되면 RET(Return) 명령어가 실행된다. 이 명령어는 스택에 저장된 복귀 주소를 읽고, 프로그램의 제어를 그 주소로 돌려준다.

19 함수를 호출할 때 사용하는 명령어에 대한 설명으로 옳지 않은 것은?

① 이 명령어를 실행하면 제어가 호출된 함수로 이동한다.

② 함수 실행이 완료되면 RET(Return) 명령어가 실행된다.

③ 현재 명령어의 주소를 서브루틴에 프로그램하여 저장한다.

④ 프로그램 실행 중에 특정 함수 또는 서브루틴을 호출할 때 사용한다.

정답 (17 ① 18 ② 19 ③)

20 상태 레지스터의 Z, V, C, S 플래그에 대한 설명으로 옳지 <u>않</u>은 것은?

① 연산 결과가 0이면 Z 플래그가 0으로 설정된다.
② 오버플로가 발생하면 V 플래그가 1로 설정된다.
③ 자리 내림이 발생하면 C 플래그가 1로 설정된다.
④ 결과의 최상위 비트(MSB)가 1이면 S 플래그가 1로 설정된다.

21 다음 내용에 해당하는 것은?

> 메모리 읽기/쓰기, 명령어 패치 등 다양한 메모리 관련 작업에서 주소 정보를 관리하고 전달하여 CPU와 메모리 간의 원활한 데이터 전송을 보장한다.

① 주기억장치
② 보조기억장치
③ 기억장치 버퍼 레지스터
④ 기억장치 주소저장 레지스터

22 다음 중 CPU 내부 버스의 특징으로 옳지 <u>않은</u> 것은?

① 버스 폭이 좁을수록 CPU의 처리 성능이 향상된다.
② 내부 버스는 주로 데이터 버스, 주소 버스, 제어 버스로 구분한다.
③ 제어 버스는 읽기/쓰기 명령, 인터럽트 요청, 클록 신호 등 다양한 제어 신호를 전송한다.
④ 주소 버스는 CPU가 메모리나 I/O 장치와 통신할 때 사용할 메모리 주소를 전송하는 데 사용한다.

20 Z, V, C, S는 CPU의 상태 레지스터(또는 플래그 레지스터)에서 결과에 따라 설정되는 플래그 비트이다. 연산 결과가 0이면 Z 플래그가 1로 설정되고, 오버플로가 발생하면 V 플래그가 1로 설정된다. 연산 중에 캐리(올림)가 발생하거나, 빌로우(내림)가 발생하면 C 플래그가 1로 설정된다. S플래그는 연산 결과의 부호를 나타내며, 결과의 최상위 비트(MSB)가 1이면 S 플래그가 1(S = 1, 음수)로 설정된다.

21 기억장치 주소저장 레지스터(MAR, Memory Address Register)는 컴퓨터의 기억장치와 관련된 중요한 레지스터 중 하나이다. MAR은 메모리 읽기/쓰기, 명령어 패치 등 다양한 메모리 관련 작업에서 주소 정보를 관리하고 전달하여 CPU와 메모리 간의 원활한 데이터 전송을 보장한다.

22 CPU 내부 버스는 CPU 내부에서 데이터 신호, 주소 신호, 제어 신호 등을 전송하는 통로 역할을 하는 회로망으로서, CPU의 다양한 구성 요소들 간의 원활한 통신을 지원하며, CPU의 성능과 효율성에 중요한 영향을 미친다. 내부 버스는 데이터 버스, 주소 버스, 제어 버스로 나뉘며, 내부 버스의 폭은 데이터 신호, 주소 신호, 제어 신호를 동시에 전송할 수 있는 비트 수를 의미한다.

정답 20 ① 21 ④ 22 ①

23 스택 포인터(Stack Pointer, SP)는 컴퓨터 시스템에서 스택(Stack)이라는 메모리 영역의 최상위(top) 위치를 가리키는 레지스터이다.
① 여러 장치에서 인터럽트가 동시에 발생하면 인터럽트 레지스터(IR)가 우선순위를 기반으로 인터럽트를 관리한다.
②·③ 인터럽트 사이클은 CPU가 인터럽트를 처리하기 위해 사용하는 특별한 실행 단계이다. 이 과정에서 CPU는 현재 작업을 일시 중단하고, 인터럽트 서비스 루틴(ISR)을 실행하여 중요한 작업을 처리한 후, 저장된 프로그램 카운터(PC)와 상태 레지스터의 값을 복원하여, 인터럽트가 발생하기 전에 중단된 프로그램의 실행을 재개한다.

23 다음 중 인터럽트 사이클과 직접적인 관련이 없는 것은?

① IR(Interrupt Register)
② PC(Program Counter)
③ ISR(Interrupt Service Routine)
④ SP(Stack Pointer)

24 명령어 인출 사이클은 다음과 같이 진행한다.
'프로그램 카운터(PC) 확인 → 명령어 주소를 메모리 주소 레지스터(MAR)로 전달 → 메모리에서 명령어를 인출 → 프로그램 카운터(PC)를 다음 명령어를 가리키도록 업데이트(PC값은 명령어주소를 MAR로 전달할 때 업데이트시켜도 됨) → 명령어를 명령어 레지스터(IR)에 저장'

24 다음 중 명령어 인출 사이클을 순서대로 나열한 것은?

┌───┐
│ ㉠ PC 확인 및 명령어 주소를 MAR로 전달   │
│ ㉡ 명령어를 IR에 저장   │
│ ㉢ 명령어 인출 및 PC 값을 업데이트   │
└───┘

① ㉠ → ㉡ → ㉢
② ㉠ → ㉢ → ㉡
③ ㉡ → ㉠ → ㉢
④ ㉢ → ㉡ → ㉠

정답 23 ④ 24 ②

25 CPU 내 제어장치의 기능에 대한 설명으로 옳지 <u>않은</u> 것은?

① 인터럽트 처리
② 제어신호 생성
③ 보조기억장치 관리
④ 명령어 인출 및 해독

25 CPU 내 제어장치(Control Unit, CU)는 컴퓨터 시스템의 모든 구성 요소들 간의 흐름을 조정하고 명령어의 실행을 관리한다. 제어장치는 CPU의 연산장치, 레지스터, 메모리, 입출력장치 간의 조정과 통신을 관리하여 전체 시스템이 올바르게 동작하도록 한다.
보조기억장치 관리는 운영체제의 역할이다.

26 4단계로 구성된 명령어 100개를 처리할 때, 파이프라이닝을 적용하지 않았을 경우와 적용했을 경우의 속도의 차이는? (단, 소수점 이하는 반올림함)

① 3배
② 4배
③ 5배
④ 6배

26 명령어 파이프라인에서는 각 단계에서의 병렬성을 이용하여 처리속도를 향상시킬 수 있다. 4단계 파이프라인의 각 단계는 일반적으로 명령어 인출(IF), 명령어 디코드(ID), 실행(EX) 및 메모리 접근/쓰기(WB)로 진행되며, 속도 향상은 다음과 같이 구할 수 있다.
- 파이프라이닝을 적용하지 않은 경우의 처리시간 : 4 x 100개 = 400t_c
- 파이프라이닝을 적용한 경우의 처리시간 : 첫 명령어가 완료되기까지 4t_c가 걸리고, 이후 (n−1)개의 명령어가 매 t_c마다 처리되므로 103t_c가 된다.
- 속도 향상 비율 : 400t_c ÷ 103t_c ≒ 3.88배

27 하드 와이어드 방식과 비교할 때 마이크로 프로그램 방식의 특징으로 옳은 것은?

① 속도가 빠르다.
② 설계가 복잡하다.
③ 유지보수가 어렵다.
④ 설계비용이 적게 든다.

27 마이크로 프로그램 방식은 설계가 비교적 간단하지만, 하드와이어드 방식에 비해 속도가 상대적으로 느리다. 마이크로 프로그램 제어방식은 유지보수가 쉽고, 복잡한 명령어 집합을 효율적으로 처리할 수 있으며, 초기 설계비용이 적게 드는 장점이 있다.

정답 25 ③ 26 ② 27 ④

28 평균 접근 시간은 윗층 메모리의 히트율에 따라 달라진다. 히트율이 높을수록 평균 접근 시간이 짧아지며, 반대로 히트율이 낮으면 아래층 메모리에 접근하는 빈도가 높아지기 때문에 평균 접근 시간이 길어진다. 2계층 구조에서의 평균 접근 시간(AMAT, Average Memory Access Time)은 다음과 같이 계산한다.

> AMAT = 히트시간 + {미스율 × 미스패널티(주기억장치 처리속도)}

문제에서의 평균 접근 시간을 구하면 다음과 같다.
10ns + (0.1 x 100ns) = 10ns + 10ns = 20ns

28 메모리 계층구조가 2단계일 때 평균 접근 시간을 구하면? (단, 캐시 메모리의 처리속도는 10ns, 주기억장치 처리속도는 100ns, 히트율은 90%로 함)

① 10ns
② 20ns
③ 30ns
④ 40ns

29 PROM(Programmable ROM)은 사용자가 특수한 프로그래머 장치를 사용해 데이터를 한 번 기록할 수 있는 ROM으로, 기록된 후에는 데이터를 변경할 수 없다.
② EPROM(Erasable Programmable ROM)은 자외선(UV) 노출을 통해 데이터를 지우고 다시 기록할 수 있는 ROM이다.
③ Flash ROM은 EEPROM(Electrically Erasable Programmable ROM)의 일종으로, 빠른 속도로 데이터를 지우고 기록할 수 있는 비휘발성 메모리이다.
④ MASK ROM은 반도체 제조 공정에서 데이터가 마스크 패턴으로 한 번만 기록할 수 있는 ROM이다.

29 다음 중 사용자가 1회에 한해서만 write가 가능한 ROM은?

① PROM
② EPROM
③ Flash ROM
④ Mask ROM

30 캐시기억장치를 구성할 때는 캐시의 크기, 블록 크기, 매핑 방법, 교체 알고리즘, 쓰기 정책, 적중률, 캐시 레벨, 일관성 유지 등 다양한 요소를 신중하게 고려해야 한다. 이러한 요소들이 시스템의 성능, 효율성, 비용에 직접적인 영향을 미치기 때문에, 각각의 요소를 최적화하여 최상의 성능을 달성하는 것이 중요하다.

30 다음 중 캐시기억장치를 구성할 때 직접적인 고려요소가 <u>아닌</u> 것은?

① 매핑 방법
② 블록의 크기
③ 캐시의 크기
④ CPU의 속도

정답 28 ② 29 ① 30 ④

31 8-way 집합 연관 사상 방식을 사용할 때 태그, 집합, 워드 비트 길이로 옳은 것은? (단, 메모리 주소는 32비트, 캐시 크기는 32KB, 블록 크기는 64바이트로 가정함)

	태그	집합	워드
①	18	8	7
②	20	6	6
③	20	12	10
④	22	10	8

32 다음 중 가상기억장치에 대한 설명으로 옳은 것은?

① CPU의 속도 저하를 방지할 수 있다.

② 운영체제의 복잡성을 감소시킬 수 있다.

③ 프로그램이 더 큰 메모리 공간을 사용할 수 있도록 하는 메모리 관리 기법이다.

④ 프로그램이 참조하는 물리적 메모리가 가상 페이지에 없는 경우 페이지 부재가 발생한다.

33 자기디스크 시스템에서 디스크 접근시간에 대한 설명으로 옳지 <u>않은</u> 것은?

① 디스크 접근시간은 탐색시간과 일치한다.

② 전송시간은 디스크에서 데이터가 실제로 읽히거나 쓰이는 데 걸리는 시간이다.

③ 탐색시간은 디스크의 읽기/쓰기 헤드가 원하는 트랙(track)으로 이동하는 데 필요한 시간이다.

④ 회전지연시간은 디스크가 회전하여 읽기/쓰기 헤드가 정확한 섹터(sector) 위에 올 때까지 걸리는 시간이다.

---

31 블록 오프셋(워드)은 캐시의 각 블록 내에서 데이터의 위치를 지정하는 데 사용된다. 블록 크기가 64바이트이므로, 블록 오프셋은 6비트이다(2^6 = 64).

8-way 집합 연관 사상에서는 캐시를 8개의 블록이 있는 집합으로 나눈다. 캐시 크기가 32KB이고, 블록 크기가 64바이트이므로, 캐시에는 총 512개의 블록이 있다(32,768 / 64 = 512). 512개의 블록이 8-way 집합 연관 사상에 사용되므로, 총 64개의 집합이 필요하므로(512 / 8 = 64), 집합 인덱스는 6비트가 필요하다(2^6 = 64).

태그 비트 수는 전체 주소 비트 수에서 집합 인덱스 비트와 블록 오프셋 비트를 뺀 나머지 비트이므로, 20비트가 된다(32 − 6 − 6 = 20).

32 가상기억장치는 물리적 메모리의 용량을 확장하여 프로그램이 더 큰 메모리 공간을 사용할 수 있도록 하는 메모리 관리 기법이다. 가상 주소와 물리 주소 간의 변환, 페이지 테이블, 페이지 부재 처리 등의 메커니즘을 통해 물리적 메모리와 보조기억장치 간의 데이터를 효율적으로 관리한다. 이를 통해 효율적인 메모리 사용, 메모리 보호, 멀티태스킹 지원 등의 이점을 제공하지만, 속도 저하와 운영체제의 복잡성 증가와 같은 단점도 존재한다. 프로그램이 참조하는 가상 페이지가 물리적 메모리에 없는 경우 페이지 부재가 발생한다.

33 자기디스크 시스템에서 디스크 접근시간은 데이터를 디스크에서 읽거나 쓰기 위해 필요한 전체 시간을 의미한다. 즉, 디스크 접근시간은 '탐색시간 + 회전지연시간 + 전송시간'으로 계산한다.

정답 (31 ② 32 ③ 33 ①)

34 RAID-1은 동일한 데이터를 두 개 이상의 디스크에 복사(미러링)하는 기법이고, RAID-2는 데이터 스트라이핑과 함께 해밍 코드(Hamming Code) 기반의 오류 정정을 사용하는 기법이다.

34 다음 중 RAID에 대한 설명으로 옳지 <u>않은</u> 것은?

① RAID-0는 데이터를 여러 디스크에 걸쳐 분할하여 저장(스트라이핑)한다.

② RAID-2는 동일한 데이터를 두 개 이상의 디스크에 복사(미러링)하는 기법이다.

③ RAID-1, RAID-5, RAID-6 등은 데이터의 중복성을 제공하여 신뢰성을 향상시킨다.

④ RAID란 여러 개의 하드디스크를 결합하여 하나의 논리적인 디스크로 사용하는 기술이다.

35 입출력 인터페이스(Input/Output Interface)는 컴퓨터 시스템에서 CPU와 주변 장치 간의 데이터 교환을 관리하고 중개하는 하드웨어 및 소프트웨어 구성 요소이다. 입출력 인터페이스의 종류로는 직렬 인터페이스, 병렬 인터페이스가 있다. 메모리맵 I/O, 직접 I/O는 입출력방식에 해당한다.

35 다음 중 입출력 인터페이스에 대한 설명으로 옳지 <u>않은</u> 것은?

① 입출력 인터페이스의 종류로는 직렬 인터페이스, 병렬 인터페이스, 메모리맵 I/O, 직접 I/O 등이 있다.

② 입출력 인터페이스는 다양한 입출력장치와 CPU 사이에서 원활하고 효율적인 통신을 가능하게 한다.

③ 입출력 인터페이스는 CPU와 주변 장치 간의 데이터 교환을 관리하고 중개하는 하드웨어 및 소프트웨어 구성 요소이다.

④ 입출력 인터페이스는 주변 장치에서 데이터 준비가 완료되었거나 주의가 필요한 이벤트가 발생했을 때, CPU에 인터럽트를 발생시켜 이를 알린다.

36 DMA 방식에서는 CPU가 DMA 전송을 시작하기 전에 소스 주소, 목적지 주소, 전송할 데이터의 크기, 전송 모드 등의 매개변수를 설정하는 DMA 컨트롤러 초기화 작업이 선행되야 한다. 그리고 CPU는 데이터 전송 요청을 DMA 컨트롤러에 전달한다. 이때 전송할 데이터의 시작 주소와 크기 등을 명시한다. DMA 컨트롤러는 버스의 제어권을 획득하여 메모리와 I/O 장치 간의 데이터 전송을 직접 수행할 준비를 할 수 있다.

36 다음 중 DMA 방식에서 가장 먼저 수행될 작업은?

① 데이터 전송

② CPU 전송 요청

③ 버스 제어권 획득

④ DMA 컨트롤러 초기화

정답 34 ② 35 ① 36 ④

37 다음 중 메모리 사상형 I/O에 대한 설명으로 옳은 것은?

① 프로그래밍이 상대적으로 어렵고 복잡하다.

② I/O 장치는 메모리 주소 공간과는 별도의 공간으로 인식된다.

③ CPU와 I/O 장치 간의 상호작용이 어려워 데이터 전송이 비효율적이다.

④ 입출력장치를 메모리 주소 공간에 포함시켜, CPU가 메모리에 접근하듯이 I/O 장치에 접근할 수 있도록 하는 방법이다.

38 다음 내용과 가장 관련 있는 방식은?

> • 여러 장치들이 직렬로 연결되어, 데이터나 신호를 하나의 장치에서 다른 장치로 순차적으로 전달하는 방식
> • 하나의 버스를 여러 장치가 공유하는 특징이 있음
> • 각 장치는 이전 장치로부터 데이터를 받거나 신호를 전달받고, 그 후에 데이터를 다음 장치로 전달함

① 병렬 연결 방식

② 멀티플렉싱 방식

③ 클러스터링 방식

④ 데이지 체인 방식

37 ① · ② 메모리 사상형 I/O에서는 I/O 장치가 메모리 주소 공간의 일부로 인식되고, 메모리와 I/O 장치 간의 접근이 동일한 방식으로 이루어지기 때문에, 프로그래밍이 상대적으로 간단하다.
③ 메모리 사상형 I/O는 CPU와 I/O 장치 간의 상호작용을 단순화하고, 효율적인 데이터 전송을 가능하게 한다.

38 제시된 내용은 데이지 체인 방식에 해당한다. 데이지 체인 방식은 여러 장치를 직렬로 연결하여 데이터를 순차적으로 전달하는 방식으로, 설치가 간편하고 장치를 쉽게 확장할 수 있지만, 전송 속도나 충돌 관리에서 제한이 있을 수 있다.

정답 (37 ④ 38 ④)

39 경쟁 조건은 두 개 이상의 프로세스나 스레드가 동시에 공유 데이터를 수정하려고 할 때 발생하는 문제로서, 동기화가 없으면 실행 순서에 따라 데이터가 잘못된 상태가 될 수 있다. 즉, 동기화는 경쟁 조건을 방지하는 데 필수적이다.

39 병렬 처리 시스템에서 동기화 목적에 해당하지 <u>않는</u> 것은?

① 프로세스 동기화
② 공유 자원의 보호
③ 프로세스 간 경쟁 유도
④ 데드락 및 라이브락 방지

40 제시된 내용은 MIMD에 해당한다. MIMD(Multiple Instruction stream, Multiple Data stream)는 다중 프로세서 시스템이나 멀티코어 시스템에서 많이 사용한다.
① SISD(Single Instruction, Single Data stream)는 대부분의 초기 컴퓨터와 단일구조 CPU에 사용한다.
② SIMD(Single Instruction, Multiple Data stream)는 벡터 프로세서, GPU(Graphics Processing Unit)에 사용한다.
③ MISD(Multiple Instruction, Single Data stream)는 실생활에서는 거의 사용하지 않는다.

40 플린의 분류에서 다음 내용에 해당하는 것은?

> 여러 개의 명령어 스트림이 여러 개의 데이터 스트림에 대해 동시에 작동하는 컴퓨터 구조를 의미한다.

① SISD
② SIMD
③ MISD
④ MIMD

정답 39 ③   40 ④

제 1 장

컴퓨터시스템 개요

교육은 우리 자신의 무지를 점차 발견해 가는 과정이다.

– 윌 듀란트 –

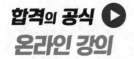

제 1 장 | 컴퓨터시스템 개요

컴퓨터는 프로그램이 가능한 장치이고, 명령어의 순서에 따라서 데이터를 처리하는 기계이다. 또한, 컴퓨터는 여러 가지 형태의 계산을 수행함으로써 인간을 도와주는 역할을 하는 기계이기도 하다. 우리는 컴퓨터로 둘러싸인 세상에 살고 있다. 아침에 스마트폰의 자동 알람 소리에 맞춰 침대에서 일어나고, 마이크로프로세서가 임베디드(embedded)된 냉장고, 김치냉장고 및 전자레인지 등을 통해 음식을 조달하고, CCTV 관제 시스템과 자동 교통 정보시스템이 곳곳에 설치된 거리로 나와 회사로 향한다. 회사에서는 책상 위에 놓인 개인용 컴퓨터로 업무를 처리하고 인터넷으로 거래처와 필요한 상담을 주고받는다. 점심시간에는 IC카드가 부착된 신용카드로 신용단말기를 통해 결제하면 그 내용이 금융결제원과 은행 간 자동으로 나의 금융거래 기록이 저장된다. 저녁이 되면 집으로 돌아와 인터넷을 통해 전 세계 어느 곳과도 온라인 게임이나 인터넷 쇼핑을 즐기고, 밤늦은 시간까지 야근이라도 하는 날이면 시간에 맞춰 스마트폰으로 예약해 둔 택시를 타고 편하게 귀가할 수 있다. 이처럼 컴퓨터가 없이는 우리의 일상을 얘기하기 어렵지만, "컴퓨터가 무엇인가요?"라는 질문에는 컴퓨터를 전공한 사람조차도 쉽게 설명을 하지 못한다.

컴퓨터를 이해하기 위한 첫걸음은 기본구조를 이해하는 것이다. 컴퓨터는 다음의 3가지의 중요한 특징을 갖고 있다.

> 첫째, 잘 정의된 형식으로 구성된 명령어에 응답한다.
> 둘째, 사전에 기록된 명령어 목록을 실행한다.
> 셋째, 대용량 데이터를 신속하게 검색하고 저장한다.

컴퓨터는 20세기 최고의 발명품이다. 1차 산업혁명 최대의 발명품은 증기기관이었고, 2차 산업혁명 최대의 발명품은 전기라고 이야기한다. 다시 말해서 증기기관이나 전기가 발명되지 않았다면 1차 산업혁명도 2차 산업혁명도 일어나지 않았을 것이다. 컴퓨터는 3차 산업혁명의 주인공이다. 컴퓨터에 대한 관심으로 반도체 산업이 발전하였고 반도체 산업과의 보완 관계로 컴퓨터는 지금처럼 소형화, 경량화가 가능해지게 된 것이다. 본 장에서는 컴퓨터의 역사, 기본구조 및 분류 방식에 대해 학습함으로써 컴퓨터에 대한 기초 지식을 이해하도록 한다.

> **더 알아두기**
>
> **임베디드(embedded)**
> 사전적인 의미로는 어떤 조그만 것이 큰 것에 들어가 박힌다는 뜻이지만, IT 분야에서의 '임베디드'란 소프트웨어와 하드웨어의 조합을 의미한다. 즉, 프로그램된 하드웨어가 시스템 내에 들어가서 특정한 기능을 수행하는 것을 의미하며, 생활가전, 카메라, 자동판매기 등과 같은 다양한 장비에 삽입되어 일정한 역할의 기능을 처리하는 시스템이다.

제1절 컴퓨터의 역사 및 발전과정 종요

오늘날 우리들의 대부분 일상생활은 컴퓨터를 사용하지 않고는 이루어질 수 없다. 컴퓨터는 없어서는 안 될 다용도 도구가 되었고, 여러 가지 기술들이 결합하고 융합하여 새로운 기술들을 만들어 내는 기술의 원천이기도 하다.

1 컴퓨터의 정의 종요

대부분의 사람들은 컴퓨터는 계산을 위한 목적으로만 사용하는 것으로 생각하지만 실제로는 그 이상의 것을 수행한다. 정확하게 말하자면, '컴퓨터는 **산술 및 논리 연산을 수행하는 전자 장치**' 혹은 '컴퓨터는 데이터를 처리하여 정보로 변환하는 장치'로 표현할 수 있다. 컴퓨터가 어떻게 작동하는지를 이해하기 위해서 데이터, 프로세싱과 정보라는 용어를 이해할 필요가 있다.

(1) 데이터(Data)

데이터는 순서가 없이는 기본적인 숫자에 불과하다. 즉, 데이터가 수집되는 그 순간에는 아무런 의미가 없다. 예를 들면, 광산에서 바로 캔 원래 그대로의 광물처럼 아무런 가공이 되지 아니한 순수함 그 자체이고, 학번이나 학생 이름 등과 같이 그저 존재하는 사실일 뿐이다.

(2) 프로세싱(Processing)

프로세싱은 의미 있는 결과물을 뽑아내기 위해서 사용자 또는 관련 데이터가 제공하는 명령을 의미한다. 처리 작업(processing work)은 계산, 비교 또는 컴퓨터에 의해 실행된 결과물을 의미한다.

(3) 정보(Information)

정보는 어떤 처리 작업의 마지막 형태 또는 최종점을 의미한다. 출력 데이터가 의미가 있을 때 우리는 그것을 정보라고 부른다. 컴퓨터를 통해서 입력된 데이터가 처리되면 그때서야 비로소 의미 있는 정보를 얻게 되는 것이다.

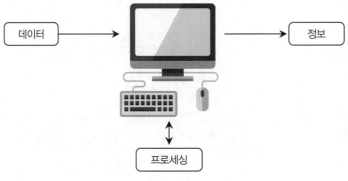

[그림 1-1] 컴퓨터의 처리절차

> **더 알아두기**
>
> **정보와 지식의 관계**
> 데이터의 입력을 통해 의미 있는 결과물을 출력했을 때, 이것을 정보(Information)라고 부른다. 지식 (Knowledge)은 교육, 학습, 숙련 등을 통해 사람이 재활용할 수 있는 정보와 기술 등을 포괄하는 의미이다. 기술이 결합하고 융합되는 4차 산업혁명의 시대에는 단순한 정보의 출력이 아니라 지식의 출력이 필요하며 컴퓨터는 이러한 지식의 출력을 도와주는 역할을 한다.

2 컴퓨터의 역사 및 세대별 발전과정

(1) 컴퓨터의 역사 [중요]

① 근대 컴퓨터 이전의 역사

컴퓨터라는 이름에 어울리는 형태의 전자기기가 등장한 것은 1900년대 이후(일반적으로는 2차 대전을 기점으로 한다)의 일이다. 이전까지는 주판, 네이피어 본, 그리고 세무사였던 아버지의 일을 돕기 위해 프랑스의 유명한 수학자인 파스칼(Pascal)이 발명한 덧셈과 뺄셈을 자동으로 수행하는 톱니바퀴 계산기, 라이프니츠의 계산기와 베비지의 분석엔진 등이 사칙연산(덧셈, 뺄셈, 곱셈, 나눗셈)과 다항함수를 계산하기 위한 목적으로 발명되었다.

[표 1-1] 컴퓨터 발명 이전의 계산 도구

발명품	발명시기	발명가	용도	비고
주판 (Abacus)	BC 10세기경 이집트인이 고안	AD 12세기 중국에서 완전한 형태의 주판 발명	덧셈 · 뺄셈	수동식
네이피어 본 (Napier Bones)	1617년 스코틀랜드	네이피어 (Napier John)	사칙연산	뼈처럼 생긴 봉을 사용
파스칼 계산기 (Pascal)	1642년 프랑스	파스칼 (Pascal Blaise)	덧셈 · 뺄셈	톱니바퀴를 사용하여 숫자의 위치를 표시
라이프니츠 계산기	1671년 독일	라이프니츠 (Leibniz Gottfried)	곱셈과 나눗셈에 기반한 여러 가지 계산	파스칼 계산기의 사용 불편함 개선
베비지 분석엔진 (Analytical Engine)	1833년 영국	찰스 베비지 (Charles Babbage)	오늘날 컴퓨터 언어와 유사한 기능 지원	컴퓨터의 아버지
홀러리스 천공카드 (Punch Card)	1889년 미국 통계청의 인구조사 프로젝트로 개발 착수	허먼 홀러리스 (Herman Hollerith)	카드에 구멍을 뚫어 데이터 기록하고 이 카드를 읽어 처리하는 기계	IBM의 전신

더 알아두기

블레즈 파스칼(Blaise Pascal, 1623년 ~ 1662년)
수학자로 널리 알려진 파스칼은 심리학자이자, 과학자, 신학자, 발명가 및 작가이다. 블레즈 파스칼은
흔히 과학자나 수학자로 알려졌지만, 실제로는 철학과 신학에 더 많은 시간을 투자했고, 르네 데카르트
와 미셸 드 몽테뉴와 같은 철학자들에게 영향을 주었다.

---

② **근대 컴퓨터 이후의 역사**

㉠ 마크원(MARK-1)

마크원은 홀러리스가 천공카드의 사업을 위해 설립한 CRT라는 회사가 1924년 사명을 IBM으로
변경한 후 만든 미국 최초의 대규모 자동 디지털 컴퓨터이며, **세계 최초의 기계식 컴퓨터**로서,
하버드 대학교의 하워드 에이컨 교수가 고안하였다. 1944년 2월 하버드 대학교에 납품됐다. 길이
17m, 높이 2.4m, 제작 기간은 총 5년이 걸렸다. 계산 순서의 제어는 천공된 종이테이프를 이용한
자동 순서 제어 계산기(ASCC : Automatic Sequence Controlled Calculator)를 사용했다.

㉡ 에니악(ENIAC : Electronic Numerical Integrator And Computer)

1943년부터 1946년까지 약 3년에 걸쳐 펜실베이니아 대학교의 존 모클리와 존 에커트가 제작한
전자식 컴퓨터이다. 현재와 같은 프로그램 기억식이 아니라, 프로그램을 배선판에 일일이 배선
하는 외부 프로그램 방식으로, 현재의 컴퓨터는 2진수로 계산을 하는 것이 대부분이지만 에니악
의 **내부구조에는 10진수를 채용**했다. 부호 첨부 10자리수의 연산이 가능해 매초 5000회 덧셈에
14회 곱셈을 실행할 수 있었으며, 이는 십진수 10자리의 곱셈을 0.0028초, 나눗셈을 0.006초
이내에 처리할 수 있는, 당시에는 획기적인 컴퓨터였다.

개발 목적은 대포의 정확한 탄도 계산이었다. 대포의 탄도 계산이라는 소기의 목적은 달성했으
나, 기억 용량이 적고 내장 프로그램이 아니라 외부 프로그래밍 방식이어서 사용에 제약이 많았
다. 전쟁이 끝난 후에는 난수 연구, 우주선 연구, 풍동 설계, 일기예보 등에도 이용되었지만 가동
되었을 때 펜실베이니아에 있던 가로등이 모두 희미해질 정도로 어마어마한 전력 소모량, 엄청
난 열과 소음, 잦은 고장 등으로 인해 1955년까지 사용되다가 다른 컴퓨터로 대체되었다. 대중
사이에서는 에니악이 최초의 전자식 컴퓨터라고 알려졌지만, 1973년 10월 19일 미국 법원에서
"인류 최초의 계산기는 아나타소프트사의 ABC다."라고 판결하였다. 그러나 컴퓨터 공학자들은
1943년부터 1945년의 3년 동안 암호해독을 위해 영국에서 개발된 콜로서스(Colossus)를 최초의
컴퓨터로 인정하고 있다.

㉢ 에드삭(EDSAC : Electronic Delay Storage Automatic Calculator)

영국에서 개발된 초기 컴퓨터로서 존 폰 노이만의 EDVAC 보고서에 영향을 받아 영국의 케임브
리지 대학교의 수학자인 모리스 월크스 교수와 그의 팀이 1949년 개발하였다. 월크스는 노이만
의 펜실베니아 대학 연구실에서 공부한 유학생이다. 에드삭은 **최초의 프로그램 내장 컴퓨터**로서
소프트웨어만 바꿔 끼우면 되기 때문에 기존 에니악에서 다른 일을 하려면 전기회로를 모두 바
꿔줘야 하는 불편함을 제거하였다.

ㄹ 에드박(EDVAC : Electronic Discrete Variable Automatic Computer)

이전의 에니악, 에드삭 컴퓨터와는 달리 10진수가 아닌 이진수로 처리하였고, **최초의 이진수를 사용한 프로그램 내장 컴퓨터**이다. 1944년 에니악을 개발한 머클리와 애커트가 제안하였으나, 예산상의 문제로 1946년 설계를 시작하여 1949년 미국 미사일연구소에 설치되었다.

ㅁ 유니박-1(UNIVAC-1 : Universal Automatic Computer - 1)

세계 **최초의 상업용 컴퓨터**로서, 과거 IBM과 경쟁을 하던 ㈜유니시스에서 제작하였고 1951년 미국 조사통계국에 설치되어 사용되었다.

> **더 알아두기**
>
> **최초의 전자식 컴퓨터**
>
> '컴퓨터'라는 단어가 사용된 것은 1613년이라는 기록이 있다. 1822년 베비지의 차분엔진(Difference Engine)과 1832년 발명한 분석엔진(Analysical Engine)을 각각 '최초의 자동계산기', '최초의 기계식 컴퓨터'라고 말하지만 프로그램을 처리할 수 있는 기계는 아니었다. 컴퓨터 공학자들은 최초의 전자식 프로그램 컴퓨터는 '콜로서스(Colossus)'라고 하고 있고, 1973년 미국 법원은 아나타소프트사(ABC : Anatasoft Berry Computer)사의 ABC 컴퓨터가 최초의 디지털 컴퓨터라고 판결하여 에니악 컴퓨터가 최초의 전자식 컴퓨터라는 기존의 학설을 뒤집었다. 만일 시험문제에 최초의 전자식 컴퓨터가 무엇이냐는 문제가 출제되면 신중하게 내용을 살필 필요가 있다.

[그림 1-2] 초기 컴퓨터의 모습. 에드삭(좌측), 에니악(우측)

(2) 컴퓨터의 세대별 발전과정 중요

컴퓨터는 시간이 지남에 따라서 크기와 무게 그리고 처리 용량 등이 비약적으로 발전하게 된다. 그 이유는 컴퓨터를 구성하는 구성 소자들도 함께 발전하면서 컴퓨터의 역사에 동참하였기 때문이다. 컴퓨터 개발의 역사는 여러 세대의 컴퓨팅 장치를 참조하는 데 자주 사용되는 컴퓨터 과학의 주제이기도 하다. 1940년부터 현재에 이르기까지 컴퓨터는 제1세대부터 제5세대로 구분된다. 세대를 거듭하면서 컴퓨터는 점차 작아지고, 저렴하고, 강력하고, 효율적인 장치가 되었다.

① 제1세대 컴퓨터(1940 ~ 1956)

제1세대 컴퓨터는 **진공관(vacuum tube)**과 메모리용 마그네틱 드럼을 사용했으며, 방 전체를 차지할 정도로 거대했다. 이 컴퓨터는 작동하기에 매우 비쌌으며 많은 양의 전기를 사용하는 것 외에도 많은 열이 발생했는데, 이는 컴퓨터의 주요 오작동 원인이 되기도 했다.

프로그램 내장 방식의 적용으로 컴퓨터가 이해하는 최저 수준의 프로그래밍 언어인 컴퓨터 언어를 사용하여 작업을 수행했다. 입력은 천공된 카드와 종이 테이프를 기준으로 한 것이며, 결과물은 인쇄물로 표시되었다.

장점	빠른 컴퓨팅 기계들이 등장하였고, 효율적인 방법으로 복잡한 수학문제를 풀 수 있게 됨
단점	일반적으로 특별한 목적의 용도로 설계되었고, 컴퓨터의 무게와 크기가 엄청나서 다른 장소로 이동하기가 쉽지 않았음

② 제2세대 컴퓨터(1957 ~ 1963)

1947년 Bell 연구소에서 개발한 **트랜지스터(transistor)**를 컴퓨터에 채택하여 사용함으로써 진공관을 사용하던 컴퓨터보다 작고 빠르며 저렴하고 에너지 효율이 높고 신뢰성이 우수한 컴퓨터 시대가 열리게 되었다.

장점	어셈블리 언어를 사용했기 때문에 프로그램하기가 쉬워졌고, 전기 소모량이 매우 적어짐
단점	에어컨디션의 환경이 필요했고, 특별한 용도로만 한정된 컴퓨터들이 대부분이었음

③ 제3세대 컴퓨터(1964 ~ 1975)

집적회로(IC : Integrated Circuit)의 개발은 트랜지스터를 반도체라고 불리는 실리콘 칩에 소형화하여 배치시켜 컴퓨터의 속도와 효율을 대폭 향상하는 계기가 되었다. 천공된 카드와 출력물 대신 키보드 및 모니터를 통해 제3세대 컴퓨터와 상호 작용하고, 운영체제와 인터페이스하여 메모리를 모니터링하는 중앙 프로그램으로 한 번에 여러 가지 응용 프로그램을 실행할 수 있게 되었다. 컴퓨터가 더욱 작고 저렴해져서 대중화에 크게 기여하기 시작했다.

장점	• 다양한 고급 프로그램 언어들이 사용되었고, 유지보수 시간이 엄청나게 줄어듦 • 컴퓨터의 크기와 무게가 경량화, 소형화되기 시작함
단점	저장 공간의 능력이 너무 작고, 이 때문에 큰 프로그램을 수행하게 되면 처리속도가 감소됨

> **더 알아두기**
>
> **운영체제(OS : Operating System)**
> 운영체제는 컴퓨터 프로그램을 위해 일반적인 서비스를 제공하고 컴퓨터 하드웨어와 소프트웨어를 관리하는 시스템 소프트웨어를 의미한다.

④ **제4세대 컴퓨터(1975 ~ 1989)**

인텔이라는 칩 제조사는 1971년 Intel 4004칩을 개발하여 모든 컴퓨터 구성요소(CPU, 메모리, 입·출력 제어)를 단일 칩에 배치하였다. 이로서 1940년대의 방을 가득 채웠던 크기의 컴퓨터가 손바닥 크기로 줄어들었다. 마이크로프로세서가 컴퓨터 영역을 넘어 일상의 전자제품 속으로 이동하기 시작했고, 이러한 소형 컴퓨터의 증가된 힘은 네트워크를 만들면서 인터넷 세상을 창조하였다.

장점	LSI와 VLSI 기술의 사용으로 처리속도와 액세스 타임이 매우 향상되었고, 스토리지 용량도 증가함
단점	LSI와 VLSI 칩의 와이어링 기술이 매우 어려웠고, 처리속도는 프로그래머들이 어떤 명령어를 사용하느냐에 크게 좌우됨

⑤ **제5세대 컴퓨터(1990 ~ 현재)**

병렬 처리와 초전도체를 사용한 인공지능을 갖춘 컴퓨터 시스템이 출현하기 시작했고, 기존 기술들이 결합하거나 미래를 위한 양자, 분자 및 나노기술 등과 융합되어 새로운 기술로 재탄생하는 현상을 보인다. 제5세대 컴퓨터의 본질은 이러한 기술을 사용하여 궁극적으로 자연어를 처리하고 대응할 수 있는 시스템을 만들고, 스스로 학습하며 구성할 수 있는 능력을 갖춘 컴퓨터를 만드는 것이다.

[표 1-2] 세대별 컴퓨터의 주요 특징

구분	1세대	2세대	3세대	4세대	5세대
처리 소자	진공관	트랜지스터	집적회로	고밀도 집적회로(LSI) 및 초고밀도 집적회로(VLSI)	울트라 고밀도집적회로(ULSI)
처리 속도	1000분의 1초 밀리세크 (ms, 10^{-3})	100만분의 1초 마이크로세크 (μs, 10^{-6})	10억분의 1초 나노세크 (ns, 10^{-9})	1조분의 1초 피코세크 (ps, 10^{-12})	1천조분의 1초 펨토세크 (fs, 10^{-15})
주요 기능	과학계산용	• 과학계산용 • 사무계산용	• 과학계산용 • 사무계산용 • 공장자동화	범용업무지원	범용업무지원
특징	기술의 태동	기술의 발전	기술의 응용	기술의 결합	기술의 융합
사용 언어	기계어	어셈블리어 (Assembler)	• FOTRAN • COBOL • C, JAVA, BASIC	• Pysthon, • Visual C++ • Visual Basic	• 객체지향언어 • 자연어

제2절 컴퓨터의 기본구조 중요

컴퓨터는 크게 하드웨어(H/W, Hardware)와 소프트웨어(S/W, Software)로 구성된다. 하드웨어는 전자회로와 기계장치, 입·출력장치(Input/Output), 중앙처리장치(CPU : Central Processing Unit) 및 기억장치(Memory Unit)의 주요 4가지 장치와 각 구성장치 간에 데이터를 전달하는 통로인 버스(Bus)로 구성된다. 소프트웨어는 하드웨어를 제어하여 작업을 수행하는 프로그램으로서, 명령문과 데이터로 구성되고 사람이 이해하기 쉬운 컴퓨터 언어를 사용하여 작성할 수 있다.

1 하드웨어(Hardware)의 구성요소

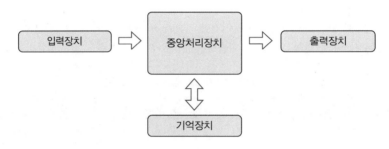

[그림 1-3] 논리적 하드웨어 구성도

(1) 입력장치(Input Device)

입력장치는 데이터 및 제어신호를 컴퓨터 또는 전자장치와 같은 정보처리시스템에 제공하기 위해 사용되는 전기·전자적인 하드웨어 장치이다. 입력장치의 예로는 키보드, 마우스, 스캐너, 디지털카메라 등 다양한 장치들이 있고, 오디오 입력장치는 음성 인식을 포함한 목적으로 사용될 수 있다.

(2) 중앙처리장치(CPU : Central Processing Unit)

중앙처리장치(CPU)는 기본 산술, 논리, 제어 및 입력 및 출력(I/O) 작업을 수행하여 컴퓨터 프로그램의 명령어를 수행하는 컴퓨터 내의 전자회로이다. 대부분의 최신 CPU는 단일 집적회로(IC) 칩에 들어 있는 마이크로프로세서로, CPU가 포함된 IC에는 메모리, 주변장치 인터페이스 및 기타 컴퓨터 구성요소가 포함될 수 있다. 이러한 집적소자는 마이크로 컨트롤러(Micro Controller) 또는 SoC(System on a Chip)로 다양하게 불린다. 일부 컴퓨터는 멀티코어 프로세서를 사용하는데, 이 칩은 '코어'라고 하는 두 개 이상의 CPU가 포함된 단일 칩을 의미한다. CPU는 기계어로 쓰인 컴퓨터 프로그램의 명령어를 해석하여 실행하고, 프로그램에 따라 외부에서 정보를 입력받아, 이를 기억하고, 연산하며, 결과를 외부로 출력할 뿐만 아니라, 컴퓨터 부품과 정보를 교환하면서 컴퓨터 전체의 동작을 제어한다. 기본 구성으로는 CPU에서 처리할 명령어를 저장하는 역할을 하는 프로세서 레지스터, 비교·판단·연산을 담당하는 산술논리연산장치(ALU), 명령어의 해석과 올바른 실행을 위하여 CPU를 내부적으로 제어하는 제어부(control unit)와 내부 버스(Internal Bus) 등이 있다.

> **더 알아두기**
>
> SoC(System on a Chip)
> 컴퓨터의 모든 구성요소들이 통합된 집적회로(IC)를 의미한다.

(3) 기억장치(Memory Device)

기억장치는 명령어와 데이터를 저장하는 공간으로, 주기억장치(Main Memory Unit)와 보조기억장치 (Secondary Memory Unit)로 구성되는데 RAM, ROM, FLASH와 같은 유형의 칩이 사용된다. 주기억 장치는 CPU가 현재 처리 중인 데이터나 명령어를 저장하는 공간이고, 보조기억장치는 주기억장치의 제한적 용량을 확장시켜주는 역할을 한다.

(4) 출력장치(Output Device)

출력장치는 CPU에서 처리되어 전자적으로 생성된 정보를 사람이 읽을 수 있는 형식으로 변환하는 컴퓨터 하드웨어 장비의 일부이다. 요약하면 출력 단위는 사용자가 읽을 수 있는 형태로 텍스트, 그래픽, 오디오 및 비디오일 수 있다. 출력장치는 모니터, 프린터, 그래픽 출력 장치, 플로터, 스피커 등의 VDU (Visual Display Units) 형태가 있으며, 최근에는 음성 합성기와 같은 인공지능이 탑재된 새로운 유형의 출력장치도 등장하고 있다.

2 소프트웨어(Software)의 분류 (중요)

하드웨어 장치를 제어하는 소프트웨어는 크게 시스템 소프트웨어(System Software)와 응용 소프트웨어 (Application Software)로 구분할 수 있다. 일상적으로 이 용어는 응용 소프트웨어의 의미로 자주 쓰인다. 컴퓨터 과학과 컴퓨터 공학에서 '컴퓨터 소프트웨어'는 컴퓨터시스템, 프로그램, 데이터에 의해 처리된 모든 정보를 말하며, 저장장치에 저장된 특정한 목적의 하나 또는 다수의 컴퓨터 프로그램을 뜻한다. 소프트웨어는 컴퓨터 하드웨어에 직접 명령어를 주거나 다른 소프트웨어에 입력을 제공함으로써, 그것이 수행하도록 구현된 기능을 수행한다.

(1) 시스템 소프트웨어(System Software)

시스템 소프트웨어는 컴퓨터를 효과적으로 운영할 수 있도록 컴퓨터 하드웨어 및 응용 프로그램의 동작을 지시, 제어 및 실행하도록 설계된 컴퓨터 프로그램 유형으로, 컴퓨터 시스템을 계층 모델로 생각하면 하드웨어와 사용자 응용 프로그램 간의 인터페이스이다. 시스템 소프트웨어의 종류에는 운영체제 (OS), 장치 드라이버, 펌웨어, 프로그램 언어 번역기 및 유틸리티가 있다.

① 운영체제(OS : Operating System)

운영체제(OS)는 컴퓨터 하드웨어 및 소프트웨어 리소스를 관리하고 컴퓨터 프로그램에 대한 공통 서비스를 제공하는 시스템 소프트웨어이다.

운영체제의 기본 기능	• GUI를 통해 사용자와 하드웨어 간의 인터페이스를 제공 • 응용 프로그램에 대한 기억공간 할당 및 관리 • 응용 프로그램, 입·출력장치 및 명령어의 관리를 제어 • 내부와 외부 장치에 대한 구성 및 관리 • 네트워크상에 있는 컴퓨터에 대한 스토리지 관리 • 파일 및 응용 프로그램의 보안 관리 • 입력 및 출력 장치 관리 • 장비의 삭제, 설치 및 장애 처리 • 태스크 매니저와 다른 도구를 활용한 시스템 성능 모니터링 등

운영체제의 예	개인용 컴퓨터 OS	Windows 10, Mac OS x, Ubuntu
	서버 OS	Ubuntu Server, Windows Server, Red Hat Enterprise
	인터넷/웹 OS	Chrome OS, Club Linux, Remix OS
	모바일 OS	iPhone OS, Android OS, Windows Phone OS

② 장치 드라이버

드라이버 소프트웨어는 컴퓨터 장치 및 주변 장치를 작동시키는 시스템 소프트웨어로서, 드라이버를 사용하면 연결된 모든 구성요소와 외부에서 연결되는 장비 간 의도한 작업을 OS에서 지시한 대로 수행할 수 있다. 드라이버가 없다면 OS는 장치에 대해서 아무런 행위를 지시할 수 없다.

드라이버가 필요한 장비의 예	• 마우스(Mouse) • 키보드(Keyboard) • 사운드 카드(Soundcard) • 디스플레이 카드(Display card) • 네트워크 카드(Network card) • 프린터(Printer)

일반적으로 운영체제에는 이미 시장에 출시된 대부분의 장치용 드라이버가 함께 제공된다. 기본적으로 마우스 및 키보드와 같은 입력장치에는 해당 드라이버가 설치되기 때문에 별도의 설치가 필요한 경우는 거의 없다. 다만, 장치가 운영체제보다 더 늦게(최근에) 출시된 경우 사용자는 제조업체 웹사이트 또는 대체 소스에서 드라이버를 다운로드해서 설치해야 한다.

③ 펌웨어(Firmware)

펌웨어는 특정 하드웨어 장치에 포함된 소프트웨어이다. 플래시, ROM 또는 EPROM 메모리칩에 내장된 운영 소프트웨어로 하드웨어의 모든 활동을 직접 관리하고 제어한다. 오늘날 펌웨어는 플래시 메모리에 저장이 되어, 반도체 칩을 바꾸지 않아도 업그레이드가 가능하게 되었다. PC의 전원을 켜면 운영체제가 시작되기 전에 검은색 바탕에 PC 제조사의 이름, CPU, 메모리 및 하드디스크 용량 등의 하드웨어 정보 목록이 표시되는데 이를 BIOS(Basic Input Output System)라고 하며, 이 BIOS가 대표적인 펌웨어이다.

④ **프로그램 언어 번역기(Programming Language Translators)**

상위레벨 언어 소스 코드를 기계어 코드로 변환하는 프로그램이다. 즉, Java, C++, Python, PHP, BASIC과 같은 상위레벨 프로그램 언어를 프로세서가 이해하는 언어로 변환시키는 프로그램을 의미한다. 대표적인 언어 번역기로는 컴파일러, 어셈블러, 인터프리터가 있다.

⑤ **유틸리티 프로그램(Utilities)**

유틸리티는 시스템과 응용 프로그램 사이에 위치하는 시스템 소프트웨어로서, 시스템을 진단, 구성 및 최적화 또는 유지/관리하도록 설계되었다. 즉, 컴퓨터 하드웨어, 운영체제 및 응용 소프트웨어를 관리하는 데 필요하다. 대체로 OS와 번들로 제공이 된다. 예를 들어, 윈도우 10은 악성코드를 탐지하는 window defender, smart screen 필터 등과 함께, AdwCleaner, Kapersky Rescue Disk(응급 복구 디스크) 등을 지원한다.

(2) 응용 소프트웨어(Application Software)

워드 프로세서와 스프레드시트, 그 밖에 몇몇 응용 프로그램들이 함께 포함된 마이크로소프트 오피스의 경우와 같이 소프트웨어 개발업체가 업무를 효율적으로 처리하도록 묶음으로 제공하는 프로그램을 의미한다. 이들은 사용자의 편의를 위해 응용 프로그램과의 사이에 상호 작용하는 기능을 갖는다. 오피스 제품군뿐만 아니라, 컴퓨터 통신용 웹 브라우저, 멀티미디어를 위한 멀티미디어 재생기와 그래픽 프로그램, 분석소프트웨어(DADiSP, MathCAD 등), 협업 소프트웨어(오픈소스, 블로그, 위키위키 등), 데이터베이스(DBMS) 등이 대표적인 응용 소프트웨어이다.

[표 1-3] 소프트웨어의 분류

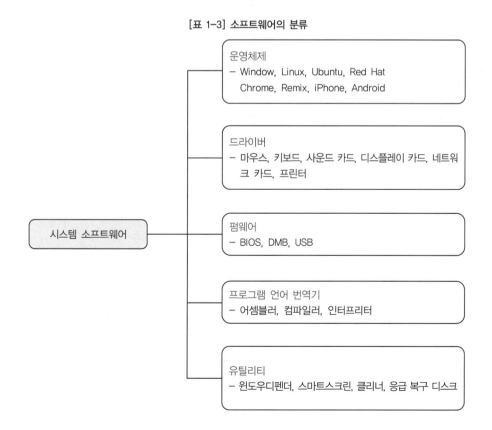

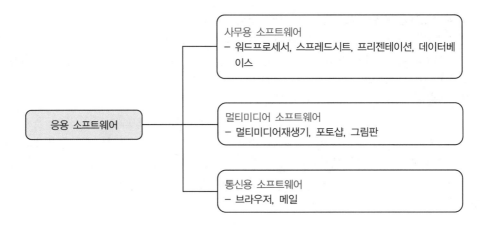

3 프로그래밍 언어의 종류 (종요)

프로그래밍 언어는 특정 알고리즘이나 계산의 결괏값을 출력하기 위해 사용하는 표기법이다.

프로그램 언어를 바라보는 관점에 따라서 초급언어, 중급언어 및 고급언어로 구분하기도 하지만 여기서 말하는 초급, 중급, 고급의 의미는 "수준이 높다.", "수준이 낮다."를 의미하는 것은 아니다. 지구상에는 수천 가지의 프로그램 언어가 사용되고 있지만, 그중 가장 많이 사용되는 대표적인 언어는 다음과 같다.

- 어셈블러(Assembler)
- 알골(ALGOL), 베이직(BASIC), C계열 언어(C, C++, C#), COBOL, 델파이(Delphi), 포트란(FOTRAN), 파스칼(PASCAL), 파이썬(Python), 비주얼계열 언어(Visual Basic, Visual Prolog)
- JAVA, Scala, Clarion, Clipper 등

이러한 언어들은 초급, 중급, 고급의 분류도 가능하고, 컴파일러 언어, 데이터 중심 언어 또는 4세대 언어 등 다양한 방식으로 분류할 수 있지만, 가장 중요한 것은 개발자가 구현하고자 하는 프로그램의 목적을 위해서 가장 필요한 언어를 적절하게 선택해서 사용해야 한다는 사실이다.

제3절 폰 노이만 구조 (종요) (기출)

프린스턴 구조(Princeton Architecture)로도 불리는 폰 노이만 구조는 수학자이자 물리학자인 폰 노이만이 1945년 EDVAC 컴퓨터의 설계 초안에서 언급한 개념으로 **현대 전자 디지털 컴퓨터의 모델**이 된다. 폰 노이만 모델은 다음의 3가지 특징으로 요약할 수 있다.

(1) 컴퓨터는 4가지의 하부 시스템(sub-system)으로 구성한다.

① 기억장치
② 산술연산장치(ALU : Arithmetic & Logical Unit)
③ 제어장치(Control Unit)
④ 입·출력장치(Input/Output Unit)

(2) 실행하는 동안에 프로그램은 기억장치에 저장된다.

(3) 프로그램 명령어는 순차적으로 처리된다.

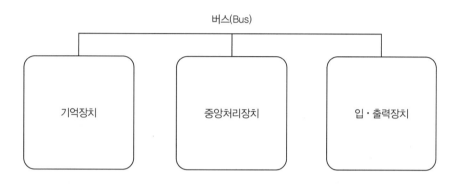

[그림 1-4] 폰 노이만 모델

폰 노이만 구조의 그림을 보면 상단에 기억장치, 중앙처리장치 및 입·출력장치를 연결하는 선이 하나 있는 것을 볼 수 있다. 이 선을 우리는 '버스(Bus)'라고 부르고, 이 버스의 역할은 컴퓨터의 구성요소를 연결하여 서로 간에 필요한 데이터를 주고받는 통로이다. 버스는 다음과 같이 표현할 수 있다

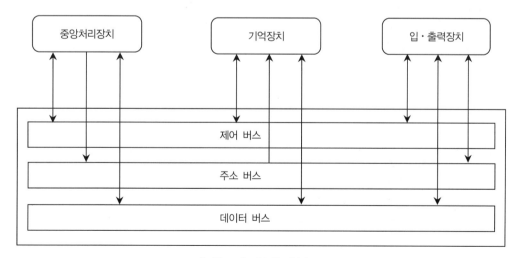

[그림 1-5] 버스의 기본 구조

버스의 구조와 각 기능에 대해서는 제9장 시스템 버스 및 입·출력장치에서 자세하게 설명하기로 한다.

제4절 | 컴퓨터의 분류 (종요)

컴퓨터를 분류하는 기준은 일반적으로 크기와 용량에 의한 분류, 사용 목적에 의한 분류, 형태에 의한 분류 등 여러 가지가 있다.

1 구조에 의한 분류

(1) 병렬 컴퓨터

전통적으로 컴퓨터 소프트웨어는 직렬 컴퓨팅 방식을 기본으로 작성되어 왔다. 문제를 해결하는 데 있어서 알고리즘은 직렬형 명령들로 이루어졌고 그 명령들은 하나의 CPU에 의해서 실행된다. 즉, 한 명령이 한 번에 하나씩 실행되고 하나가 끝나면 그 다음 명령이 실행된다.

병렬 컴퓨터는 여러 개의 프로세서를 이용하여 문제를 독립적인 부분들로 나눠서 각 프로세서가 그 부분의 알고리즘들을 다른 프로세서들과 처리를 할 수 있게 함으로서 한 번에 문제를 해결하도록 한다. 병렬 연산은 동시에 많은 계산을 하는 연산의 한 방법으로, 크고 복잡한 문제를 작게 나눠 동시에 병렬적으로 해결하는 데에 주로 사용된다. 병렬 컴퓨터는 주로 고성능 연산에 이용되어 왔으며, 프로세서 주파수의 물리적인 한계에 도달하면서 문제의식이 높아진 이후 더욱 주목받게 되었다. 최근 컴퓨터 이용에서 발열과 전력 소모에 대한 관심이 높아지는 것과 더불어 멀티코어 프로세서를 핵심으로 컴퓨터 구조에서 강력한 패러다임으로 주목받게 되었다. 병렬 컴퓨터 프로그램들은 순차적 프로그램보다 난해하다. 왜냐하면 동시처리는 여러 종류의 새로운 잠재적 소프트웨어 버그를 가지고 있기 때문이다. 통신과 동기화를 요구하는 다른 하위 작업들은 병렬 프로그램 성능에 영향을 미치는 방해요소이다. 병렬화된 프로그램의 속도 향상은 암달의 법칙에 의해서 그 결과가 결정된다.

> **더 알아두기**
>
> **암달의 법칙(Amdal's Law)**
> 병렬 컴퓨팅 기반에서 잠재적인 속도 향상 알고리즘인 암달의 법칙은 1960년대에 진 암달에 의해서 만들어졌다. 병렬화할 수 없는 작은 부분의 프로그램은 전체적인 병렬화에 제한을 가져온다는 것이었다. 이 관계는 다음과 같은 공식으로 나타나게 된다.
>
> $$S = \frac{1}{(1-P) + \frac{P}{T}}$$
>
> ※ T는 프로그램의 속도 향상, P는 병렬화 가능한 분수이다.
>
> 개선 후 실행시간(T)은 '개선에 의해 영향을 받는 실행 시간 / 성능향상비율 + 영향을 받지 않는 실행시간'이라는 의미이다. 예를 들어, 어떤 작업의 40%에 해당하는 부분의 속도를 2배로 늘릴 수 있다면 'P = 0.4'이고 'T = 2'이며 최대성능향상은 1.25가 된다.

암달의 법칙은 컴퓨터 시스템의 일부를 개선할 때 전체적으로 얼마만큼의 최대 성능 향상이 있는지 계산하는 데 사용된다. 병렬 컴퓨팅에서 멀티 프로세서를 사용할 때 프로그램의 성능 향상은 프로그램의 순차적인 부분에 의해 제한된다. 예를 들면, 프로그램의 95%가 병렬화될 수 있다면 이론적인 최대 성능 향상은 아무리 많은 프로세서를 사용하더라도 최대 20배로 제한된다.

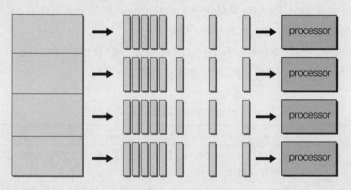

[그림 1-6] 병렬 컴퓨팅(큰 문제를 순차적이 아닌 병렬적으로 동시에 처리하여 결과를 얻음)

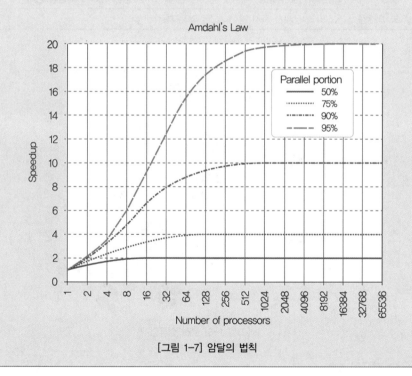

[그림 1-7] 암달의 법칙

(2) 분산 컴퓨팅

분산 컴퓨팅(distributed computing)은 통신망에 연결된 여러 컴퓨터들의 처리 능력을 이용하여 거대한 계산 문제를 해결하려는 분산 처리 모델이다. 하나의 대형 컴퓨터에서 수행되던 기능을 지역적으로 분산된 여러 대의 컴퓨터에서 분담하도록 설계된 통신망 기반의 인프라 구조이다. 따라서 분산 처리(Distributed Processing)는 여러 대의 분산된 데이터 저장장소와 처리기들을 통신망으로 연결하여 서로 통신을 하면서 동시에 작업을 처리하는 방식이다.

분산 처리를 하면 자원의 효율적 공유, 연산속도의 향상, 신뢰성 향상 등의 장점이 있는 반면, 내부 구조가 복잡하여 제어 및 사용이 어려운 단점이 존재한다.

[분산처리시스템 적용에 따른 고려사항]

구분	내용
복잡성	중앙처리시스템에 비해 분산시스템 간의 자원의 경합, 로드밸런싱, 예측하기 어려운 토폴로지 상의 장애유형이 존재
보안	분산된 자원 중 일부만 문제가 발생하여도 전체 시스템에 대한 보안 격리의 어려움
관리	다수, 이기종 컴퓨팅 자원 및 통신망 환경에 대한 종합 관리의 복잡성 증대
네트워크 의존성	통신망의 문제가 즉시 분산 시스템의 문제로 반영

[그림 1-8] 분산 컴퓨팅

(3) 클라우드 컴퓨팅 [기출]

클라우드 컴퓨팅(Cloud Computing)은 구성 가능한 컴퓨터 시스템 리소스와 상위 수준 서비스를 누구든지 공유하여 사용할 수 있는 시스템으로, 필요한 자원이나 서비스 또는 정보를 자신의 컴퓨터가 아닌 인터넷에 연결된 다른 컴퓨터로 처리하는 기술을 의미한다. 클라우드 컴퓨팅과 스토리지 솔루션들은 사용자와 기업들에게 개인 소유나 타사 데이터 센터의 데이터를 저장, 가공하는 다양한 기능을 제공하며 도시를 거쳐 전 세계로까지 위치해 있을 수 있다.

① **클라우드 컴퓨팅의 모델**

클라우드 컴퓨팅은 사용자의 관점에서 SaaS, IaaS, PaaS의 3가지의 모델이 있다. 일반 기업 등 조직체의 관점에서는 필요한 자원을 하나의 거대한 스토리지 장치에 올려 두고 언제 어디서나 접속을 승인받은 사람이 인터넷을 통하여 필요한 자원을 올리거나 다운로드 받을 수 있는 공간을 의미하기도 한다. 다음은 3가지 모델에 대한 설명이다.

일반적 환경	IaaS	PaaS	SaaS
응용 프로그램	응용 프로그램	응용 프로그램	응용 프로그램*
데이터	데이터	데이터	데이터*
런타임	런타임	런타임*	런타임*
미들웨어	미들웨어	미들웨어*	미들웨어*
운영체제	운영체제	운영체제*	운영체제*
가상화	가상화*	가상화*	가상화*
서버	서버*	서버*	서버*
스토리지	스토리지*	스토리지*	스토리지*
네트워킹	네트워킹*	네트워킹*	네트워킹*

[그림 1-9] 클라우드 컴퓨팅의 종류

일반적으로 모든 컴퓨팅의 자원을 조직이 직접 보유하고 관리하지만, 클라우드 컴퓨팅 환경에서는 사용자의 필요에 따라서 일부 자원은 직접 구매하여 관리하고(청색 부분), 일부 자원은 다른 컴퓨터에 있는 자원(*부분)을 활용한다.

㉠ IaaS(Infrastructure as a Service)

이아스(IaaS)는 데이터 센터를 구축하는 대신 인터넷을 통해 서버와 스토리지 등 타사의 데이터 센터의 자원을 빌려서 사용할 수 있는 서비스를 의미한다. 사용자는 서버나 스토리지를 구입하고 운영하는 비용을 줄일 수 있다. 이렇게 빌려온 인프라에 사용자는 운영체제를 설치하고, 애플리케이션 등을 설치한 다음 원하는 서비스를 운영하면 된다. 대표적으로는 넷플릭스의 사례가 있는데, 자체 데이터 센터를 구축한 다음 서비스를 운영하는 대신 AWS의 IaaS 서비스를 이용하는 방식을 택하여 전 세계에 더욱 빠른 서비스를 제공하고 있다.

㉡ PaaS(Platform as a Service)

파스(PaaS)는 소프트웨어 서비스를 개발할 때 필요한 **플랫폼**을 제공하는 서비스다. 사용자는 PaaS에서 필요한 서비스를 선택해 애플리케이션을 개발하면 된다. 고객은 데이터와 응용 프로그램에 대해서만 관리하면 된다. PaaS 운영업체는 개발자가 소프트웨어를 개발할 때 필요한 API를 제공해 개발자가 좀 더 편하게 앱을 개발할 수 있게 지원한다. 세일즈 포스 닷컴이 대표적인 사례이다.

㉢ SaaS(Software as a Service)

사스(SaaS)는 클라우드 환경에서 운영되는 애플리케이션 서비스를 말한다. 모든 서비스가 클라우드에서 이루어지고, 소프트웨어를 구입해서 PC나 기업 서버에 설치하지 않아도 웹에서 소프트웨어를 빌려 쓸 수 있다. 대표적으로는 구글 앱스, 세일즈 포스 닷컴, MS오피스 365, 드롭박스와 같은 서비스가 있다.

2 크기와 용량에 의한 분류 종요

컴퓨터는 크기와 용량에 따라 슈퍼컴퓨터, 메인프레임 컴퓨터, 미니컴퓨터, 마이크로컴퓨터 및 임베디드 컴퓨터로 구분할 수 있다.

(1) 슈퍼컴퓨터(Super Computer)

슈퍼컴퓨터는 가장 강력하고 물리적으로도 크기가 가장 큰 컴퓨터이다. 슈퍼컴퓨터는 엄청난 양의 데이터를 처리하도록 설계되었고 1초에 1조 개 이상의 계산을 수행할 수 있다. 정확성과 상상을 초월하는 빠른 속도 및 처리 능력을 갖고 있기 때문에 매우 복잡한 문제를 풀거나 엄청난 양의 계산을 수행하기에 적합하다. 예를 들면, 우주선을 우주로 발사한다든가, 미사일이나 인공위성의 궤도를 통제한다거나, 원유 탐사나 매우 복잡한 웹사이트 호스팅 및 의사결정 시스템 등에 사용된다.

(2) 메인프레임 컴퓨터(Mainframe Computer)

메인프레임 컴퓨터는 1초에 수백만 개의 명령어를 처리할 수 있고, 일반적으로 보험회사나 은행 또는 정부 기관처럼 큰 조직에서 업무 처리용으로 사용한다. 메인프레임 환경에서 사용자는 메인프레임에 접속된 수십만 대의 많은 터미널을 사용하여 비행기 예약 및 티켓팅, 내부 회계관리, 통계조사, 투표 계산, 개인의 세금정보 등과 같은 업무를 처리한다.

[그림 1-10] 슈퍼컴퓨터(좌측)와 메인프레임 컴퓨터(우측)

(3) 미니컴퓨터(Mini Computer)

미니컴퓨터는 메인프레임보다 크기가 작고 가격이 저렴하다. 데스크탑 PC보다는 성능이 뛰어나고 가격이 비싸며, 흔히 '중형 서버' 또는 '중형 컴퓨터'라고 부른다. 사용자는 데스크탑 PC, 노트북 또는 더미 터미널 등을 사용해서 통신망을 통해 일반적으로 '서버'라고 하는 중형 컴퓨터에 접속하여 업무를 처리한다.

(4) 마이크로컴퓨터(Micro Computer)

마이크로컴퓨터는 가장 일반적인 컴퓨터의 형태를 의미한다. 개인용 PC(Personal Computer)로도 불리는 마이크로컴퓨터는 한 사람이 사용하도록 설계된 작은 크기의 컴퓨터로, 포터블 컴퓨터(Portable Computer)도 마이크로컴퓨터의 부류에 포함된다.

[그림 1-11] 미니컴퓨터와 마이크로컴퓨터

(5) 임베디드 컴퓨터(Embedded Computer)

임베디드 컴퓨터는 특별한 기능을 수행할 수 있도록 설계된 제품 내에 고정된 컴퓨터를 말한다. 이 같은 컴퓨터는 대체로 마이크로웨이브, 세탁기, 커피머신 등과 같은 가전제품이나 자체 결함 체크, 오일 필터, 자동 공기 주입 타이어, 에어백 관리시스템 등과 같이 자동차 제품에서 찾아 볼 수 있다.

3 사용목적에 의한 분류 (중요)

(1) 범용컴퓨터(General Purpose Computer)

여러 가지 다양한 업무를 처리하기 위해서 설계되었고, 수많은 프로그램을 저장할 수 있는 능력이 있다. 하지만 처리속도나 효율성에는 다소 부족하다. 우리 주변에서 자주 접하는 개인용 컴퓨터, 회사의 컴퓨터 등이 범용컴퓨터에 속한다.

(2) 전용컴퓨터(Special Purpose Computer)

전용컴퓨터는 특별한 목적의 업무를 처리하기 위해 설계된 컴퓨터로서, 일련의 명령어가 기계에 내장되어 있다.

4 데이터 처리방식에 의한 분류

(1) 아날로그 컴퓨터(Analog Computer)

아날로그 컴퓨터는 측정 원리를 바탕으로 측정 결과를 데이터로 변환하는 컴퓨터이다. 현대의 아날로그 컴퓨터는 전기 또는 유압량과 같은 처리량을 나타내기 위해 전압, 저항 또는 전류와 같은 전기 매개 변수를 사용한다. 이러한 컴퓨터는 숫자를 직접 처리하지 않고, 곡선이나 그래프 등으로 값을 출력한다.

(2) 디지털 컴퓨터(Digital Computer)

디지털 형식으로 표현된 숫자 또는 기타 정보로 작동하는 컴퓨터로서, 데이터를 이진수로 처리하므로 결과를 더 정확하고 빠른 속도로 제공하는 컴퓨터이다. 디지털 데이터로 계산이나 논리 연산을 처리하는 컴퓨터로써 광범위하게 활용되고 있다.

(3) 하이브리드 컴퓨터(Hybrid Computer)

하이브리드 컴퓨터는 아날로그 컴퓨터의 측정 기능과 디지털 컴퓨터의 기능을 통합한 컴퓨터이다. 디지털 및 아날로그 신호로 입·출력이 가능한 컴퓨터의 조합이며, 하이브리드 컴퓨터 시스템 설정은 복잡한 시뮬레이션을 수행할 때 비용효율적인 방법을 제공한다.

5 처리방식에 의한 분류 종요

(1) 일괄처리 시스템(Batch Processing system)

1950년대 전자 컴퓨팅 초기 시절 이후 메인프레임 컴퓨터와 함께 발전한 일괄처리 시스템은 테이프나 디스크 등으로 모든 데이터를 일정한 장소에 모은 후 정해진 시간에 컴퓨터를 이용하여 처리하는 것을 말한다. 작업 프로세스의 시간대를 컴퓨터 리소스가 덜 사용되는 시간대에 처리한다는 장점이 있다.

(2) 즉시처리 시스템(Real-time Processing system)

즉시처리 시스템은 데이터를 입력하는 즉시 결과물이 출력되는 컴퓨터 처리방식이다. 은행의 ATM 기기, 교통통제시스템, 레이더 시스템 등은 즉시처리 시스템의 좋은 예이다. 즉시처리 시스템을 'Real time and On line' 시스템이라고 부르는 이유는 즉시처리가 되기 위해서는 반드시 네트워크(즉, on-line)로 연결이 되어 있어야 하기 때문이다.

제5절   4차 산업혁명의 핵심 기술 (중요)

2016년 1월 스위스의 휴양도시 '다보스'에서 '4차 산업혁명의 이해'를 주제로 포럼이 열려 4차 산업혁명의 시작을 알리기 시작했다. 쉽게 말해 우리 시대에 신기술, 신산업으로 떠오르고 있는 키워드들, 예를 들어 IoT(Internet of Thing, 사물인터넷), 인공지능(AI), 나노기술, 자율주행차량, 3D프린터, 빅데이터 등 신기술이 기존 제조업과 융합해 생산능력과 효율을 극대화시킨다는 내용이다. 4차 산업혁명을 주도할 주요 기술에 대해서 간단하게 알아보자.

1   사물인터넷(IoT : Internet of Things)

사물인터넷은 각종 사물에 센서와 통신 기능을 내장하여 인터넷에 연결하는 기술이다. 인터넷으로 연결된 사물들이 데이터를 주고받아 스스로 분석하고 학습한 정보를 사용자에게 제공하거나 사용자가 이를 원격 조정할 수 있다. 여기서 사물이란 가전제품, 모바일 장비, 웨어러블 디바이스 등 다양한 임베디드 시스템으로, 사물인터넷에 연결되는 사물들은 자신을 구별할 수 있는 유일한 IP를 가지고 인터넷으로 연결되어야 한다. 모든 사물이 해킹의 대상이 될 수 있어 사물인터넷의 발달과 보안의 발달은 함께 성장해 나갈 분야이다. 2020년까지 300억 개의 기기에 센서가 부착될 것으로 다보스 포럼에서는 전망하고 있다.

2   인공지능(AI : Artificial Intelligence)

인공지능은 인간이나 다른 동물에 의해 표시되는 자연 지능과 달리 기계에 의해 증명된 지능이다. 환경을 인식하고 목표를 성공적으로 달성할 기회를 최대화하는 시스템으로써, 인간의 학습능력과 추론능력, 지각능력, 자연언어의 이해능력 등을 컴퓨터 프로그램으로 실현한 기술이다. 구글의 딥마인드(DeepMind Tech- nologies Limited)에서 개발하여 이세돌 9단과 대국을 벌인 '알파고'가 대표적인 인공지능 시스템이다.

3   나노기술(Nano Technology)

나노기술은 10억 분의 1미터인 나노미터 단위에 근접한 원자, 분자 및 초분자 정도의 작은 크기 단위에서 물질을 합성, 조립, 제어하며 혹은 그 성질을 측정, 규명하는 기술을 말한다. 나노미터(10억 분의 1미터) 크기는 박테리아 1개 크기의 1000분의 1, 머리카락 굵기의 10만 분의 1에 해당하며, 사람의 몸 안에서 순환시키거나 건설 자재에 섞을 수 있을 정도로 작은 크기이다. 이러한 나노기술의 적용에 의해 성능이 개선되거나 나노물질을 이용한 센서가 기존 센서의 한계를 극복하고 극소형화, 저전력화 및 가격 저렴화에 유리한 기술로 각광받고 있다.

4 자율주행 자동차(Autonomous Vehicle)

운전자의 조작 없이 자동차 스스로 주행환경을 인식하여, 목표지점까지 운행할 수 있는 자동차라는 의미의 용어로, 무인자동차라고도 불린다. 자율주행 자동차 산업은 현재 기술 개발 경쟁이 활발한 분야이나, 아직까지 무인자동차를 완전히 합법화한 나라는 없다. 현재는 구글이 무인자동차 개발과 도로 테스트 활동을 선도하고 있지만, 조만간 직접 운전하기 어려운 사회적 약자를 대신해 운전할 날이 머지않았으며, 이를 통해 사회적 약자들의 삶의 질이 향상될 것으로 전망하고 있다. 또한, 2025년까지 미국 차의 10%가 무인자동차가 될 것으로 예측하였으며, 이 기술은 생명 안전과 공해 저감, 경제 개선을 견인할 잠재력 있는 기술로 평가되고 있다.

5 3D 프린터(3 Dimensional Printer)

3D 프린터는 물질이 함께 첨가되어(액체 분자 또는 분말 입자가 융합되는 등) 3차원 물체를 만들기 위해 컴퓨터 제어 하에 재료가 결합하거나 응고되어 원하는 물건을 만들어 내는 프린터이다. 객체는 거의 모든 모양이나 형상을 가질 수 있으며 일반적으로 3D 모델의 디지털 모델 데이터 또는 AMF 파일(Additive Manufacturing File)과 같은 다른 전자 데이터 소스를 사용하여 생성된다. 3D 프린터로 인해 공장의 개념이 바뀌고, 공급자와 수요자의 구분도 그 한계가 없어질 것으로 예상된다.

6 빅데이터(Big Data)

과거 수 세기에 걸쳐 생성된 데이터들이 불과 몇 개월 만에 생성되고 있는 데이터의 홍수 시대에 우리는 살고 있다. 스마트폰의 혁신과 함께 SNS 사용으로 데이터양이 기하급수적으로 증가하였다. 넘쳐흐르는 데이터를 제대로 수집하여 분석하면 고객들이 어떤 것을 원하고, 어떻게 제품이나 서비스를 이용하는지에 대한 정보를 예측할 수 있다. 예전처럼 개개인에게 전화를 걸어서 리서치를 하지 않아도 된다. 데이터 속에서 주된 고객층의 흐름을 파악하여 거기에 맞는 상품을 제공하는 것이 고객과 기업 모두의 이익이 되기 때문에 빅데이터 활용은 이제 기업 입장에서 선택이 아닌 필수조건이 되는 것이다. 빅데이터는 데이터를 수집, 가공, 분석하여 고객의 행동 패턴을 파악하고, 그에 따른 전략을 수립하기 위한 도구이다.

○X로 점검하자 | 제1장

※ 다음 지문의 내용이 맞으면 ○, 틀리면 ×를 체크하시오. [1 ~ 6]

01 '컴퓨터는 데이터를 처리하여 정보로 변환하는 장치'로 표현할 수 있다. (   )

»»○ 컴퓨터가 어떻게 작동하는지를 이해하기 위해서 데이터, 프로세싱, 정보라는 용어를 이해할 필요가 있다.

02 최초의 프로그램 내장 컴퓨터는 에드박이다. (   )

»»○ 세계 최초의 프로그램 내장 방식 컴퓨터는 에드삭(EDSAC)이고, 최초의 이진수를 사용한 프로그램 내장 컴퓨터는 에드박(EDVAC)이다.

03 컴퓨터는 트랜지스터, 진공관, 집적회로의 순서대로 발전해 왔다. (   )

»»○ 1940년부터 현재에 이르기까지 우리는 컴퓨터를 제1세대부터 제5세대로 구분하는데, 제1세대는 진공관, 제2세대는 트랜지스터, 제3세대는 IC(집적회로), 제4세대는 LSI, VLSI 그리고 제5세대는 ULSI를 사용한다.

04 현대 전자 디지털 컴퓨터의 모델이 되는 것은 폰 노이만 구조이다. (   )

»»○ 1945년 「EDVAC 컴퓨터의 설계 초안」에서 언급한 개념으로, 현대 전자 디지털 컴퓨터의 모델이 되고 있다.

05 나노세크(ns)는 마이크로세크(ms)보다 10,000분의 1이 더 작다. (   )

»»○ 나노세크(ns)는 10^{-9}으로 마이크로세크(ms)인 10^{-6}보다 1,000분의 1이 작다.

06 구성 가능한 컴퓨터시스템 리소스와 상위 수준 서비스를 누구든지 공유하여 사용할 수 있는 시스템으로 필요한 자원이나 서비스 또는 정보를 자신의 컴퓨터가 아닌 인터넷에 연결된 다른 컴퓨터로 처리하는 기술을 클라우딩이라고 한다. (   )

»»○ 클라우드 컴퓨팅은 외부의 자원을 인터넷으로 연결하여 언제 어디서나 필요한 시점에 자원, 정보 및 서비스 등을 공유할 수 있는 환경을 의미한다.

정답 1 ○ 2 × 3 × 4 ○ 5 × 6 ○

제 1 장 | 실전예상문제

01 가공되지 않은 순수한 자료를 컴퓨터의 언어로 변환하여 조직의 목적에 맞는 정보로 가공하는 장치를 컴퓨터라고 한다.

01 산술 및 논리 연산을 수행하는 전자 장치 혹은 데이터를 처리하여 정보로 변환하는 장치를 무엇이라고 하는가?

① 컴퓨터
② 집적회로
③ 클라우드
④ 사물인터넷

02 가공되지 않은 자료를 데이터라고 하며, 데이터(data)를 가공하여 얻은 의미 있는 결과를 정보(information)라고 한다. 정보를 한 번 더 가공하면 지식을 얻을 수 있다. 지식(knowledge)은 교육, 학습, 숙련 등을 통해 사람이 재활용할 수 있는 정보와 기술 등을 포괄하는 의미이다. 지혜(wisdom)는 그 지식이 진실되고 올바르며 지속적으로 적용될 수 있는 것인지를 알아채고 판단할 수 있는 능력을 의미한다.

02 입력된 데이터가 처리되면 그때서야 비로소 가치 있는 결과물을 얻게 되는데, 이처럼 가치 있는 결과물을 무엇이라고 하는가?

① 데이터(data)
② 지혜(wisdom)
③ 지식(knowledge)
④ 정보(information)

03 ① 마크원(MARK-I) : 세계 최초의 기계식 컴퓨터
② 에드박(EDVAC) : 세계 최초의 이진수를 사용한 프로그램 내장 컴퓨터
④ 에드삭(EDSAC) : 최초의 프로그램 내장형 컴퓨터

03 다음 중 컴퓨터와 그 설명이 옳게 연결된 것은?

① 마크원(MARK-I) : 세계 최초의 프로그램 내장형 컴퓨터
② 에드박(EDVAC) : 최초의 프로그램 내장형 컴퓨터
③ 에니악(ENIAC) : 최초의 전자식 컴퓨터
④ 에드삭(EDSAC) : 최초의 이진수를 사용한 프로그램 내장 컴퓨터

정답 (01 ① 02 ④ 03 ③)

04 다음 중 세대별 컴퓨터의 처리 소자가 순서대로 열거된 것은 무엇인가?

① 트랜지스터 – 진공관 – IC – LSI – VLSI

② 진공관 – 트랜지스터 – IC – LSI – VLSI

③ 진공관 – IC – 트랜지스터 – LSI – VLSI

④ 진공관 – 트랜지스터 – IC – VLSI – LSI

04 컴퓨터는 제1세대부터 제5세대까지로 구분할 수 있으며, 세대별로 처리 소자가 다르게 사용되었다. 제1세대는 진공관, 제2세대는 트랜지스터, 제3세대는 IC, 제4세대는 LSI, 그리고 제5세대는 VLSI 또는 ULSI를 사용하였다. VLSI는 제4세대의 소자로서도 사용되기 시작하였다.

05 다음 중 컴퓨터 처리속도 단위를 올바르게 표시한 것은 무엇인가?

① 100만 분의 1초, 밀리세크(ms)

② 10억 분의 1초, 피코세크(ps)

③ 1조 분의 1초, 나노세크(ns)

④ 1천조 분의 1초, 펨토세크(fs)

05 컴퓨터의 처리속도 단위는 다음과 같이 표시된다.

>>>ρ

컴퓨터의 처리속도	단위
1,000분의 1초	밀리세크(ms, 10^{-3})
100만 분의 1초	마이크로세크(μ s, 10^{-6})
10억 분의 1초	나노세크(ns, 10^{-9})
1조 분의 1초	피코세크(ps, 10^{-12})
1천조 분의 1초	펨토세크(fs, 10^{-15})

정답 04 ② 05 ④

06 폰 노이만의 방식은 컴퓨터를 크게 4개의 부분으로 구성하고 프로그램과 데이터 및 명령어를 순차적으로 처리하는 방식으로, 근대 컴퓨터의 모델이 되었다.

07 시스템 소프트웨어에는 운영체제, 드라이버, 펌웨어, 프로그램 번역기 및 유틸리티가 있다. 이 중 운영체제(OS)는 GUI를 통해 사용자와 하드웨어 간의 인터페이스를 제공, 응용 프로그램에 대한 기억 공간 할당 및 관리, 응용 프로그램, 입·출력장치 및 명령어의 관리를 제어, 내부와 외부 장치에 대한 구성 및 관리, 네트워크상에 있는 컴퓨터에 대한 스토리지 관리, 파일 및 응용 프로그램의 보안 관리, 입력 및 출력장치 관리, 장비의 삭제, 설치 및 장애처리, 태스크 매니저와 다른 도구를 활용한 시스템 성능 모니터링 등의 기능을 한다. 운영체제의 대표적인 예로는 개인용 컴퓨터 OS인 Windows 10, Mac OS X, Ubuntu 등이 있다.

08 컴퓨터는 크기와 용량에 따라 슈퍼컴퓨터, 메인컴퓨터, 미니컴퓨터, 마이크로컴퓨터와 임베디드컴퓨터로 구분한다. 아날로그 컴퓨터, 디지털 컴퓨터와 하이브리드 컴퓨터는 데이터 처리방식에 의한 분류이다.

06 다음의 괄호 안의 알맞은 말이 순서대로 연결된 것은?

(㉠)의 방식은 컴퓨터를 입력장치, (㉡), (㉢) 및 (㉣)로 구성하여 기억장치에 프로그램과 데이터를 넣고 (㉤)(으)로 처리하는 방식으로, 오늘날 컴퓨터의 모델이 되고 있다.

① 파스칼 – 출력장치 – 중앙처리장치 – 기억장치 – 순차적
② 폰 노이만 – 출력장치 – 중앙처리장치 – 기억장치 – 순차적
③ 파스칼 – 출력장치 – 중앙처리장치 – 기억장치 – 병렬
④ 폰 노이만 – 출력장치 – 중앙처리장치 – 기억장치 – 병렬

07 다음은 무엇에 대한 설명인가?

시스템 소프트웨어의 종류로서 컴퓨터 하드웨어 및 소프트웨어 리소스를 관리하고 컴퓨터 프로그램에 대한 공통 서비스를 제공한다.

① 운영체제(OS)
② 드라이버
③ 펌웨어
④ 프로그램 번역기

08 다음 중 크기와 용량에 의한 컴퓨터 분류로 해당되지 않는 것은 무엇인가?

① 슈퍼컴퓨터
② 마이크로컴퓨터
③ 메인컴퓨터
④ 하이브리드 컴퓨터

정답 06 ② 07 ① 08 ④

09 다음 중 모든 데이터를 일정한 장소에 모은 후 정해진 시간에 컴퓨터를 이용하여 처리하는 것을 무슨 방식이라고 하는가?

① 온라인(on-line) 방식

② 핫라인 처리(hot line processing) 방식

③ 일괄처리(batch processing) 방식

④ 오프라인(off-line) 방식

10 다음 중 클라우드 컴퓨팅의 종류와 무관한 것은 무엇인가?

① IaaS 방식

② PaaS 방식

③ SaaS 방식

④ FIFO 방식

11 다음 내용에서 괄호 안에 들어갈 말로 옳은 것은?

> 구글의 딥마인드(Deep Mind Technologies Limited)에서 개발하여 이세돌 9단과 대국을 벌인 알파고는 대표적인 (   ) 시스템이다.

① 인공지능

② 3D 프린터

③ 빅데이터

④ 사물 인터넷

Self Check로 다지기 | 제1장

근대 컴퓨터의 역사

① 마크원(MARK-1)은 IBM에서 만든 미국 최초의 대규모 자동 디지털 컴퓨터이며, 세계 최초의 기계식 컴퓨터로서 1944년 2월 하버드 대학교에 설치되었다.

② 에니악(ENIAC : Electronic Numerical Integrator And Computer)은 1943년부터 1946년 까지 약 3년에 걸쳐 제작한 전자식 컴퓨터로서, 현재와 같은 프로그램 기억식이 아니라 프로그램을 배선판에 일일이 배선하는 외부 프로그램 방식으로, 에니악의 내부구조에는 10진수를 채용했다.

③ 에드삭(EDSAC : Electronic Delay Storage Automatic Calculator)은 폰 노이만의 EDVAC 보고서에 영향을 받아 1949년 개발하였다. 에드삭은 최초의 프로그램 내장 컴퓨터로서 소프트웨어만 바꿔 끼우면 되기 때문에 기존 애니악에서 다른 일을 하려면 전기회로를 모두 바꿔줘야 하는 불편함을 제거하였다.

④ 에드박(EDVAC : Electronic Discrete Variable Automatic Computer)은 이전의 에니악, 에드삭 컴퓨터와는 달리 10진수가 아닌 이진수로 처리하였고, 최초의 이진수를 사용한 프로그램 내장 컴퓨터이다. 1949년 미국 미사일연구소에 설치되었다.

⑤ 유니박-1(UNIVAC-1 : Universal Automatic Computer-1)은 최초의 상업용 컴퓨터로서, 과거 IBM과 경쟁을 하던 ㈜유니시스에서 제작한 컴퓨터이다. 1951년 미국 조사통계국에 설치되었다.

컴퓨터의 구조

컴퓨터는 크게 하드웨어(H/W)와 소프트웨어(S/W)로 구성된다. 하드웨어는 전자회로와 기계장치, 입·출력장치(I/O), 중앙처리장치(CPU) 및 기억장치(Memory)의 주요 4가지 장치와 각 구성 장치 간에 데이터를 전달하는 통로인 버스(Bus)로 구성된다. 소프트웨어는 하드웨어를 제어하여 작업을 수행하는 프로그램으로서 명령문과 데이터로 구성되고, 사람이 이해하기 쉬운 컴퓨터 언어를 사용하여 작성할 수 있다. 특히 폰 노이만은 현대 컴퓨터의 모델이 되는 구조를 고안하였다.

컴퓨터의 분류

컴퓨터를 분류하는 방식에는 학자나 메이커 등에 따라서 분류 형태가 다를 수 있지만, 일반적으로는 크기와 용량에 의한 분류, 사용 목적에 의한 분류, 형태에 의한 분류 등으로 구분한다.

클라우드 컴퓨팅

클라우드 컴퓨팅은 구성 가능한 컴퓨터 시스템 리소스와 상위 수준 서비스를 누구든지 공유하여 사용할 수 있는 시스템으로, 필요한 자원이나 서비스 또는 정보를 자신의 컴퓨터가 아닌 인터넷에 연결된 다른 컴퓨터로 처리하는 기술을 의미하는데, 사용자의 관점에서 IaaS, SaaS 및 PaaS로 구분한다.

제 2 장

디지털 논리회로

교육이란 사람이 학교에서 배운 것을 잊어버린 후에 남은 것을 말한다.

– 알버트 아인슈타인 –

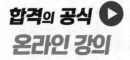

제2장 | 디지털 논리회로

컴퓨터의 출현으로 다양한 과학적, 산업적 발전이 가능하게 되었다. 이는 컴퓨터의 기초 토대를 제공하는 디지털 논리회로의 발전과 시대를 함께 한다. 컴퓨터는 디지털 논리회로로 구성이 되고, 디지털 논리회로는 최근 디지털 기술과 통신기술의 급속한 발전에 힘입어 반도체, 가전제품, 핸드폰 등의 주요 부품으로 사용되고 있다. 또한, 나노 기술, SoC, 멀티미디어, 이동통신, 위성통신, 디지털 통신 및 방송(DTV), 위성인터넷, IMT-2000, 5G, IoT 분야 등의 시스템 구현에 필요한 하드웨어의 중요 부품을 구성하는 데 필요하며, 알게 모르게 여러 가지 실생활에 이용되어 우리들의 삶의 질을 개선해 주고 있다.

논리회로는 AND, OR, NOT, XOR, XNOR, NAND, NOR 등의 논리게이트에 의해서 구성되며, 입력과 출력조건에 따라서 진리표를 만들 수 있다. 진리표를 이용하여 논리식을 작성하고, 작성된 논리식을 간략화하기 위해 카르노맵을 활용한다. 부울함수를 사용하여 논리식을 작성할 경우 간략화하기가 어렵기 때문에 카르노맵을 사용하여 간략화를 진행하면 매우 쉽게 논리식을 간략화할 수 있다. 논리회로는 조합논리회로 및 순차논리회로로 구분된다. 조합논리회로에는 가산기, 감산기, 인코더, 디코더, 멀티플렉서, 디멀티플렉서 등이 있고, 순차논리회로에는 RS 플립플롭, JK 플립플롭, D 플립플롭, T 플립플롭 등이 있다.

제1절　부울대수 [중요]

수학 및 수학 논리에서 **부울대수(Boolean algebra)는 변수의 값이 참(true)과 거짓(false) 즉, 1과 0의 진릿값으로 표시되는 대수의 일종이다.** 변수의 값이 숫자이고 사칙연산이 더하기, 빼기, 곱하기, 나누기인 일반대수와는 달리, 부울연산은 '∨'로 표시되는 합, '∧'로 표시되는 곱 및 '⌐'(또는 ' ')로 표시되는 부정(NOT)이 기본연산이다. 따라서 초등 대수학이 숫자 관계를 설명하는 것과 같은 방식으로 논리적 관계를 설명하는 수학이라고 이해하면 된다. 부울 대수학은 조지 부울(George Boole)이 최초로 저술한 「논리학의 수학적 분석」(The Mathematical Analysis of Logic, 1847)에서 처음 소개되었다. 부울대수는 디지털 전자공학의 발전에 크게 기여하였고, 모든 현대 프로그래밍 언어에 제공되며, 집합 이론 및 통계에 사용되기도 한다.

1 부울대수의 기본 논리기호 [중요]

부울대수는 두 값 중에서 하나의 값만 가질 수 있다. 일반적인 논리에서는 '참' 또는 '거짓'으로 표현되지만, 디지털 컴퓨터에서는 'ON' 또는 'OFF', '1' 또는 '0', 'HIGH' 또는 'LOW'의 값으로 표시된다. 부울대수의 기본 연산은 여러 가지의 부울 연산자(Boolean operator)에 의해서 표시되며, 연산자는 논리기호(논리 게이트)와 진리표로 값을 표시할 수 있다. 논리기호는 다음 형태의 그림으로 표시되며, 디지털 입력은 논리기호의 연산에 의해 해당하는 결괏값을 출력한다. 논리기호, 논리함수 및 진리표는 다음과 같다.

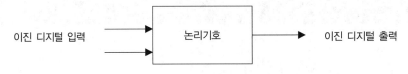

[그림 2-1] 논리기호 구성도

(1) AND 게이트

논리곱(Sum of Production)의 연산을 수행한다. AND 게이트로 들어오는 모든 입력이 '1'일 때만 '1'을 출력하며 그 외의 경우에는 모두 '0'을 출력한다. 두 개의 입력 변수를 X와 Y라고 할 때 논리함수(F)를 표기하는 방법은 X·Y, X AND Y, XY 또는 X∧Y로 표기한다.

논리함수(F) = X·Y = XY = X AND Y = X∧Y

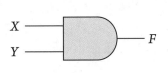

X	Y	F
0	0	0
0	1	0
1	0	0
1	1	1

[AND 게이트의 논리기호]   [AND 게이트의 진리표]

[그림 2-2] AND 게이트의 논리기호 및 진리표

(2) OR 게이트

논리합(Production of Sum)의 연산을 수행한다. OR 게이트로 들어오는 모든 입력값 중에 하나라도 '1'이 있으면, '1'을 출력하고 그 외의 경우에는 '0'을 출력한다. 두 개의 입력 변수를 X와 Y라고 할 때 논리함수(F)를 표기하는 방법은 X OR Y, X + Y 또는 X∨Y로 표기한다.

논리함수(F) = X + Y = X OR Y = X∨Y

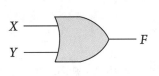

X	Y	F
0	0	0
0	1	1
1	0	1
1	1	1

[OR 게이트의 논리기호]   [OR 게이트의 진리표]

[그림 2-3] OR 게이트의 논리기호 및 진리표

(3) NOT 게이트

논리부정을 의미한다. 변수가 '1'이면 '0'으로, '0'이면 '1'로 출력된다. 즉, 보수의 값을 출력하게 된다.
논리함수를 표기하는 방법은 ~X, NOT X 또는 X′로 표기한다.

논리함수(F) = ~X = X′ = NOT X

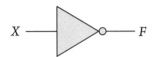

X	$NOT\ X$
0	1
1	0

[NOT 게이트의 논리기호] [NOT 게이트의 진리표]

[그림 2-4] NOT 게이트의 논리기호 및 진리표

(4) XOR 게이트 기출

배타적 OR 게이트(Exclusive OR 게이트)는 입력 변수의 값이 서로 다른 상태가 될 때, '1'을 출력하고
그 외의 경우(즉, 입력 값이 서로 같은 경우)에는 '0'을 출력한다. 두 개의 입력 변수를 X와 Y라고 할
때 논리함수(F)를 표기하는 방법은 X XOR Y, X⊕Y로 표기한다.

논리함수(F) = X XOR Y = X⊕Y

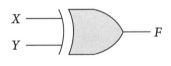
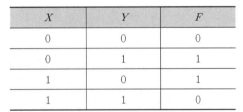

X	Y	F
0	0	0
0	1	1
1	0	1
1	1	0

[XOR 게이트의 논리기호] [XOR 게이트의 진리표]

[그림 2-5] XOR 게이트의 논리기호 및 진리표

(5) NOR 게이트

NOT OR 게이트로서, OR 게이트의 반대되는 값을 출력한다. 즉, 입력값이 모두 '0'일 경우에만 '1'을
출력하고 그 외의 경우는 '0'을 출력한다. 두 개의 변수를 X, Y라고 할 때 논리함수를 표기하는 방법은
$\overline{X+Y}$ 이다.

논리함수(F) = $\overline{(X+Y)}$

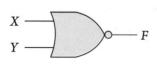

X	Y	F
0	0	1
0	1	0
1	0	0
1	1	0

[NOR 게이트의 논리기호]　　　　　[NOR 게이트의 진리표]

[그림 2-6] NOR 게이트의 논리기호 및 진리표

(6) NAND 게이트

NOT AND 게이트로서, AND 게이트의 반대되는 값을 출력한다. 즉, 입력값이 모두 '1'일 경우에는 '0'을 출력하고 그 외의 경우는 모두 '1'을 출력한다. 두 개의 변수를 X, Y라고 할 때 논리함수를 표기하는 방법은 $\overline{X \cdot Y}$, $\overline{X\ AND\ Y}$, $\overline{XY}$ 또는 $\overline{X \wedge Y}$ 이다.

$$논리함수(F) = \overline{X \cdot Y},\ \overline{X\ AND\ Y},\ \overline{XY},\ \overline{X \wedge Y}$$

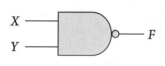

X	Y	F
0	0	1
0	1	1
1	0	1
1	1	0

[NAND 게이트의 논리기호]　　　　　[NAND 게이트의 진리표]

[그림 2-7] NAND 게이트의 논리기호 및 진리표

(7) XNOR 게이트

배타적 NOR 게이트(Exclusive NOR 게이트)는 XOR 게이트의 반대되는 값을 출력한다. 두 개의 입력값이 서로 다른 경우에는 '0'을 출력하고 입력값이 모두 같은 경우에는 '1'을 출력한다. X, Y 두 개의 입력 값이 있을 때 논리함수는 $\overline{X \oplus Y}$ 이다.

$$논리함수(F) = \overline{(X \oplus Y)}$$

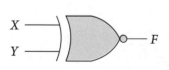

X	Y	F
0	0	1
0	1	0
1	0	0
1	1	1

[XNOR 게이트의 논리기호]　　　　　[XNOR 게이트의 진리표]

[그림 2-8] XNOR 게이트의 논리기호 및 진리표

[표 2-1] 논리기호명, 논리기호

논리기호명	논리기호	논리함수	의미
AND	A B $\rightarrow X$	$X = AB$	입력값이 모두 '1'일 경우에만 '1'을 출력하고, 그 외의 경우는 '0'을 출력
OR	A B $\rightarrow X$	$X = A + B$	입력값이 모두 '0'일 경우에만 '0'을 출력하고, 그 외의 경우는 '1'을 출력
NAND (NOT AND)	A B $\rightarrow X$	$X = \overline{AB}$	입력값이 모두 '1'일 경우에만 '0'을 출력하고, 그 외의 경우는 '1'을 출력
NOR (NOT OR)	A B $\rightarrow X$	$X = \overline{A + B}$	입력값이 모두 '0'일 경우에만 '1'을 출력하고, 그 외의 경우는 '0'을 출력
XOR (Exclusive OR)	A B $\rightarrow X$	$X = A \oplus B$	입력값이 서로 다를 경우에만 '1'을 출력하고, 그 외의 경우는 '0'을 출력
XNOR (Exclusive NOR)	A B $\rightarrow X$	$X = \overline{A \oplus B}$	입력값이 모두 같을 경우에만 '1'을 출력하고, 그 외의 경우는 '0'을 출력
NOT	A $\rightarrow X$	$X = \overline{A}$	입력값의 반대 값을 출력

2 부울대수의 기본 정리 〔중요〕〔기출〕

부울대수는 디지털 회로를 단순화하는 유용하고 효과적인 방법이다. 이를 통해 회로의 제작비용을 낮추고 디지털 회로의 속도와 효율을 높일 수 있을 뿐만 아니라, 회로의 구조를 간략화할 수 있다. 디지털 회로는 논리 게이트로 구성되는데, 논리 게이트는 간단한 논리 계산을 수행하는 기본적인 디지털 구성요소이다. 모든 논리 게이트는 적어도 하나의 입력과 정확히 하나의 출력을 가지며, 모든 입력은 '0'(전류 없음)과 '1'(전류 있음)의 두 가지 상태만 취할 수 있다.

다중 논리 게이트는 케이블로 연결되어 복잡한 디지털 회로를 형성할 수 있다. 논리 게이트의 출력은 다른 논리 게이트의 입력에 연결될 수 있고, 여러 논리 게이트가 함께 작동하면 복잡한 수학 계산을 수행하고 데이터를 기억할 수 있다. 일반 대수처럼 부울대수도 교환법칙, 결합법칙, 분배법칙(배분법칙) 등과 같이 기본법칙이 성립한다.

(1) 교환법칙

논리곱이나 논리합을 연산(곱하거나 더할 때)할 때 그 순서가 바뀌어도 동일하다는 법칙이다. 즉, A + B와 B + A의 결과는 같다는 법칙이다.

(2) 결합법칙

AND나 OR 연산을 할 때 3개 이상의 논리합이나 논리곱은 어느 것이나 2개씩 묶어서 먼저 계산해도 그 곱이나 합은 변하지 않는다는 법칙이다.

(3) 분배법칙

세 개의 변수 A, B, C는 다음과 같이 결합하여 사용한다.

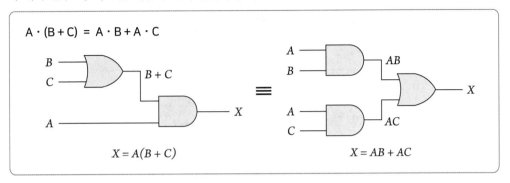

(4) 부울대수의 규칙

① A + 0 = A

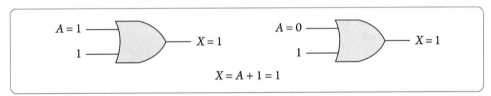

② A + 1 = 1

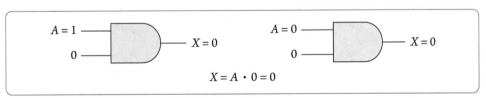

③ A · 0 = 0

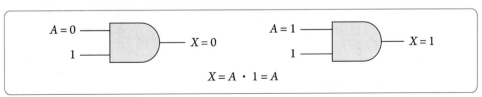

④ A · 1 = A

⑤ A + A = A

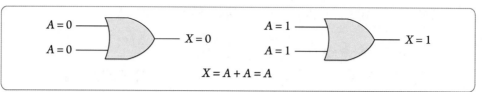

⑥ A + A′ = 1

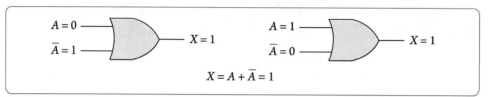

⑦ A · A = A

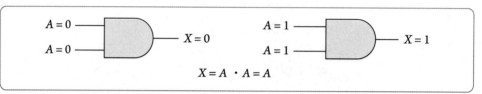

⑧ A · A′ = 0

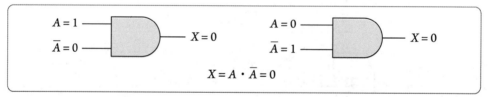

⑨ (A′)′ = A

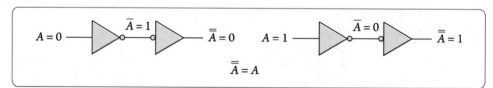

⑩ A + AB = A

A	B	AB	$A + AB$
0	0	0	0
0	1	0	0
1	0	0	1
1	1	1	1

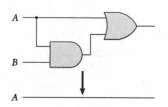

A + AB = A가 된다는 것을 부울대수의 규칙을 이용하여 증명해 보자.

A + AB = A(1 + B) = A

이처럼, 2개 이상의 변수 관계는 진리표를 이용하거나 부울대수의 규칙을 이용하여 증명할 수 있다.

⑪ A + A′B = A + B

A	B	$\overline{A}B$	$A+\overline{A}B$	$A+B$
0	0	0	0	0
0	1	1	1	1
1	0	0	1	1
1	1	0	1	1

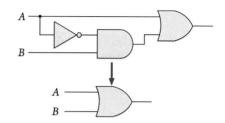

A + A′B

= (A + A′)(A + B)   (⑫번 법칙에 의해서)

= A + B

⑫ (A + B)(A + C) = A + BC

A	B	C	$A+B$	$A+C$	$(A+B)(A+C)$	BC	$A+BC$
0	0	0	0	0	0	0	0
0	0	1	0	1	0	0	0
0	1	0	1	0	0	0	0
0	1	1	1	1	1	1	1
1	0	0	1	1	1	0	1
1	0	1	1	1	1	0	1
1	1	0	1	1	1	0	1
1	1	1	1	1	1	1	1

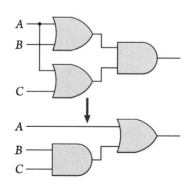

(5) 드 모르간의 법칙

명제 논리와 부울 대수학에서 드 모르간(De Morgan)의 법칙은 추론 규칙으로, 19세기 영국의 수학자 아우구스투스 드 모르간(Augustus De Morgan)의 이름을 따서 명명되었다. 그는 어떤 수의 곱의 부정은 각각의 부정의 합과 같고, 어떤 수의 합의 부정은 각각의 부정의 곱과 같다고 정리하였다. 드 모르간의 제1법칙과 제2법칙은 다음과 같다.

① $(A + B)' = A'B'$ (드 모르간 제1법칙)

A	B	A + B	(A + B)′	A′	B′	A′B′
0	0	0	1	1	1	1
0	1	1	0	1	0	0
1	0	1	0	0	1	0
1	1	1	0	0	0	0

② $(AB)' = A' + B'$ (드 모르간 제2법칙)

A	B	AB	(AB)′	A′	B′	A′ + B′
0	0	0	1	1	1	1
0	1	0	1	1	0	1
1	0	0	1	0	1	1
1	1	1	0	0	0	0

다음은 복잡한 논리도에 부울대수를 적용했을 때 간소화되는 예를 보여주는 것이다.

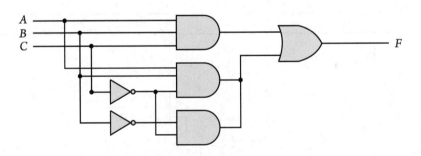

[그림 2-9] F = ABC + ABC′ + B′C′ 회로 구성도

위의 논리회로는 다음과 같은 출력을 한다.

$$F = ABC + ABC' + B'C'$$

이 회로를 구성하는 게이트의 개수는 2개의 NOT 게이트, 3개의 AND 게이트와 1개의 OR 게이트의 총 6개의 게이트로 구성되는데, 이것을 부울대수를 사용하여 간소화 작업을 하면 다음과 같이 5개의 게이트로 간소화할 수 있다.

$$F = ABC + ABC' + B'C'$$
$$= AB(C + C') + B'C'$$
$$= AB + B'C'$$

부울대수를 이용하면 복합한 수식을 간소화할 수 있고 결과적으로는 복잡한 전자회로를 더욱 간단하게 구성할 수 있다는 장점이 있다. 다음의 함수를 부울대수를 이용하여 간소화하자.

$$F = (A + C)(AD + AD') + AC + C$$
$$= (A + C)A(D + D') + AC + C$$
$$= (A + C)A + AC + C$$
$$= A((A + C) + C) + C$$
$$= A(A + C) + C$$
$$= AA + AC + C$$
$$= A + (A + 1)C$$
$$= A + C$$

여러 개의 부울대수 규칙을 사용해서 수식을 간소화하였지만, 수식을 기억하고 적절하게 적용하지 못하면 간소화하기가 쉽지 않다. 또한, 수식을 체계적으로 적용하기 어렵고, 간소화를 더 할 수 있는데 간혹 그 부분을 놓쳐 완전한 간소화를 하지 못하는 경우도 있다. 이러한 문제점을 보완하기 위해 카르노맵 방법을 사용한다.

3 카르노맵(Karnaugh map) 중요 기출

카르노맵은 부울대수 표현을 단순화하는 방법으로, 실제 논리 요구사항을 최소한의 물리적 논리 게이트를 사용하여 구현할 수 있도록 사용되는 방식이다. 카르노맵을 이해하기 위한 몇 가지 중요한 규칙이 있다.

- 입력 변수를 기준으로 맵을 만든다(n = 입력 변수의 개수, 맵 = 2^n).
- 입력 변수의 한 개의 비트만 변하도록 배열한다(00, 01, 11, 10).
- 출력이 '1'인 최소항을 맵에 표시한다. 진리표에서 변수의 각 조합을 최소항(Minterm)이라 부른다.
- 가능한 큰 묶음으로 그룹화한다.
- 묶음은 2^n으로 1, 2, 4, 8개의 셀로 묶는다(n = 0, 1, 2, ...).
- 보수 관계에 있는 변수는 서로 상쇄한다.
- 카르노맵에서 유도한 부울함수는 논리곱의 합(SOP : Sum of Production)으로 표시한다.

(1) 입력 변수가 2개인 카르노맵

입력 변수가 2개(x, y)인 경우 카르노맵은 다음과 같이 그릴 수 있다.

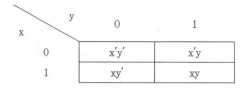

[그림 2-10] 입력 변수가 2개인 카르노맵

(2) 입력 변수가 3개인 카르노맵

입력 변수가 3개(x, y, z)인 경우 '1'의 출력값을 넣을 카르노맵은 다음과 같이 그릴 수 있다.

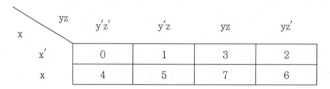

[그림 2-11] 입력 변수가 3개인 카르노맵

그리고 카르노맵은 좌측부터 우측으로, 위로부터 아래로 0, 1, ..., 6, 7의 위치를 갖는다.
위의 내용을 진리표로 풀어보자.

[표 2-2] 입력 변수가 3개인 카르노맵에 대한 진리표

민텀항(M)	x	y	z	부울함수(F)
0	0	0	0	0
1	0	0	1	0
2	0	1	0	1
3	0	1	1	1
4	1	0	0	1
5	1	0	1	1
6	1	1	0	0
7	1	1	1	0

진리표와 카르노맵을 대응시켜 보면, 카르노맵의 위의 행은 0, 1, 2, 3의 민텀값을 갖고, 아래 행은 4, 5, 6, 7의 민텀값을 갖는다. 그리고 변수 y와 z가 다음과 같은 입력값을 갖는다.

x \ yz	00	01	**10**	**11**
0	0	1	2	3
1	4	5	6	7

여기서 유의해야 할 점은 '10'의 입력값과 '11'의 입력값 위치가 서로 바뀐다는 사실이다.

x \ yz	00	01	**11**	**10**
	0	1	3	2
	4	5	7	6

위의 진리표는 민텀항(최소항) 2번째, 3번째, 4번째, 5번째 항이 1을 출력한다는 것을 보여주고 있다. 이것을 민텀항 '1'을 출력하는 부울함수로 정리하여 표현해 보자.

$$F(x, y, z) = \sum(2, 3, 4, 5) = x'yz' + x'yz + xy'z' + xy'z$$

이 부울대수를 카르노맵으로 표시하면 다음과 같다.

x \ yz	00	01	**11**	**10**
0			1	1
1	1	1		

(3) 입력 변수가 4개인 카르노맵

입력 변수가 4개(w, x, y, z)인 경우 카르노맵은 다음과 같이 그릴 수 있다.

wx \ yz	$y'z'$	$y'z$	yz	yz'
$w'x'$	0	1	3	2
$w'x$	4	5	7	6
wx	12	13	15	14
wx'	8	9	11	10

[그림 2-12] 입력 변수가 4개인 카르노맵

(4) 카르노맵의 간소화

카르노맵은 일반적으로 변수가 3개인 카르노맵을 많이 사용하므로 변수가 3개인 입력값을 예로 들어 카르노맵의 간소화에 대해서 학습하기로 하자. 앞에서 변수가 3개인 카르노맵을 다음과 같이 표시했다.

$$F(x, y, z) = \sum(2, 3, 4, 5) = x'yz' + x'yz + xy'z' + xy'z$$

x \ yz	00	01	11	10
0			1	1
1	1	1		

간소화 규칙에 의해 간소화를 하면 다음과 같이 묶음으로 표시할 수 있다.

x \ yz	00	01	11	10
0			1	1
1	1	1		

카르노맵에서 유도한 부울함수는 논리곱의 합으로 표시하므로, 상단의 묶음은 yz와 yz'에서 z와 z'는 신호가 서로 상쇄되어 y가 남고, 좌측의 변수 x와 논리곱의 형태인 x'y로 간소화된다. 하단 묶음은 y'z' 와 y'z에서 z와 z'가 상쇄되어 y' 신호가 남고, 좌측의 신호인 x와 결합하여 xy'라는 논리곱이 만들어진다. 따라서 간소화한 부울함수는 F = x'y + xy'가 된다. 간소화의 결과 4개의 항이 2개의 항으로 간소화되었다. 다음의 4변수 카르노맵도 간소화하자.

wx \ yz	y'z'	y'z	yz	yz'
w'x'	1	1		1
w'x	1	1		1
wx	1	1		1
wx'	1	1		1

위의 카르노맵은 다음과 같이 2묶음으로 생각할 수 있다. 큰 묶음을 정리하면 y'이 남고, 작은 묶음을 정리하면 yz'이 남으므로 간소화한 부울함수 F = y' + yz'이 된다. 원래의 부울함수는 다음과 같다.

$F(w, x, y, z) = \sum(0, 1, 2, 4, 5, 6, 8, 9, 10, 12, 13, 14) = w'x'y'z' + w'x'y'z + w'x'yz' + w'xy'z'$
$+ w'xy'z + w'xyz' + wx'y'z' + wx'y'z + wx'yz' + wxy'z' + wxy'z + wxyz'$

이처럼 매우 복잡한 회로를 구성하였지만, 간소화한 결과 $F = y' + yz'$로, 12개의 회로 구성을 단 2개의 회로로 구성할 수 있다.

(5) 돈케어(Don't care) 조건

카르노맵을 이용하여 간소화를 하다 보면 간혹 다음과 같은 경우에 직면할 수 있다.

x \ yz	00	01	11	10
0	1		1	1
1				

x \ yz	00	01	11	10
0	1		1	
1	1			

카르노맵으로 간소화하려면 첫 번째 맵의 경우에는 '1'의 민텀항에, 두 번째 맵의 경우에는 '7'의 민텀항에 출력값이 표시된다면 더욱 쉽게 간소화할 수 있다는 것을 알 수 있다. 이처럼 **간소화를 위해 맵의 민텀항에 '1'의 값을 넣어 간소화에 도움을 주는 조건을 '돈케어' 조건**이라 하고 맵에 표시할 때는 'x' 또는 'd'로 표시한다. 이러한 입력값은 출력값에 영향을 주지 않기 때문에 회로를 설계할 때나, 고도로 최적화된 어셈블리 또는 기계 코드 개발에도 사용될 수 있다.

제2절 조합논리회로 중요 기출

조합논리회로(Combinational logic circuits)는 기억 능력이 없는 디지털 논리회로로, 출력은 주어진 순간의 현재 입력 상태, 즉 논리 '0' 또는 논리 '1'의 논리적 기능에 의해서만 결정되는 회로이다. 결과적으로 조합논리 회로에는 피드백이 없고, 입력에 적용되는 신호의 변경 사항은 즉시 출력에 영향을 준다. 조합논리회로에서 출력은 입력의 조합에 항상 의존한다. 조합논리회로에는 기본 논리 게이트인 AND, OR, NAND, NOR, XOR, XNOR, NOT 게이트들과 논리 게이트를 이용하여 구성할 수 있는 반가산기와 전가산기, 디코더와 인코더, 멀티플렉서와 디멀티플렉서가 있다. 조합논리회로는 입력값에 대한 출력값이 항상 투명하게 정해져 있다.

[그림 2-13] 조합논리회로의 블록도

조합논리회로의 기능은 부울함수, 진리표 및 논리회로로 표시할 수 있고, 조합논리회로는 다음과 같이 분류한다.

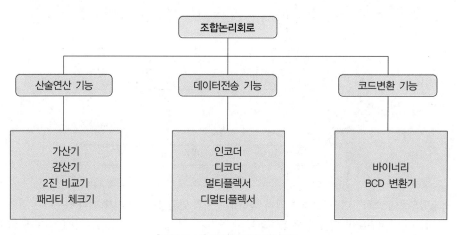

[그림 2-14] 조합논리회로의 분류

1 산술연산 기능 조합논리회로 _{종요}

(1) 가산기(Adder)

가산기는 숫자의 덧셈을 수행하는 디지털 회로로서, 많은 컴퓨터 및 다른 종류의 프로세서에서 산술논리장치 또는 ALU에 가산기가 사용된다. 가산기는 2진화 10진수(BCD 코드, 8421 코드) 또는 3초과 코드(excess-3)와 같이 다양한 수의 표현 방식으로 표시할 수 있지만, 가장 일반적인 가산기는 2진수로 동작한다.

① 반가산기(HA : Half Adder)

반가산기는 두 개의 이진수 A와 B를 더하여 두 개의 출력, 합(S : Sum)과 캐리(C : Carry)를 출력한다. 캐리 신호는 다중 비트 가산에서 다음 비트로의 오버플로우를 나타낸다. 다음은 반가산기의 블록 구성도이다.

[그림 2-15] 반가산기 블록도

가장 간단한 반가산기 설계는 합(S)에 대한 XOR 게이트와 올림수(C)에 대한 AND 게이트로 구성한다. 반가산기의 진리표는 다음과 같다.

[표 2-3] 반가산기 진리표

입력		출력	
A	B	합(S, sum)	올림수(C, carry)
0	0	0	0
0	1	1	0
1	0	1	0
1	1	0	1

합계(S)에 대한 부울논리는 S = A'B + AB'로 배타적 OR 연산을 출력한다. 반면 캐리(C)는 C = AB로 논리곱 연산을 출력한다.

$$S = A'B + AB' = A \oplus B$$
$$C = AB$$

반가산기의 입력 변수를 가산 비트라고 한다. 반가산기의 회로도는 다음과 같다.

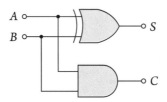

[그림 2-16] 반가산기 회로도

② 전가산기(FA : Full Adder) 기출

전가산기는 반가산기와 달리 캐리의 값을 고려하여 계산하는 가산기이다. 1비트 전가산기는 입력 변수 A, B 및 C_{in} 등 3개의 1비트 변수를 더하여 계산을 처리한다. A와 B는 입력 피연산자이고, C_{in}은 아랫자리에서 발생한 올림수이다. 전가산기 회로는 2개의 반가산기 회로를 OR 게이트로 연결하여 간단히 구현할 수 있다. 다음은 전가산기의 블록 구성도이다.

[그림 2-17] 전가산기 블록도

전가산기의 진리표는 다음과 같다.

[표 2-4] 전가산기 진리표

입력			출력	
A	B	올림수(C_{in})	합(S)	올림수(C_{out})
0	0	0	0	0
0	0	1	1	0
0	1	0	1	0
0	1	1	0	1
1	0	0	1	0
1	0	1	0	1
1	1	0	0	1
1	1	1	1	1

S와 C에 대한 부울 논리값은 다음과 같이 표현된다.

$$S = A \oplus B \oplus C_{in}$$
$$C_{out} = C_{in}(A \oplus B) + AB$$

위의 부울 함수값을 부울대수를 이용하여 증명해 보자.

$$
\begin{aligned}
S &= A'B'C + A'BC' + AB'C' + ABC \\
&= A'(B'C + BC') + A(B'C' + BC) \\
&= A'(B \oplus C) + A(B \oplus C)' \quad (B \oplus C를\ X로\ 치환하면,) \\
&= A'X + AX' \\
&= A \oplus X \\
&= A \oplus (B \oplus C) \\
&= A \oplus B \oplus C
\end{aligned}
$$

$$
\begin{aligned}
C_{out} &= A'BC_{in} + AB'C_{in} + ABC'_{in} + ABC_{in} \\
&= C_{in}(A'B + AB') + AB(C'_{in} + C_{in}) \qquad \therefore C'_{in} + C_{in} = 1 \\
&= C_{in}(A \oplus B) + AB
\end{aligned}
$$

다음은 전가산기의 회로도이다.

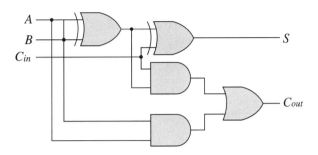

[그림 2-18] 전가산기 회로도

(2) 감산기(Subtracter) 중요

① 반감산기(HS : Half Subtracter)

반감산기는 뺄셈을 위해 사용되고 피감수(A)와 감수(B)의 두 개 입력은 차이(Difference) 출력과 빌림수(Borrow) 출력을 제공한다. 다음은 반감산기의 블록 구성도이다.

[그림 2-19] 반감산기 블록도

진리표와 회로도는 다음과 같다.

입력		출력	
A	B	차이(D, Difference)	빌림수(B, Borrow)
0	0	0	0
0	1	1	1
1	0	1	0
1	1	0	0

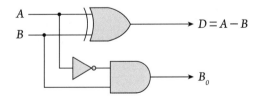

[그림 2-20] 반감산기 진리표와 회로도

② **전감산기**(FS : Full Subtracter)

전감산기도 반감산기처럼 2비트 뺄셈을 수행하며, 하나는 피감수이고 다른 하나는 감수이다. 전감산기에서 '1'은 이전에 인접한 하위 비트에 의해 차용된다. 따라서 전감산기의 입력에는 3비트가 필요하다. 차이(D : Difference)와 빌림(B : Borrow)의 2개의 출력이 발생한다. 블록 구성도는 다음과 같다.

[그림 2-21] 전감산기 블록도

다음은 진리표와 카르노맵으로 함수값을 간소화한 그림이다.

입력			출력	
A	B	빌림수(B_{in})	차이(D)	빌림수(B_{out})
0	0	0	0	0
0	0	1	1	1
0	1	0	1	1
0	1	1	0	1
1	0	0	1	0
1	0	1	0	0
1	1	0	0	0
1	1	1	1	1

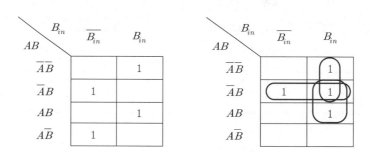

[그림 2-22] 전감산기 진리표와 카르노맵

다음은 카르노맵의 간소화가 진행된 식이다.

$$D = (A, B, B_{in}) = \sum(1, 2, 4, 7)$$
$$= A'BB'_{in} + AB'B'_{in} + A'B'B_{in} + ABB_{in}$$
$$= (A'B + AB')B'_{in} + (A'B' + AB)B_{in}$$
$$= (A \oplus B)B'_{in} + (A \oplus B)'B_{in}$$
$$= A \oplus B \oplus B_{in}$$

$$B_{out} = (A, B, B_{in}) = \sum(1, 2, 3, 7)$$
$$= A'B'B_{in} + A'BB'_{in} + A'BB_{in} + ABB_{in}$$
$$= (A'B' + AB)B_{in} + (B_{in} + B'_{in})A'B$$
$$= (A \oplus B)'B_{in} + A'B$$

간소화로 얻어진 값으로 논리도를 그리면 다음과 같다.

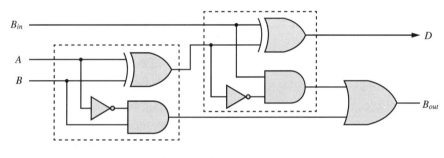

[그림 2-23] 전감산기 회로도

(3) 2진 비교기(Binary comparator) 중요

디지털 비교기(digital comparator)라고도 불리는 2진 비교기는 AND, NOR 및 NOT 게이트로 구성되어 입력 단자에 있는 디지털 신호를 비교하고 해당 입력 조건에 따라 출력을 생성한다. 두 수를 비교하여 입력 A의 값이 입력 B의 값보다 크거나, 작거나, 같은지 여부를 결정한다. 2진 비교기의 목적은 A(A1, A2, A3, …)와 B(B1, B2, B3, …)의 값을 비교하여 비교 결과에 따라 출력조건 또는 플래그를 생성한다. 예를 들어, 1비트 2진 비교기는 다음의 3가지 조건을 출력한다.

$$A > B, \ A = B, \ A < B$$

이것은 위의 세 조건 중 하나가 만족할 때 두 변수를 비교하고 출력을 생성하려는 경우에 유용하다. 특정 카운트 수에 도달하면 카운터에서 출력을 생성하게 하도록 하는 경우가 한 가지 예가 될 수 있다. 1비트 진리표와 회로도는 다음과 같다.

입력		출력		
A	B	A 〉 B	A = B	A 〈 B
0	0	0	1	0
0	1	0	0	1
1	0	1	0	0
1	1	0	1	0

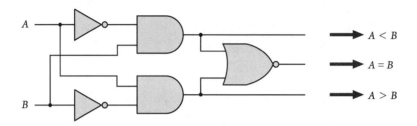

[그림 2-24] 1비트 비교기의 진리표와 회로도

(4) 패리티 생성기 · 검사기(Parity generator · checker) 중요

배타적 OR(XOR) 게이트의 중요한 응용 분야가 바로 패리티를 생성하는 것이다. 패리티는 잡음 등의 원인으로 전송한 데이터에서 에러를 탐지하는 용도로 사용한다. 패리티 비트는 데이터 워드에 추가되는 여분의 비트이며 홀수 또는 짝수 패리티일 수 있다. 짝수 패리티(even parity) 시스템에서는 모든 비트 (패리티 비트 포함)의 합계는 짝수여야 하고, 홀수 패리티(odd parity) 시스템에서는 모든 비트의 합은 홀수여야 한다.

송신기에서 패리티 비트를 생성하는 회로를 패리티 생성기(parity generator)라고 하고, 수신된 데이터 가 정확한지를 결정하는 회로는 패리티 검사기(parity checker)라고 한다. 패리티는 단일 비트 오류만 탐지하는 데 적합하다. 패리티 생성기와 패리티 검사기는 모두 배타적-OR 게이트를 사용하여 구축할 수 있다. 짝수 패리티를 생성하기 위해 데이터 비트는 하나의 출력만 남을 때까지 두 그룹으로 함께 XOR 연산을 하고, 이 출력이 패리티 비트이다. 홀수 패리티를 생성하려면 짝수 패리티를 반전시킨다.

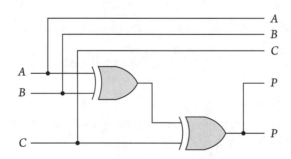

[그림 2-25] 4비트 짝수 패리티 코드 생성기 및 체크기

2 데이터전송 기능 조합논리회로 ^{중요}

(1) 인코더(Encoder)

인코더는 2^n개의 입력 라인이 있고 그중 하나만이 하이(High)일 때, 2진 코드가 n비트 출력 라인을 생성하는 회로이다. 예를 들어, 4×2 단순 인코더는 4개의 입력 비트를 취하여 2개의 출력 비트를 생성한다. 다음은 2^n개의 입력과 n개의 출력을 하는 인코더의 블록 구성도이다.

[그림 2-26] 인코더 블록도

4×2 인코더의 블록 구성도로 진리표와 회로도를 그리면 다음과 같다.

[그림 2-27] 4×2 인코더 블록도

입력				출력	
A_0	A_1	A_2	A_3	X	Y
1	0	0	0	0	0
0	1	0	0	0	1
0	0	1	0	1	0
0	0	0	1	1	1

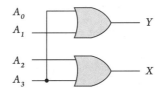

[그림 2-28] 인코더 진리표와 회로도

진리표에서 부울함수는 다음과 같이 쓸 수 있고, A_0값은 출력과 관계가 없으므로 배제된다.

$$X = A_2 + A_3$$
$$Y = A_1 + A_3$$

(2) 디코더(Decoder)

2진 디코더는 n개의 2진 입력 정보를 2^n개의 출력 정보로 변화하는 회로로서, 인코더의 반대 기능을
수행한다. 디코더는 여러 개의 장치 중에서 특정 값을 선택하는 용도로 사용된다. 다음은 디코더의 블
록 구성도이다.

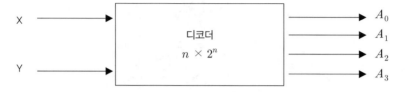

[그림 2-29] 디코더 블록도

진리표와 회로도는 다음 그림과 같다.

입력		출력			
X	Y	A_0	A_1	A_2	A_3
0	0	1	0	0	0
0	1	0	1	0	0
1	0	0	0	1	0
1	1	0	0	0	1

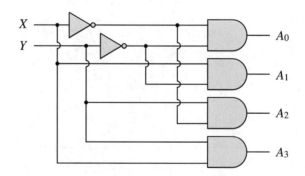

[그림 2-30] 디코더 진리표와 회로도

2진 디코더는 단독형 집적회로(IC : Integrated Circuit) 또는 복잡한 집적회로의 일부분으로 사용된다.

(3) 멀티플렉서(MUX : Multiplexer)

멀티플렉싱(Multiplexing)은 하나 이상의 아날로그 또는 디지털 신호를 서로 다른 시간 또는 다른 속도
로 통신회선을 통해 전송하는 작업을 설명하는 데 사용되는 일반적인 용어로, 이를 위해 사용하는 장치
를 멀티플렉서라고 한다. 멀티플렉서는 제어 신호의 적용으로 여러 입력 라인 중 하나를 단일 공통 출력
라인으로 전환하도록 설계된 조합논리회로이다. 멀티플렉서는 '채널'이라고 하는 여러 입력 라인을 한

번에 하나씩 출력에 연결하거나 제어하는 스위치처럼 작동한다. 다음은 블록 구성도이다.

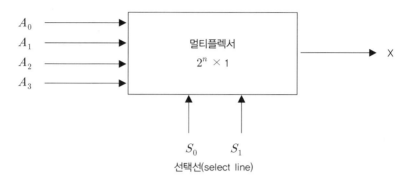

[그림 2-31] 멀티플렉서 블록도

선택선에 의해서 특정 입력선의 값이 출력된다.

입력		출력
S_0	S_1	X
0	0	A_0
0	1	A_1
1	0	A_2
1	1	A_3

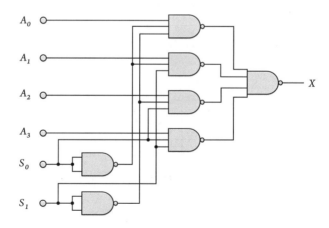

[그림 2-32] 멀티플렉서 진리표와 회로도

선택선이 '00'이면 A_0가 출력이 되고, '01'인 경우는 A_1, '10'이면 A_2, 그리고 '11'이면 A_3가 출력된다.

(4) 디멀티플렉서(DEMUX : Demultiplexer)

디멀티플렉서는 멀티플렉서의 반대 기능을 수행하는 회로이다. 데이터 분배기 또는 디먹스(demux)라고 한다. 하나의 입력선과 n개의 선택선 그리고 2^n개의 출력선으로 회로가 구성된다. 1개의 입력선을 선택선이 하나의 출력선으로 출력하는 논리회로다. 다음은 디멀티플렉서의 블록 구성도이다.

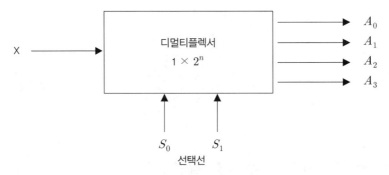

[그림 2-33] 디멀티플렉서 블록도

진리표와 논리회로는 다음과 같다.

입력(선택선)		출력			
S_0	S_1	A_0	A_1	A_2	A_3
0	0	1	0	0	0
0	1	0	1	0	0
1	0	0	0	1	0
1	1	0	0	0	1

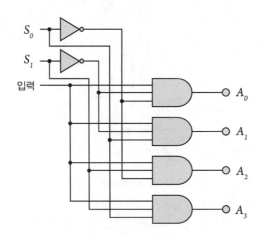

[그림 2-34] 디멀티플렉서 진리표와 회로도

입력선으로 들어온 데이터는 S_0, S_1의 조합에 의해서 선택선의 입력값이 '00'이면 A_0, '01'이면 A_1, '10'이면 A_2, '11'이면 A_3로 출력된다.

3 코드 변환기(Code converter) 중요

2진(Binary) 코드를 똑같은 값의 그레이 코드로 변환하는 논리회로를 바이너리-그레이 코드 변환기(Binary to Gray code converter)라고 한다. 그레이 코드는 값이 증가할 때마다 하나의 비트만 변화하는 특성이 있고, 주로 데이터 전송을 위한 용도나 아날로그 신호를 디지털 신호로 변환하는 용도로 많이 사용한다. 코드 변환은 바이너리 코드를 그레이 코드로 변환(binary to gray)하거나, 그레이 코드를 바이너리 코드로 변환(gray to binary)하는 두 가지 경우가 있다.

(1) 바이너리-그레이 코드 변환 회로

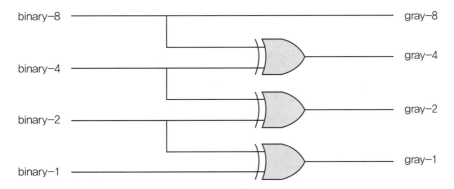

최상위(MSB)비트는 바이너리 코드의 입력값이 그대로 gray-8의 값이 되고, 그다음 비트는 상위 바이너리 비트값과 자기 자신의 비트값을 XOR한 결괏값이 그레이 코드값이 된다.

(2) 그레이-바이너리 코드 변환 회로

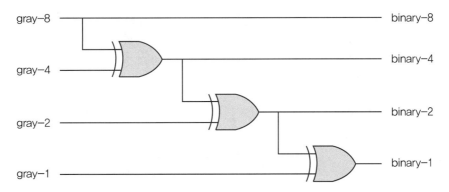

최상위(MSB)비트는 그레이 코드의 입력값이 그대로 binary-8(바이너리 코드값의 최상위 값)이 되고, 그다음 비트는 상위 바이너리 코드값과 자기 자신의 비트값을 XOR한 결괏값이 바이너리 코드값이 된다.

제3절   순차논리회로 _{종요}

순차논리회로(Sequential logic circuit)는 입력 신호에 적용되는 상태에 따라 상태를 변경하는 조합논리회로
와는 달리 '플립플롭(F/F : Flip-Flop)'이라고 하는 고유한 '메모리'가 내장되어 있다. 이것은 순차논리회로가
이전의 입력 상태뿐만 아니라 현재의 상태를 고려할 수 있다는 것을 의미한다. 따라서, 순차논리회로의 출력
상태는 '현재 입력', '과거 입력' 및 (또는) '과거 출력'의 세 가지 상태를 나타낼 수 있다. '순차적'이란 의미는
순서에 의거해서 연속적으로 발생하는 것을 의미하며, 순차논리회로에서 클록 신호(Clock signal)는 다음의
행위가 일어날 시기를 결정한다. 간단한 순차논리회로는 플립플롭, 래치(Latch) 및 카운터와 같은 표준 쌍안정
회로(standard bi-stable circuit)로 구성할 수 있으며 필요한 조합 회로를 생성하기 위해 범용 NAND 게이트
및 (또는) NOR 게이트를 특정 결합 방식으로 함께 간단히 연결함으로써 만들 수 있다.

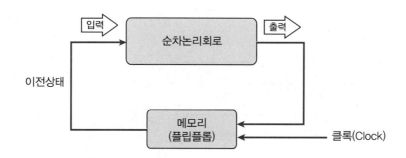

[그림 2-35] 순차논리회로의 블록 구성도

순차논리회로는 다음과 같이 구분한다.

[그림 2-36] 순차논리회로의 분류

1 순차논리회로의 종류 (종요)

(1) 비동기식(asynchronous) 순차논리회로

비동기 순차논리회로는 클록 신호에 의해 동기화되지 않으며, 회로의 출력은 입력 신호의 변화 순서에 따라 직접 변화한다. 비동기식의 장점은 회로가 입력을 처리하기 위해 클록 신호를 기다릴 필요가 없으므로 동기식보다 빠르다는 것이다. 장치의 속도는 잠재적으로 사용된 논리 게이트의 전파 지연에 의해서만 제한될 뿐이다.

그러나 비동기식은 설계하기가 어려우며 동기 설계에서 발생하지 않는 문제를 겪을 수 있다. 주된 문제는 플립플롭이 입력 신호가 도착하는 순서에 민감하다는 것이다. 거의 동시에 두 신호가 플립플롭 또는 래치에 도달하면 회로가 들어가는 상태는 어느 신호가 먼저 게이트에 도착할 수 있는지에 달려 있다. 따라서, 논리 게이트의 전파 지연의 작은 차이에 따라 회로가 원하지 않은 이상한 상태로 빠질 수 있다. 이를 경쟁 조건(race condition)이라고 한다. 플립플롭의 출력이 각 클록 펄스에서만 변하기 때문에 이 문제는 동기식 회로에서는 그리 심각하지 않다. 클록 신호 간의 간격은 메모리 요소의 출력이 '확정'되어 다음 클록이 도달해도 변하지 않을 정도로 충분히 길게 설계된다. 따라서 유일한 타이밍 문제는 클록 신호에 의해 동기화되지 않은 다른 시스템으로부터 들어오는 '비동기 입력' 때문이다.

비동기 순차 회로는 일반적으로 마이크로프로세서 및 디지털 신호 처리 회로와 같이 속도가 중요한 동기 시스템의 핵심 부분에서만 사용된다. 비동기식의 디자인은 동기식과는 다른 수학적 모델과 기법을 사용하며, 아직도 활발한 연구가 진행 중이다. 그리고 비동기식은 장치가 사용되지 않을 때도 전원이 소모된다.

(2) 동기식(synchronous) 순차논리회로

동기식 순차논리회로는 클록 신호와 입력 신호의 순서에 따라 출력 신호가 발생하는 회로이고, 현재 대부분의 순차논리회로는 동기식 회로이다. 동기식 회로에서는 전자 발진기(또는 클록 발생기)가 회로 내의 모든 메모리 소자에 분배되는 클록 신호를 생성한다. 순차 논리의 기본 메모리 요소는 플립플롭으로, 각 플립플롭의 출력은 클록 펄스에 의해 트리거 될 때만 변경되므로 회로 전체의 논리 신호에 대한 변경 사항은 모두 클록에 의해서 일정한 간격으로 동시에 시작된다.

주어진 시간에 회로의 플립플롭 출력을 회로 상태라고 한다. 동기식 회로의 상태는 클록 펄스에서만 변경된다. 각 사이클에서 다음 상태는 클록 펄스가 발생할 때 입력 신호의 현재 상태와 값에 의해 결정된다. 데이터 조작을 수행하는 논리 게이트는 입력 변경에 응답하는 데 일정한 시간이 필요하다. 이를 전파 지연(propagation delay)이라고 하는데, 클록 펄스 사이의 간격은 모든 논리 게이트가 변경에 응답하는 시간을 가지며 다음 클록 펄스가 발생하기 전에 안정적인 논리 값으로 출력이 '안정화'되도록 충분히 길어야 한다. 이 조건이 충족되어야 회로는 안정적이고 신뢰성이 보장되며, 이것이 동기식 회로의 최대 동작 속도를 결정한다.

동기식에는 두 가지 단점이 있다. 최대 클록 속도는 회로에서 가장 느린 논리 경로(임계 경로 : critical path)로 결정된다. 왜냐하면, 가장 단순한 것부터 가장 복잡한 것까지의 모든 논리 계산은 한 클록 사이클에서 완료되어야 하기 때문이다. 따라서 계산을 완료하는 논리 경로는 다음 클록 펄스를 기다리며 많은 시간을 유휴 상태로 유지해야 한다. 따라서 동기 논리는 비동기 논리보다 느려질 수 있다. 동기식 회로를 가속화하는 한 가지 방법은 복잡한 연산을 연속적인 클록 사이클에서 수행할 수 있는 몇 가지 간단한 연산으로 분할하는 파이프라이닝 기법을 이용하는 것이다. 이 기술은 마이크로프로세서 설계에 광범위하게 사용되며, 현대 프로세서의 성능을 향상하는 데 도움을 주고 있다.

클록 신호는 회로의 모든 플립플롭에 분배되어야 한다. 클록은 대개 고주파 신호이므로, 이 분배는 상대적으로 많은 양의 전력을 소비하고 많은 열을 발산한다. 아무것도 하지 않고 있는 플립플롭도 소량의 전력을 소비하므로 칩에 폐열이 생성된다. 예를 들면, 제한된 배터리 전력을 갖는 휴대형 장치에서, 장치가 사용되지 않을 때도 클록 신호는 계속해서 전력을 소비한다.

동기식 순차논리회로에는 무어(Moore)의 순차논리회로와 밀리(Mealy)의 순차논리회로가 있다. 무어의 순차논리회로는 출력이 현재의 상태 값에 의해서만 결정되는 회로이고, 밀리의 순차논리회로는 현재의 입력과 상태 값에 의해서 결정되는 회로이다.

[표 2-5] 동기식과 비동기식 순차 (논리)회로의 비교

동기식 순차논리회로	비동기식 순차논리회로
이산적 신호에 따라서 동작이 결정되는 시스템	입력 신호에 의해 동작이 결정되는 시스템
클록 신호가 플립플롭에 영향을 줌	클록이 없기 때문에 상태 변화는 논리회로의 시간 지연에 따라서 발생함
설계가 쉬움	설계가 어려움
기억소자를 플립플롭이라고 함	기억소자를 래치나 시간 지연 소자라 함

(3) 순차논리회로의 설계 중요

순차논리회로에서는 입력, 출력 및 현재 상태에 의해 결정되는 다음의 상태를 발생한 순서대로 이해하기 위해 상태표를 가장 먼저 작성해야 한다. 조합논리회로에서는 진리표로 표시하지만, 순차논리회로에서는 상태표를 구한다. 원은 상태(status)를 표시하고, 화살표는 상태 간의 전이(transition)를 표시한다. 전이를 일으키는 입력은 각 전이 화살표의 다음에 보인다.

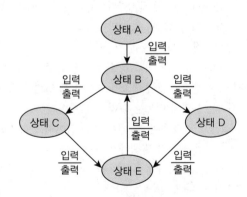

[그림 2-37] 순차논리회로의 상태도

설계하기 위한 순서는 다음과 같다.

> ① 회로에 대한 기능 명세를 이용하여 상태도를 그린다.
> ② 동등한 상태 또는 상태와 무관한 입·출력을 찾아내어 불필요한 상태의 수를 줄인다.
> ③ 각 상태에 대하여 2진 값을 부여한다.
> ④ 상태표에서 여기표(상태 변화표)와 출력표를 만든다.
> ⑤ 하드웨어 비용을 최소화하기 위한 최적화된 플립플롭의 수를 결정한다.
> ⑥ 카르노맵을 활용하여 출력 함수와 플립플롭의 입력 함숫값을 작성한다.
> ⑦ 논리도를 작성한다.
> ⑧ 순차논리회로를 구현한다.

2 플립플롭 （중요）

플립플롭(F/F : Flip-Flop)은 두 개의 안정된 상태를 갖고 상태 정보를 저장하는 데 사용할 수 있는 회로로서, 순차논리회로의 기본 저장 요소이다. 플립플롭은 출력이 Q와 Q'인 두 개의 쌍안정(bi-stable) 상태를 갖는다. 회로는 하나 이상의 제어 입력에 적용되는 신호에 의해 상태가 변경되도록 만들 수 있으며 하나 또는 두 개의 출력을 한다. 플립플롭은 지속적으로 전기가 공급되어야 정보를 유지할 수 있다.

플립플롭은 이진 데이터 '1' 또는 '0'의 한 개 비트를 저장하는 기억소자이다. 이러한 기억소자는 상태 저장을 위해 사용하며, 그러한 회로는 전자기기의 순차 논리(sequential logic)로 기술된다. 전자기기에서 사용될 때 출력과 다음 상태는 현재 입력뿐만 아니라 현재 상태(따라서 이전 입력)에 따라 달라진다. 펄스를 카운팅하거나 가변 타이밍 입력 신호를 일부 기준 타이밍 신호와 동기화하는 데에도 사용할 수 있다. 플립플롭은 작동방식에 따라서 RS 플립플롭, D 플립플롭, JK 플립플롭, T 플립플롭의 4가지 종류가 있다. 플립플롭은 하나의 논리 상태로 가거나(flipped) 또는 다른 상태로 되돌아가는(flopped) 것을 의미하는 단어이다.

(1) RS 플립플롭

RS(Reset/Set) 플립플롭은 두 개의 입력선을 갖는 순차논리회로이다. RS 플립플롭은 두 개의 NOR 게이트와 NAND 게이트를 사용하여 설계하고, 'SET', 'RESET' 및 현재의 상태와 관련이 있는 '출력 Q'를 갖는다. 두 개의 NOR 게이트로만 구성되고 클록 신호가 없는 상태의 플립플롭을 래치(Latch)라고 한다. 입력이 모두 0인 경우에는 현재의 상태가 그대로 출력이 되어 불변인 상태가 되고, 입력이 모두 1인 경우에는 상태가 불안정하여 출력을 알 수 없다.

입력		출력	동작
S	R	Q(t + 1)	
0	0	Q(t)	현재의 상태가 그대로 출력(불변)
0	1	0	0을 출력(reset)
1	0	1	1을 출력(set)
1	1	x	상태가 불안정하여 출력을 인정하지 않음

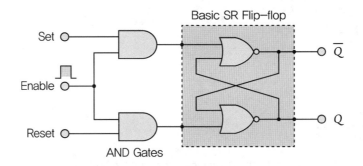

[그림 2-38] RS 플립플롭 특성표와 회로도

(2) JK 플립플롭

RS 플립플롭은 입력이 모두 1인 경우에는 불안정한 상태가 되기 때문에 출력을 인정하지 않는다. 이를 개선한 것이 JK 플립플롭이다. JK 플립플롭은 출력값이 RS 플립플롭과 같고 모두가 1인 경우의 출력은 현재의 상태와 반대가 된다.

입력		출력	동작
J	K	Q(t + 1)	
0	0	Q(t)	현재의 상태가 그대로 출력(불변)
0	1	0	0을 출력(reset)
1	0	1	1을 출력(set)
1	1	Q'(t)	값이 반전(toggle)됨

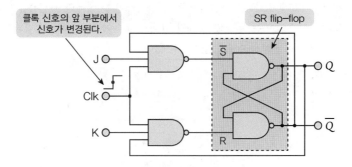

[그림 2-39] JK 플립플롭 특성표와 회로도

(3) D 플립플롭

D(Data) 플립플롭에서 D 래치는 RS 플립플롭의 상태 변화를 유도하는 RS 입력이 01 또는 10만이 존재하는 플립플롭이다. D 플립플롭은 입력이 하나이므로 RS 플립플롭의 금지된 상태가 되지 않도록 S와 R이 항상 반대의 로직이 되도록 D 입력의 NOT 게이트를 사용하여 구성한다. D 플립플롭은 입력 D의 값을 클록의 상승 엣지(rising edge)에서 Q에 반영하고, 상승 엣지가 발생하지 않는 시간에는 D의 값을 반영하지 않기 때문에 Q가 변하지 않고 현재의 값을 그대로 유지한다.

입력	출력	동작
D	Q(t + 1)	
0	0	reset
1	1	set

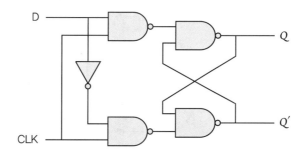

[그림 2-40] D 플립플롭 특성표와 회로도

(4) T 플립플롭

T(Toggle) 플립플롭은 JK 플립플롭에서 J와 K를 하나로 합쳐서 1과 0이 서로 교대로 바뀌는 반전 신호를 만드는 회로이다.

입력	출력	동작
T	Q(t + 1)	
0	Q(t)	현재의 상태가 그대로 출력(불변)
1	Q'(t)	반전된 상태가 출력

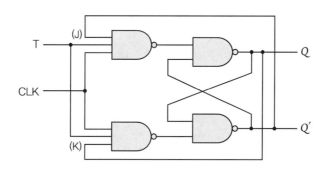

[그림 2-41] T 플립플롭 특성표와 회로도

3 레지스터 종요

앞에서 설명한 플립플롭은 레지스터와 카운터의 구성요소가 된다. 레지스터는 연산의 결과를 일시적으로 기억하는 중앙처리장치 내의 임시기억장치이다. 주기억장치보다 처리속도가 빠르며, 범용 레지스터와 특수 목적에 사용하는 프로그램 카운터, 인덱스 레지스터, 베이스 레지스터, 누산기 등과 같은 특수 목적 레지스터로 구분된다. 일반적으로 n비트 레지스터는 간단하게 저장된 데이터를 처리할 수 있는 로직과 함께 n개의 플립플롭으로 구성된다. 다음 그림은 4개의 D 플립플롭으로 구성된 4비트 병렬 레지스터이다.

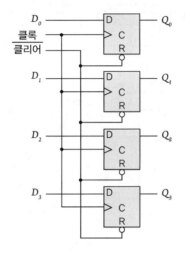

[그림 2-42] 4비트 병렬 레지스터

D_0부터 D_3의 4개의 입력값과 출력값, 클록 신호, 클리어 신호로 구성되었다. 클록과 클리어 신호는 4개의 입력값에 모두 연결되어 있고, 각 클록의 상승 엣지(rising edge) 또는 하강 엣지(falling edge)에서 모든 플립플롭에 적용된다. 클리어 입력은 클록 펄스의 값이 0이 입력될 때 레지스터의 내용을 모두 0으로 만드는 비동기 신호이다. 정상 동작을 하는 동안, 클리어 신호는 1로 유지된다. 새로운 정보를 하나의 레지스터로 전달하는 것을 이동(loading)이라 하고, 공통 클록 신호가 발생할 때 모든 입력이 동시에 레지스터로 전달되는 것을 병렬 이동(parallel loading)이라고 한다. 병렬 레지스터는 플립플롭의 연결 개수만큼의 병렬로 읽기와 쓰기가 가능하다. 시프트 레지스터(shift register)는 각 플립플롭에서 다른 플립플롭으로 한 비트씩 데이터를 전달할 수 있는 레지스터이다.

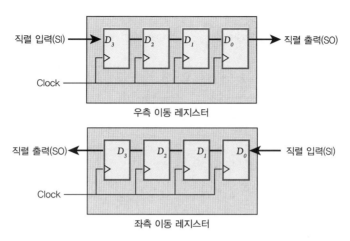

[그림 2-43] 4비트 시프트 레지스터

모든 플립플롭은 공통 클록을 사용하고 클록이 발생할 때마다 데이터가 각 플립플롭에서 이웃한 플립플롭으로 이동한다. SI(Serial Input)는 최초로 들어오는 입력이고, SO(Serial Output)는 가장 마지막 출력이다. 시프트 레지스터는 산술논리연산장치(ALU)에서 논리 시프트나 로테이트 연산을 위해 사용한다.

4 카운터 종요

카운터(counter)는 레지스터의 내용을 증가시키거나 감소시킬 수 있는 레지스터로서, 클록이 들어올 때는 항상 변화한다. 카운터는 비동기식과 동기식으로 구성할 수 있다. 동기식은 클록이 발생하면 카운터 내의 모든 비트는 변화하고, 비동기식은 동시에 모든 비트가 변하지 않는다. 왜냐하면, 비동기 회로는 모든 플립플롭이 공통된 클록을 사용하지 않기 때문이다.

(1) 비동기식 카운터

비동기식에서 외부 클록은 첫 번째 플립플롭의 클록 입력과 연결되고, 각 클록의 하강 엣지에서 상태를 변경하지만, 두 번째 플립플롭은 첫 번째 플립플롭 출력 Q의 하강 엣지에서 반전될 때만 바뀐다. 플립플롭의 고유 전파 지연으로 인해 입력 클록 펄스의 전이와 첫 번째 플립플롭의 출력 Q의 전이가 정확히 같은 시간에 절대로 발생할 수 없기 때문이다. 따라서 플립플롭을 동시에 반전할 수 없으므로 비동기 작업이 생성되는 것이다. 비동기식 카운터를 리플(ripple) 카운터라고도 부른다.

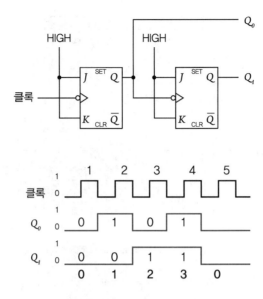

[그림 2-44] 2비트 비동기식 카운터

(2) 동기식 카운터 [기출]

동기식 카운터는 클록 펄스를 함께 사용하고 동시에 병렬로 상태가 변화한다.

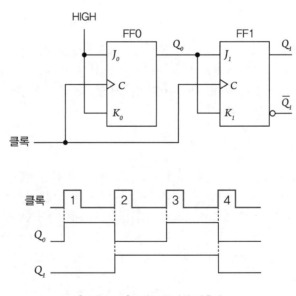

[그림 2-45] 2비트 동기식 카운터

비동기식은 전파 지연이 발생하여 데이터를 즉시 처리하지 못하여 빠른 응답 속도를 요구하는 목적으로 사용하기는 부적합하다. 이때 동기식 카운터를 사용하면 빠른 응답 속도를 보장받을 수 있다.

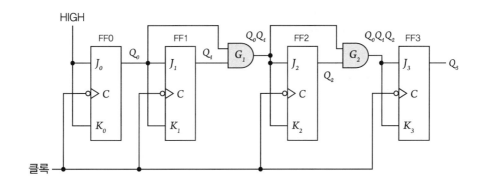

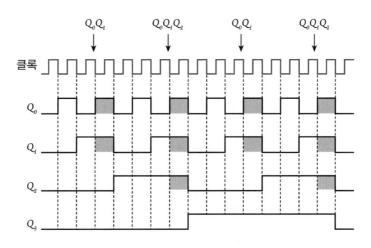

[그림 2-46] 4비트 동기식 카운터와 타이밍

앞의 그림을 좀 더 자세히 살펴보자.

클록 펄스	Q_3	Q_2	Q_1	Q_0
0	0	0	0	0
1	0	0	0	1
2	0	0	1	0
3	0	0	1	1
4	0	1	0	0
5	0	1	0	1
6	0	1	1	0
7	0	1	1	1
8	1	0	0	0
9	1	0	0	1

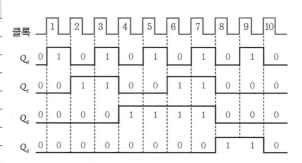

[그림 2-47] 4비트 동기식 카운터 상태도 및 타이밍

[그림 2-47]은 AND 게이트가 HIGH일 때를 나타낸다. 4비트 동기식 카운터는 0부터 9까지 카운트하고 다시 처음부터 순환한다. 즉, 1001 상태는 0000 상태로 되돌아간다.

- Q_0은 매 클록마다 반전된다.
- Q_1은 Q_0 = 1이고 Q_3 = 0이면 상태 변화가 시작된다.
- Q_2은 Q_0 = 1이고 Q_1 = 1이면 상태 변화가 시작된다.
- Q_3은 Q_0 = 1, Q_1 = 1이고 Q_2 = 1(카운트 7)이면 상태가 변화한다.

플립플롭 2(Q_2)는 Q_0 =1이면서 Q_1 =1일 때 변화하기 시작하고, 플립플롭 3(Q_3)은 Q_0 =1, Q_1 =1, Q_2 =1(상태 7)일 때 변화하기 시작한다.

더 알아두기

클록 펄스(clock pulse)
클록 펄스는 0 또는 1의 값을 갖는다. 일반적으로 0일 때는 0볼트의 전압을 사용하고 1일 때는 양의 전압을 사용한다. 클록 펄스가 0에서 1로 상승(상승 엣지)하거나 1에서 0으로 하강(하강 엣지)할 때 회로나 소자들이 동작하게 된다.

○✕ 로 점검하자 | 제2장

※ 다음 지문의 내용이 맞으면 ○, 틀리면 ✕를 체크하시오. [1 ~ 6]

01 논리함수는 부울대수의 관계를 사용하면 카르노맵을 사용하는 것보다 더 쉽고 빠르게 간소화할 수 있다. (   )

>>>◯ 부울대수는 수학적인 개념이 들어가기 때문에 공식을 외우고 활용하는 데 많은 어려움이 따르고, 카르노맵은 그림으로 함수를 도식화할 수 있다.

02 배타적 NOR 게이트는 두 개의 입력값이 서로 다른 경우에는 '1'을 출력하고 입력값이 모두 같은 경우에는 '0'을 출력한다. (   )

>>>◯ XOR 게이트는 두 개의 입력값이 서로 다른 경우에 '1'을 출력한다. 배타적 NOR 게이트는 XOR 게이트의 반대값을 출력하므로, 두 개의 입력값이 서로 다른 경우에는 '0'을 출력하고, 입력값이 모두 같은 경우에는 '1'을 출력한다.

03 조합논리회로(Combinational logic circuits)는 기억 능력이 없는 디지털 논리회로로, 출력은 주어진 순간의 현재 입력 상태, 즉 논리 '0' 또는 논리 '1'의 논리적 기능에 의해서만 결정되는 회로이다. (   )

>>>◯ 회로는 조합논리회로와 순차논리회로로 구분되며, 순차논리회로의 경우에는 기억 능력을 갖춘 플립플롭이나 레지스터 장치로 구성한다.

04 전가산기와 전감산기는 이전에 발생한 올림수나 빌림수를 고려하여 회로를 구성한다. (   )

>>>◯ 이에 반해 반가산기는 두 비트의 덧셈 결과 올림수를 고려하지 않고, 반감산기는 두 비트의 뺄셈에 반영된 빌림수를 고려하지 않는다.

05 동기식 회로는 비동기식 회로에 비해 구현하기가 쉽다. (   )

>>>◯ 동기식 회로의 기억 소자를 플립플롭이라고 하고, 이산적 신호에 의해서 동작이 결정되는 시스템이다. 비동기식 회로에 비해 설계가 쉽고 경제적이다. 비동기식 회로는 입력 신호에 의해서 동작이 결정되고 클록이 없기 때문에 논리회로의 시간 지연에 따라서 상태가 변화하고 설계가 어렵다.

06 RS 플립플롭의 문제를 해결하기 위해서 D 플립플롭이 개발되었다. (   )

>>>◯ RS 플립플롭의 문제는 두 입력값이 모두 1인 경우 결과를 예측할 수 없기 때문에 불안정한 결과를 초래한다. 이런 문제를 해결하기 위해 JK 플립플롭이 등장하였다. D 플립플롭은 RS 플립플롭에서 입력 신호가 같은 R = S = 0과 R = S = 1인 상태를 제거한 플립플롭이다.

정답 **1** ✕ **2** ✕ **3** ○ **4** ○ **5** ○ **6** ✕

01 1 + A = 1

01 부울대수를 표현한 식이 **틀린** 것은?

① A + AB = A

② 1 + A = A

③ A + B = A + A´B

④ A · 0 = 0

02 제시된 게이트는 NOR 게이트이다.
즉, OR 게이트의 반대값을 출력하는
게이트이므로, 두 개의 입력값 '0'일
때 '1'을 출력하고 그 외에는 '0'을 출
력하게 된다.

02 다음 게이트의 역할을 바르게 설명한 것은?

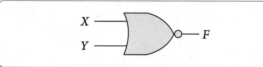

① 2개의 입력값이 모두 1이면 1을 출력한다.

② 2개의 입력값이 모두 0이면 1을 출력한다.

③ 2개의 입력값 중 1이 있으면 1을 출력한다.

④ 2개의 입력값 중 0이 있으면 1을 출력한다.

03 F = XY´Z + XY´Z´
   = XY´(Z + Z´)
   = XY´

03 다음의 논리식을 간소화한 식은?

$$F = XY´Z + XY´Z´$$

① F = XY´

② F = X´ + Z

③ F = XY´ + Z´

④ F = XY´ + Z

정답 01② 02② 03①

04 다음의 블록 구성도는 어떤 회로와 관련있는가?

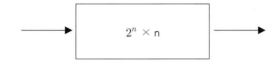

$$2^n \times n$$

① 인코더
② 디코더
③ 멀티플렉서
④ 디멀티플렉서

05 다음 중 순차논리회로의 특징을 바르게 설명한 것은?

① AND, OR, NOT 등 논리 게이트의 조합으로만 구성된다.
② 출력값은 현재의 입력값에 의해서만 결정된다.
③ 상태를 기억할 수 있는 기억소자를 가지고 있다.
④ 출력은 항상 현재 입력과 과거 입력의 두 가지 상태를 나타 낸다.

06 돈케어(don't care) 조건을 바르게 설명한 것을 모두 고르면?

> 가. 출력에 영향을 미치지 않는 입력 변수이다.
> 나. 인접한 영역을 묶을 때 가장 간단한 표현을 얻기 위해 임의로 값을 넣을 수 있다.
> 다. 'd' 또는 'x'로 돈케어 조건임을 표시한다.
> 라. 입력값은 출력값에 영향을 주지 않기 때문에 회로를 설계할 때 사용한다.

① 가, 나, 다
② 가, 나, 다, 라
③ 나, 다, 라
④ 가, 다

04 여러 개의 입력이 들어와서 여러 개의 출력으로 나가는 블록 구성도이다. 인코더는 2^n 개의 입력이 들어와 n개의 출력이 생성된다.
② 디코더는 n개의 입력값과 2^n 개의 출력값으로 구성된다.
③ 멀티플렉서는 여러 개의 입력선과 1개의 출력선으로 구성된다.
④ 디멀티플렉서는 1개의 입력선과 여러 개의 출력선으로 구성된다.

05 ① AND, OR, NOR 등의 게이트로만 구성되는 회로는 조합논리회로이다.
②·③·④ 입력 신호에 적용되는 상태에 따라 상태를 변경하는 조합논리회로와는 달리 순차논리회로에는 '플립플롭'이라고 하는 고유한 메모리가 내장되어 있다. 이것은 순차논리회로가 이전의 입력 상태뿐만 아니라 현재의 상태를 고려할 수 있다는 것을 의미한다. 따라서 순차논리회로의 출력 상태는 '현재 입력', '과거 입력' 및 '과거 출력'의 세 가지 상태를 나타낼 수 있다.

06 돈케어 조건은 카르노맵을 간소화하는 데 도움을 준다. 출력에 영향을 미치지 않는 입력 변수로서, 인접한 영역을 묶을 때 가장 간단한 표현을 얻기 위해 임의로 값을 넣을 수 있고, 'd' 또는 'x'로 돈케어 조건임을 표시한다. 입력값은 출력값에 영향을 주지 않기 때문에 회로를 설계할 때나 최적화된 어셈블리 또는 기계 코드 개발에 사용한다.

정답 04 ① 05 ③ 06 ②

07

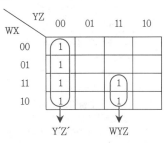

YZ WX	00	01	11	10
00	1			
01	1			
11	1		1	
10	1		1	

Y´Z´   WYZ

카르노맵은 각 묶음을 논리곱으로 표시하고, 각 묶음과 묶음은 논리합으로 표시한다. 또한, 서로 보수가 되는 신호는 상쇄할 수 있다.

08 민텀항은 0부터 시작하므로, Σ(2, 3, 4, 5)는 진리표의 3번째, 4번째, 5번째, 6번째 민텀항(minterm, 최소항)의 출력이 '1'인 논리합을 의미한다.

09 카운터(counter)는 레지스터의 내용을 증가시키거나 감소시킬 수 있는 레지스터로서, 클록이 들어올 때는 항상 변화한다. 카운터는 동기식과 비동기식으로 구성하며, 동기식은 클록이 발생하면 카운터 내의 모든 비트는 변화하고, 비동기식은 동시에 모든 비트가 변화하지 않는다. 비동기식 카운터를 리플(ripple) 카운터라고도 부른다.

정답 (07 ③ 08 ③ 09 ①)

---

07 다음의 카르노맵을 간소화한 결과는?

YZ WX	00	01	11	10
00	1			
01	1			
11	1		1	
10	1		1	

① Y´Z´

② WYZ

③ Y´Z´ + WYZ

④ YZ + WY´Z´

08 다음의 괄호 안에 알맞은 내용을 순서대로 고른 것은?

> 함수 F는 출력이 (가)이 되는 (나)을 선택하여 표현한 것이다.
> F(x, y, z) = $\sum$(2, 3, 4, 5) = x´yz´ + x´yz + xy´z´ + xy´z

① '1', 최대항

② '0', 최소항

③ '1', 최소항

④ '0', 최대항

09 카운터에 대한 설명으로 옳은 것은?

① 카운터(counter)는 레지스터의 내용을 증가시키거나 감소시킬 수 있는 기억장치이다.

② 동기식 카운터는 클록이 발생해도 카운터 내의 모든 비트가 변화하지 않는다.

③ 비동기식 카운터는 클록이 발생하면 카운터 내의 모든 비트가 변한다.

④ 동기식 카운터를 리플(ripple) 카운터라고도 부른다.

Self Check로 다지기 | 제2장

⊡ 부울대수와 카르노맵

부울대수(Boolean algebra)는 변수의 값이 참(true)과 거짓(false) 즉, 1과 0의 진릿값으로 표시되는 대수의 일종으로, 부울대수의 기본 연산은 여러 가지의 부울 연산자(Boolean operator)에 의해서 표시되며, 연산자는 논리기호(논리 게이트)와 진리표로 값을 표시할 수 있다. 논리기호는 AND, OR, NOT 등의 기본 연산자와 XOR, NAND, NOR, 배타적 NOR 등이 있다. 부울법칙을 사용하여 부울함수를 간소화시킬 수 있지만 법칙을 이해하고 적용하기가 쉽지 않아, 카르노맵을 활용해 효율적인 간략화를 진행할 수 있다. 간략화를 하면 회로의 개수가 줄어 경제적인 시스템을 구현할 수 있다.

⊡ 카르노맵의 간소화

카르노맵을 간소화하는 단계는 입력 변수를 기준으로 맵을 만들고, 출력이 '1'인 최소항을 맵에 표시한다. 진리표에서 변수의 각 조합을 최소항(Minterm)이라 부른다. 그리고 가능한 큰 묶음으로 그룹화하여 보수 관계에 있는 변수(신호)는 서로 상쇄시키고 카르노맵에서 유도한 부울함수를 논리곱의 합으로 표시한다.

⊡ 조합논리회로와 순차논리회로

조합논리회로는 기억 능력이 없는 디지털 논리회로로, 출력은 주어진 순간의 현재 입력 상태, 즉 논리 '0' 또는 논리 '1'의 논리적 기능에 의해서만 결정되는 회로이다. 결과적으로 조합논리회로에는 피드백이 없고, 입력에 적용되는 신호의 변경 사항은 즉시 출력에 영향을 준다. 순차논리회로는 입력 신호에 적용되는 상태에 따라 상태를 변경하는 조합논리회로와는 달리 '플립플롭(F/F : Flip-Flop)'이라고 하는 고유한 '메모리'가 내장되어 있다. 이것은 순차 논리회로가 이전의 입력 상태뿐만 아니라 현재의 상태를 고려할 수 있다는 것을 의미한다. 따라서 '순차논리회로'의 출력 상태는 '현재 입력', '과거 입력' 및 (또는) '과거 출력'의 세 가지 상태를 나타낼 수 있다. 조합논리회로의 종류에는 가산기, 감산기, 인코더, 디코더 등이 있고, 순차논리회로에는 플립플롭, 카운터, 레지스터 등이 있다.

⊡ 순차논리회로의 분류

순차논리회로는 동기식과 비동기식으로 구분한다. 동기식은 클록 신호가 플립플롭에 영향을 주며 설계가 쉽고 이산적 신호에 의해서 동작이 결정된다. 비동기식은 클록이 없기 때문에 상태 변화는 시간 지연에 의해서 발생하고 입력 신호에 의해서 동작한다.

⊡ 순차(순서)논리회로의 특성표와 여기표

순차논리회로의 기능을 나타내는 표를 특성표라 한다. 특성표는 순차논리회로에 클록 펄스가 발생하고 입력선의 값에 따라 현재의 상태 $Q(t)$가 다음 상태인 $Q(t + 1)$로 어떻게 변하여 저장되는지를 나타낸다. 여기표는 특성표 대신 순차논리회로의 기능을 표로 나타내는 것으로, 현재 상태 $Q(t)$ 값을 새로운 $Q(t + 1)$ 값으로 변경시키려면 입력선으로 어떤 값을 입력해야 하는가를, 즉 출력을 이용하여 입력을 알아내는 것을 보여주는 표이다.

우리 인생의 가장 큰 영광은 결코 넘어지지 않는 데 있는 것이 아니라
넘어질 때마다 일어서는 데 있다.

- 넬슨 만델라 -

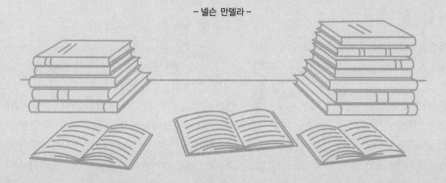

제 3 장

데이터 표현 및 연산

얼마나 많은 사람들이 책 한 권을 읽음으로써 인생에 새로운 전기를 맞이했던가.

- 헨리 데이비드 소로 -

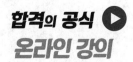

제 3 장 | 데이터 표현 및 연산

숫자 체계는 숫자를 표현하기 위한 시스템이다. 즉 '숫자 또는 다른 기호'를 일관된 방식으로 사용하여 주어진 세트의 숫자를 나타내는 수학 표기법이다. 동일한 기호라 할지라도 다른 숫자 시스템에서는 다른 숫자를 나타낼 수 있다. 예를 들어, '11'은 2진수 시스템에서 3을 나타내며, 10진수 시스템에서 11을 나타낸다. 인간이 일반적으로 사용하는 수의 체계는 10진법이지만, 컴퓨터는 '1'과 '0' 두 가지 상태만 표현할 수 있는 2진법을 사용한다. 2진법으로 수를 표시하면 자릿수가 길어지기 때문에 이를 16진수 또는 8진수 등으로 표현하기도 한다. 고대 메소포타미아가 60진법을 사용하였다고 하는데, 이는 천문학에 뛰어나서 일찍부터 일 년이 360일이라는 것을 발견하고 이를 효과적으로 나타낸 진법이 60진법이므로 60진법을 사용했다는 설이 유력하다. 마야 문명에서는 20진법이 사용되었다고 한다. 컴퓨터는 외부의 입력 데이터를 컴퓨터가 이해할 수 있는 내부적 표현으로 변환하여 처리한 후 컴퓨터의 기억장치에 저장한다. 그리고 필요할 때 저장된 내용을 외부적 표현 방식으로 변환하여 출력한다. 수의 표현 방식, 수 또는 문자 등을 표현하는 다양한 방법 및 진법의 변환에 관한 내용은 데이터의 표현과 연산에 매우 중요하다.

제1절 | 진법과 진법변환 중요

1 진법(notation of number) 중요

먼저 진법(notation of number)에 대한 정의를 알아보기로 하자. 우리는 일상생활 속에서 여러 가지 진법과 마주한다. 일주일은 7일(7진법), 하루는 24시간(24진법), 1년은 365일(365진법), 1시간은 60분, 1분은 60초(60진법) … 이처럼 어떤 수의 묶음을 진법(notation)이라고 한다. 즉, 2진수는 2개의 숫자로 구성되었고, 8진수는 8개의 숫자, 16진수는 16개의 숫자로 구성된 수의 집단이다. 진수는 그러한 수의 체계를 사용하는 시스템이다. 예를 들면, 10진수는 10개의 수를 사용하는 즉, 10진법이라는 수의 체계를 사용한다는 의미이다. 10진수는 0, 1, 2, 3, 4, 5, 6, 7, 8, 9의 수를 사용하여 숫자를 표현하고 8진수는 0, 1, 2, 3, 4, 5, 6, 7을 사용하며, 16진수는 0, 1, 2, 3, 4, 5, 6, 7, 8, 9, A, B, C, D, E, F를 사용하여 숫자를 표현한다.

[표 3-1] 진수의 체계

2진수	8진수	10진수	16진수
0000	0	0	0
0001	1	1	1
0010	2	2	2
0011	3	3	3
0010	4	4	4
0101	5	5	5
0100	6	6	6
0111	7	7	7
1000	10	8	8
1001	11	9	9
1010	12	10	A
1011	13	11	B
1100	14	12	C
1101	15	13	D
1110	16	14	E
1111	17	15	F

컴퓨터는 '0'과 '1' 두 개의 수로 데이터를 표현하는 디지털 장치이다. 8진수, 10진수 그리고 16진수를 2진수로 표현하기 위해서는 가중치(weight)의 개념을 이해해야 한다. 우리는 이미 가중치를 실제 생활에서 너무도 잘 적용하며 살고 있다. 예를 들어, 10진수 123,456이라는 숫자는 '일십이만 삼천사백오십육'이라는 크기를 갖는 수이다. 즉, 1이라는 수는 십만(100,000)이라는 가중치를 가지고 있고, 2라는 수는 만(10,000)의 가중치, 3이라는 수는 천(1,000)의 가중치, 4라는 수는 백(100)의 가중치, 5라는 수는 십(10)의 가중치 그리고 6이라는 수는 일(1)의 가중치를 가지고 있다. 123,456을 가중치를 넣어서 표시하면 다음과 같다.

$$
\begin{aligned}
123,456 &= 1 \times 10^5 + 2 \times 10^4 + 3 \times 10^3 + 4 \times 10^2 + 5 \times 10^1 + 6 \times 10^0 \\
&= 1 \times 100,000 + 2 \times 10,000 + 3 \times 1,000 + 4 \times 100 + 5 \times 10 + 6 \times 1 \\
&= 123,456
\end{aligned}
$$

(1) 10진법(decimal notation)

위에서 설명한 바와 같이, 10진법은 0부터 9까지의 10개의 수를 사용하고 밑수(base)를 10으로 하며, 각각의 자리는 10^n 의 가중치가 부여된다. 10진수로 실수를 표현해 보기로 하자.

$$
\begin{aligned}
123.456_{10} &= 1 \times 10^2 + 2 \times 10^1 + 3 \times 10^0 + 4 \times 10^{-1} + 5 \times 10^{-2} + 6 \times 10^{-3} \\
&= 100 + 20 + 3 + 0.4 + 0.05 + 0.006 \\
&= 123.456_{10}
\end{aligned}
$$

(2) 2진법(binary notation)

2진법은 0과 1의 2개의 수를 사용하고 밑수(base)를 2로 하며, 각각의 자리는 2^n의 가중치가 부여된다.

$$
\begin{aligned}
100011_2 &= 1 \times 2^5 + 0 \times 2^4 + 0 \times 2^3 + 0 \times 2^2 + 1 \times 2^1 + 1 \times 2^0 \\
&= 32 + 0 + 0 + 0 + 0 + 2 + 1 \\
&= 35_{10}
\end{aligned}
$$

이처럼 2진수에 가중치를 적용하면 2진수 100011이라는 수는 10진수 35라는 값을 갖는다는 것을 알 수 있다.

$$
\begin{aligned}
100.011_2 &= 1 \times 2^2 + 0 \times 2^1 + 0 \times 2^0 + 0 \times 2^{-1} + 1 \times 2^{-2} + 1 \times 2^{-3} \\
&= 4 + 0.25 + 0.125 \\
&= 4.375_{10}
\end{aligned}
$$

2진수 100.011은 10진수로는 4.375의 값으로 표현된다.

(3) 8진법(octal notation)

8진법은 0부터 7까지의 8개의 수를 사용하고 밑수(base)를 8로 하며, 각각의 자리는 8^n의 가중치가 부여된다.

$$
\begin{aligned}
123456_8 &= 1 \times 8^5 + 2 \times 8^4 + 3 \times 8^3 + 4 \times 8^2 + 5 \times 8^1 + 6 \times 8^0 \\
&= 1 \times 32768 + 2 \times 4096 + 3 \times 512 + 4 \times 64 + 5 \times 8 + 6 \times 1 \\
&= 32768 + 8192 + 1536 + 256 + 40 + 6 \\
&= 42798_{10}
\end{aligned}
$$

(4) 16진법(hexadecimal notation)

16진법은 0부터 F까지의 16개의 수를 사용하고 밑수(base)를 16으로 하며, 각각의 자리는 16^n의 가중치가 부여된다.

$$
\begin{aligned}
123456_{16} &= 1 \times 16^5 + 2 \times 16^4 + 3 \times 16^3 + 4 \times 16^2 + 5 \times 16^1 + 6 \times 16^0 \\
&= 1 \times 1048576 + 2 \times 65536 + 3 \times 4096 + 4 \times 256 + 5 \times 16 + 6 \times 1 \\
&= 1048576 + 131072 + 12288 + 1024 + 80 + 6 \\
&= 1193046_{10}
\end{aligned}
$$

진법에 해당 가중치를 적용하면 각 진수의 값이 10진수로 변환된다는 것이다.

2 진법변환(notation conversion) 종요

컴퓨터는 '0'과 '1'의 2진법을 사용하고, 인간은 10진법을 사용한다. 또한, 프로그램 개발자들은 내부자료가 컴퓨터에 어떻게 저장되는지 알아야 할 필요가 있기 때문에 2진법으로 표현된 데이터를 읽기 쉽도록 우리가 사용하는 10진법이나 주소체계에서 사용되는 16진법 등으로 변환해서 이해할 필요가 있다. 이처럼 어떤 진법으로 표현된 수를 다른 진법으로 바꾸는 것을 진법변환이라고 한다. 진법의 상호 변환 관계는 다음과 같다.

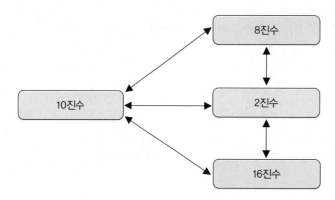

[그림 3-1] 진법의 변환 상관관계

그림에서처럼 2진수가 변환의 기준이 된다. [그림 3-1]처럼 8진수는 2진수 3자리(digit)로 표현할 수 있고, 16진수는 2진수 4자리로 표현할 수 있다. 즉, **2진수 3비트만 있으면 8진수를 표현할 수 있고, 2진수 4비트가 있으면 16진수를 표현할 수 있다.** 8진수를 16진수로 변환할 때는 8진수를 2진수로 변환하고 변환된 2진수를 4비트씩 묶으면 16진수로의 변환이 완료된다. 반대로 16진수를 8진수로 변환할 때는, 16진수를 2진수로 바꾸고 바꾼 2진수를 3비트씩 묶으면 8진수로의 변환이 완료된다.

(1) 10진수를 2진수로 변환하기 기출

① 양의 정수 변환하기

10진수를 반복해서 2로 나누어 몫이 1이 될 때까지 반복 후 나머지를 밑에서부터 역순으로 쓰면 2진수로 변환이 완료된다.

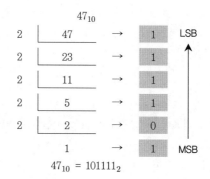

② 양의 실수 변환하기

소수값에 반복해서 2를 곱하여 정수 부분의 올림수를 순서대로 쓴다. 소수부분이 0이 나올 때까지 반복한다.

0.25_{10}

$0.25 \times 2 = 0.5$ -------- 0
$0.5 \times 2 = 1.0$ -------- 1

$0.25_{10} = 0.01_2$

(2) 2진수를 10진수로 변환하기

가중치를 취한 값을 더하면 10진수로 변환된다.

$$100011_2 = 1 \times 2^5 + 0 \times 2^4 + 0 \times 2^3 + 0 \times 2^2 + 1 \times 2^1 + 1 \times 2^0$$
$$= 32 + 0 + 0 + 0 + 0 + 2 + 1$$
$$= 35_{10}$$
$$100.011_2 = 1 \times 2^2 + 0 \times 2^1 + 0 \times 2^0 + 0 \times 2^{-1} + 1 \times 2^{-2} + 1 \times 2^{-3}$$
$$= 4 + 0.25 + 0.125$$
$$= 4.375_{10}$$

(3) 8진수를 16진수로 변환하기

① 첫 번째로, 8진수의 1자리를 2진수 3비트로 변환하여 표현한다.
② 8진수의 수를 2진수 4비트로 변환하면 16진수로의 표현이 완료된다.

$(000 \sim 111)_2 = (0 \sim 7)_8$
$(0000 \sim 1111)_2 = (0 \sim F)_{16}$

더 알아두기

진법변환
2진수는 진법변환의 관문이다. 8진수를 16진수로 변환시킬 때는 다음의 순서를 따른다.
① 8진수를 2진수 3자리로 변환한다.
  예 8진수 52453 → 101 010 100 101 011
② 변환된 2진수를 4비트씩 묶는다. 묶을 때 주의할 점은 반드시 LSB(가장 우측의 비트) 비트를 시작점으로 4비트씩 구분하여 그룹화해야 한다는 것이다.
  예 101 0101 0010 1011
③ 각 묶음에 대한 가중치의 값을 구하면 16진수 변환이 완료된다.
  예 $552B_{16}$

16진수의 8진수 변환은 다음과 같다.
① 16진수를 2진수 4비트로 변환한다.
② 변환된 2진수를 3비트씩 나누어 묶는다.
③ 각 묶음에 대한 가중치의 값을 구하면 8진수로의 변환이 완료된다.

보수 중요

컴퓨터에서 보수는 음수와 논리연산을 간단하게 처리하기 위해 사용하는 방법이다. 보수는 어떤 수가 되기
위해 보충해 주는 수를 의미한다. 어떤 진수(r) 체계든지, 'r'과 'r-1'의 2개의 보수가 존재한다. 예를 들어,
2진수의 경우는 2의 보수와 1의 보수가 존재하고 10진수는 10의 보수와 9의 보수, 8진수는 8의 보수와 7의 보
수가 존재한다.

보수를 말하기에 앞서 **부호화 절댓값(signed magnitude)**의 표현에 대해서 알아보도록 하자. 이 방식은 부호
를 표시하는 방법으로 **최상위 비트(MSB)를 양수와 음수를 표현하기 위해 할당하는 방식**으로, 음수의 경우는
'1', 양수의 경우는 '0'으로 간단하게 표현할 수 있지만, 연산할 때마다 부호를 처리하기 위한 추가적인 절차가
필요하므로 경제적인 방법은 아니다. 또한, 데이터의 표현 범위도 1개의 비트를 낭비하는 단점이 있다. 8비트
데이터에서 +7과 -7은 다음과 같이 표현된다.

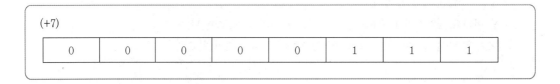

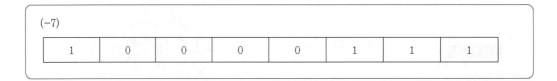

1 1의 보수(1's complement)

보수는 음수를 표현하는 방법이기 때문에, 양수를 표현하는 것은 부호화 절댓값과 같은 방식이다. 음수는 같
은 수의 양의 표현에서 2진수의 각 비트를 0은 1로, 1은 0으로 바꾸어 표현한다.

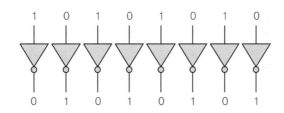

[그림 3-2] NOT 게이트를 이용한 보수의 출력

+7을 1의 보수로 표현해 보자.

0	0	0	0	0	1	1	1

이처럼 양수로 표현된 비트를 모두 반전시켜주면 된다.

1	1	1	1	1	0	0	0

뺄셈을 예를 들어 1의 보수를 알아보자.

9 - 7 = 2라는 뺄셈은, 1의 보수를 이용하면 '9 + (-7)'의 계산을 수행해야 한다.

4비트의 2진수로 +7을 표현하면 0111이 되므로, -7은 1000이다.

9는 1001이므로 1001 + 1000의 계산은 10001이 된다. 올림수가 발생할 경우는 캐리값을 결괏값에 더해준다.

올림수를 더한 값은 2가 되므로 9 + (-7) = 2라는 것이 검증되었다.

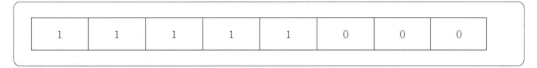

예제 1

9 - 7의 1의 보수 계산과정

$$
\begin{array}{r}
1001 \\
+ \quad 1000 \\
\hline
1 \quad 0001 \\
+ \quad\quad 1 \\
\hline
0010
\end{array}
$$

올림수(carry) 발생

올림수를 결괏값에 더하면 결괏값이 0010_2이 된다.

예제 2

3 - 6의 1의 보수 계산과정

$$3 = 0011_2$$
$$6 = 0110_2$$
$$-6 = 1001_2$$

$$\begin{array}{r} 0011 \\ +\quad 1001 \\ \hline 1100 \end{array}$$

결괏값이 올림수가 발생하지 않았다.
이것은 1의 보수로 표현된 음수를 의미하기 때문에 다시 1의 보수를 취해주면 확실한 값을 알 수 있다.
1100의 재보수는 0011_2이다. 따라서 3 - 6의 결괏값은 -3이 된다.

그런데 부호화 절댓값과 1의 보수 표현방법에는 두 가지의 중대한 문제가 있다.
첫 번째는 0의 값이 '+0'과 '−0'의 값이 존재한다는 것이다. 두 번째는 부호 비트만 다른 두 수의 합이 절대로 '0'이 되지 않는다는 것이다. 이러한 문제를 보완하기 위하여 2의 보수 표현 방법이 고안되었다.

[표 3-2] 음수의 표현방법

2진수	부호화 절댓값	1의 보수	2의 보수
0000	0	0	0
0001	1	1	1
0010	2	2	2
0011	3	3	3
0100	4	4	4
0101	5	5	5
0110	6	6	6
0111	7	7	7
1000	− 0	− 7	− 8
1001	− 1	− 6	− 7
1010	− 2	− 5	− 6
1011	− 3	− 4	− 5
1100	− 4	− 3	− 4
1101	− 5	− 2	− 3
1110	− 6	− 1	− 2
1111	− 7	− 0	− 1

2 2의 보수(2's complement) 기출

n비트 수에 대한 2의 보수는 2^n에 대한 보수로 정의된다. 1의 보수 표현에서 최하위 비트(LSB)에 1을 더하는 것과 같은 값을 가진다. 2의 보수 표현 방법을 사용하면 1의 보수 문제가 해결된다.

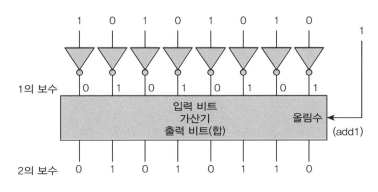

[그림 3-3] 2의 보수 출력

1의 보수 출력값은 가산기 회로로 입력되는 올림수와 더해져서 2의 보수값을 출력하게 된다. 1의 보수와 같이 부호 있는 숫자를 표현하는 방법과 비교할 때, 2의 보수는 덧셈, 뺄셈, 곱셈의 기본적인 연산은 부호가 없는 2진수의 연산과 동일하다는 장점이 있다. 예를 들어 3비트 2진수 010의 2의 보수는 110이다. 왜냐하면, 010의 1의 보수 101에다가 1을 더한 값이 '110'이기 때문이다.

+7과 −7을 2의 보수로 표현해 보자.

(+7)

0	0	0	0	0	1	1	1

(−7)

1	1	1	1	1	0	0	1

앞의 [표 3-2]에서 2의 보수가 '−1부터 −8까지' 표현되는 것도 바로 1의 보수에 1을 더했기 때문이다. 3 − 6에 대한 2의 보수를 예로 들어보자.

예제 3

> **3 - 6의 2의 보수 계산 과정**

$3 = 0011_2$
$6 = 0110_2$
$-6 = 1001_2$ 이렇게 1의 보수를 취한 값에 1을 더하면 2의 보수값 1010_2이 나온다.

```
    0011
+   1010
    1101
```

2의 보수로 재보수를 취하면 0011_2이다. 따라서 3 - 6의 결괏값은 -3이 된다.

제3절 | 데이터의 표현 중요

컴퓨터는 외부의 데이터를 컴퓨터가 이해할 수 있는 내부의 이진 데이터로 변환하여 저장한다. 또한, 컴퓨터의 내부 실행 결과를 인간이 이해할 수 있는 외부 표현으로 변환하여 출력장치로 전송한다. 데이터에는 문서, 이미지, 비디오, 그래픽, 음성 등 다양한 형태가 있다. 데이터는 크게 **수치 데이터**와 **비수치 데이터**로 구분할 수 있다.

[표 3-3] 데이터의 분류

비수치 데이터 (non-numeric data)	수치 데이터 (numeric data)		
	2진수		10진수
	정수	실수	
표준 BCD 코드	부호화 절댓값 (signed magnitude)	고정소수점 (fixed point)	팩 10진수 (pack decimal)
EBCDIC 코드			
ASCII 코드	1의 보수 (1's complement)		
기타 • 가중치 코드 • 비가중치 코드 • 에러 탐지 코드 • 에러 수정 코드	2의 보수 (2's complement)	부동소수점 (floating point)	언팩 10진수 (unpack decimal)

1 비수치 데이터(non-numeric data) 중요

비수치 데이터에는 문자를 표현하는 BCD, EDCDIC 및 ASCII 코드가 있고, 특수한 목적의 숫자를 표현하는 가중치 코드(weighted code), 비가중치 코드(non-weighted code), 에러 탐지 코드(error detecting code) 및 에러 수정 코드(error correcting code) 등이 있다.

(1) BCD(Binary Coded Decimal) 코드

BCD 코드는 2진화 10진 코드, 또는 8421 코드라고 불린다. 일반적으로 이진수 체계를 사용하여 10진수를 표현하는 가장 기본적인 코드이다. 8421 코드의 의미는 1자리의 10진수를 표현하는 데 4자리의 2진수가 필요하기 때문이다.

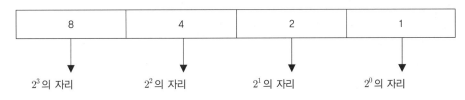

| 8 | 4 | 2 | 1 |

2^3의 자리 2^2의 자리 2^1의 자리 2^0의 자리

[그림 3-4] 8421 코드의 의미

(2) 표준 BCD(Standard BCD) 코드

표준 BCD 코드는 숫자 코드인 BCD 코드를 확장한 문자 코드로, 6개의 데이터 비트와 1개의 패리티 비트로 구성된다. BCD 코드로는 문자, 숫자 등의 비수치 데이터를 표현하기가 어렵기 때문에 BCD 코드에 존 비트(zone bit)를 두어 비수치 데이터를 표현한 것이다. 패리티 비트(parity bit)는 데이터의 오류를 검출하는 용도로 사용한다.

| parity bit | zone bit 1 | zone bit 2 | 8 | 4 | 2 | 1 |

[표 3-4] zone 비트값에 따른 데이터 값

zone bit 1	zone bit 2	데이터 값
0	0	숫자(0 ~ 9)
0	1	영문자(A ~ I)
1	0	영문자(J ~ R)
1	1	영문자(S ~ Z)

(3) EBCDIC(Extended Binary Coded Decimal Interchange Code) 코드

EBCDIC 코드는 확장 2진화 10진 코드로 불리며, 표준 BCD 코드가 문자를 64가지(2^6)만 표현할 수 있는 단점을 보완하기 위하여 8비트의 코드를 사용하여 256가지(2^8)의 문자, 숫자 등의 데이터를 표현할 수 있는 코드이다. 맨 앞에 패리티 비트를 첨가하여 총 9비트로 사용한다. 주로 IBM 메인 프레임 및 IBM 중급 컴퓨터 운영체제에서 사용되었다.

parity	z1-b1	z1-b2	z2-b1	z2-b2	8	4	2	1

존(zone)을 zone-1과 zone-2로 구분하여 zone의 값에 따라서 숫자, 대문자, 특수문자, 소문자 등의 데이터를 표현하였다. EBCDIC 코드는 컴퓨터의 내부 코드용으로 주로 사용한다.

[표 3-5] EBCDIC 코드 테이블

하위＼상위	0000	0001	0010	0011	0100	0101	0110	0111	1000	1001	1010	1011	1100	1101	1110	1111
0000	NUL	DLE	DS		SP	&	-						{	}	₩(\)	0
0001	SOH	DC1	SOS			/			a	j	~		A	J		1
0010	STX	DC2	FS	SYN					b	k	s		B	K	S	2
0011	ETX	TM							c	l	t		C	L	T	3
0100	PF	RES	BYP	PN					d	m	u		D	M	U	4
0101	HT	NL	LF	RS					e	n	v		E	N	V	5
0110	LC	BS	ETB	UC					f	o	w		F	O	W	6
0111	DEL	IL	ESC	EOT					g	p	x		G	P	X	7
1000	GE	CAN							h	q	y		H	Q	Y	8
1001	RLF	EM							i	r	z		I	R	Z	9
1010	SMM	CC	SM		¢	!		:								
1011	VT	CU1	CU2	CU3	.	$	,	#								
1100	FF	IFS		DC4	〈	*	%	@								
1101	CR	IGS	ENQ	NAK	(	)	_	'								
1110	SO	IRS	ACK		+	;	〉	=								
1111	SI	IUS	BEL	SUB	|	¬	?	"								

(4) ASCII(American Standard Code for Information Interchange) 코드

미국 정보교환 표준 부호 또는 줄여서 ASCII(아스키)는 영문 알파벳을 사용하는 대표적인 문자 코드이다. 아스키는 컴퓨터와 통신 장비를 비롯한 문자를 사용하는 많은 장치에서 사용되며, 대부분의 문자 인코딩이 아스키에 기초를 두고 있다. 아스키는 7비트 인코딩으로, 33개의 출력 불가능한 제어 문자들과 공백을 비롯한 95개의 출력 가능한 문자들로 이루어진다. 제어 문자들은 역사적인 이유로 남아 있으며 대부분은 더는 사용되지 않는다. 출력 가능한 문자들은 52개의 영문 알파벳 대소문자와 10개의 숫자, 32개의 특수문자, 그리고 하나의 공백 문자로 이루어진다.

parity	zone 1	zone 2	zone 3	8	4	2	1

ASCII 코드는 EBCDIC 코드와 달리 오른쪽에서 왼쪽으로 비트 번호가 부여된다.

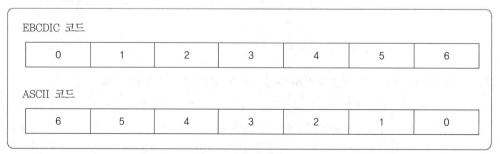

[그림 3-5] 비트 번호 부여 순서

[표 3-6] ASCII 코드 테이블

제어 문자		그래픽 심볼					
이름	10진	기호	10진	기호	10진	기호	10진
NUL	0	space	32	@	64	`	96
SOH	1	!	33	A	65	a	97
STX	2	"	34	B	66	b	98
ETX	3	#	35	C	67	c	99
EOT	4	$	36	D	68	d	100
ENQ	5	%	37	E	69	e	101
ACK	6	&	38	F	70	f	102
BEL	7	'	39	G	71	g	103
BS	8	(	40	H	72	h	104
HT	9	)	41	I	73	i	105
LF	10	*	42	J	74	j	106
VT	11	+	43	K	75	k	107
FF	12	´	44	L	76	l	108
CR	13	−	45	M	77	m	109
SO	14	.	46	N	78	n	110
SI	15	/	47	O	79	o	111
DLE	16	0	48	P	80	p	112
DC1	17	1	49	Q	81	q	113
DC2	18	2	50	R	82	r	114
DC3	19	3	51	S	83	s	115
DC4	20	4	52	T	84	t	116
NAK	21	5	53	U	85	u	117
SYN	22	6	54	V	86	v	118
ETB	23	7	55	W	87	w	119
CAN	24	8	56	W	88	x	120
EM	25	9	57	Y	89	y	121
SUB	26	:	58	Z	90	z	122
ESC	27	;	59	[	91	{	123
FS	28	〈	60	\	92			124
GS	29	=	61	]	93	}	125
RS	30	〉	62	^	94	~	126
US	31	?	63	_	95	Del	127

(5) 가중치 코드(weighted code)

가중치 코드는 4비트 그룹으로 표시했을 때 각 비트의 위치에 따라 특정 가중치가 부여되는 코드를 의미한다. 8421 코드 외에도 2421, 5421, 51111, 6311, 7421, 74-2-1, 642-3, 84-2-1 코드 등 다양한 가중치 코드가 있다. 84-2-1 코드에서 '-'의 의미는 '마이너스'를 뜻한다. 즉, 가중치를 부여할 때 -2의 가중치와 -1의 가중치를 부여한다. 특히, 각 자리의 자리수를 0은 1로, 1은 0으로 변환함으로써 해당 코드의 10진 값에 대한 보수를 얻는 코드를 자보수 코드 또는 자기 보수 코드(self complementing code)라고 한다. 84-2-1 코드, 2421 코드, 51111 코드는 자기 보수 코드이다. 자기 보수 코드를 사용하면 비트의 상호 교환만으로도 간단하게 보수를 구할 수 있다는 장점이 있다.

더 알아두기

자기 보수 코드(self complementing code)

가중치 코드에서는 84-2-1, 2421, 51111 코드가 자기 보수 코드이고, 비가중치 코드의 자기 보수 코드는 excess-3 코드가 있다. 10진법을 이진수로 바꾸면 0, 1, 2, 3, 4와 5, 6, 7, 8, 9는 정확하게 보수의 관계에 놓인 것을 알 수 있다.

---

(6) 비가중치 코드(non-weighted code)

비가중치 코드는 가중치를 갖지 않는 코드로서, '그레이 코드'와 '3초과 코드'가 대표적이다.

① 그레이 코드(gray code)

그레이 부호 또는 그레이 코드는 이진법 부호의 일종으로, 연속된 수가 1개의 비트만 다른 특징을 지닌다. 연산에는 쓰이진 않고 주로 데이터 전송, 입출력장치, 아날로그-디지털 장비 간의 변환과 주변장치에 사용한다.

㉠ 2진수를 그레이 코드로 변환하기
- 2진수의 MSB(맨 좌측 비트)는 그대로 그레이 코드의 첫 번째 비트가 된다.
- 이웃해 있는 두 비트를 XOR 연산한 결과가 두 번째 그레이 코드 값이 된다.
- 이 과정을 반복한다.

┌───┐
│ 예 **2진수 1010을 그레이 코드로 변환하기**

```
2진수        1   0   1   0
              ↓ ⊕ ↓ ⊕ ↓ ⊕ ↓
그레이 코드   1   1   1   1
```
└───┘

㉡ 그레이 코드를 2진수로 변환하기
- 그레이 코드의 MSB비트는 그대로 2진수 코드의 첫 번째 비트가 된다.
- 2진수의 첫 번째 비트와 그레이 코드의 두 번째 비트를 XOR 연산하여 두 번째 2진 비트로 사용한다.
- 이 과정을 반복한다.

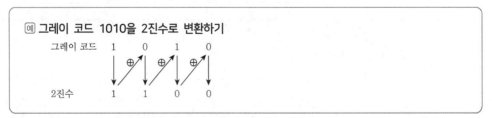

┌───┐
│ 예 **그레이 코드 1010을 2진수로 변환하기**

```
그레이 코드   1   0   1   0
              ↓ ⊕ ↓ ⊕ ↓ ⊕ ↓
2진수        1   1   0   0
```
└───┘

> **더 알아두기**
>
> **XOR 연산**
>
> XOR(배타적 OR) 연산은 두 입력값의 값이 서로 다른 경우에만 '1'이 되고, 입력값이 같은 경우에는 '0'이 되는 연산이다.

② 엑세스-3 코드(excess-3 code)

3초과 코드 또는 3초과 부호라고 불리는 엑세스-3 코드는 자기 보수 코드이다. BCD 코드에 0011을 더해서 만든 코드이기 때문에 excess-3 코드로 불린다. 3초과 코드의 이점은 비트를 반전하는 것만으로도 10진수에서 9의 보수를 얻을 수 있으므로 감산에 유용하다. 또한, MSB(최상위 비트)가 4(0100) 이하일 때 0, 5(0101) 이상일 때 1이 되므로, 반올림에 유용하다. 모든 비트가 동시에 0이 되는 일이 없으므로, 단선 등에 의한 신호단절을 구별할 때 이용할 수 있다.

[표 3-7] BCD 코드와 excess-3 코드의 관계

10진수	BCD 코드	excess-3 코드
0	0000	0011
1	0001	0100
2	0010	0101
3	0011	0110
4	0100	0111
5	0101	1000
6	0110	1001
7	0111	1010
8	1000	1011
9	1001	1100

(7) 에러 탐지 코드(Error detecting code)

에러 탐지 코드에는 바이콰이너리 코드, 2 out-of 5, 패리티 코드 등이 있다.

① 바이콰이너리 코드(bi-quinary code)

이 코드는 초기 컴퓨터에서 사용되던 코드 형태로서, bi-quinary라는 용어는 '2'(bi)와 '5(quinary)'를 의미하며, 5043210 코드라고도 한다. 한 개의 비트에 에러가 발생하면 1의 개수가 달라지는 것으로 에러를 검출하지만, 두 개의 비트가 서로 0이 1로, 1이 0으로 바뀌는 경우는 1의 개수가 그대로이므로 에러가 아니라고 판단하여 에러 검출이 불가능하게 된다.

② 2-out of-5 코드

통신 분야에서 많이 사용하며, 각 십진수는 5비트로 구성된 이진 숫자로 표현되고 그중 두 비트는 '1'로 나머지 3비트는 '0'으로 표현된다. 비트 위치에 할당된 일반적인 가중치는 0-1-2-3-6이다.

③ 패리티 코드(parity code)

패리티 코드는 패리티 비트(parity bit)를 이용하여 **에러를 검사**한다. 패리티 검사는 통신 중 노드 간(송신 측과 수신 측)에 정확한 데이터 전송을 보장하는 프로세스이다. 패리티 비트는 원래 데이터 비트에 첨부되어 짝수(even) 또는 홀수(odd) 비트 번호를 생성한다. 송신 측에서는 짝수 또는 홀수 인 패리티 비트가 부여된 데이터를 전송하고, 수신 측에서는 수신된 데이터 내의 패리티 비트를 확인하여 에러를 검출한다.

㉠ 홀수 패리티 검사 방식(odd parity check)

전체 데이터 중 1의 개수가 홀수 개가 되도록 패리티 비트를 첨부하여 송신하는 방식이다.

㉡ 짝수 패리티 검사 방식(even parity check)

전체 데이터 중 1의 개수가 짝수 개가 되도록 패리티 비트를 첨부하여 송신하는 방식이다.

㉢ 패리티 비트의 생성

패리티 비트를 생성하여 데이터 스트링에 포함시켜 전송하기 위해서는 다음의 절차를 준수해야 한다.

> 📇 **패리티 비트 수 구하기**
>
> 패리티 비트 수는 전송할 데이터의 크기에 따라서 결정되며, 다음의 식을 만족하는 최소한의 양의 정수가 패리티 비트의 개수가 된다.
>
> $$2^p - 1 \geq n + p \text{ (n: 데이터 비트의 수, p: 패리티 비트의 수)}$$

> 📇 **패리티 비트가 들어갈 데이터 스트링의 위치 찾기**
>
> 생성된 패리티 비트는 L(비트의 위치) = 2^0, 2^1, 2^2, ..., 2^n의 위치에 들어가며 그 나머지 공간의 비트에 데이터 비트가 자리 잡게 된다.

> 예 패리티 비트가 3비트이고, 데이터 비트가 4비트일 때, 패리티 비트와 데이터 비트의 위치는 전송될 데이터 스트링의 길이는 총 7비트가 되므로 각 비트의 위치는 다음과 같다.
>
> | p1 | p2 | d1 | p3 | d2 | d3 | d4 |
> |----|----|----|----|----|----|----|

(8) 에러 수정 코드(error correcting code)

에러 수정 코드는 에러가 발생하면 에러를 검출하여 교정할 수 있는 능력을 가진 코드를 말하며, **해밍 코드(Hamming code)**가 대표적이다. 송신 측에서 전송된 데이터 스트링의 에러 유무를 체크하기 위해 다음의 절차를 따른다.

① 패리티 체크 비트를 순서에 따라서 그룹핑한다.

> p1 패리티 비트는 p1, d1, d2, d4 위치의 비트만 가지고 패리티 체크한다.
> p2 패리티 비트는 p2, d1, d3, d4 위치의 비트만 가지고 패리티 체크한다.
> p3 패리티 비트는 p3, d2, d3, d4 위치의 비트만 가지고 패리티 체크한다.

각 패리티 비트는 다음과 같은 규칙으로 조합된다.

> 첫 번째 비트는 2^0부터 시작해서 2^0개만큼 읽고 2^0만큼 건너뛰고 … 이것을 반복한다.
> 두 번째 비트는 2^1부터 시작해서 2^1개만큼 읽고 2^1만큼 건너뛰고 … 이것을 반복한다.
> 세 번째 비트는 2^2부터 시작해서 2^2개만큼 읽고 2^2만큼 건너뛰고 … 이것을 반복한다.
> 네 번째 비트는 2^3부터 시작해서 2^3개만큼 읽고 2^3만큼 건너뛰고 … 이것을 반복한다.
> n번째 비트는 2^{n-1}부터 시작해서 2^{n-1}개만큼 읽고 2^{n-1}만큼 건너뛴다.

하지만 실제 데이터 통신에서는 효율이 떨어지기 때문에, 긴 데이터 스트링에서는 사용하지 않는다.
② 각 그룹핑을 패리티 조건에 따라서 체크한다.
③ p3, p2, p1의 값을 2진수로 조합한 후 10진수로 변환한다.
④ 10진수의 위치가 에러가 발생한 비트의 위치이므로 교정한다(즉, 보수 처리한다).

예제

다음은 해밍 코드로 수신된 데이터 스트링이다. 에러가 있는지 그 유무를 체크하고 에러가 있다면 그 에러를 수정하시오(단, 홀수 패리티 방식으로 체크한다).

1	0	1	0	1	0	1

해설

1) 패리티 비트 체크
   p1 (1, 1, 1, 1)   p1 = 1
   p2 (0, 1, 0, 1)   p2 = 1
   p3 (0, 1, 0, 1)   p3 = 1

2) p3p2p1 = 111이므로 10진수로 변환하면 7이 된다.

3) 따라서 7번째 비트가 에러이므로 7번째 비트 '1'을 '0'로 수정한다.

4) 원래 전송한 데이터는 다음과 같으나 어떤 이유로 데이터가 에러로 인해 7번째 비트가 바뀐 것이다.

1	0	1	0	1	0	0

(9) 한글 코드

한글 코드에는 조합형 코드와 완성형 코드의 두 가지 방식이 있다. 국내에 컴퓨터가 보급되던 초기에 사용한 방식은 조합형 코드로서, 2바이트(Byte), 즉 16비트로 한 글자(초성, 중성, 종성)를 표현하는 방식이다. 16비트 중 1비트는 영어와 한글을 구분(0 = 영어, 1 = 한글)하기 위해 사용하고, 초성 5비트, 중성 5비트, 종성 5비트를 할당하는 방식이다. 완성형 코드는 한글을 완전한 글자로 만들어 메모리값에 하나씩 하나씩 저장하는 방식으로, 이러한 방식은 아스키 코드와 사용방법이 유사하며, 한 글자에 2바이트를 사용했다. 현대의 완성형 한글 체계는 Unicode를 기반으로 모두 11,172개의 한글 음절을 모두 코드로 제공하고 있다.

> **더 알아두기**
>
> **유니코드(unicode)**
> 90년대 중반 마이크로소프트에서 발표한 코드체계로, 세계 각국의 언어를 통일된 방법으로 표현할 수 있게 제안된 국제적인 코드 규약의 이름이며, 8비트 문자 코드인 아스키(ASCII) 코드를 16비트로 확장하여 전 세계의 모든 문자를 표현하는, 쉽게 말하면 전 세계 언어 표준 규격이다.

2 수치 데이터(numeric data) 종요

(1) 2진수 데이터(Binary data) 표현 방식

① 정수(integer) 표현방식

2진수의 정수 표현 방법에는 부호화 절댓값, 1의 보수 및 2의 보수 방식이 있다. 정수는 양의 정수, 0, 음의 정수를 의미한다.

㉠ 부호화 절댓값

부호화 절댓값 방식은 최상위 비트(MSB)로 양수(0)와 음수(1)를 표현하고, 나머지 비트로 수를 표현하는 방식이다. 부호화 절댓값에서 표현할 수 있는 값의 범위는 $-(2^{n-1}-1) \sim (2^{n-1}-1)$이다.

㉡ 1의 보수

1의 보수 방식은 음수를 표현하는 방법으로, 양수를 표현하는 것은 부호화 절댓값과 같다. 음수는 같은 수의 양의 표현에서 2진수의 각 비트를 0은 1로, 1은 0으로 바꾸어 표현한다. 1의 보수에서 표현할 수 있는 값의 범위는 $-(2^{n-1}-1) \sim (2^{n-1}-1)$로, 부호화 절댓값과 동일하다.

㉢ 2의 보수

1의 보수 표현에서 최하위 비트(LSB)에 1을 더하여 값을 취하는 방식이다. 2의 보수 표현 방법을 사용하면 '+0'과 '-0'의 문제가 해결된다. 2의 보수로 표현할 수 있는 수의 범위는 $-(2^{n-1}) \sim 2^{n-1}-1$로, 1의 보수보다 음수의 표현이 하나 더 많다.

② 실수(real number) 표현방식

실수의 표현방식에는 고정소수점 표현방식과 부동소수점 표현방식이 있다.

㉠ 고정소수점(fixed point) 표현방식

고정소수점 표현방식은 실행 프로세서에 부동소수점 장치(FPU : Floating Point Unit)가 없거나, 현재 사용 중인 응용 프로그램의 성능이나 정확도를 향상하는 경우에 사용한다. 예전의 컴퓨터 또는 저가 임베디드 마이크로프로세서 및 마이크로 컨트롤러에는 FPU가 없어서 고정소수점 방식을 사용한다. 고정소수점 표현방식은 매우 큰 실수나 매우 작은 실수를 표현할 때 비트 수를 많이 차지하므로 비경제적이다.

㉡ 부동소수점(floating point) 표현방식 [기출]

부동소수점 표현방식은 매우 작거나 매우 큰 실수를 표현할 때 정밀도가 높은 표현방법이다. 부동이라는 의미는 소수점의 위치 이동이 가능하다는 의미로서, 고정소수점 방식보다 비트의 수를 줄일 수 있어 경제적이라는 장점이 있지만, 고정소수점 방식보다는 복잡한 연산을 수행해야 하므로 처리 속도가 느린 단점이 있다. 부동소수점 방식은 32비트인 '단정도(single precision)' 방식과 64비트인 '배정도(double precision)' 방식으로 표현할 수 있다. 단정도의 부동소수점 표현 형식은 다음과 같다. 부호는 양수(0)와 음수(1)를 표현하고, **지수부는 소수점의 위치를 나타내며, 소수부(가수부)는 유효숫자를 나타낸다.**

부호	지수부	소수부(가수부)
0 1	8	9 31

🗂 **부동소수점 방식으로 표현하기 위한 절차는 다음과 같다.**

1) 정규화의 형태로 표현한다.

   유효숫자를 소수점 다음에 위치시키는 것을 말한다. 35.67을 정규화시키면 0.3567×10^2로 표현하는 것이다.

2) 지수부의 값을 계산한다.

   지수부에는 음수의 값을 표현할 수 없다. 따라서 지수값이 음수인지 또는 양수인지를 구분하기 위한 조정값이 필요하다. 지수부의 값은 10진법 또는 16진법으로 표현할 수 있다. 지수부가 7비트로 고정되어 있어 0부터 127까지 표현할 수 있고, 양수 승의 지수와 음수 승의 지수를 구분하기 위해 기준값을 설정하여 좌측값은 음수 승, 우측값은 양수 승을 표현한다. 이처럼 기준값을 조정하기 위해 더해지는 값을 바이어스(bias)라고 하고, 조정된 지수 값을 특성값(characteristics)이라고 부른다.

[표 3-8] 바이어스 테이블

10진수	0	...	62	63	64	65	66	...	127
16진수	0	...	3E	3F	40	41	42	...	7F
지수값	−64	...	−2	−1	0	+1	+2	...	+63

지수가 10^3일 경우 실제 지수부에 저장되는 값은 67이 되고, 지수가 16^3일 때 지수부에 저장되는 값은 43이 된다.

(2) 10진수 데이터(decimal data) 표현방식 [중요]

10진수 데이터를 표현하는 방식에는 팩 10진수 방식과 언팩 10진수 방식이 있다.

① 팩 10진수(packed decimal) 방식

1바이트(byte)에 2개의 10진수를 표시하는 방식이다. 부호 비트는 맨 우측 4비트를 사용하여 양수는 1100, 음수는 1101로 표시한다.

1바이트		1바이트			1바이트		1바이트	
데이터	데이터	데이터	데이터	···	데이터	데이터	데이터	부호

[그림 3-6] 팩 10진수 형식

예제

> '+1234'와 '-1234'를 32비트의 팩 10진수로 표시하시오.

해설

(+1234)

0000	0000	0000	0001	0010	0011	0100	**1100**

(−1234)

0000	0000	0000	0001	0010	0011	0100	**1101**

(1234)

0000	0000	0000	0001	0010	0011	0100	**1111**

(*) 부호가 없는 숫자는 부호 위치에 '1111'로 표현된다.

---

② 언팩 10진수(unpacked decimal) 방식

부호는 팩 방식과 동일하지만 표시 위치가 다르다. 맨 우측 바이트의 첫 4비트(0 ~ 3)에는 데이터가 표시되고, 부호는 4 ~ 7비트에 표시된다. 그리고 각 바이트의 우측 4비트에는 데이터가 표시되고, 나머지 4비트에는 존(zone) 영역으로 '1111'이 들어간다. 언팩 방식은 팩 방식에 비해 기억장소를 낭비하고 연산의 효율도 떨어지는 단점이 있다.

1바이트		1바이트			1바이트		1바이트	
1111	데이터	1111	데이터	···	1111	데이터	부호	데이터

[그림 3-7] 언팩 10진수 형식

예제

'+1234'와 '-1234'를 32비트의 언팩 방식으로 표시하시오.

해설

(+1234)

1111	0001	1111	0010	1111	0011	**1100**	0100

(−1234)

1111	0001	1111	0010	1111	0011	**1101**	0100

(1234)

1111	0001	1111	0010	1111	0011	**1111**	0100

제4절 연산 종요 기출

연산에는 자료의 수에 따라서 단항(unary) 연산과 이항(binary) 연산으로 구분한다. 단항 연산은 보수, 이동 (move), 논리 시프트(shift), 로테이트(rotate) 등을 말하며, 이항 연산은 사칙 연산, AND, OR, XOR 등이다. 또한, 데이터의 성격에 따라서 산술 연산(수치 연산)과 논리 연산(비수치 연산)으로 구분한다. 산술 연산은 덧셈, 뺄셈, 곱셈, 나눗셈이고, 논리 연산은 AND, OR, NOT, 논리 시프트(shift), 로테이트(rotate) 등이다.

1 수치 연산

수치 연산에는 10진 연산, 고정소수점 연산과 부동소수점 연산이 있다. 그리고 모든 수치 연산은 덧셈, 뺄셈, 곱셈, 나눗셈의 사칙 연산을 기본으로 한다. 시프트(shift)의 경우에는 산술 시프트(arithmetic shift)와 논리 시프트(logical shift)가 있는데, 산술 시프트는 수치 연산을 한다.

(1) 산술 시프트

산술 시프트는 일반적인 시프트라고 한다. 산술 시프트에서 왼쪽으로 이동(좌측 시프트)은 곱하기 효과를 가지며, 우측으로 이동(우측 시프트)은 나누기 효과를 가진다. 피연산자의 모든 비트는 주어진 비트 위치 수만큼 이동되고, 비어있는 비트 위치가 채워진다. 오른쪽으로 시프트하면 가장 왼쪽 비트(일반적으로 부호가 있는 정수 표현의 부호 비트)가 빈 위치를 채우기 위해 복제된다.

> **더 알아두기**
>
> **좌측 시프트(shift)와 우측 시프트(shift)**
> - 좌측 시프트 : 원래 수 $\times$ 2^n
> - 우측 시프트 : 원래 수 $\div$ 2^n

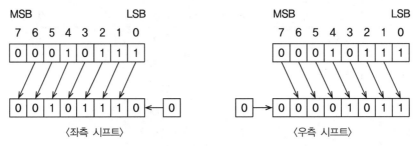

[그림 3-8] 좌측 · 우측 시프트

(*) 단, 1과 2의 보수로 표현된 음수의 경우에는 다음과 같이 비트가 추가된다.
  - 좌측 시프트 : 0(1의 보수), 1(2의 보수)
  - 우측 시프트 : 1

2 비수치 연산

수치 데이터 이외의 모든 연산, 즉 부울연산의 기본이 되는 논리 연산과 문자 데이터 처리에 대한 연산을 의미한다. 논리 시프트, 로테이트가 있다.

[표 3-9] 논리 연산의 예

A	B	A AND B	A OR B	A XOR B	A NAND B	NOT B
0	0	0	0	0	1	1
0	1	0	1	1	1	0
1	0	0	1	1	1	1
1	1	1	1	0	0	0

논리 연산을 응용한 5가지의 연산에는 선택적(세트) 연산, 선택적 보수 연산, 마스크 연산, 삽입 연산 및 비교 연산이 있다.

(1) 선택적 세트(Selective set) 연산

2진수의 특정 비트를 선택하여 1로 바꾸는 연산을 의미한다. OR 연산을 사용한다.

〈연산 이전〉
레지스터 A   10010010
레지스터 B   00001111

〈연산 이후〉
레지스터 A   10011111   (A와 B 레지스터의 OR 연산의 결과)

(2) 선택적 보수(Selective complement) 연산

2진수의 특정 비트를 보수로 만들기 위하여 사용한다. XOR 연산을 사용한다.

〈연산 이전〉
레지스터 A   10010010
레지스터 B   00001111

〈연산 이후〉
레지스터 A   10011101   (A와 B 레지스터의 XOR 연산의 결과)

(3) 마스크(Mask) 연산

2진수의 특정 비트를 클리어(0)하기 위한 목적으로 사용한다. AND 연산을 사용한다.

〈연산 이전〉
레지스터 A   10010010
레지스터 B   00001111

〈연산 이후〉
레지스터 A   00000010   (A와 B 레지스터의 AND 연산의 결과)

(4) 삽입(Insert) 연산

2진수 데이터 내의 특정 위치에 데이터를 삽입하기 위해서 사용한다. AND 연산과 OR 연산을 사용한다.

〈연산 이전〉
레지스터 A   10010010
레지스터 B   00001111

〈연산 이후(1)〉
레지스터 A   00000010   (A와 B 레지스터의 AND 연산의 결과)

〈연산 이후(2)〉
레지스터 A   00001111   (A와 B 레지스터의 OR 연산의 결과)

(5) 비교(Compare) 연산

두 데이터를 비교하는 연산으로, XOR 연산을 사용한다.

〈연산 이전〉
레지스터 A   10010010
레지스터 B   00001111

〈연산 이후〉
레지스터 A   10011101   (A와 B 레지스터의 XOR 연산의 결과)

(6) 로테이트(Rotate) 연산

시프트(shift) 연산은 수를 표시하는 방법에 따라서, 그리고 시프트 방향에 따라서 다른 값이 입력되지만, 로테이트는 좌·우측 끝단에서 밀려 나오는 비트들이 반대편으로 다시 입력되는 연산이다. 직렬로 데이터의 손실 없이 자료를 전송할 때 사용한다.

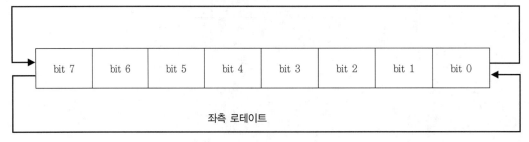

우측 로테이트

| bit 7 | bit 6 | bit 5 | bit 4 | bit 3 | bit 2 | bit 1 | bit 0 |

좌측 로테이트

○X 로 점검하자 | 제3장

※ 다음 지문의 내용이 맞으면 ○, 틀리면 ×를 체크하시오. [1 ~ 7]

01 2진수를 8진수로 변환하려면 3비트가 필요하고, 2진수를 16진수로 변환하려면 4비트가 필요하다.
( )

>>>◯ 8진수는 0부터 7까지, 16진수는 0부터 F까지 표시한다. 8진수로는 2진수 '000 ~ 111'로 표시할 수 있고, 16진수는 '0000 ~ 1111'로 표시할 수 있다.

02 16진수를 8진수로 변환하는 절차는 16진수를 2진수로 변환하고 표시된 2진수를 각 3비트씩 끊어서 값을 표시하는 것이다. ( )

>>>◯ 8진수가 2진수 3비트, 16진수는 2진수 4비트로 구성된다.

03 '1'의 보수의 문제는 '0'이 '−0'과 '+0', 즉 두 개가 존재한다는 것이며, 2의 보수와 표현할 수 있는 값의 범위가 동일하다. ( )

>>>◯ 1의 보수의 표현 범위는 '$-(2^{n-1}-1) \sim (2^{n-1}-1)$'이며 2의 보수의 표현 범위는 1의 보수보다 음수의 표현이 하나 더 많은 '$-(2^{n-1}) \sim (2^{n-1}-1)$'이다.

04 데이터와 함께 전송할 패리티 비트의 개수는 다음의 공식에 의해서 구할 수 있다. 그리고 P의 값은 이 식을 만족하는 최대의 값이다. ( )

$$2^p - 1 \geq n+p \text{ (n: 전송할 데이터의 비트 수, p: 패리티 비트 수)}$$

>>>◯ $2^p - 1 \geq n+p$에서 p의 값은 식을 만족하는 최소의 값이어야 한다.

05 부동소수점 표현방식에서 987.65를 정규화시키면 9.8765×10^2이다. ( )

>>>◯ 정규화는 유효숫자를 소수점 이하에 위치시키는 것이므로 0.98765×10^3으로 표시되어야 한다.

06 10진수 팩 방식의 부호 위치와 10진수 언팩 방식의 부호 위치는 같다. ( )

>>>◯ 팩 방식과 언팩 방식의 부호 위치는 서로 다르다.

1바이트	
데이터	부호
〈팩 방식〉	

1바이트	
부호	데이터
〈언팩 방식〉	

07 특정 비트를 '1'로 바꾸는 연산을 MASK 연산이라고 하고, 특정 비트를 '0'으로 변환시키는 연산을 SET 연산이라고 한다. ( )

>>>◯ 특정 비트를 '1'로 바꾸는 연산은 SET 연산, '0'으로 바꾸는 연산을 MASK 연산이라고 한다.

정답 **1** ○ **2** ○ **3** × **4** × **5** × **6** × **7** ×

제 3 장 │ 실전예상문제

01 10진수 19를 나머지가 0이 나올 때까지 반복하여 2로 나누고 그 결과를 아래서부터 올려 쓰면 된다.

01 10진수 19를 2진수로 변환한 것은?

① 10101_2

② 10011_2

③ 10001_2

④ 11011_2

»»Q

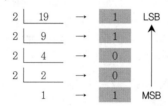

02 16진수는 2진수 4비트, 8진수는 2진수 3비트로 표현할 수 있다. 16진수를 2진수로 변환하고, 변환된 2진수를 8진수로 변환하면 된다.
$12F_{16} = 000100101111_2$
$000\ 100\ 101\ 111_2 = 0457_8$

02 16진수 12F를 8진수로 변환한 것은?

① 0123_8

② 3210_8

③ 7540_8

④ 0457_8

03 10진수 0.005678를 부동소수점 방식으로 표현할 경우 정규화 값과 특성값을 구하면? (단, 정규화 지수는 16진수를 사용함)

① 1622, 42

② E261, 3E

③ 162E, 3E

④ 162E, 42

>>>🔍

정규화는 유효숫자를 소수점 이하에 첫째 자리에 위치시키는 것이다. 정규화 지수는 16진수를 사용하라는 말은 16진수로 변환시켜서 16진수 바이어스 값을 적용하라는 것이다. 바이어스 값은 정규화시키는 숫자의 진법에 따라서 다른 값이 적용되기 때문이다.

(1) 유효숫자의 진법을 변환한다.

진법 변환의 기준은 2진수부터 시작하여 8진수, 16진수 등의 변환을 수행하면 편리하다.

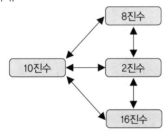

10진수 5678을 16진수로 변환하려면 주어진 숫자를 16으로 나누어서 몫을 더는 나눌 수 없을 때까지 나눈 나머지를 아래쪽에서부터 순서대로 나열하면 된다.

```
16 | 5678      →  14   LSB
16 |  354      →   2    ↑
16 |   22      →   6
        1      →   1   MSB
```

즉, 나눗셈의 결과는 162E가 된다(16진수에서 A = 10, B = 11, C = 12, D = 13, E = 14, F = 15).

따라서 10진수 0.005678을 정규화하면 $0.162E \times 16^{-2}$이 된다.

(2) 16진수 바이어스는 40을 기준으로 음수의 지수값과 양수의 지수값을 표시하므로, -2는 3E에 해당한다.

10진수	0	⋯	62	63	64	65	66	⋯	127
16진수	0	⋯	3E	3F	40	41	42	⋯	7F
지수값	-64	⋯	-2	-1	0	+1	+2	⋯	+63

(3) 따라서 정답은 162E와 3E가 된다.

03 [문제 하단의 설명 참고]

정답 03 ③

04 좌측 시프트는 곱셈의 결과를 얻게 되고, 우측 시프트는 나눗셈의 결과를 얻는다.

04 8비트 2의 보수로 나타낸 수 '−20'을 좌측으로 1비트 산술 시프트하면 그 결과는?

① −40
② −80
③ 40
④ 80

05 선택적 보수 연산은 XOR 연산을 실행한다.

〈연산 이전〉
레지스터 A   10111101
레지스터 B   00001111

〈연산 이후〉
레지스터 A   10110010

05 A와 B 레지스터에 대한 선택적 보수 연산을 실행한 후, 레지스터 A의 내용으로 맞는 것은?

레지스터 A   10111101
레지스터 B   00001111

① 10111111
② 00001101
③ 10110010
④ 11110010

06 그레이 부호 또는 그레이 코드(gray code)는 이진법 부호의 일종으로, 연속된 수가 1개의 비트만 다른 특징을 지닌다. 연산에는 쓰이진 않고 주로 데이터 전송, 입출력 장치, 아날로그-디지털 사이의 변환과 주변장치에 사용한다.

06 다음 중 가중치 코드가 <u>아닌</u> 것은?

① BCD 코드
② 7421 코드
③ 5421 코드
④ 그레이 코드

정답 04 ① 05 ③ 06 ④

07 '0'의 값이 음의 값과 양의 값을 2개 갖는 것만 묶인 것은?

① 부호화 절댓값 - 10의 보수

② 1의 보수 - 10의 보수

③ 1의 보수 - 2의 보수

④ 1의 보수 - 부호화 절댓값

08 그레이 코드 1100을 2진수로 변환한 값은?

① 1000_2

② 1010_2

③ 1100_2

④ 0011_2

»»O

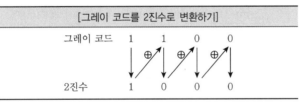

[그레이 코드를 2진수로 변환하기]
그레이 코드   1   1   0   0
2진수   1   0   0   0

09 부동소수점 방식의 표현과 관련 <u>없는</u> 용어는?

① 정규화

② 특성값

③ 바이어스

④ 보수

07 부호화 절댓값과 1의 보수는 두 개의 '0'의 값을 갖는 문제를 안고 있다. 2의 보수는 이러한 문제를 해결하기 위해 1의 보수에 1을 더하여 음의 '0'의 값을 배제하였다.

08 그레이 코드를 2진수로 변환하는 순서는 다음과 같다.
(1) 그레이 코드의 MSB 비트는 그대로 2진수 코드의 첫 번째 비트가 된다.
(2) 2진수의 첫 번째 비트와 그레이 코드의 두 번째 비트를 XOR 연산하여 두 번째 2진 비트로 사용한다.
(3) 위의 과정을 반복한다.
[문제 하단의 도표 내용 참고]

09 보수는 고정소수점 표현 방식에서 1의 보수와 2의 보수를 표현하는 용어이다.

정답   07 ④   08 ①   09 ④

10 16진수 BB의 값은 '10111011'이므로 187, 8진수 123의 값은 '001010011'이므로 83, 2진수 '001000011'의 값은 67이다.

10 **다음 중 가장 작은 수를 고르면?**

① 16진수 BB

② 8진수 123

③ 2진수 001000011

④ 10진수 60

11 언팩 방식은 1바이트에 1개의 문자를 표현하는 방식이다. 팩 방식은 1 바이트에 2개의 문자를 표시한다. ③과 ④는 팩 방식이다. 부호는 '1100'은 양수, '1101'은 음수이다.
[문제 하단의 도표 참고]

11 **10진수 +3579를 언팩 방식으로 표시하면 그 값은?**

①
1111	0011	1111	0101	1111	0111	1100	1001

②
1111	0011	1111	0101	1111	0111	1001	1100

③
0000	0000	0000	0011	0101	0111	1001	1100

④
0000	0000	0000	0011	0101	0111	1001	1101

»»Q

1바이트		1바이트			1바이트		1바이트	
1111	데이터	1111	데이터	...	1111	데이터	부호	데이터

12 데이터와 함께 전송할 패리티 비트의 개수는 다음의 공식에 의해서 구할 수 있다. 그리고 p의 값은 이 식을 만족하는 최소의 값이다.
$2^p - 1 \geq n+p$ (n: 전송할 데이터의 비트 수, p: 패리티 비트 수)
데이터 비트가 5일 때,
$2^p - 1 \geq n+p$를 만족하는 p의 최솟값은 4이다.
예 $2^4 - 1 \geq 5+4$ (○)
$2^3 - 1 \geq 5+3$ (×)

12 **5비트의 데이터를 전송하고자 한다. 이때 에러 체크를 위해 패리티 비트를 넣어서 전송하려고 한다면, 데이터 스트링에 포함되어 전송될 패리티 비트의 개수는?**

① 1

② 2

③ 3

④ 4

정답 10 ④ 11 ① 12 ④

13 다음 중 설명이 옳지 <u>않은</u> 것은?

① 2의 보수로 표현할 수 있는 수의 범위는 1의 보수보다 크다.

② 부동소수점 방식은 고정소수점 방식보다 처리 속도가 빠르다.

③ 엑세스-3(excess-3) 코드는 자기 보수 코드(자보수 코드)이다.

④ 그레이 코드를 2진수로 변환할 때는 XOR 연산을 한다.

14 2진수 6비트는 몇 개의 서로 다른 값을 표현할 수 있는가?

① 6

② 32

③ 64

④ 128

15 해밍 코드로 1010001을 수신했을 때, 에러 비트의 위치를 맞게 표기한 것은? (단, 패리티 체크는 홀수 방식임)

① 2번째 비트

② 3번째 비트

③ 5번째 비트

④ 6번째 비트

---

13 부동소수점 방식은 매우 큰 수나 매우 작은 수를 표현하는 데 적당하지만, 처리방식이 복잡하기 때문에 고정소수점 방식보다 처리 속도가 느리다.

14 2의 6승을 계산한다.

15 1) 우선 각 패리티 비트를 홀수 패리티 조건에 따라서 체크한다.

1	0	1	0	0	0	1

p1(1, 1, 0, 1)　　p1 = 0
p2(0, 1, 0, 1)　　p2 = 1
p3(0, 0, 0, 1)　　p3 = 0

2) p3 p2 p1 = 010이므로 2가 된다.

3) 따라서 2번째 비트가 에러이므로 2번째 비트 '0'을 '1'로 수정한다.

정답 13 ② 14 ③ 15 ①

16 엑세스-3 코드는 8421 코드의 표현에 2진수 0011(10진수 3)을 더해서 만든 코드이다. BCD 코드에서 10진수 2에 해당하는 값은 '0010'이므로 여기에 '0011'을 더하면 0101로 10진수 2에 해당하는 엑세스-3 코드의 값이 된다. 여기에 10진수 2에 해당하는 BCD 코드 '0010'을 더하면 '0111'의 값이 나온다.
① 비수치 데이터의 삽입 연산을 위해서는 AND와 OR 연산을 사용한다.
② 10진수 데이터 표현 방식에서는 음수(1101), 양수(1100)의 부호는 물론 부호가 없는(1111) 경우도 있다.
④ 정규화는 고정소수점이 아닌 부동소수점 방식과 관련이 있다.

16 다음 중 설명이 옳은 것은?

① 비수치 데이터의 삽입 연산을 위해서는 XOR 연산을 사용한다.
② 10진수 데이터 표현방식에서는 음수와 양수의 부호만 구분한다.
③ 10진수 2에 해당하는 엑세스-3 코드와 10진수 2에 해당하는 BCD 코드의 값을 더하면 '0111'의 값이 출력된다.
④ 고정소수점 표현 방식에서 정규화는 유효숫자를 소수점 뒤에 위치시키는 것이다.

17 10진수 61을 2진수로 표현하면 다음과 같다.

| 0 | 1 | 1 | 1 | 1 | 0 | 1 |

17 10진수 61을 2진수로 표현한 값은?

① 0111101_2
② 1000001_2
③ 0111110_2
④ 0111111_2

18 10진수 2345를 BCD 코드로 표현하면 '0010 0011 0100 0101'이다. 따라서 숫자 '1'인 비트의 개수는 6개이다.

18 10진수 2345를 BCD 코드로 표현했을 때 '1'의 비트의 개수는?

① 5개
② 6개
③ 7개
④ 8개

정답 16 ③ 17 ① 18 ②

19 자기 보수 코드(자보수 코드, self complementing code)에 대한 설명으로 **틀린** 것은?

① 각 비트의 위치에 따라 특정 가중치가 부여되는 코드를 의미한다.

② 84-2-1 코드, 2421 코드, 51111 코드, 엑세스-3 코드는 자기 보수 코드이다.

③ 각 자리의 자리수를 0은 1로, 1은 0으로 바꿈으로써 해당 코드의 10진 값에 대한 보수를 얻는 코드를 말한다.

④ 비트의 상호 교환만으로도 간단하게 보수를 구할 수 있다.

20 다음 중 의미가 **다른** 것 하나를 고르면?

① BCD 코드

② 이진화 10진 코드

③ 8421 코드

④ ASCII 코드

19 가중치 코드의 설명
가중치 코드는 4비트 그룹으로 표시했을 때 각 비트의 위치에 따라 특정 가중치가 부여되는 코드를 의미한다. 8421 코드 외에도 2421, 5421, 51111, 6311, 7421, 74-2-1, 642-3, 84-2-1 코드 등 다양한 가중치 코드가 있다. 84-2-1 코드에서 '-'의 의미는 '마이너스'의 의미이다. 즉, 가중치를 부여할 때 -2의 가중치와 -1의 가중치를 부여한다.

자기 보수 코드
각 자리의 자릿수를 0은 1로, 1은 0으로 바꿈으로써 해당 코드의 10진값에 대한 보수를 얻는 코드를 자보수 코드 또는 자기 보수 코드(self complementing code)라고 한다. 84-2-1 코드, 2421 코드, 51111 코드는 자기 보수 코드이다. 비가중치 코드의 엑세스-3 코드도 자기 보수 코드이다. 자기 보수 코드를 사용하면 비트의 상호 교환만으로도 간단하게 보수를 구할 수 있다는 장점이 있다.

20 BCD(Binary Coded Decimal) 코드는 2진수 체계를 사용해 10진수를 표현하는 가장 대표적인 숫자 코드로서, 이진화 10진 코드 또는 8421 코드라고 부른다. ASCII 코드는 컴퓨터 간의 데이터 통신을 목적으로 미국 국립표준연구소(ANSI : American National Standard Institude)에서 제정한 128가지의 코드를 표현할 수 문자 코드이다.

정답 19① 20④

Self Check로 다지기 | 제3장

▤ 컴퓨팅 시스템에서 많이 사용하는 진법에는 2진법, 8진법, 10진법, 16진법이 있고, 컴퓨터의 내부 데이터는 2진수로 저장된다.

▤ **진법의 변환**

컴퓨터는 2진법을 사용하고 인간은 10진법을 사용한다. 프로그램 개발자들은 내부자료가 컴퓨터에 어떻게 저장되는지 알아야 할 필요가 있기 때문에 2진법으로 표현되어 있는 데이터를 읽기 쉽도록 우리가 사용하는 10진법이나 주소체계에서 사용되는 16진법 등으로 변환해서 이해할 필요가 있다.

▤ **보수**

음수와 논리 연산을 간단하게 처리하기 위해 사용하는 방법으로 보수를 사용한다. 보수는 어떤 진수(r) 체계든지, 'r'과 'r − 1'의 2개의 보수가 존재한다. 2진수에는 1의 보수와 2의 보수가 존재한다. 2의 보수는 '0'이 한 개만 존재하기 때문에 '0'이 2개 존재하는 부호화 절댓값과 1의 보수의 문제를 해결하였다.

▤ **데이터의 표현**

수치 데이터는 10진수 데이터를 표현하기 위한 '팩 형식'과 '언팩 형식'이 있고, 2진수 데이터를 표현하기 위한 '부호화 절댓값', '1의 보수', '2의 보수', '고정소수점 방식' 및 '부동소수점 방식'이 있다. 비수치 데이터의 표현은 'BCD, EBCDIC, ASCII 방식'이 있다.

▤ **패리티 비트와 해밍 코드**

패리티 비트를 이용하여 자기 교정을 하는 대표적인 코드는 '해밍 코드'이다. 송신 측에서 전송할 데이터에 패리티 비트를 추가하여 보내면, 수신 측에서는 패리티 조건을 체크하고 에러가 검출되면 에러를 스스로 교정한다.

▤ 부동소수점 방식은 데이터를 지수부와 소수부(가수부)로 구분하여 아주 큰 수나 아주 작은 수를 효과적으로 표현하는 방식이다. 정규화를 통해 유효숫자를 소수점 이하에 위치시키고, 바이어스와 특성값으로 지수 부분을 조정한다.

▤ 산술 시프트는 수치 연산이며, 논리 시프트는 비수치 연산이다. 논리 연산은 첨가되는 비트가 항상 '0'이지만, 산술 연산은 시프트되는 수가 음수일 경우 첨가되는 비트가 '0' 또는 '1'이 될 수 있다.

▤ 비수치 데이터에는 논리 연산을 응용한 5가지의 연산이 있는데, 선택적 세트 연산, 선택적 보수 연산, 마스크 연산, 삽입 연산 및 비교 연산이 있다.

제 **4** 장

CPU의 구조와 기능

지식에 대한 투자가 가장 이윤이 많이 남는 법이다.

– 벤자민 프랭클린 –

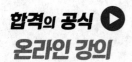

제 4 장 │ CPU의 구조와 기능

중앙처리장치(CPU : Central Processing Unit)는 산술, 논리, 제어 및 입·출력(I/O : Input/Output) 작업을 수행하여 컴퓨터 프로그램의 명령어를 실행하는 컴퓨터 내의 전자회로이다. 전통적으로 'CPU'라는 용어는 메인 메모리 및 I/O 회로와 같은 외부 구성요소와 컴퓨터의 핵심 구성요소를 구별하는 프로세서, 특히 처리장치 및 제어장치(CU : Control Unit)를 의미한다.

CPU의 형태, 디자인 및 구현은 세대에 따라서 변화하지만, 근본적인 작동은 거의 변함이 없다. 대형 시스템에서는 CPU가 하나 이상의 인쇄 회로 기판(PCB : Printed Circuits Board)을 필요로 하며, 개인용 컴퓨터와 소형 워크스테이션에서는 마이크로프로세서(Microprocessor)라고 불리는 단일 칩에 내장되어 있다. CPU가 포함된 IC 칩에는 메모리, 주변장치 인터페이스 및 기타 컴퓨터 구성요소가 포함될 수 있다. 이러한 집적 소자는 마이크로 컨트롤러(Micro Controller) 또는 SoC(System on a Chip)로 다양하게 불린다. 일부 컴퓨터는 멀티코어 프로세서(Multi-Core Processor)를 사용한다. 이 칩은 '코어'라고 하는 두 개 이상의 CPU가 포함된 단일 칩이다. 최신 CPU는 작고 정사각형이며 밑면에는 여러 개의 금속 커넥터 또는 핀이 있으며, CPU는 마더보드(Mother Board)의 핀면이 아래로 향하는 CPU 소켓(Socket)에 직접 삽입된다. 각 마더 보드는 특정 유형(또는 범위)의 CPU만 지원하므로 컴퓨터의 CPU를 교체하거나 업그레이드하기 전에 마더 보드 제조업체의 사양을 확인해야 한다. 최신 CPU에는 열이 발산되는 것을 돕기 위해 CPU 위에 직접 연결된 방열판 및 소형 팬이 부착되어 있다.

CPU의 주요 구성요소는 산술 및 논리 연산을 수행하는 산술논리연산장치(ALU : Arithmetic Logical Unit), 산술 연산자를 ALU에 공급하고 ALU 연산 결과를 저장하는 프로세서 레지스터(Processor Register), 메모리에서 명령어를 읽어서(패치, Fetch) 해독하고 실행을 주관하는 제어 장치(CU : Control Unit)이다. 그리고 CPU의 또 다른 중요한 구성요소는 클록(Clock)이다. 클록은 CPU의 실행을 시작시키거나 정지시키는 역할을 한다. 대부분의 CPU 기본 작동은 프로그램(Program)을 실행하기 위해 저장된 일련의 명령어(Instruction Sequence)를 실행하는 것이다. 실행될 명령은 기억장치에 보관되며, 거의 모든 CPU는 인출 사이클(fetch cycle), 해독 사이클(decode cycle), 실행 사이클(execution cycle) 단계를 반복하여 하나의 명령어 사이클을 처리한다. 클록의 주기에 따라서 실행되는 CPU 내의 동작을 마이크로 연산(Micro Operation)이라고 한다. 마이크로 연산은 복잡한 기계 명령어(Macro Operation)를 구현하기 위해 일부 설계에서 사용되는 상세한 최소 단위의 명령어다. 일반적으로 마이크로 연산은 레지스터 간 또는 중앙처리장치(CPU)의 레지스터와 외부 버스 간 데이터 전송, 레지스터에 대한 산술 및 연산 또는 논리 연산 수행과 같이, 하나 이상의 레지스터에 저장된 데이터에 대한 기본 연산을 수행하고, 일반적인 명령어 사이클에서 매크로(macro) 명령의 각 단계는 실행 중에 분해되어 CPU가 작업을 결정하고 단계별로 진행한다. 이렇게 분해된 마이크로 연산의 실행은 CPU의 제어 하에 수행되며, CPU의 제어장치는 재정렬, 융합 및 캐싱과 같은 다양한 최적화를 수행하면서 실행을 결정하게 된다. 마이크로 연산의 몇 단계가 모여 매크로 연산을 수행하게 된다.

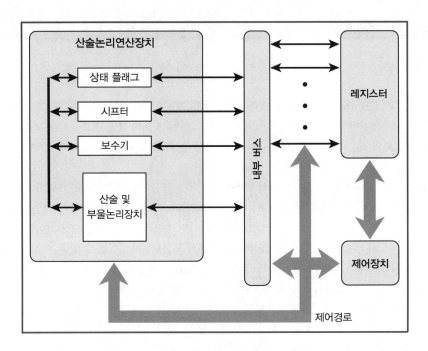

[그림 4-1] CPU 내부구조

CPU는 논리, 연산 등 계산을 실행하는 산술논리연산장치(ALU : Arithmetic Logical Unit, 또는 줄여서 연산장치), 데이터를 저장하는 레지스터, 데이터를 전송하는 내부 버스 및 제어장치로 구성되어 있다. 명령 실행 후 프로그램 카운터(PC : Program Counter)라는 내부 레지스터 중 하나의 값이 증가하고, 이를 통해 다음에 처리할 명령어를 가져온다. 복잡한 CPU에서는 여러 명령어를 동시에 읽어올 수 있고 디코딩하며 실행할 수 있다. 이것을 파이프라인(Pipeline)이라고 한다. 파이프라인을 사용하면 하나의 명령어가 실행되는 동안 다른 명령어를 처리할 수 있어 CPU 효율을 높일 수 있다. CPU는 클록 속도, IPC(Instruction Per Cycle), 코어(core) 수에 따라서 성능이 좌우된다.

> **더 알아두기**
>
> **IPC(Instruction Per Cycle)**
> 한 사이클당 처리 가능한 명령어 개수를 의미한다. 즉, CPU가 얼마나 효율적으로 작업을 처리하는지 알 수 있는 지표다. 이것은 클록과 밀접한 연관이 있다. 동일 IPC일 때, 클록 속도가 높으면 성능이 상대적으로 우수하다.

제1절　CPU의 구성요소 ⟨중요⟩

CPU는 명령어 인출(fetch), 명령어 해독(decode), 데이터 인출(operand fetch), 명령어 실행(execution) 및 데이터 쓰기 등의 주요 기능을 처리한다. 물론 이러한 기능은 명령어에 따라서 다르다. 산술논리연산장치 (ALU)는 덧셈, 뺄셈, 곱셈, 나눗셈의 산술 연산과 AND, OR, NOT, XOR의 논리 연산을 수행하는 회로들로 이루어진 하드웨어 장치이다. 레지스터는 CPU 내의 기억장치로서 레지스터의 집합으로 구성되며 컴퓨터의 기억장치 중 가장 속도가 빠르다. 제어장치는 명령어를 해석하고 명령어를 실행하기 위한 제어신호(control signal)를 순차적으로 발생시키는 하드웨어 장치이다. 내부 버스는 레지스터와 ALU 간의 데이터의 이동을 위한 데이터선과 제어장치에서 발생되는 제어신호선으로 구성된다.

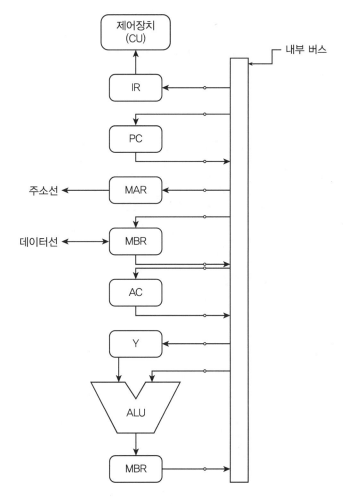

[그림 4-2] CPU 내부 레지스터

IR(Instruction Register)은 명령어를 위한 레지스터이고, PC(Program Counter)는 현재 실행 중인 주소를 저장하고, 명령이 실행되면 다음의 명령어를 읽어 오기 위해 값이 증가한다. MAR(Memory Address Register)은 기억장치의 주소를 저장하는 레지스터이고, MBR(Memory Buffer Register)은 기억장치의 주소가 저장하고 있는 데이터를 저장하는 레지스터로서, MDR(Memory Data Register)이라고도 표시한다. AC(Accumulator)는 누산기라고 하며, 연산 결과를 저장한다.

1 산술논리연산장치(ALU) 중요

ALU는 덧셈 및 뺄셈과 같은 기본 산술연산(Arithmetic Operation), AND, OR 및 NOT과 같은 논리연산(Logical Operation) 및 시프트(shift)를 수행하는 중앙처리장치 내부의 회로 장치로, 독립적으로 데이터 처리를 수행하지 못하며 반드시 레지스터들과 조합하여 처리한다. ALU를 CPU 내부의 작은 계산기로 상상할 수 있다. ALU를 설계할 때 가장 중요한 결정 사항 중 하나는 명령어당 얼마나 많은 레지스터를 사용하고 얼마나 많은 피연산자를 메모리에서 수신할지 정하는 것이다. 왜냐하면, CPU를 설계하는 것은 레지스터의 수와 관련이 있기 때문이다.

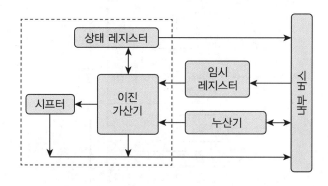

[그림 4-3] ALU 구성도

ALU의 각 내부 구성요소를 정리해 보면 다음과 같다.

- 산술연산장치 : 덧셈, 뺄셈, 곱셈, 나눗셈의 사칙연산을 수행
- 논리연산장치 : AND, OR, XOR, NOT 등의 논리연산을 수행
- 시프트 레지스터 : 비트를 왼쪽 또는 오른쪽으로 이동시키는 기능을 수행하는 레지스터
- 보수기 : 데이터를 보수로 취하는 회로
- 상태 레지스터 : 연산 결과의 상태를 나타내는 플래그들을 저장

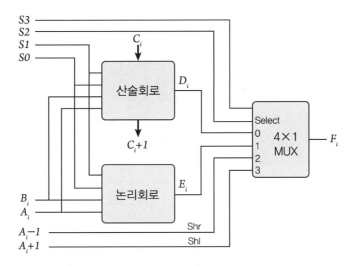

[그림 4-4] 산술논리연산장치

산술논리연산장치는 산술장치와 논리장치로 구성되어 있다. 2개의 상태선에 의해 논리장치와 연결된 2개의 입력값(2^2) 중 하나가 선택되어 논리장치와 산술장치로 입력되고, 산술장치에는 캐리값이 추가되어 연산된 결과 값이 출력된다. 산술연산은 덧셈, 전송, 증가, 감소 등을 실행한다.

더 알아두기

산술논리연산장치는 전가산기를 이용한 이진 병렬가산장치이다. 전가산기는 A(피연산자), B(연산자), C(캐리)와 출력선 S(합, SUM)로 구성되는 회로이다.
산술논리연산장치에서 실행되는 연산의 종류를 블록 구성도로 표현하면 다음과 같다.

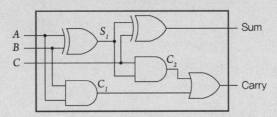

전가산기로 입력되는 2개 정숫값 중 하나는 누산기에서 직접 전가산기로 입력되고, 다른 1개의 입력은 입력 MUX를 거친 후 전가산기로 입력된다. MUX의 출력값은 선택선의 값에 따라서 A 또는 또 다른 Data의 값이 될 수 있다.

다음은 ALU의 출력값을 표시한 것이다.

[표 4-1] ALU 출력 테이블

선택선		입력캐리 (C_{in})	입력값 (B)	출력값(F)	실행 동작
S0	S1				
0	0	0	B	F = A + B	가산
0	0	1	B	F = A + B + 1	가산(캐리 포함)
0	1	0	B'	F = A + B'	1의 보수
0	1	1	B'	F = A + B' + 1	2의 보수
1	0	0	0	F = A	전송(A를 전송)
1	0	1	0	F = A + 1	증가(A값이 1 증가)
1	1	0	1	F = A - 1	감소(A값이 1 감소)
1	1	1	1	F = A	A 전송

n비트의 가산은 n개의 전가산기로 구성되며, 가산기의 입력을 제어하면 여러 가지 산술연산을 실행할 수 있다. 기본적인 산술 마이크로 연산에는 덧셈, 뺄셈, 1의 보수, 2의 보수, 증가, 감소 및 시프트가 있다.

(1) A와 B의 가산

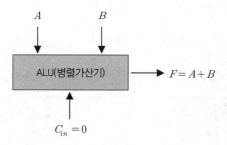

(2) A, B와 캐리 가산

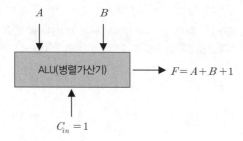

(3) 1의 보수 가산

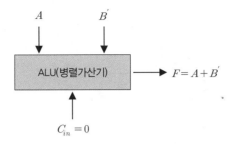

(4) 2의 보수 가산

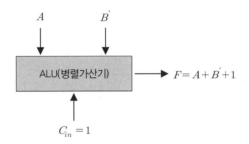

(5) A 전송

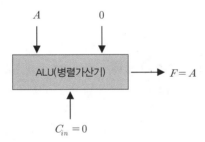

(6) A 증가

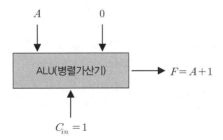

(7) A 감소

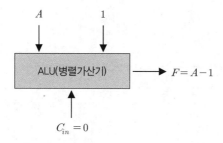

(8) A 전송

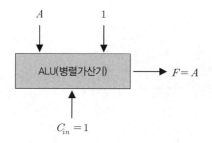

2 레지스터(Register) 중요

레지스터(또는 프로세서 레지스터, CPU 레지스터)는 명령어, 주소 또는 임의 종류의 데이터를 저장하는 목적으로 사용하는 기억장치이다. 레지스터의 크기를 나타내는 비트 수는 CPU 버스의 핀 수와 일치하는 것이 일반적이다. CPU에는 누산기, 프로그램 카운터, 명령어 레지스터, 상태 레지스터, 스택 레지스터, 인덱스 레지스터, 베이스 레지스터, 메모리 주소 레지스터와 메모리 버퍼 레지스터처럼 특별한 목적을 위해 사용하는 레지스터가 있는데 이를 '특수 레지스터(Special Register)'라고 한다. 일반적인 목적을 위해 사용하는 '범용 레지스터'는 R0, R1, R2, … 등으로 레지스터 이름(주소)을 표시한다.

(1) 누산기(AC : Accumulator)

누산기는 CPU에서 산술 및 논리 데이터의 입력값 또는 처리된 **결괏값을 일시적으로 저장**하는 레지스터이다. 누산기라는 용어는 '레지스터'라는 용어로 대체된 현대의 CPU에서는 거의 사용되지 않는다. 최신 컴퓨터에서는 어떤 레지스터라도 누산기로 사용할 수 있다. 누산기에 저장된 데이터는 메모리 버퍼 레지스터를 거쳐 데이터 버스를 통해서 주기억장치에 저장된다.

(2) 프로그램 카운터(PC : Program Counter)

프로그램 카운터는 현재 실행 중인 명령어의 주소를 포함하는 레지스터이다. 각 명령어가 인출되면 프로그램 카운터는 저장된 값을 증가시킨다. 각 명령어가 인출된 후 프로그램 카운터는 처리 순서상의 다음 명령어를 가리킨다. 컴퓨터가 다시 시작되거나 재설정되면 프로그램 카운터는 일반적으로 0으로 되돌아간다.

(3) 인덱스 레지스터(Index Register)

인덱스 레지스터는 일반적으로 벡터·배열 연산을 수행하기 위해 프로그램 실행 중 **피연산자 주소를 수정하는 데 사용**한다. 인덱스 레지스터의 내용은 간접 주소지정 방식에서 실제 데이터(피연산자)의 '유효주소(effective address)'를 계산할 때 변위값(displacement)으로 사용된다. 특수 명령어는 일반적으로 인덱스 레지스터를 테스트하기 위해 제공되며, 테스트가 실패하면 즉치 상수(immediate constant) 및 분기(branch)로 인덱스 레지스터를 증가시킨다. 일부 명령어 세트는 두 개 이상의 인덱스 레지스터를 사용할 수 있도록 허용한다. 이 경우 추가 명령어 필드는 사용할 인덱스 레지스터를 지정한다. 간접 주소지정 방식이 없었던 초기 컴퓨터에서는 명령 주소를 수정하여 배열 작업을 수행해야 했으며, 몇 가지 추가 프로그램 단계가 필요했고 컴퓨터 메모리를 더 많이 사용했다.

(4) 베이스 레지스터(Base Register)

기준(base)이 되는 주소를 기억하고 있는 레지스터로서, 유효주소를 계산할 때 변위값이 여기에 더해진다.

(5) 스택 레지스터(Stack Register)

후입선출 방식(LIFO : Last In First Out)으로 실행되는 레지스터로서, 스택 포인터(SP : Stack Pointer)를 사용하여 데이터를 읽고 쓴다. 서브루틴이나 인터럽트, 루프(loop) 등이 발생하면 현재 레지스터의 내용을 저장해야 인터럽트 수행 후의 다음 명령어를 처리할 수 있는데, 이를 위한 스택 영역 메모리의 주소를 기억한다. 스택 구조에서는 READ, WRITE라는 용어 대신에 POP과 PUSH라는 연산을 사용한다.

(6) 상태 레지스터(Status Register)

상태 레지스터는 플래그 레지스터(Flag Register) 또는 조건 코드 레지스터(CCR : Condition Code Register)라고도 하며, **프로세서에 대한 상태를 플래그 비트로 표시해 주는 레지스터이다.** 예를 들면 x86 아키텍처의 FLAGS 레지스터 또는 프로그램 상태 워드(PSW : Program Status Word) 레지스터의 플래그가 있다. 일반적으로 상태 레지스터의 플래그는 산술 및 비트 조작 연산의 결과에 따라서 기록된다. 다음은 일반적인 상태 레지스터의 플래그 목록이다.

[표 4-2] 상태 레지스터의 일반적인 플래그 목록 기출

플래그	플래그 이름	플래그의 기능
Z	Zero Flag	산술 또는 논리 연산(또는 로드)의 결과가 0임을 나타냄
C	Carry Flag	두 수의 가산, 감산의 결과로 캐리가 발생하면 1로 표시
S	Sign Flag	연산의 결과가 음수임을 나타냄. 일부 프로세서에서는 N 플래그와 S 플래그가 서로 다른 의미와 사용법으로 구분. 하나는 마지막 결과가 음수인지 여부를 나타내지만, 다른 하나는 빼기 또는 더하기가 발생했는지 여부를 표시
V	Overflow Flag	2의 보수를 사용했을 때 연산의 부호 결괏값이 너무 커서 레지스터의 범위를 초과했음을 표시

어떤 프로세서는 상태 레지스터가 다음과 같은 플래그 비트를 포함한다.

플래그	플래그 이름	플래그의 기능
H	Half Carry Flag	• 산술 연산의 결과로 니블(4bit) 사이에 캐리가 발생했음을 의미 • BCD 연산에 사용됨
P	Parity Flag	연산의 결과가 짝수인지 홀수인지를 구분
I	Interrupt Flag	인터럽트가 발생했는지 유무를 구분

(7) 메모리 주소 레지스터(MAR : Memory Address Register) 기출

MAR은 CPU에서 데이터를 가져올 메모리 주소나 데이터를 저장할 주소를 위한 레지스터이다. 즉, MAR은 액세스해야 하는 데이터의 메모리 주소를 기억하고 있다. 메모리에서 읽을 때 MAR 주소에 있는 데이터는 MBR로 전송되고, 이 데이터를 CPU가 사용한다. 메모리를 쓰는 경우 CPU는 MBR의 데이터를 MAR에 저장된 주소로 전송하여 저장한다. MAR은 마이크로 프로그램과 주기억장치 간의 인터페이스의 절반을 차지하고, 나머지 절반은 MBR이 차지한다.

(8) 메모리 버퍼 레지스터(MBR : Memory Buffer Register)

메모리 버퍼 레지스터(MBR) 또는 메모리 데이터 레지스터(MDR)는 저장장치 간 전송되는 데이터를 저장하는 레지스터다. 여기에는 MAR에 의해 지정된 기억장치 주소의 사본이 들어 있다. MBR은 프로세서 및 기억장치가 사소한 동작의 차이에 의해서도 아무런 지장 없이 독립적으로 작동할 수 있도록 하는 버퍼 역할을 한다. MAR의 주소에 저장된 데이터는 프로세서에 의해 사용된 후, 다음 클록 사이클에서 사용할 수 있도록 MBR로 전송된다. 저장될 데이터는 MBR로 전송되어야 하고, ALU에서 처리될 산술 데이터는 먼저 MBR로 이동한 후 누산기로 이동하면 ALU에서 처리된다. MBR은 양방향 레지스터이다.

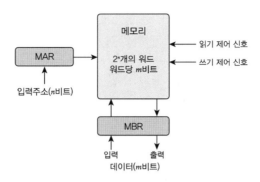

[그림 4-5] MAR와 MBR

(9) 제어 메모리 주소 레지스터(CMAR : Control Memory Address Register)

MAR이 일반 기억장치의 주소를 저장하듯이 마이크로 프로그램이 있는 메모리의 주소를 기억하는 레지스터이다. MBR과 같은 기능을 하는 제어 데이터 레지스터는 메모리에서 읽은 마이크로 명령어를 보유한다.

(10) 명령어 레지스터(IR : Instruction Register)

명령어 레지스터(IR)는 **명령어를 실행**하기 위해서 잠시 정보를 보관하는 레지스터이다. 기억장치에서 넘어온 동작 코드는 명령어 해독기(decoder)에 의해서 하나씩 해독되어 명령어로 변환된다. 동작 코드는 매크로 명령어로서, 이것은 마이크로 명령어로 세분화하여 실행된다. 간단한 프로세서의 경우에는 실행될 각 명령어가 명령 레지스터로 이동하여 여러 단계를 거쳐서 해독되고 실행되지만, 복잡한 프로세서의 경우에는 명령어 레지스터에 대해서 파이프라인을 사용한다. 명령어 레지스터의 출력은 명령어의 실행을 포함해서 여러 가지 처리 요소를 제어하는 타이밍 신호를 생성하는 제어회로에 사용된다. 덧셈, 뺄셈, 시프트, 점프 등에 해당하는 동작 코드(Operation code)를 가지고 있다. 다음은 IR과 제어장치 간의 구성도이다.

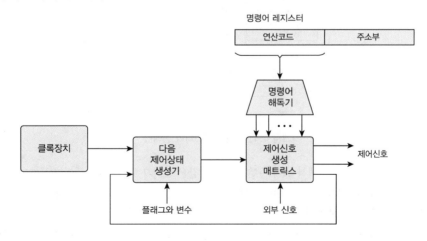

[그림 4-6] IR과 제어장치

명령어 레지스터로 전송된 명령어의 연산자는 명령어 해독기(decoder)에서 해독되고, 제어신호 발생기로 입력되어 해당하는 제어신호를 생성한다.

3 상태 레지스터와 플래그 종요

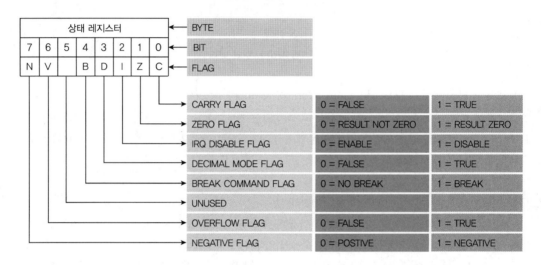

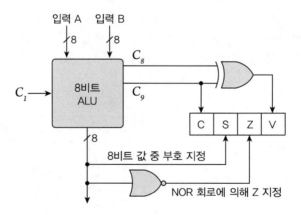

[그림 4-7] 상태 레지스터와 상태값

상태 레지스터의 값은 [그림 4-7]에서 보여 주듯이 다음과 같은 의미가 있다. 캐리 플래그는 캐리가 발생하면 즉, 올림수 또는 빌림수가 발생하면 '1'이 된다. 부호 플래그는 연산 결과 최상위 비트가 음수인 경우는 '1'이고, 양수인 경우는 '0'이 된다. 제로 플래그는 연산의 결과가 모두 제로인 경우는 '1'이고, 그렇지 않으면 '0'이 된다. 오버플로우 플래그는 가산의 결과로 오버플로우가 발생하면 '1'이 된다. 오버플로우 플래그는 부호 비트와 캐리 비트를 XOR 연산하여 결괏값을 구한다.

4 레지스터 전송 (종요)

레지스터와 레지스터 사이의 데이터를 주고받는 것을 레지스터 전송이라고 한다. 레지스터의 전송은 클록 펄스에 따라서 실행되는 마이크로 연산을 기본으로 한다.

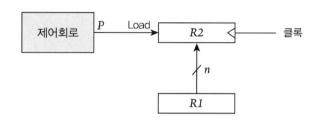

[그림 4-8] 레지스터 전송

P = 1이면 클록이 발생하고 R1 레지스터에서 R2 레지스터로 데이터가 전송된다.

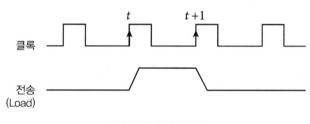

[그림 4-9] 클록과 전송

전송은 클록이 가장자리(edge)로 변할 때 시작된다.

[표 4-3] 레지스터 전송 기호

기호	설명	예
대문자, 숫자	레지스터를 표시	MAR, IR
괄호	레지스터의 일부를 표시	R2(0-7), MBR(AD)
화살표	데이터의 전송을 표시	R2 ← R1
쉼표	마이크로 연산을 구분	R0 ← R1, R1 ← R2

(1) 직렬전송(Serial transfer) (종요)

직렬전송은 한 클록이 발생할 때마다 1비트씩 전송하는 방식으로, 레지스터의 전송이 완료되기 위해서는 여러 개의 클록 펄스가 필요하다.

(2) 병렬전송(Parallel transfer) (종요)

병렬전송은 레지스터의 데이터 전송이 한 클록 동안에 완료한다. 예를 들어 8비트의 데이터를 전송하기 위해서 직렬전송에서는 8개의 클록이 필요했지만, 병렬전송에서는 한 개의 클록만 필요하다.

5 논리연산장치 종요

논리연산장치는 입력되는 데이터값에 AND, OR, XOR, NOT의 연산을 실행하며, 전가산기와 디코더로 구성된다.

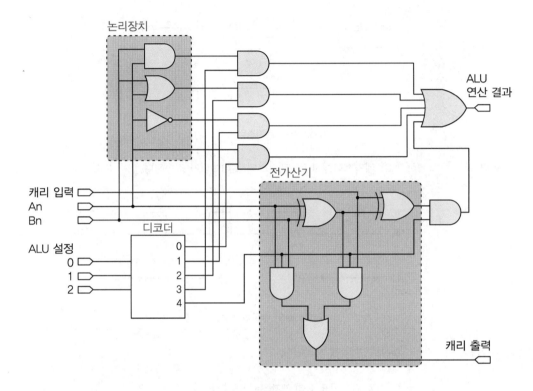

[그림 4-10] 논리연산장치

6 제어장치 종요

제어장치(Control Unit)는 CPU의 내부에서 각 명령어의 실행을 제어하고 관리하는 장치로서, 명령어의 실행 단계에 따라서 필요한 제어신호를 발생한다. 컴퓨터의 기억장치, ALU 장치 및 입·출력장치들 상호 간의 타이밍 및 제어신호를 제공하여 다른 장치의 작동을 지시한다. 제어장치의 기본 동작은 마이크로 연산(Micro Operation)으로 레지스터 간의 이동, 레지스터와 외부 버스 간의 이동, 또는 간단한 ALU 연산 등을 수행한다. 제어장치는 순서를 제어하고 실행을 제어하기 위한 내부적인 논리회로를 가지고 있다.

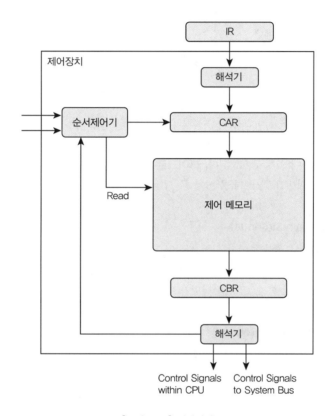

[그림 4-11] 제어장치

제어 주소 레지스터로 입력된 주솟값을 가지고 제어 메모리에서 해당되는 명령어를 찾아서 제어 버퍼 레지스터로 넣으면 이에 해당하는 적절한 제어신호가 발생한다. 제어신호는 명령어의 순서를 제어하기 위한 제어신호와 입·출력장치에 대한 제어신호 등 두 가지 신호를 생성한다. 제어장치를 구성하는 방법에는 **하드와이어 방식**과 **마이크로프로그램 방식**이 있다.

제2절 | 명령어 사이클 중요

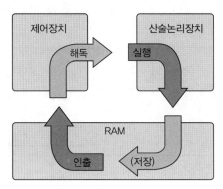

[그림 4-12] 명령어 라이프 사이클

명령어 사이클(instruction cycle)이란 위의 그림처럼 인출, 해독, 실행 과정을 계속 순차적으로 반복하는 것이다. 각 명령어 사이클은 하나 이상의 마이크로 연산(micro operation)으로 구성되고, 마이크로 연산은 마이크로 사이클(micro cycle)에 의해서 수행된다. **마이크로 연산에 걸리는 시간을 마이크로 타임이라고 하고 CPU의 속도를 나타낸다.** 마이크로 사이클을 제어하는 방식에는 동기 고정식, 동기 가변식과 비동기식이 있다.

(1) 동기 고정식(fixed synchronous)

동기 고정식은 마이크로 연산 중에서 **실행 시간이 가장 긴 것을 클록 주기로 고정**하는 방식이다. 모든 마이크로 연산의 클록 주기가 같다고 가정하므로 제어장치 구현이 간단하지만, 모든 마이크로 연산의 실행 시간이 유사하지 않을 때 CPU의 낭비가 심하게 된다.

(2) 동기 가변식(variable synchronous)

동기 가변식은 **실행 시간이 유사한 마이크로 연산들을 모아서** 집단마다 서로 다른 마이크로 사이클 시간을 제공하는 방식이다. 마이크로 연산의 실행 시간이 현저하게 차이가 날 때 사용하면 효과적이지만, 제어장치가 복잡해진다.

(3) 비동기식(asynchronous)

비동기식은 모든 마이크로 연산에 대해서 **서로 다른 마이크로 사이클 시간을 제공**하는 방식이다. CPU의 효율은 높지만, 제어가 매우 복잡해 거의 사용하지 않는다.

(4) 클록 속도(clock rate)

클록 속도는 CPU의 속도를 표시하는 데 사용하는 지표로서, 주파수(Hz, 헤르츠)로 표기한다. 그러나 대부분의 CPU 속도는 GHz이기 때문에 클록 속도의 단위도 GHz로 표기하는 것이 일반적이다. 2.4GHz 클록 속도의 의미는 매 초당 2백4십만 개의 명령어를 처리한다는 것을 의미한다.

제3절 명령어 파이프라이닝 _{중요}

먼저 파이프라인(Pipeline)의 개념을 이해하기 위해 공장의 생산 라인을 예로 들어 보자. 공장에 서로 다른 3 개의 조립 라인이 있고 작업당 1시간이 소요된다고 가정하자. 만일 한 사람이 전체 공정을 처리한다면 3시간이 걸리게 된다. 만일 3사람이 각 라인을 전담하여 작업하면, 각 공정의 작업이 완료되자마자 다음 공정으로 제품 을 넘겨주기만 하면 된다. 따라서, 생산 라인이 완전히 가동된다고 가정하면 1시간이면 제품 생산이 완료되는 것이다. 그러나 각 공정을 담당하는 사람들의 숙련도가 서로 다르면 전체 생산성에 영향을 끼치게 된다.

컴퓨터에서 **파이프라인**의 경우, 각 명령어는 여러 단계로 나누어 실행된다. 이상적으로 각 단계가 균형을 이 루고 있는 경우, 즉, 모든 단계가 동시에 시작하고 동일한 시간이 소요된다면 명령어당 처리 시간이 향상되므 로 프로세서의 처리 속도가 빨라지는 효과가 있다.

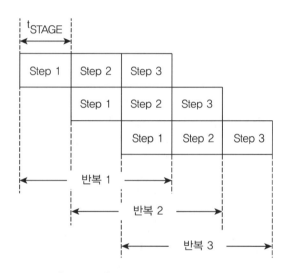

[그림 4-13] 기본적인 파이프라인 개념도

파이프라인은 데이터 처리 단계의 출력이 바로 다음 단계의 입력으로 연결되는 처리 기술로, 이렇게 하면 여러 단계가 서로 동시에 또는 병렬로 명령어를 처리할 수 있어 처리 효율성이 향상된다. 파이프라인은 CPU 의 명령어 실행을 중첩하여 성능을 향상하기 위해 사용하는 기법이다.

(1) 2단계 파이프라이닝

명령어를 실행하는 단계를 인출 단계와 실행 단계의 두 개의 독립적인 모듈로 구성한다. 첫 번째 클록에 서는 인출 단계가 명령을 인출하고, 두 번째 클록에서는 첫 번째 명령어가 두 번째 단계로 보내져 실행 된다.

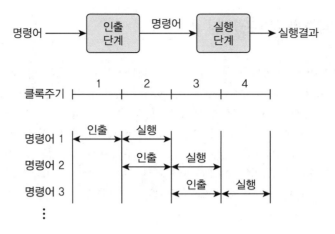

[그림 4-14] 2단계 파이프라이닝

(2) 4단계 파이프라이닝 기출

4단계 파이프라이닝은 명령어 인출(Instruction Fetch), 명령어 해독(Instruction Decode), 오퍼랜드 인출(Operand Fetch) 및 실행(Execution)의 4단계로 구성된다. 명령어 인출 단계는 명령어를 기억장치에서 꺼내오는 단계, 명령어 해독 단계는 해독기(Decoder)를 이용하여 명령어를 해독하는 단계이다. 오퍼랜드 인출 단계는 기억장치로부터 피연산자를 인출하고, 실행 단계는 연산을 실행하는 단계이다.

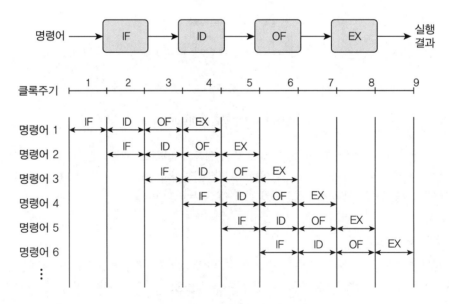

[그림 4-15] 4단계 파이프라이닝

제4절 | RISC와 CISC 중요

CPU 구조는 설계된 명령어 세트 아키텍처에 의해서 용량이 결정된다. CPU 구조는 RISC와 CISC의 두 종류가 있다. CISC는 하나의 명령어 세트 내에서 메모리 저장, 메모리에서 레지스터로 이동 및 산술 연산 등의 다단계 작업 또는 다양한 주소지정 모드를 수행할 수 있는 구조이다. RISC는 실제로 사용하는 명령어는 일부라는 사실에 착안하여 간단한 몇 개의 명령어로 줄이고 주소 모드를 생략하고 CPU 내부 캐시, 파이프라이닝, 레지스터 개수의 증설 등처럼 근본적인 CPU의 기능을 향상하게 시켜 CISC에 비해서 높은 처리 속도를 제공한다.

1 RISC(Reduced Instruction Set Computer)

대부분의 명령어는 하나의 머신 사이클 내에서 완료된다. RISC는 CISC보다 구조가 간단해서 더 많은 레지스터와 큰 용량의 캐시를 가질 수 있어 메모리 접근 횟수를 줄여 준다. 파이프라이닝은 RISC 컴퓨터의 속도를 빠르게 하는 중요한 기술이다.

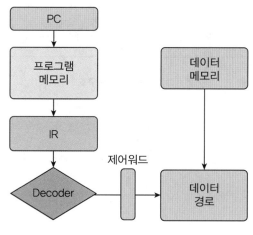

[그림 4-16] RISC 구조

2 CISC(Complex Instruction Set Computer)

CISC 컴퓨터는 엄청나게 많은 복잡한 명령어를 가지는 여러 개의 프로그램을 가지고 있고, 이를 실행하는 시간도 오래 걸린다. 여러 단계를 거쳐서 마이크로 연산을 실행하는 구조로, 하나의 명령어를 처리하는 데 보통 2 ~ 10개의 머신 사이클이 필요하다. 파이프라이닝을 CISC에서 구현하기는 매우 어렵다.

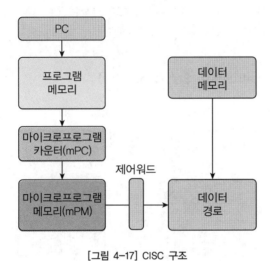

[그림 4-17] CISC 구조

3 RISC와 CISC 비교 (종요)

[표 4-4] RISC와 CISC의 특징

구분	RISC	CISC
의미	단축 명령어 세트 컴퓨터	복잡한 명령어 세트 컴퓨터
명령어 평균 처리시간	1.5 CPI(Clock Per Instruction)	2~15 CPI
실행	소프트웨어 위주의 최적화	하드웨어에 의한 최적화
기억장치	기억장치가 없고 별도의 하드웨어를 사용함	복잡한 명령어를 실행하기 위한 기억장치를 가지고 있음
제어장치	하드와이어 방식	마이크로프로그램 방식
복잡한 주소지정	소프트웨어를 사용해서 처리	복잡한 주소지정 방식 지원
레지스터	여러 레지스터 세트 보유	단지 하나의 레지스터 세트 보유
파이프라인	파이프라이닝이 잘 되어있음	파이프라이닝이 없거나 아주 적음
복잡성의 원인	컴파일러 때문	마이크로프로그램 때문
실행시간	매우 적음	매우 큼
코드확장	문제가 될 수 있음	문제없음
명령어 디코딩	간단함	복잡함
마이크로프로세서	ARM, MIPS, SPARC 등	Intel x86, AMD 등
적용 분야	비디오처리, 통신 등 높은 수준의 응용 프로그램	보안 제품, 가정 자동화 등의 낮은 수준의 응용 프로그램

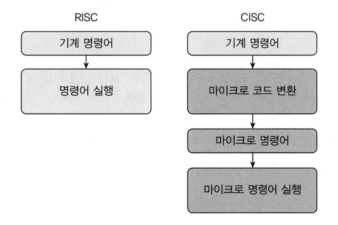

[그림 4-18] RISC와 CISC의 차이

※ 다음 지문의 내용이 맞으면 ○, 틀리면 ✕를 체크하시오. [1 ~ 5]

01 중앙처리장치(CPU)의 구성요소는 ALU, 레지스터, 제어장치와 내부 버스이다. (　　　)

>>>◯ CPU의 주요 구성요소는 산술 및 논리 연산을 수행하는 산술논리장치(ALU), 산술 연산자를 ALU에 공급하고 ALU 연산 결과를 저장하는 레지스터, 메모리에서 명령어를 읽어서 해독하고 실행을 주관하는 제어장치와 이들을 상호 연결해 주는 버스로 구성된다.

02 CPU는 하나의 명령어 사이클로 실행할 명령어를 처리한다. (　　　)

>>>◯ 대부분의 CPU 기본 작동은 프로그램(Program)을 실행하기 위해 저장된 일련의 명령어(Instruction Sequence)를 실행하는 것이다. 실행될 명령은 기억장치에 보관되며, 거의 모든 CPU는 인출 사이클(fetch cycle), 해독 사이클(decode cycle), 실행 사이클(execution cycle) 단계를 반복하여 하나의 명령어 사이클을 처리한다.

03 클록의 주기에 따라서 실행되는 CPU 내의 동작을 마이크로 연산(Micro Operation)이라고 하며 마이크로 연산은 복잡한 기계 명령어(Macro Operation)를 구현하기 위한 최소 단위의 명령어다.
(　　　)

>>>◯ 클록의 주기에 따라서 실행되는 CPU 내의 동작을 마이크로 연산(Micro Operation)이라고 하며, 마이크로 연산은 복잡한 기계 명령어(Macro Operation)를 구현하기 위한 최소 단위의 명령어로서, 레지스터 간 또는 중앙처리장치(CPU)의 레지스터와 외부 버스 간 데이터 전송, 레지스터에 대한 산술 및 연산 또는 논리 연산 수행과 같이, 하나 이상의 레지스터에 저장된 데이터에 대한 기본 연산을 수행한다.

04 상태 레지스터, 플래그 레지스터(Flag Register) 또는 조건 코드 레지스터(CCR : Condition Code Register)는 프로세서에 대한 상태를 플래그 비트로 표시해 주는 레지스터이다.
(　　　)

>>>◯ 상태 레지스터의 플래그는 산술 및 비트 조작 연산의 결과에 따라서 기록되고, C는 캐리가 발생하면 '1'이 되고, S는 연산 결과 최상위 비트가 음수인 경우는 '1'이고, 양수인 경우는 '0'이 된다. Z는 연산의 결과가 모두 제로인 경우는 '1'이고, 그렇지 않으면 '0'이 되고, V는 가산의 결과로 오버플로우가 발생하면 '1'이 된다. 오버플로우 플래그는 부호 비트와 캐리 비트를 XOR 연산하여 결괏값을 구한다.

05 RISC는 CISC보다 메모리 접근 횟수를 줄여 준다. (　　　)

>>>◯ RISC는 CISC보다 구조가 간단해서 더 많은 레지스터와 큰 용량의 캐시를 가질 수 있어 메모리 접근 횟수를 줄여 주고, 파이프라이닝을 이용해서 컴퓨터의 속도를 빠르게 한다.

정답 **1** ○ **2** ○ **3** ○ **4** ○ **5** ○

01 마이크로 연산에 대한 설명으로 <u>틀린</u> 것은?

① 마이크로 연산은 복잡한 기계 명령어를 구현하기 위한 최소 단위의 명령어다.

② 하나의 클록 주기 동안 실행된다.

③ 하나 이상의 레지스터에 저장된 데이터에 대한 기본 연산을 수행한다.

④ 인출 사이클, 해독 사이클, 실행 사이클이 하나의 마이크로 연산이다.

02 다음 중 현재 실행 중인 주소의 값을 저장하는 레지스터는?

① 프로그램 카운터

② 명령어 레지스터

③ 누산기

④ MBR

03 다음 중 ALU에 대한 설명으로 <u>틀린</u> 것은?

① 덧셈 및 뺄셈과 같은 기본 산술연산과 AND, OR 및 NOT과 같은 논리연산을 처리한다.

② 독립적으로 데이터 처리를 수행하지 못하며, 반드시 레지스터들과 조합하여 처리한다.

③ CPU 내부의 작은 계산기라고 볼 수 있다.

④ 제어신호를 생성하고 제어순서를 관리한다.

---

01 클록의 주기에 따라서 실행되는 CPU 내의 최소한의 동작을 마이크로 연산이라고 하며, 레지스터 간 또는 중앙처리장치(CPU)의 레지스터와 외부 버스 간 데이터 전송, 레지스터에 대한 산술 및 연산 또는 논리 연산 수행과 같이, 하나 이상의 레지스터에 저장된 데이터에 대한 기본 연산을 수행한다.
인출 사이클, 해독 사이클, 실행 사이클은 하나 이상의 마이크로 연산으로 구성된다.

02 프로그램 카운터(PC)는 현재 실행 중인 주소를 저장하고, 명령이 실행되면 다음의 명령어를 읽어 오기 위해 값이 증가한다.
② 명령어 레지스터(IR)는 현재 실행 중인 명령어를 임시로 저장하는 레지스터이다.
③ 누산기는 연산 결과를 저장하는 레지스터이다.
④ MBR은 기억장치의 주소가 저장하고 있는 데이터를 저장하는 레지스터이다.

03 제어신호의 생성 및 제어순서의 관리는 제어장치의 기능이다.

정답 (01 ④ 02 ① 03 ④)

04 캐리가 발생하지 않았고 입력값은 A, B이므로 두 수를 더하는 가산이 실행된다.

04 다음의 그림에 해당하는 산술 마이크로 연산은?

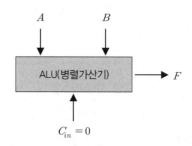

① F = A
② F = A + B + 1
③ F = A + B
④ F = A - B

05 컴퓨터에서의 감산은 2의 보수를 이용한 가산으로 처리한다. 따라서 레지스터 B의 내용을 2의 보수로 변환하면 10000001은 먼저 1의 보수로 변환(01111110)되고 여기에 1을 더하여 2의 보수로 변환시키면 01111111이 된다. 레지스터 A와 가산을 하면 00001000 + 01111111 = 10000111의 결과를 얻는다. 캐리 비트(C)는 발생하지 않았으므로 '0', 부호 비트(S)는 '1', 연산의 결괏값(Z)이 0이 아니므로 '0' 그리고 오버플로우 비트(V)는 부호 비트와 캐리 비트의 XOR로 구할 수 있으므로 '1'이 된다. 정리하면 C = 0, S = 1, Z = 0, V = 1이다.

05 다음의 두 개의 레지스터에서 A - B 연산을 실행 후의 상태비트 C, S, V, Z의 값을 올바르게 구한 것은?

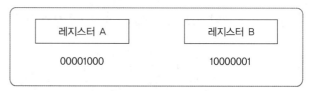

① C = 1, S = 1, Z = 0, V = 0
② C = 1, S = 1, Z = 1, V = 1
③ C = 1, S = 0, Z = 0, V = 0
④ C = 0, S = 1, Z = 0, V = 1

06 직렬전송은 클록 하나에 한 비트씩 전송한다. 따라서 8비트의 A 레지스터 데이터를 B 레지스터로 모두 전송하려면 8개의 클록 펄스가 필요하다.

06 직렬전송에서 8비트의 A 레지스터 데이터를 B 레지스터로 모두 전송하려면 몇 개의 클록펄스가 필요한가?

① 2개
② 4개
③ 6개
④ 8개

정답 04 ③ 05 ④ 06 ④

07 다음 중 마이크로 연산에 관한 설명이 <u>틀린</u> 것은?

① 산술 마이크로 연산은 레지스터 내의 데이터를 처리하는 연산을 말한다.

② 논리 마이크로 연산은 레지스터 내의 데이터에 대한 비트를 변형하는 연산을 말한다.

③ 시프트 마이크로 연산은 레지스터 내의 데이터를 이동하는 연산이다.

④ 레지스터 전송 마이크로 연산은 한 레지스터에서 여러 개의 다른 레지스터로 데이터를 이동하는 연산이다.

07 레지스터 전송 마이크로 연산은 레지스터와 레지스터 간에 데이터를 주고받는 것이다. 레지스터의 전송은 클록 펄스에 따라서 실행되는 마이크로 연산을 기본으로 한다.

08 레지스터 전송 기호에 대한 설명으로 <u>틀린</u> 것은?

① 대문자는 레지스터를 표시한다.

② 괄호는 레지스터의 일부를 표시한다.

③ 화살표는 클록의 전송을 의미한다.

④ 쉼표는 마이크로 연산을 구분한다.

08 화살표(R2 ← R1)는 데이터의 전송을 의미한다.
대문자(MAR, IR)는 레지스터를 표시하고, 괄호는 레지스터의 일부(R2(0-7), MBR(AD))를 표시하고, 쉼표는 마이크로 연산을 구분한다.

09 CPU의 어떤 시점에서 시스템의 현재 상태를 나타내는 레지스터는?

① MAR

② PSW

③ IR

④ MBR

09 프로그램 상태 워드(PSW : Program Status Word)는 연산의 결과를 표시하는 레지스터로, 상태 레지스터를 뜻한다.

정답 (07 ④ 08 ③ 09 ②)

10 제어신호는 명령어의 순서를 제어하기 위한 제어신호와 입·출력 장치에 대한 제어신호 등 두 가지 신호를 생성한다.

10 **제어장치에 대한 설명으로 틀린 것은?**

① 제어장치를 구성하는 방법에는 하드와이어 방식과 마이크로프로그램 방식이 있다.
② CAR로 입력된 주솟값을 가지고 제어 메모리에서 해당하는 명령어를 찾는다.
③ 제어 메모리에서 CBR로 해당 명령어를 넣으면 이에 해당되는 적절한 제어신호가 발생한다.
④ 제어신호는 명령어 순서를 제어하는 제어신호만 생성한다.

11 컴퓨터에서 파이프라인의 경우, 각 명령어는 여러 단계로 나누어 실행된다. 이상적으로 각 단계가 균형을 이루고 있는 경우, 즉, 모든 단계가 동시에 시작하고 동일한 시간이 소요된다면 명령어당 처리 시간이 향상되므로 프로세서의 처리 속도가 빨라지는 효과가 있다. 파이프라인은 데이터 처리 단계의 출력이 바로 다음 단계의 입력으로 연결되는 처리 기술로, 이렇게 하면 여러 단계가 서로 동시에 또는 병렬로 명령어를 처리할 수 있어 처리 효율성이 향상된다. 파이프라인은 2단계, 3단계, 4단계 등 다양한 방식이 있다.

11 **파이프라이닝에 대한 설명으로 옳은 것은?**

① 파이프라인의 경우, 각 명령어는 여러 단계로 나누어 실행된다.
② 명령어당 처리 시간은 향상되지만, 프로세서의 처리 속도는 빨라지지 않는다.
③ 파이프라인은 데이터 처리 단계의 출력이 바로 다음 단계의 입력으로 연결되지 않는다.
④ 파이프라인은 2단계 파이프라인만 사용한다.

12 인출 단계는 항상 해독 단계에 앞서 처리된다.

12 **4단계 파이프라인 기법에 대한 설명으로 틀린 것은?**

① 인출 단계, 해독 단계, 피연산자 인출 단계 및 실행 단계로 구성한다.
② 동일 명령어를 처리할 때 인출 단계는 해독 단계 뒤에 실행되어도 무관하다.
③ 명령어 해독 단계는 해독기를 이용하여 명령어를 해독한다.
④ 연산을 실행하는 최종 단계를 실행 단계라고 한다.

정답 10 ④ 11 ① 12 ②

13 마이크로 사이클을 제어하는 방식에 대한 설명으로 틀린 것은?

① 마이크로 사이클에는 동기 고정식, 동기 가변식, 비동기식이 있다.

② 동기 고정식은 마이크로 연산 중에서 실행 시간이 가장 긴 것을 클록 주기로 고정하는 방식이다.

③ 동기 가변식은 실행 시간이 유사한 마이크로 연산들을 모아서 집단마다 서로 동일한 마이크로 사이클 시간을 제공하는 방식이다.

④ 비동기식은 모든 마이크로 연산에 대해서 서로 다른 마이크로 사이클 시간을 제공하는 방식이다.

13 동기 가변식은 실행 시간이 유사한 마이크로 연산들을 모아서 집단마다 서로 다른 마이크로 사이클 시간을 제공하는 방식이다. 마이크로 연산의 실행 시간이 현저하게 차이가 날 때 사용하면 효과적이지만 제어장치가 복잡해진다.

14 다음은 어떤 레지스터에 대한 설명인가?

> READ, WRITE라는 용어 대신에 POP과 PUSH라는 연산을 사용한다.

① PSW   ② STACK

③ MAR   ④ MBR

14 후입선출 방식(LIFO)으로 실행되는 레지스터로서 스택 포인터(SP)를 사용하여 데이터를 읽고 쓴다. 서브루틴이나 인터럽트, 루프 등이 발생하면 현재 레지스터의 내용을 저장해야 인터럽트 수행 후의 다음 명령어를 처리할 수 있는데, 이를 위한 스택 영역 메모리의 주소를 기억한다. 스택 구조에서는 READ, WRITE라는 용어 대신에 POP과 PUSH라는 연산을 사용한다.

15 다음 내용에 해당하는 용어는?

> 한 사이클당 처리 가능한 명령어 개수를 의미한다. 즉, CPU가 얼마나 효율적으로 작업을 처리하는지 알 수 있는 지표로서 클록과 밀접한 연관이 있다.

① PC   ② ALU

③ IPC   ④ Memory

15 IPC(Instruction Per Cycle)는 한 사이클당 처리 가능한 명령어 개수를 의미하고, CPU가 얼마나 효율적으로 작업을 처리하는지 알 수 있는 지표다. 이것은 클록과 밀접한 연관이 있다. 동일 IPC일 때, 클록 속도가 높으면 성능이 상대적으로 우수하다.

정답 13 ③ 14 ② 15 ③

16 하드와이어 방식의 제어장치를 가지고 있는 것은 RISC이다.

16 다음 중 CISC 방식과 관련이 없는 것은?

① 하드와이어 방식의 제어장치를 제공한다.

② 코드의 확장과 변경이 수월하다.

③ 파이프라이닝을 거의 지원하지 않는다.

④ 복잡한 명령어를 실행하기 위한 기억장치를 가지고 있다.

17 RISC의 가장 중요한 개념은 간단하게 한 클록 사이클에 한 개의 명령어가 실행되도록 하는 것이다. 만일 한 클록 사이클 내에 명령어가 실행되도록 하기 위하여 실행과정을 파이프라이닝 했을 때, 복잡한 명령어를 한 사이클 내에서 처리한다는 것은 불가능하고 이로 인해 파이프라이닝의 어느 한 단계가 특별히 길어진다면 전체 클록 사이클 주기가 길어지게 된다. 이러한 문제를 제거하기 위해 복잡하고 긴 시간이 걸리는 연산이 포함되는 명령어를 제거하는 것이 RISC의 방식이다.

17 다음 중 RISC 방식과 관련이 없는 것은?

① 컴파일러 때문에 복잡한 문제가 발생할 수 있다.

② 파이프라이닝이 잘 되어 있다.

③ 복잡한 주소지정 방식을 지원한다.

④ 명령어 코딩이 간단하다.

정답 16 ① 17 ③

Self Check로 다지기 | 제4장

상태 레지스터

플래그 레지스터(Flag Register) 또는 조건 코드 레지스터(CCR : Condition Code Register)는 프로세서에 대한 상태를 플래그 비트로 표시해 주는 레지스터이다. 상태 레지스터의 플래그는 산술 및 비트 조작 연산의 결과에 따라서 기록된다. 일반적으로 C, S, V, Z의 상태 비트를 사용한다.

제어장치

제어장치(Control Unit)는 CPU의 내부에서 각 명령어의 실행을 제어하고 관리하는 장치로서, 명령어의 실행 단계에 따라서 필요한 제어신호를 발생한다. 컴퓨터의 기억장치, ALU 장치 및 입·출력 장치들 상호 간의 타이밍 및 제어신호를 제공하여 다른 장치의 작동을 지시하고, 기본 동작은 마이크로 연산(Micro Operation)으로 레지스터 간의 이동, 레지스터와 외부 버스 간의 이동, 또는 간단한 ALU 연산 등을 수행한다. 제어장치는 순서를 제어하고 실행을 제어하기 위한 내부적인 논리회로를 가지고 있다

ALU

ALU는 덧셈 및 뺄셈과 같은 기본 산술연산(Arithmetic Operation), AND, OR 및 NOT과 같은 논리연산(Logical Operation) 및 시프트(shift)를 수행하는 중앙처리장치 내부의 회로장치로, 독립적으로 데이터 처리를 수행하지 못하며 반드시 레지스터들과 조합하여 처리한다. ALU를 설계할 때 가장 중요한 결정 사항 중 하나는 명령어당 얼마나 많은 레지스터를 사용하고 얼마나 많은 피연산자를 메모리에서 수신할지 정하는 것이다. 왜냐하면, CPU를 설계하는 것은 레지스터의 수와 관련이 있기 때문이다.

MAR과 MBR

MAR은 CPU에서 데이터를 가져올 메모리 주소나 데이터를 저장할 주소를 위한 레지스터로서, 액세스해야 하는 데이터의 메모리 주소를 기억하고 있다. 메모리에서 읽을 때 MAR 주소에 있는 데이터는 MBR로 전송되고, 이 데이터를 CPU가 사용한다. 메모리에 쓰는 경우 CPU는 MBR의 데이터를 MAR에 저장된 주소로 전송하여 저장한다. MBR은 양방향 레지스터이다.

➡ ALU의 내부 구성

ALU의 각 내부 구성요소는 다음의 기능을 실행하도록 설계되었다.

① 산술연산장치 : 덧셈, 뺄셈, 곱셈, 나눗셈의 사칙연산을 수행

② 논리연산장치 : AND, OR, XOR, NOT 등의 논리연산을 수행

③ 시프트 레지스터 : 비트를 왼쪽 또는 오른쪽으로 이동시키는 기능을 수행하는 레지스터

④ 보수기 : 데이터를 보수로 취하는 회로

⑤ 상태 레지스터 : 연산 결과의 상태를 나타내는 플래그들을 저장

일반적으로 ALU는 멀티플렉서와 전가산기 회로로 구성하며 여기에 상태선을 추가하여 필요한 기능을 실행하도록 구현하고 있다.

➡ CPU 구조는 RISC 또는 CISC로 설계한다.

CPU 구조는 컴퓨터의 성능에 큰 영향을 끼치고, RISC(Reduced Instruction Set Computer)와 CISC(Complex Instruction Set Computer)의 두 종류로 설계한다. CISC는 하나의 명령어 세트 내에서 메모리 저장, 메모리에서 레지스터로 이동 및 산술 연산 등의 다단계 작업 또는 다양한 주소지정 모드를 수행할 수 있는 구조이다. RISC(Reduced Instruction Set Computing) 구조는 실제로 사용하는 명령어는 일부라는 사실에 착안하여 간단한 몇 개의 명령어로 줄이고 주소 모드를 생략하고 CPU 내부 캐시, 파이프라이닝, 레지스터 개수의 증설 등처럼 근본적인 CPU의 기능을 향상하게 시켜 CISC에 비해서 높은 처리 속도를 제공한다.

제 5 장

컴퓨터 명령어

행운이란 100%의 노력 뒤에 남는 것이다.

– 랜스턴 콜먼 –

 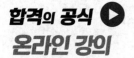

제 5 장 | 컴퓨터 명령어

컴퓨터는 다양한 명령어(instruction) 코드 형식을 갖는다. 명령어는 사람이 이해하기 쉽도록 기계어를 표현한 것으로, CPU가 각 명령 코드를 해석하고 명령어를 처리하는 데 필요한 제어 기능을 제공한다. 명령어는 필드(field)라는 그룹으로 나뉘며, 명령어 형식에서 가장 많이 사용되는 필드는 다음과 같다.

1. 실행할 연산을 지정하는 연산 코드(operation code) 필드
2. 메모리 주소 또는 프로세서 레지스터를 지정하는 주소(address) 필드
3. 피연산자 또는 유효주소(effective address)의 결정 방법을 지정하는 모드(mode) 필드

연산 필드는 덧셈, 뺄셈, 보수 및 시프트 등과 같은 다양한 프로세서 연산을 정의하는 비트 그룹으로, 3비트씩 3개의 필드로 구성되고, 연산 필드 각각은 7개의 마이크로 동작을 실행한다. 연산 코드 000은 동작이 없고, 001부터 111까지 사용한다. 주소 필드는 분기가 발생하면 분기해야 할 해당 목적지의 주소를 표시한다. 모드 필드를 정의하는 비트는 주어진 주소에서 피연산자를 선택하기 위한 여러 가지 다양한 대안을 제공한다. 명령어 연산은 메모리 또는 프로세서 레지스터에 저장된 명령을 실행하고, 레지스터에 있는 피연산자는 레지스터 주소 또는 주기억장치 주소로 지정된다. 레지스터 주소는 CPU의 2^n 레지스터 중 하나를 정의하는 n비트의 2진수이다. 따라서 16개의 프로세서 레지스터 R0 ~ R15를 가진 CPU는 4비트의 레지스터 주소 필드를 갖게 된다. 예를 들어, 2진수 0101은 레지스터 R5를 지정한다. 컴퓨터는 다양한 주소를 포함하는 여러 가지 길이의 명령어를 가질 수 있으며, 명령어 형식에서 주소 필드의 수는 레지스터의 내부 구성에 따라 다르게 된다. 대부분의 컴퓨터는 명령어 형식에 따라 단일 누산기 구조, 범용 레지스터 구조, 스택 구조로 분류된다.

제1절 | 명령어 형식 중요

1 명령어 형식

메모리에 저장된 프로그램의 명령어와 필요한 데이터는 CPU가 읽어 다음의 실행을 위해 명령어 레지스터(IR)에 저장한다. CPU의 제어장치는 저장된 명령어를 해석하여 마이크로 연산의 제어 순서(sequence)로 변환하고 ALU에 의해 실행되도록 한다. 명령어는 산술연산, 주소지정 또는 제어 기능을 위한 레지스터, 기억장소와 변위값(offset), 피연산자(operand)가 저장된 주소를 다양한 방식으로 표현할 수 있는데, 이를 '주소지정 모드(addressing mode)'라고 한다. 명령어는 실행할 내용을 나타내는 동작 코드(OP code)와 유효주소를 계산할 데이터가 들어가 있는 피연산자 부분으로 구분한다. 명령어는 피연산자의 개수에 의해서 0-주소 명령어, 1-주소 명령어, 2-주소 명령어, 3-주소 명령어 등으로 구분된다. 명령어 집합(instruction set)은 CPU가 이해하고 처리하는 전체 명령어를 의미하고, 기계 코드이며, 0과 1의 2진법으로 표시되는 어셈블리 언어이다.

모드	연산 코드	주소

[그림 5-1] 명령어 형식

모드는 1비트로서 직접 주소 모드(모드 = 0)와 간접 주소 모드(모드 = 1)를 구분하고, 연산 코드는 3비트를 사용하여 표시한다. 직접 주소 모드는 유효주소가 해당 주소에 있는 방식이고, 간접 주소 모드는 유효주소를 찾기 위해 명령어의 주소를 한 번 더 참고하는 방식이다.

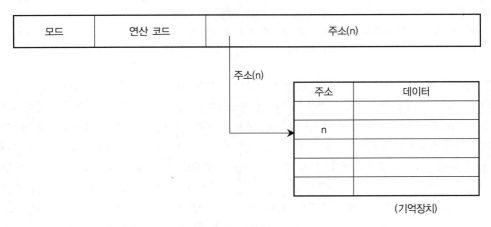

[그림 5-2] 직접 주소 모드(방식)

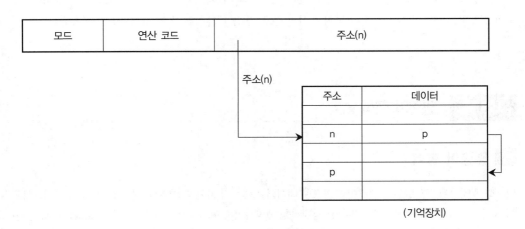

[그림 5-3] 간접 주소 모드(방식)

명령어 사이클은 명령어를 인출하고, 해독하고, 피연산자를 인출하여 최종 실행 단계를 거쳐 원하는 결과를 획득하는 일련의 과정을 말한다. 명령어 사이클의 상태 구성도는 다음과 같다.

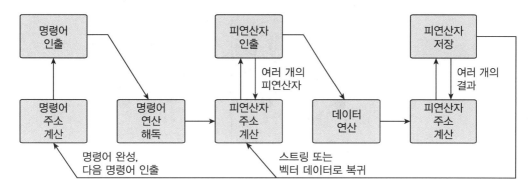

[그림 5-4] 명령어 사이클 구성도

명령어는 처리해야 할 연산의 수, 워드의 길이, 정수 표현과 같은 데이터 형태, 레지스터의 관계, 주소 모드 및 RISC/CISC 선택 등 많은 요소를 고려하여 설계해야 한다.

2 명령어 체계 종요 기출

명령어는 피연산자의 개수에 따라서 0-주소 명령어, 1-주소 명령어, 2-주소 명령어, 3-주소 명령어로 구분한다.

(1) 0-주소 명령어

연산자(OP code)

[그림 5-5] 0-주소 명령어 형식

0-주소 명령어는 의미가 뜻하는 바처럼, 명령어에 피연산자를 부여하지 않는다. 0-주소 명령어는 **스택 구조의 컴퓨터에서 사용**되며, 스택 구조에서의 주소는 스택 포인터(SP : Stack Pointer)가 대신한다. 스택 구조에서는 스택에서 데이터를 제거(remove)하는 하는 명령어(메모리에서 레지스터로 데이터 이동) 'POP'과 스택에 데이터를 추가(add)하는 명령어(레지스터에서 메모리로 데이터 이동) 'PUSH'의 두 가지 명령어가 있다. 입력 데이터가 어디에서 왔는지 그리고 연산의 결과를 어디에 저장할 것인지를 알고 있다면 또는 특수한 구조의 기능에 의해 그 주소들을 항상 알고 있다면 피연산자의 위치를 지정할 필요가 없고 연산자만 표시하면 되기 때문이다. 스택은 LIFO(Last In First Out, 후입선출) 방식으로, 기억장치의 일부를 스택을 위해 할당하여 운영한다.

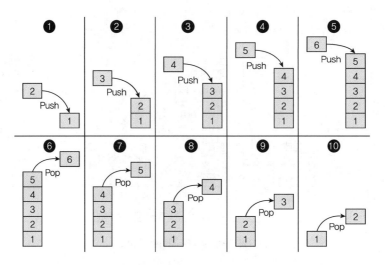

[그림 5-6] 스택의 LIFO 방식

> 예 PUSH X or POP X
>
> – 주소 X에 데이터를 기억시키거나, 주소 X에서 데이터를 꺼내오라는 명령이다.

① 스택의 운영 및 표현방식

스택은 Empty 방식 또는 Full 방식의 두 가지 운영 방식이 있고, 여기에 주소를 오름차순으로 사용하거나 내림차순으로 사용할 수도 있다. 스택에 데이터를 표시하기 위해서는 인간이 읽기 쉬운 중위 표현법을 전위 표현법이나 후위 표현법으로 변환해 줄 필요가 있다. 다음은 중위 표현법(infix)으로 된 수식 $(A + B) * C + (D * E)$을 후위 표현법(postfix)으로 표현한 그림이다.

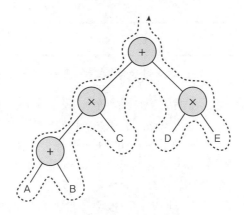

[그림 5-7] 스택 표현방식

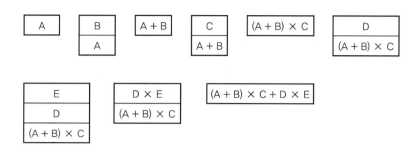

[그림 5-8] 0-주소 프로그램의 예

```
PUSH A
PUSH B
ADD A + B
PUSH C
MULTIPLY (A + B) * C
PUSH D
PUSH E
MULTIPLY D * E
ADD (A + B) * C + (D * E)
```

② **수식 표현법**

수식을 표현하는 방법에는 중위 표현법(infix), 전위 표현법(prefix), 후위 표현법(postfix)의 세 가지 방식이 있는데, 스택을 이용하는 컴퓨터에서 수식을 계산하기 위해서는 후위 표현법(postfix) 형식으로 수식을 변환시켜야 한다. 모든 표현법을 변환할 때 사칙연산의 우선순위에 따른다.

　㉠ 중위 표현법(infix)

　　일반적으로 수학이나 대수에서 수를 표현할 때 사용하는 방법으로, 피연산자와 피연산자 사이에 연산자가 위치하는 형식이다.

　　예 $F = (4 + 5) * (7 - 2)$

　㉡ 전위 표현법(prefix)

　　연산자–피연산자–피연산자의 순서로 수를 표현하는 방법이다. 위의 중위 표현법으로 표현된 수를 전위 표현법으로 변환하면 다음과 같다.

　　예 $F = * + 4\,5 - 7\,2$

　㉢ 후위 표현법(postfix)

　　후위표현법은 피연산자–피연산자–연산자의 순서로 수를 표현하는 방법으로, 연산자를 가장 마지막에 표현하는 방법이다. 위의 중위 표현법의 수를 후위 표현법으로 변환하면 다음과 같다.

　　예 $F = 4\,5 + 7\,2 - *$

(2) 1-주소 명령어

연산 코드	주소

[그림 5-9] 1-주소 명령어 형식

피연산자가 하나만 있는 명령어를 1-주소 명령어라고 한다. 주로 하나의 누산기(AC)만 가지고 있는 컴퓨터에서 사용하며, 주소의 내용과 누산기의 내용을 연산한 후 결괏값은 누산기에 저장한다. 다음은 X = (A + B) * (C + D)의 실행과정을 1-주소 명령어로 프로그램한 내용이다.

[표 5-1] 1-주소 명령어 형식 프로그램의 예

연산 코드	주소 필드	저장장소
LOAD	A	M[A] → AC
ADD	B	AC + M[B] → AC
STORE	TEMP	AC → M[TEMP]
LOAD	C	M[C] → AC
ADD	D	AC + M[D] → AC
MUL	TEMP	AC * M[TEMP] → AC
STORE	X	AC → M[X]

(3) 2-주소 명령어

연산 코드	주소-1	주소-2

[그림 5-10] 2-주소 명령어 형식

2-주소 명령어는 가장 일반적인 상업용 컴퓨터에서 사용한다. 주소는 CPU 내의 레지스터 주소가 될 수도 있고 기억장치의 주소가 될 수도 있다. 따라서 연산 결과도 레지스터나 기억장치에 기억시킬 수 있다. 2-주소 명령어 형식은 주소-1과 주소-2의 내용을 연산하여 그 결과를 주소-1에 저장한다. 주소-1의 내용은 연산의 결과로 바뀌지만, 주소-2의 내용은 연산 후에도 변하지 않는다. X = (A + B) * (C + D)를 2-주소 형식으로 프로그램을 해보자.

[표 5-2] 2-주소 명령어 형식 프로그램의 예

연산 코드	주소-1	주소-2	저장장소
MOV	R1	A	M[A] → R1
ADD	R1	B	R1 + M[B] → R1
MOV	R2	C	M[C] → R2
ADD	R2	D	R2 + M[D] → R2
MUL	R1	R2	R1 * R2 → R1
MOV	X	R1	R1 → M[X]

MOVE 명령어는 피연산자를 기억장치나 레지스터 상호 간에 이동 또는 전송하라는 명령어이다.

(4) 3-주소 명령어

연산 코드	주소-1	주소-2	주소-3

[그림 5-11] 3-주소 명령어 형식

3-주소 명령어 형식은 3개의 주소 필드를 가지고 있다. 주소 필드는 레지스터나 기억장치가 되며, 주소-2와 주소-3의 내용은 연산 후에도 값을 잃지 않는다. 연산 후의 결괏값은 주소-1에 저장된다. X = (A + B) * (C + D)을 프로그램을 하면 다음과 같다. 컴퓨터의 레지스터를 R1, R2라고 가정하자. M[A]은 기억장소 A에 저장된 피연산자이다. 3-주소 명령어 형식의 장점은 연산 표현을 위한 프로그램이 짧아진다는 것이고, 단점은 3-주소를 표현하기 위한 바이너리 비트값이 너무 많아진다는 것이다.

[표 5-3] 3-주소 명령어 형식 프로그램의 예

연산 코드	주소-1	주소-2	주소-3	저장 위치
ADD	R1	A	B	M[A] + M[B] → R1
ADD	R2	C	D	M[C] + M[D] → R2
MUL	X	R1	R2	R1 * R2 → M[X]

제2절 주소지정 방식 (종요)

명령어의 연산 필드는 수행할 연산을 지정한다. 이 연산은 컴퓨터의 레지스터 또는 메모리 워드에 저장된 데이터를 실행해야 한다. 명령어의 주소지정 방식(addressing mode)은 프로그램 실행 중에 피연산자가 선택되는 방식이다. 즉, 주소지정 방식은 피연산자가 실제로 참조되기 이전에 명령어의 주소 필드를 해석하거나 규칙을 지정하는 것이다. 컴퓨터는 다음 내용 중 하나 또는 모두를 수용하기 위한 목적으로 주소지정 방식을 제공한다.

1. 메모리 포인터, 루프 제어 카운터, 데이터 인덱싱 및 프로그램 재배치를 위한 기능을 제공하여 사용자에게 프로그래밍 융통성을 제공할 수 있다.
2. 명령어의 주소 필드에 있는 비트 수를 줄일 수 있다.
3. 숙련된 어셈블리 언어 프로그래머가 명령어 수와 실행 시간과 관련하여 더욱 효율적으로 프로그램을 작성할 수 있다.

다양한 주소지정 방식을 이해하기 위하여 기본적인 컴퓨터의 연산 사이클을 이해할 필요가 있다. 제어장치는 3가지 중요한 단계로 나눠진 명령어 사이클을 실행한다. 인출 사이클, 해독 사이클, 그리고 실행 사이클이다. 프로그램 카운터(PC : Program Counter)는 다음에 실행될 명령어를 보관하고 명령어가 메모리에서 인출될 때마다 값이 증가한다. 해독 사이클은 실행할 연산, 명령어의 주소지정 모드와 피연산자의 주소를 결정한다.

그러면 컴퓨터는 명령어를 실행하고 연속적으로 다음 명령어를 인출하기 위해 처음의 인출 단계로 되돌아간다. 어떤 컴퓨터에서는 별도의 바이너리 코드를 사용해서 명령어의 주소지정 모드와 피연산자 코드를 지정한다. 다른 컴퓨터는 싱글 바이너리 코드를 사용해서 명령어의 연산과 모드를 지정한다. 명령어는 여러 가지 주소지정 모드를 정의하고 있고, 2개 또는 3개의 주소지정 모드가 하나의 명령어에 연결되기도 한다. 예를 들면, [그림 5-12]처럼 구분된 주소지정 모드 필드를 가지고 있는 명령어를 살펴보자.

연산 코드	모드	주소

[그림 5-12] 모드 필드를 가지고 있는 명령어 형식

연산 코드는 실행할 연산을 지정하고 있고, 모드 필드는 연산을 위한 피연산자의 위치를 지정하고 있다. 명령어에는 주소 필드가 있을 수도 있고 없을 수도 있다. 만일 주소 필드가 있다면, 메모리 주소나 레지스터 주소를 나타내는 것이다. 명령어는 1-주소 필드 이상을 가지고 있을 수도 있고 각 주소 필드는 특별한 주소지정 모드와 연관되어 있을 수 있다. 대부분의 주소지정 모드가 명령어 내에 주소 필드를 가지고는 있지만, 묵시적 주소지정 모드(implied addressing mode)와 즉치 주소지정 모드(immediate addressing mode)는 주소 필드가 전혀 없다.

1 묵시적 주소지정 방식

묵시적(암묵적) 주소지정 방식에서 피연산자는 명령어의 정의에 의해서 묵시적으로 지정된다. 예를 들면, 명령어 '보수 누산기(complement accumulator)'는 누산기에 있는 피연산자의 보수를 취하라는 명령어이다. 실제로 누산기를 지정하는 모든 레지스터 참조 명령어는 묵시적 모드 명령어이다. 스택 구조 컴퓨터에서 0-주소 방식 명령어도 피연산자가 스택의 맨 위(TOS : Top of the Stack)라고 묵시적으로 지정되었기 때문에 묵시적 명령어이다. 다음은 레지스터 참조 명령어들이다.

[표 5-4] 레지스터 참조 명령어

명령어	의미
SZE	skip if zero in the extended AC(E = 0이면 다음 명령어를 실행한다) (*) E는 ALU 연산 시 발생하는 캐리 비트를 저장하는 1비트 레지스터
SZA	skip if zero in the AC(누산기가 0이면 건너뛴다)
CMA	complement the AC(누산기의 값을 보수화한다)
SNA	skip if negative in the AC(AC가 음수면 건너뛴다)
SPA	skip if positive in the AC(AC가 양수면 건너뛴다)
INC	increment the AC(AC를 증가한다)
CIL	circulate the accumulator left(누산기에 있는 값을 좌측으로 한 칸씩 이동한다. 맨 좌측 비트는 E로 가고 누산기의 가장 우측 비트는 E의 값이 들어온다)

CME	complement the extended AC(E의 값을 1의 보수로 취한다)
CIR	circulate the accumulator right(누산기에 있는 값을 우측으로 한 칸씩 이동한다. 맨 우측 비트는 E로 가고 누산기의 가장 좌측 비트는 E의 값이 들어온다)
CLE	clear the extended AC, place a zero in the extended AC(E를 0으로 초기화한다)
CLA	clear the AC, place a zero in AC(AC를 0으로 초기화한다)
HLT	halt, set S to zero(프로그램을 종료한다)

2 즉치 주소지정 방식

즉치 주소지정 방식에서 피연산자는 명령어 그 자체에 있다. 즉, 즉치 명령어는 주소 필드가 아니라 하나의 피연산자를 가지고 있다. 피연산자 필드에는 명령어에서 지정하는 연산과 연결되어 사용될 실제 데이터가 들어가 있다. 즉치 주소지정 방식은 상숫값으로 레지스터를 초기화하기 위해 사용한다.

연산 코드	실제 데이터

[그림 5-13] 즉치 주소지정 방식

3 레지스터 주소지정 방식

레지스터 주소지정 방식에서 **피연산자는 레지스터에 들어있다**. 해당 레지스터는 명령어의 레지스터 필드에서 지정한다. 만일 레지스터가 k비트 필드라고 하면, 2^k개의 레지스터를 사용할 수 있다. 레지스터를 참조할 경우는 기억장치에 접근하여 데이터를 인출하는 시간보다 짧아 인출 시간을 절약할 수 있다. 단, 레지스터의 크기는 기억장치보다 작으므로 효율적인 활용이 필요하다.

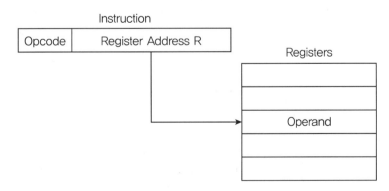

[그림 5-14] 레지스터 주소지정 방식

4 레지스터 간접 주소지정 방식

명령어는 레지스터를 통하여 실제 데이터가 저장된 기억장치를 지정한다. 즉, 선택된 레지스터는 피연산자가 아니라 피연산자의 주소를 보관하고 있다. 레지스터 간접 주소지정 방식을 사용하기에 앞서, 프로그래머는 피연산자의 기억장치 주소가 이전 명령어와 레지스터에 그대로 남아 있는지를 확인해야 한다. 레지스터 참조는 메모리 주소를 지정하는 것과 같다. 레지스터 간접 모드 명령어의 장점은 명령어의 주소 필드가 직접 메모리 주소를 지정하는 데 필요한 것보다 적은 비트로 레지스터를 선택할 수 있다는 것이다.

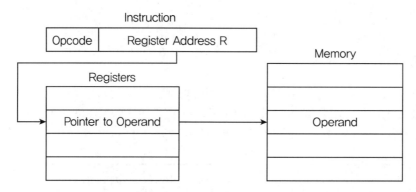

[그림 5-15] 레지스터 간접 주소지정 방식

5 직접 주소지정 방식

이 방식에서 유효주소는 명령어의 주소 부분과 같다. 피연산자는 기억장치에 존재하고 그것의 주소는 명령어의 주소 필드에 의해서 지정된다. 분기 형식 명령어 주소 필드에서는 실제 분기 주소를 나타낸다. 레지스터 주소지정 방식과 다른 점은 접근해야 하는 주소가 주기억장치에 있다는 것이다.

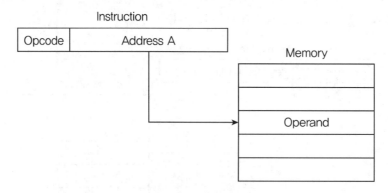

[그림 5-16] 직접 주소지정 방식

6 간접 주소지정 방식 _{기출}

명령어의 주소 필드는 메모리에 저장된 유효주소의 주소를 가리킨다. 제어장치는 메모리에서 명령어를 인출하여 그 명령어의 주소 필드를 유효주소를 읽기 위해 다시 메모리에 접근하기 위한 주소로 사용한다. 레지스터 간접 지정 방식과 다른 점은 접근해야 하는 주소가 주기억장치에 있다는 것이다.

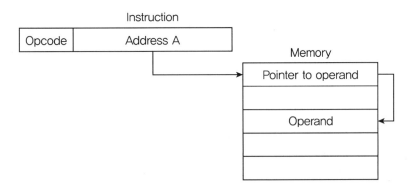

[그림 5-17] 간접 주소지정 방식

7 변위 주소지정 방식

변위(displacement) 주소지정 방식은 명령어의 주소 필드에 레지스터의 값을 더하여 유효주소를 결정하는 방식이다. 상대 주소지정 방식, 베이스 레지스터 주소지정 방식, 인덱스 레지스터 주소지정 방식의 세 가지 종류가 있다.

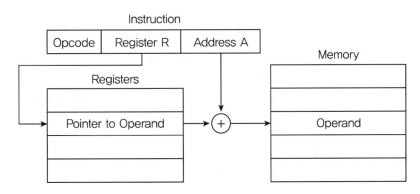

[그림 5-18] 변위 주소지정 방식

변위 주소지정 방식의 명령어는 두 개(주소과 레지스터)의 값을 가지고 있다.

(1) 상대 주소지정 방식(Relative addressing mode)

상대 주소지정 방식에서는 유효주소를 얻기 위해 **프로그램 카운터(PC)의 내용**이 명령어의 주소 필드에 더해진다. 명령의 주소 부분은 일반적으로 양수 또는 음수일 수 있는 부호 있는 숫자(2의 보수 표현)이다. 이 숫자가 프로그램 카운터의 내용에 추가되면 결과는 메모리의 위치가 다음 명령어의 주소와 관련된 실제 주소를 생성하게 된다. 주소는 절대주소(absolute address)와 상대주소(relative address)로 구분할 수 있는데, 절대주소는 기억장치의 실제 주소를 의미하고, 상대주소는 그 주소로는 직접 데이터에 접근할 수 없어 기본 주소에 상대 주솟값을 더하여 실제 주소를 찾아가게 된다. 상대 주소지정 방식에서는 PC의 값을 베이스로 간주하고 이 값에 명령어의 주소 필드의 값이 변위값으로 더해져 유효주소를 얻게 된다.

(2) 인덱스 레지스터 주소지정 방식(Indexed register addressing mode)

인덱스 레지스터 주소지정 방식에서는 **인덱스 레지스터의 내용**이 명령어의 주소 필드에 더해져 유효주소를 얻는 방식이다. 인덱스 레지스터는 특수 레지스터의 하나로, 변위값으로 사용할 인덱스의 값을 저장하고 있다. 인덱스 레지스터 주소지정 방식은 배열과 같은 구조에서 편리하게 사용할 수 있으며, 명령어의 주소 필드는 기억장치에서 데이터 배열(data array)의 시작 주소를 나타낸다. 배열 내의 각 피연산자는 시작 주소로부터 상대적인 메모리에 저장된다. 시작 주소와 피연산자 주소와의 거리가 인덱스 레지스터에 저장된 인덱스 값이다. 배열의 모든 피연산자는 인덱스 레지스터에 올바른 인덱스 값이 포함되어 있으면 동일한 명령어로 액세스할 수 있다. 일부 컴퓨터는 하나의 CPU 레지스터를 인덱스 레지스터로만 사용하도록 설정한다. 이 레지스터는 인덱스 모드 명령어가 사용될 때 암시적으로 관련되고, 프로세서 레지스터가 많은 컴퓨터에서는 CPU 레지스터 중 하나에 인덱스 번호가 포함될 수 있다. 그러한 경우, 레지스터는 명령어 형식 내의 레지스터 필드에 확실하게 지정해야 한다.

(3) 베이스 레지스터 주소지정 방식(Base register addressing mode)

베이스 레지스터 주소지정 방식에서는 **베이스 레지스터의 내용**이 유효주소 값을 계산하기 위해 주소 필드의 내용에 더해진다. 인덱스 레지스터가 베이스 레지스터로 바뀌었을 뿐 주소지정 방식은 인덱스 레지스터 방식과 같다. 두 방식 간의 차이점은 인덱스 레지스터는 명령어의 주소 부분에 대한 상대적인 값을 저장하고 있는 반면에, 베이스 레지스터는 기준 주소를 보관하고 있다는 것이다. 베이스 레지스터 주소지정 방식은 메모리에서 프로그램을 재할당하기 위하여 사용한다. 프로그램이나 데이터를 한 세그먼트에서 다른 세그먼트로 이동시킬 경우, 베이스 레지스터의 주솟값이 새로운 세그먼트의 시작 부분을 반영하여 변경된다.

8 주소지정 방식의 예제

다음은 LOAD 명령어 실행 후 각 주소지정 모드의 유효주소와 누산기의 내용을 표시한 것이다.

PC	100
Offset 값	1
인덱스 레지스터	400
R1	1000
누산기	

주소	데이터
100	LOAD 200(mode)
101	160
110	150
200	500
300	450
301	900
500	550
600	800
700	
800	
900	
1000	2500

[그림 5-19] 주소지정 방식의 예제

[표 5-5] 주소지정 방식 실행 결과

주소지정 모드	유효주소	누산기 내용
직접 주소지정 모드	200	500
간접 주소지정 모드	500	550
상대 주소지정 모드	101	160
인덱스 주소지정 모드	600	800
레지스터 주소지정 모드	없음	1000
간접 레지스터 주소지정 모드	1000	2500
즉치 주소지정 모드	없음	200

```
제3절    명령어 종류
```

1 연산 코드

연산 코드는 데이터 전송, 데이터 처리, 제어·분기 명령, 입·출력 명령으로 구분한다.

(1) 데이터 전송 명령

데이터 전송은 레지스터, 주기억장치, 스택 또는 I/O 장치 간의 데이터 이동에 관련된 동작으로, store, load, exchange, move, push, pop 같은 연산 코드가 있다.

[표 5-6] 데이터 이동 명령어

연산 코드	기능
STORE	기억장치에 데이터 저장(ST 출발지, 목적지)
LOAD	레지스터에 데이터 저장(LD 목적지, 출발지)
EXCHANGE	출발지와 목적지의 피연산자 교환(XCH 목적지, 출발지)
MOVE	레지스터에서 레지스터로 또는 메모리에서 메모리로 데이터 이동 (MOVE 목적지, 출발지)
PUSH	스택에 데이터를 저장(PUSH X)
POP	스택에서 데이터를 읽음(POP X)

(2) 데이터 처리 명령

데이터 처리 명령어는 일반적인 산술 명령어 또는 논리 명령어를 말한다. 산술 명령어는 기본적인 가산, 감산, 곱셈, 나눗셈의 사칙연산을 처리한다. 논리연산 명령은 피연산자를 비트별 처리하여, 비트를 변경하거나 비트열을 0이나 1로 하거나 새로운 비트를 피연산자에 넣을 수 있다.

[표 5-7] 데이터 처리 명령어

연산 코드	기능
ADD	피연산자 데이터를 더하여 유효주소 계산(ADD X Y)
CMA	complement AC(누산기 값을 보수로 취한다)
AND	피연산자의 특정 부분을 0으로 만듦
OR	피연산자의 특정 비트를 1로 만듦
XOR	피연산자의 특정 부분을 보수로 만듦
ROL	carry와 누산기를 좌측으로 1비트 로테이트하는 명령어
ROR	carry와 누산기를 우측으로 1비트 로테이트하는 명령어
CLC	carry bit를 0으로 클리어하는 명령어

(3) 제어와 분기 명령

제어 및 분기에 대한 명령이다.

[표 5-8] 제어 및 분기 명령어

연산 코드	기능
BUN	branch unconditionally(무조건 분기)
BSA	branch and save return address(분기 및 복귀주소 저장)
ISZ	increment and skip if zero(증가하고 제로값이면 분기)
SPA	skip next instruction if AC positive(누산기가 양수면 다음 명령으로 분기)
SNA	skip next instruction if AC negative(누산기가 음수면 다음 명령으로 분기)
SZA	skip next instruction if AC zero(누산기가 '0'이면 다음 명령으로 분기)
HLT	halt computer(컴퓨터 정지)
JMP	PC ← X, X번지로 점프하라는 명령
RET	RETurn Address(호출 프로그램 종료 후 원래의 프로그램 지점으로 돌아가는 명령어)
CALL	CALL 명령어는 복귀주소를 스택에 저장한 후 함수의 위치로 점프

(*) CALL과 JMP의 차이는 CALL은 복귀주소가 존재하지만 JMP는 복귀주소가 존재하지 않는다는 점임

(4) 입·출력 명령

입력과 출력에 관한 명령이다.

[표 5-9] 입·출력 명령어

연산 코드	기능
INP	input character to AC(AC로 데이터 입력), INP X
OUT	output character from AC(AC에서 데이터 출력), OUT X
ION	interrupt on(인터럽트 시작)
IOF	interrupt off(인터럽트 완료)

※ 다음 지문의 내용이 맞으면 ○, 틀리면 ×를 체크하시오. [1 ~ 7]

01 명령어 형식은 연산자와 주소부로 구성되어 있고, 주소부의 수에 따라서 0-주소지정 방식, 1-주소지정 방식, 2-주소지정 방식으로 구분한다. (   )

>>>○ 명령어 형식은 연산 코드(operation code)와 주소부(address)로 구성되어 있고, 주소부의 수에 따라서 0-주소지정 방식, 1-주소지정 방식, 2-주소지정 방식, 3-주소지정 방식으로 구분한다. 일반적으로 2-주소지정 방식을 사용한다.

02 스택 포인터는 0-주소지정 방식을 이용하며 주소가 명령어에 나타나지 않는다. (   )

>>>○ 0-주소지정 방식은 주소가 명령어에 나타나지 않으며, 스택 포인터를 이용하는 방식이다.

03 2-주소지정 방식에서 연산을 실행하면 두 개의 주소부의 내용은 변화한다. (   )

>>>○ 2-주소지정 방식은 연산 후 가장 앞에 있는 주소부에 결괏값을 저장하기 때문에 두 개의 주소부 값 중 하나만 값이 변하게 된다.

04 변위값을 사용하여 유효주소를 결정하는 방식에는 2가지 방식이 있다. (   )

>>>○ 변위값을 사용하여 유효주소를 결정하는 방식에는 상대 주소지정 방식, 베이스 레지스터 주소지정 방식, 인덱스 레지스터 주소지정 방식의 3가지 방식이 있다.

05 상대 주소지정 방식은 명령어의 주소에 변위값인 인덱스 레지스터의 값을 더하여 유효주소를 계산한다. (   )

>>>○ 상대 주소지정 방식은 명령어의 주소부에 프로그램 카운터의 값이 더해져서 유효주소를 결정하는 방식으로, 명령어의 주소가 기준 주소가 되고, 프로그램 카운터의 값이 변위값이 된다.

06 3-주소 명령어는 연산 표현을 위한 프로그램이 짧아지는 장점과 주소 표현에 필요한 비트값이 너무 많아진다는 단점이 있다. (   )

>>>○ 3-주소 명령어 형식의 장점은 연산 표현을 위한 프로그램이 짧아진다는 것이고, 단점은 3-주소를 표현하기 위한 바이너리 비트값이 너무 많아진다는 것이다.

07 즉치 주소지정 방식은 명령어의 값이 주소부를 나타내는 것이 아니라 데이터 그 자체를 나타낸다. (   )

>>>○ 즉치 주소지정 방식에서 피연산자는 명령어 그 자체에 있다. 즉, 즉치 명령어는 주소 필드가 아니라 하나의 피연산자를 가지고 있다. 피연산자 필드에는 명령어에서 지정하는 연산과 연결되어 사용될 실제 데이터가 들어가 있다. 즉치 주소지정 방식은 상숫값으로 레지스터를 초기화하기 위해 사용한다.

정답 **1** × **2** ○ **3** × **4** × **5** × **6** ○ **7** ○

01 다음 중 주소 명령어에 대한 설명으로 옳지 <u>않은</u> 것은?

① 0-주소 명령어는 기억장치의 스택 영역을 사용하며 PUSH, POP 명령어를 사용한다.

② 1-주소 명령어는 하나의 주소 필드를 사용하고 결괏값을 누산기에 저장한다.

③ 2-주소 명령어는 연산을 실행한 후, 두 개의 주소 필드의 값이 모두 변경된다.

④ 3-주소 명령어는 연산 표현을 위한 프로그램이 짧아지는 장점을 제공한다.

02 다음의 괄호 안에 알맞은 말을 순서대로 기술한 것은?

> - 상대 주소지정 방식의 유효주소 = 명령어 주소 부분 + (㉠)의 내용
> - 인덱스 레지스터 주소지정 방식의 유효주소 = 명령어 주소 부분 + (㉡)의 내용
> - 베이스 레지스터 주소지정 방식의 유효주소 = 명령어 주소 부분 + (㉢)의 내용

	㉠	㉡	㉢
①	프로그램 카운터	인덱스 레지스터	베이스 레지스터
②	스택 카운터	베이스 레지스터	인덱스 레지스터
③	누산기	프로그램 카운터	베이스 레지스터
④	기억장치	인덱스 레지스터	프로그램 카운터

01 2-주소 명령어는 두 개의 주소 필드를 사용하고 연산을 실행한 후, 하나의 주소 필드의 값만 변경된다. 주소-1과 주소-2의 값을 실행한 후 결괏값은 주소-1에 저장하기 때문에 주소-2의 기존 값은 그대로 유지된다.

연산 코드	주소-1	주소-2

02 변위값을 사용하는 주소지정 방식은 서로 다른 레지스터의 값을 이용하여 주소를 구한다. 상대 주소지정 방식의 유효주소는 명령어 주소 부분에 프로그램 카운터의 내용을 더하여 구하고, 인덱스 레지스터 주소지정 방식의 유효주소는 명령어 주소 부분에 인덱스 레지스터의 내용을 더하여 구한다. 베이스 레지스터 주소지정 방식의 유효주소는 명령어 주소 부분에 베이스 레지스터의 내용을 더하여 구한다.

정답 01 ③ 02 ①

03 명령어는 필드(field)라는 그룹으로 나뉘며, 명령어 형식에서 가장 많이 사용되는 필드는 다음과 같다.
- 실행할 연산을 지정하는 연산 코드(operation code) 필드
- 메모리 주소 또는 프로세서 레지스터를 지정하는 주소(address) 필드
- 피연산자 또는 유효주소(effective address)의 결정 방법을 지정하는 모드(mode) 필드

03 명령어에서 사용되는 필드의 구분 중 설명이 잘못된 것은?

① 연산 코드(operation code) 필드는 실행할 연산을 지정하는 필드이다.
② 주소(address) 필드는 메모리 주소 또는 프로세서 레지스터를 지정하는 필드이다.
③ 모드(mode) 필드는 피연산자 또는 유효주소(effective address)의 결정 방법을 지정한다.
④ 주소(address) 필드는 프로세서 레지스터만 지정한다.

04 연산 필드는 덧셈, 뺄셈, 보수 및 시프트 등과 같은 다양한 프로세서 연산을 정의하는 비트 그룹으로, 3비트씩 3개의 필드로 구성되며, 연산 필드 각각은 7개의 마이크로 동작을 실행한다. 연산 코드 000은 동작이 없고, 001부터 111까지 사용한다.

04 연산 필드에 관한 설명으로 옳은 것은?

① 연산 필드는 덧셈, 뺄셈, 보수 및 시프트 등과 같은 다양한 프로세서 연산을 정의하는 비트 그룹이다.
② 연산 필드는 3비트씩 3개의 필드로 구성되고, 연산 필드 각각은 8개의 마이크로 동작을 실행한다.
③ 연산 코드 000부터 111까지 실행하는 각각의 코드에 대한 동작을 규정하고 있다.
④ 연산 코드의 000은 특별한 동작을 규정하고 있다.

05 레지스터 주소지정 방식은 유효데이터가 레지스터에 저장된 방식이다. 직접 주소지정 방식은 주기억장치에 접근하여 유효주소를 찾아야 하지만, 레지스터 주소지정 방식은 CPU 내에 있는 레지스터를 찾아가기 때문에 속도가 훨씬 빠르다는 장점이 있다. 상대 주소지정 방식은 유효주소를 구하기 위해 명령어의 주소 부분과 프로그램 카운터의 내용을 계산해야 하고, 직접 주소지정 방식은 기억장치를 찾아가야 한다. 레지스터 간접 주소지정 방식은 명령어의 주소 부분을 값으로 레지스터를 찾아서 레지스터의 내용으로 다시 한번 주기억장치의 주소를 찾아가야 한다.

05 다음 중 가장 빠르게 유효주소를 계산할 수 있는 방식은?

① 상대 주소지정 방식
② 직접 주소지정 방식
③ 레지스터 주소지정 방식
④ 레지스터 간접 주소지정 방식

정답 03 ④ 04 ① 05 ③

06 다음의 명령어에 대해서 바르게 설명한 것은?

> PUSH X

① 기억장치 스택에서 레지스터로의 데이터 전송을 위한 명령어
② 레지스터에서 기억장치 스택으로의 데이터 전송 명령어
③ 레지스터에서 시스템 버스로의 데이터 전송을 위한 명령어
④ 시스템 버스에서 레지스터로의 데이터 전송을 위한 명령어

07 주소 필드에 관한 설명으로 가장 올바른 것은?

① 제어신호를 발생하는 필드이다.
② 기억장치 또는 레지스터의 주소를 선택하기 위한 필드이다.
③ 인터럽트를 위한 필드이다.
④ 입·출력장치의 사용을 승인하는 필드이다.

08 명령어의 연산자 비트가 3비트, 주소부 비트가 5비트일 때 몇 개의 명령어를 실행할 수 있는가?

① 8개
② 32개
③ 126개
④ 256개

06 스택은 데이터를 읽거나 쓰기 위해서 POP과 PUSH라는 명령어를 사용한다. POP은 기억장치 스택에서 레지스터로의 데이터 전송 명령이고, PUSH는 레지스터에서 기억장치로의 데이터 전송 명령이다.

07 주소 필드는 컴퓨터 명령어를 구성하는 필드 중 하나로, 기억장치 또는 처리장치 레지스터의 주소를 선택하기 위한 필드이다. 명령어는 연산 코드 필드, 주소 필드, 모드 필드로 구성되어 있다.

08 주소부는 명령어의 연산과는 관계가 없다. 연산부가 3비트이면 2^3이므로 8개의 명령어를 실행할 수 있다.

정답 06 ② 07 ② 08 ①

09 명령어가 시작되는 최초의 주소를
   기억하고 있는 레지스터는 프로그램
   카운터(PC)이다.

09 **레지스터 중 다음에 실행할 명령어의 주소를 저장하고 있는 것은?**
   ① 스택 포인터
   ② 프로그램 카운터
   ③ 누산기
   ④ 기억 주소 레지스터

10 ADD, ROL(carry와 누산기를 좌측으
   로 1비트 로테이트), CLC(carry bit
   를 0으로 클리어) 명령은 연산 명령
   어이고, JMP(jump)는 제어 명령어이
   다. JMP 외의 제어 명령으로는 SNA
   (누산기의 값이 0보다 작으면 다음
   명령으로 skip한다), SZA(누산기 값
   이 0이면 다음 명령으로 skip한다)
   등이 있다.

10 **다음의 명령어 중 그 기능이 다른 명령어들과 같은 분류에 속하지 않는 것은?**
   ① ADD 명령어
   ② JMP 명령어
   ③ ROL 명령어
   ④ CLC 명령어

11 직접 주소지정 방식은 기억장치를 1번
   참조하고, 간접 주소지정 방식은 기억
   장치를 2번 참조하므로, 직접 주소지
   정 방식의 처리 속도가 더 빠르다.

11 **다음 중 주소지정 방식에 대한 설명이 틀린 것은?**
   ① 즉치 주소지정 방식은 레지스터의 값을 초기화할 때 주로 사용한다.
   ② 묵시적 주소지정 방식은 스택 구조 컴퓨터에서 사용한다.
   ③ 간접 주소지정 방식은 직접 주소지정 방식보다 처리 속도가 빠르다.
   ④ 상대 주소지정 방식은 프로그램 카운터를 사용한다.

정답 09 ② 10 ② 11 ③

12 다음의 중위표현법을 후위표현법으로 맞게 변환한 것은?

> A * B + C * D + E

① * ABCD * + E +

② AB * C + D * E +

③ AB * CD * + E +

④ ++ * AB * CDE

12 후위표현법(postfix)은 피연산자-피연산자-연산자의 순서로 데이터 열을 사칙연산의 우선순위에 의거하여 재배열하는 것이다. 따라서, 중위표현법(infix)을 사칙연산의 우선순위를 고려하여 다시 표현하면, (A * B) + (C * D) + E이다.
이것을 순서대로 피연산자-피연산자-연산자의 순서로 변환하면,
(1) (AB *) + (CD *) + E
(2) ((AB *)(CD *) +) + E
(3) ((AB *)(CD *) +) E +
(4) 이제 괄호를 풀어주면 'AB * CD * + E +'가 된다.

※ 다음은 PC, 인덱스 레지스터, 레지스터, 누산기와 주기억장치의 주소와 데이터를 표시한 그림이다. [13 ~ 14]

PC	10
인덱스 레지스터	40
R20	100
누산기	

주소	데이터
10	LOAD 20(mode)
11	15
12	
20	50
30	45
31	90
50	55
60	80
70	
80	
90	
100	250

13 간접 주소지정 모드를 실행했을 때의 유효주소와 누산기의 내용으로 알맞은 것은?

① 유효주소 - 20, 누산기 - 50

② 유효주소 - 50, 누산기 - 55

③ 유효주소 - 30, 누산기 - 45

④ 유효주소 - 60, 누산기 - 65

13 간접 주소지정 모드는 주소를 한 번 더 참조하여 찾아가는 방식이다. LOAD 명령어에 의해 20번지를 찾아가고 20번지의 내용이 주소가 되어 한 번 더 주소를 찾아가므로, 유효주소는 50, 누산기에는 55가 들어가게 된다.

정답 12 ③ 13 ②

14 LOAD 20을 하면 20번지의 내용이 수행되고 PC의 값이 1 증가한다. 상대주소는 PC값을 변위값으로 사용하므로 주소의 값은 20 + 11 = 31이 된다.
[문제 하단의 표 내용 참고]

14 문제 13번의 명령어를 실행하고 연속하여 상대 주소지정 모드를 실행했을 경우 유효주소와 누산기의 내용으로 알맞은 것은?

① 유효주소 - 50, 누산기 - 55
② 유효주소 - 31, 누산기 - 90
③ 유효주소 - 60, 누산기 - 80
④ 유효주소 - 100, 누산기 - 250

»»🔍
다양한 방식으로 주소지정 모드를 실행했을 때의 결과

주소지정 모드	유효주소	누산기 내용
직접 주소지정 모드	20	50
간접 주소지정 모드	50	55
상대 주소지정 모드	31	90
인덱스 주소지정 모드	60	80
레지스터 주소지정 모드	없음	100
간접 레지스터 주소지정 모드	100	250
즉치 주소지정 모드	없음	20

15 2-주소 명령어는 연산 필드와 2개의 주소 필드로 구성된다. 명령어를 실행하고 나면 주소 필드 중 하나의 값이 바뀌고, 범용 레지스터 구조의 컴퓨터에서 사용한다.

15 2-주소 명령어의 특징이 <u>아닌</u> 것은?

① 연산 필드와 2개의 주소 필드로 구성되어 있다.
② 명령어를 실행하고 나면 주소 필드 중 하나의 값이 바뀐다.
③ 범용 레지스터 구조의 컴퓨터에서 사용한다.
④ 명령어를 실행해도 주소 필드의 값은 변함이 없다.

정답 14 ② 15 ④

16 연산자의 기능과 관련이 <u>없는</u> 것은?

① 연산 기능

② 제어 기능

③ 번지지정 기능

④ 전달 기능

16 연산자(operation code)의 기능은 연산, 제어, 전달과 입·출력 기능이다.

17 연산자가 6비트이면 명령어를 몇 개 생성할 수 있는가?

① 16

② 32

③ 64

④ 128

17 6비트이면 2^6 = 64개의 명령어를 만들 수 있다.

18 LOAD X의 명령어 의미를 바르게 설명한 것은?

① 기억장치의 내용을 레지스터 X로 이동한다.

② 레지스터 X의 내용을 주기억장치로 이동한다.

③ 레지스터의 내용을 레지스터 X로 이동한다.

④ 기억장치의 내용을 기억장치 X로 이동한다.

18 LOAD 명령은 기억장치의 내용을 레지스터로 이동하는 명령어이다.

정답 16 ③ 17 ③ 18 ①

Self Check로 다지기 | 제5장

⇥ 명령어 형식의 이해

명령어는 필드라는 그룹으로 나뉘며, 명령어 형식에서 가장 많이 사용되는 필드의 이름과 역할은 다음과 같다. 명령어는 0-주소 명령어, 1-주소 명령어, 2-주소 명령어, 3-주소 명령어가 있고, 주소 필드의 개수에 따라서 명령어를 구분한다.
① 연산 코드 필드 : 실행할 연산을 지정하는 필드
② 주소 필드 : 주기억장치 또는 레지스터를 지정하는 주소 필드
③ 모드 필드 : 피연산자 또는 유효주소(effective address)의 결정 방법을 지정하는 필드

⇥ 주소지정 방식의 이해

주소지정 방식은 명령어의 주소 필드를 이용하여 최종 유효주소를 찾아가는 방식을 결정한다. 명령어의 주소 필드에 있는 값을 유효주소로 확정하는 직접 주소 방식과 명령어의 주소에 접근하여 해당 주소에 적혀 있는 데이터 값을 참조해서 다시 한번 최종 주소를 찾아가는 간접 주소 방식이 있다. 레지스터를 이용하는 방식으로는 레지스터 직접 주소지정 방식, 레지스터 간접 주소지정 방식이 있다. 변위값을 이용하는 주소지정 방식으로는 상대 주소지정 방식, 인덱스 레지스터 주소지정 방식, 베이스 레지스터 주소지정 방식이 있다. 명령어를 처리하는 시간이 가장 빠른 방식은 명령어의 주소 부분에 데이터를 직접 가지고 있는 즉치 주소지정 방식이다.

⇥ 변위값을 이용하는 주소지정 방식

변위값은 기준이 되는 주솟값에서 상대적으로 멀리 떨어져 있는 주소의 값을 더하여 유효주소를 결정하기 위해서 사용한다. 사용자가 모든 명령어와 연산방법, 결과뿐만 아니라 그 위치와 순서까지 기억을 해야 한다면 방식 자체는 빠르지만, 사용자 입장에서는 프로그램하기가 너무나 어려운 작업이 된다. 그래서 명령어들을 프로그램으로 묶고 프로그램을 실행시키는 명령 파일을 만들어서 사용자가 명령 파일만 실행하면 되게 하는 게 변위값을 사용하는 이유이다. 상대 주소지정 방식은 PC의 내용과 더해지고, 인덱스 레지스터 주소지정 방식은 인덱스 레지스터의 내용과 더해지며, 베이스 레지스터 주소지정 방식은 베이스 레지스터와 명령어의 주소 필드의 값이 더해진다.

⇥ 묵시적 주소 명령

묵시적(암묵적) 주소지정 방식은 누산기에 있는 피연산자를 사용하라는 명령어이다. 스택 구조 컴퓨터에서 0-주소지정 방식 명령어도 피연산자가 스택의 맨 위(TOS : Top of the Stack)라고 묵시적으로 지정되었기 때문에 묵시적 명령어이다. 묵시적 명령어에는 어셈블리 명령어로 표시되는 다양한 명령어들이 있다.

⊒ 명령어 설계

명령어 세트를 설계할 때는 명령어의 길이, 연산자의 수, 주소용 레지스터의 수, 기억장치 구조, 주소지정 모드를 고려해야 한다. 특히 바이트의 순서(또는 엔디언, endianness)는 주기억장치를 구성할 때 중요한 구조 설계 고려사항이다. 컴퓨터의 메모리와 같은 1차원의 공간에 여러 개의 연속된 대상을 배열하는 방법을 엔디언이라고 하며, 빅 엔디언은 사람이 숫자를 쓰는 방법과 같이 큰 단위의 바이트가 앞에 오는 방법이고, 리틀 엔디언은 반대로 작은 단위의 바이트가 앞에 오는 방법이다. 두 방법 중 어느 한쪽이 다른 쪽과 비교해 좋거나 나쁘지는 않다고 알려져 있으며, 두 방법은 서로 다른 여러 아키텍처에서 공존하고 있다.

또 실패했는가? 괜찮다. 다시 실행하라. 그리고 더 나은 실패를 하라!

− 사뮈엘 베케트 −

제 6 장

제어장치

이성으로 비관해도 의지로써 낙관하라!

– 안토니오 그람시 –

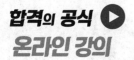

제 6 장 | 제어장치

명령어를 실행한다는 것은 사이클(cycle)라고 하는 서브 단계(substeps)를 연속하여 처리하는 것이다. 예를 들면, 하나의 명령어는 인출 사이클, 간접 사이클, 실행 사이클과 인터럽트 사이클을 구성하는데, 각 사이클은 교대로 마이크로 연산(micro operation)이라고 하는 기본 연산을 연속으로 실행하도록 구성되어 있다. 하나의 마이크로 연산은 레지스터 간 전송, 레지스터와 외부 버스 간의 전송 또는 간단한 ALU 연산 등을 포함한다. 프로세서의 제어장치는 두 가지 작업을 실행한다.

> 1. 프로세서가 실행 중인 프로그램을 마이크로 연산으로 적절하게 순서대로 수행하도록 한다.
> 2. 각 마이크로 연산이 실행되도록 제어신호를 생성한다.

제어신호는 논리게이트를 열거나 닫도록 하고, 레지스터 간의 데이터 전송과 ALU 연산을 실행토록 한다. 제어장치를 구현하는 기법에는 조합논리회로로 구성하는 하드와이어 방법과 마이크로프로그램으로 구성하는 방법이 있다. 제어장치가 제어기억장치에 저장된 마이크로 명령어를 인출하고 처리하여 발생하는 출력 신호를 제어신호(control signal)라고 하고, 마이크로 명령어를 제어워드(control word)라고 한다. 제어장치를 이해하기 위해서는 연산 코드(op codes), 주소지정 모드(addressing modes), 레지스터(register), 입·출력 장치(I/O module) 인터페이스, 기억장치 인터페이스(memory module interface)와 인터럽트(interrupt)를 파악해야 한다.

제1절 | 제어장치의 기능 [중요]

프로그램을 실행할 때 컴퓨터의 동작은 사이클당 하나의 기계 명령어를 갖는 일련의 명령 사이클로 구성된다. 물론, 이 명령 사이클 순서는 분기 명령어가 있어서 프로그램을 구성할 때 작성된 명령어 순서와 동일한 것을 의미하는 것이 아니라 명령어의 실행 시간 순서를 의미하는 것이다. 각 명령어 사이클은 더 작은 단위인 인출 사이클, 간접 사이클, 실행 사이클 그리고 인출과 실행이 함께 발생하는 인터럽트 사이클로 더 나눌 수 있다. 이러한 사이클은 더 세분화된 단계로 구성되어 있고, 이를 '마이크로 연산'이라고 한다.

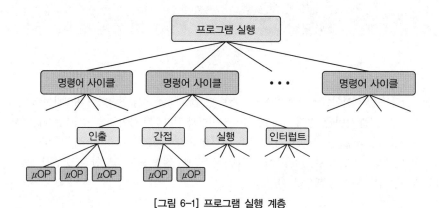

[그림 6-1] 프로그램 실행 계층

명령어는 명령어 사이클 동안에 실행이 되며, 각 서브 사이클의 실행은 하나 이상의 마이크로 연산들로 구성된다. **마이크로 연산은 프로세서의 가장 최소 동작이다.** 각 명령어는 일련의 연산으로 인식될 수 있다. 즉, 명령어를 인출하고, 해독하며, 피연산자를 인출하고, 명령어를 실행하며 피연산자를 저장하고, 인터럽트를 처리하는 과정이다. 명령어들을 **마이크로프로그램**이라고 하고, 각 명령어는 인출, 해독, 인터럽트 등의 여러 단계로 이루어진다. 각 단계는 한 개 이상의 마이크로 연산으로 구성된다. 마이크로 연산은 더는 분해할 수 없는 가장 작은 단위의 연산을 의미한다.

1 인출 사이클 [기출]

인출 사이클은 **명령어 사이클의 시작 단계**이고, 기억장치에서 명령어를 읽어오는 것이다. 명령어를 인출하기 위해서는 기억장치 주소 레지스터(MAR : Memory Address Register), 기억장치 버퍼 레지스터(MBR : Memory Buffer Register), 프로그램 카운터(PC : Program Counter)와 명령어 레지스터(IR : Instruction Register) 등 4개의 레지스터가 필요하다. MAR은 시스템 버스의 주소선과 연결되어 있고, MBR은 데이터선에 연결되어 있다. PC는 인출할 다음 명령어의 주소를 보관하고 있고, IR은 인출된 명령어를 담고 있다.

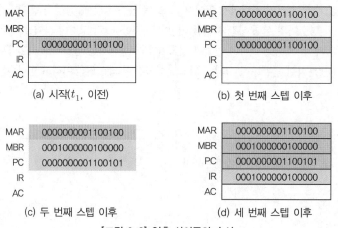

[그림 6-2] 인출 사이클의 순서

인출 사이클이 시작될 때, 실행될 명령어의 주소는 PC에 있다. 주소는 '1100100'이다. 첫 번째 단계는 이 주소를 시스템 버스의 주소선과 연결된 유일한 레지스터인 MAR로 이동하는 것이다. 두 번째 단계는 명령어를 가져오는 것이다. 주소가 주소선에 실리고 제어장치가 제어선에 읽기 명령(READ)을 발생하면 그 결과가 데이터 버스에 나타나고, MBR로 복사된다. 이때, 다음 명령어를 가져오기 위해 PC값이 증가(명령어의 길이만큼)한다. 기억장치에서 데이터를 읽어오는 행동과 PC를 증가시키는 행동은 서로 방해되지 않기 때문에 시간을 절약하기 위해 동시에 일어날 수 있다. 이것을 파이프라인이라고 한다. 세 번째는 MBR의 내용을 명령어 레지스터로 이동하는 것이다. 이렇게 이동을 시켜 놓으면 간접 사이클이 발생해도 MBR을 사용할 수 있다.

(1) 인출 단계가 시작될 때 프로그램 카운터(PC)가 1100100의 주소를 가지고 있다.

MAR	
MBR	
PC	0 0 0 0 0 0 0 0 0 1 1 0 0 1 0 0
IR	
AC	

(인출 1단계 – Setup PC)

(2) PC의 주소를 MAR로 이동한다.

MAR	0 0 0 0 0 0 0 0 0 1 1 0 0 1 0 0
MBR	
PC	0 0 0 0 0 0 0 0 0 1 1 0 0 1 0 0
IR	
AC	

(인출 2단계 – Setup MAR)

(3) READ 명령어에 의해 MAR의 주소에 저장된 명령어를 MBR로 가져오고, 다음 명령어를 처리하기 위해 PC 값이 증가한다.
   • PC + 1 → PC

MAR	0 0 0 0 0 0 0 0 0 1 1 0 0 1 0 0
MBR	0 0 0 1 0 0 0 0 0 0 1 0 0 0 0 0
PC	0 0 0 0 0 0 0 0 0 1 1 0 0 1 0 1
IR	
AC	

(인출 3단계 – Setup MBR)

(4) IR로 MBR의 내용을 복사한다.

MAR	0 0 0 0 0 0 0 0 0 1 1 0 0 1 0 0
MBR	0 0 0 1 0 0 0 0 0 0 1 0 0 0 0 0
PC	0 0 0 0 0 0 0 0 0 1 1 0 0 1 0 1
IR	0 0 0 1 0 0 0 0 0 0 1 0 0 0 0 0
AC	

(인출 4단계 – Setup IR)

이처럼 인출 사이클은 3개의 단계와 4개의 마이크로 연산으로 구성된다. 인출 사이클의 제어순서는 다음과 같이 기술한다.

- t_1 : MAR ← PC
- t_2 : MBR ← Memory, PC ← PC + 1
- t_3 : IR ← MBR

마이크로 연산은 클록이라는 동일 단위 시간(t_1, t_2, t_3) 내에서 실행된다. 즉, 첫 번째 클록에서는 PC를 MAR로 이동하고, 두 번째 클록에서는 MAR이 지정한 기억장소의 내용을 MBR로 이동하고, PC의 내용을 1 만큼 증가시킨다. 세 번째 클록에서는 MBR의 내용을 IR로 이동한다. PC를 증가시키는 연산은 인출 사이클에 영향을 주지 않는다면 세 번째와 묶을 수도 있다.

- t_1 : MAR ← PC
- t_2 : MBR ← Memory
- t_3 : PC ← PC + 1, IR ← MBR

마이크로 연산을 묶을 때(grouping)는 두 가지 간단한 규칙만 지키면 된다.

① 적절한 순서의 이벤트를 따라야 한다. 메모리 읽기 연산은 MAR의 주소를 사용하기 때문에 MAR ← PC는 MBR ← Memory 앞에 와야 한다.
② 갈등은 피해야 한다. 결과를 예측할 수 없으므로 동일한 시간에 같은 레지스터에서 읽기와 쓰기를 하려고 하면 안 된다. 예를 들어, MBR ← Memory와 IR ← MBR은 동시에 발생해서는 안 된다.

2 간접 사이클

인출 사이클이 끝난 다음에 연산에 필요한 피연산자(operand)를 인출하는 단계를 간접 사이클(indirect cycle)이라고 한다. 명령어가 직접 주소 모드를 지정하고 있다면, 실행 사이클로 이동한다.

- t_1 : MAR ← IR(Address)
- t_2 : MBR ← Memory

만일 명령어가 간접 주소 모드를 지정하고 있다면, 더 많은 동작을 처리해야 한다. 즉, 유효주소를 계산하기 위해 한 번 더 기억장치에 접근하는 동작이 필요하다.

- t_1 : MAR ← IR(Address)
- t_2 : MBR ← Memory
- t_3 : IR(Address) ← MBR(Address)
- t_4 : MAR ← IR(Address)
- t_5 : MBR ← Memory

3 인터럽트 사이클 기출

실행 사이클이 끝나면 **인터럽트가 발생했는지 확인하기 위한 테스트를** 진행한다. 만일 인터럽트가 발생했으면 현재 실행 중인 명령어를 중단한 후 인터럽트 사이클을 시작한다(그러나 현재 실행 중인 마이크로 연산은 실행한 후, 인터럽트 사이클을 시작함). 다음은 인터럽트 사이클의 예이다.

- t_1 : MBR ← PC
- t_2 : MAR ← Save_Address
     PC ← Routine_Address
- t_3 : Memory ← MBR
...
- t_n : MAR ← Save_Address : 인터럽트 이전의 주소로 복귀한다.
- $t_n + 1$: MBR ← Memory : 데이터를 로드한다.
- $t_n + 2$: PC ← MBR

가장 먼저, PC의 내용을 MBR에 저장하여 인터럽트가 끝나면 복귀할 수 있도록 조치한다. 다음에는 MAR에 PC 내용이 저장될 주소가 로드되고 PC에 인터럽트 처리 루틴의 시작 주소가 로드된다. 인터럽트의 작업이 완료되면 인터럽트 이전의 주소로 복귀한다.

인터럽트(interrupt)

멀티 프로세스 멀티태스킹(다중처리)을 지원하는 운영체제의 기능으로, 하나의 프로세스에 대한 처리를 중단하고 다른 프로세스에 대한 작업을 진행하라는 신호(signal)를 말한다. CPU가 프로그램을 실행하고 있을 때, 입 · 출력 하드웨어 등의 장치나 예외상황이 발생하여 우선 처리가 필요할 경우에 CPU에게 알려 처리할 수 있도록 하는 것이다.

4 실행 사이클 중요

인출 사이클, 간접 사이클 및 인터럽트 사이클은 간단하고, 예측이 가능하다. 왜냐하면, 고정된 마이크로 연산이 반복되기 때문이다. 그러나 실행 사이클은 다양한 연산코드(연산자)가 있기 때문에 **별도의 마이크로 제어 순서**가 있다. 제어장치는 연산코드를 검사하고 연산코드의 값에 기초하여 마이크로 연산의 순서를 생성하게 되는데, 이것을 명령어 해독(decoding)이라고 한다. 다음은 실행 사이클의 각 연산 코드에 대한 몇 가지 예이다.

(1) ADD R1, X

- t_1 : MAR ← IR(Address)
- t_2 : MBR ← Memory
- t_3 : R1 ← R1 + MBR

기억장소 X번지 내용을 레지스터 R1에 더하라는 명령어이다. 우선, 명령어 레지스터의 주소 부분이 MAR로 이동하고, 기억장소의 내용을 읽어서 MBR로 넣고, ALU가 MBR의 내용과 레지스터 R1의 내용을 더하는 순서로 실행이 된다.

(2) ISZ(Increment and Skip if Zero) X

- t_1 : MAR ← IR(Address)
- t_2 : MBR ← Memory
  MBR ← MBR + 1
  Memory ← MBR
- t_3 : If MBR = 0 then PC ← PC + 1

X번지의 내용을 1 증가시키고, MBR값이 0이면 PC값을 증가시키고 다음 명령어로 넘어가라는 것이다.

(3) LDA X

> - t_1 : MBR ← Memory
> - t_2 : AC ← MBR

X번지에서 데이터를 읽어서 누산기에 저장하는 이동(Load) 명령어이다.

(4) STA X

> - t_1 : Memory ← AC

누산기의 내용을 기억장치의 X번지에 저장(store)하는 명령어이다.

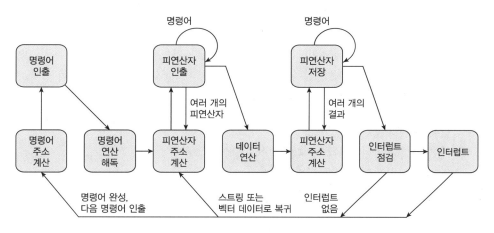

[그림 6-3] 명령어 사이클 흐름도

위의 그림은 2비트 명령어 사이클 코드(ICC : Instruction Cycle Code)를 가지고 있는 마이크로 연산의 순서를 표현하고 있다. ICC는 사이클이 어느 위치에 있는지 프로세서의 상태를 비트값으로 표시한다.

> - 인출 사이클 : 00
> - 간접 사이클 : 01
> - 실행 사이클 : 10
> - 인터럽트 사이클 : 11

간접 사이클 후에는 항상 실행 사이클이 오며, 일반적으로 인터럽트 사이클 후에는 인출 사이클이 온다. 그러나 시스템의 설계나 인터럽트의 상태에 따라서 중첩된 인터럽트가 처리될 수도 있다. 인출 사이클과 실행 사이클의 다음 사이클은 시스템의 상태에 따라 달라진다. 하지만, 실제 프로세서의 순서도는 이 그림보다 더 복잡하다.

제2절 제어장치와 제어신호 (중요)

마이크로 연산을 통해 제어장치가 어떤 작업을 하는지 정확하게 정의하면 제어장치에 관한 기능 요구사항, 즉 제어장치가 수행해야 하는 기능을 정의할 수 있다. 이는 제어장치의 설계 및 구현을 위한 기본으로 다음과 같은 3단계 프로세스의 특성을 이해해야 한다.

> 1. 프로세서의 기본 요소
> 2. 프로세서가 실행하는 마이크로 연산
> 3. 마이크로 연산을 위해 제어장치가 처리해야 하는 기능

프로세서는 ALU, 레지스터, 제어장치, 내부 버스 등으로 구성되고, 특히 ALU는 가장 중요한 기능을 지원하는 요소이다. 레지스터는 데이터를 저장하며 일부 레지스터는 명령어의 순서를 관리하기 위해 프로그램 상태 워드(PSW : Program Status Word)의 정보를 포함하기도 한다. 내부 버스(local bus)는 레지스터 간 데이터 전송과 레지스터와 ALU 간의 데이터 전송을 위해 사용한다. 외부 버스(system bus, external bus)는 레지스터와 기억장치, 입·출력 장치 간의 데이터 전송을 위해 사용한다. 제어장치는 프로세서 내부에서 일어나는 동작을 제어한다. 프로그램의 실행은 이와 같은 프로세서 구성요소를 포함한 동작들로 구성된다. 즉, 이러한 동작이 일련의 마이크로 연산에 의해 진행되며, 모든 마이크로 연산은 다음 중 하나의 분류에 해당한다.

> 1. 레지스터에서 다른 레지스터로 데이터 전송
> 2. 레지스터에서 외부 인터페이스(예 시스템 버스)로 데이터 전송
> 3. 외부 인터페이스에서 레지스터로 데이터 전송
> 4. 레지스터를 사용하여 산술논리연산 실행

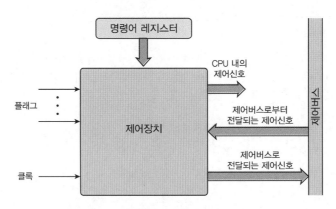

[그림 6-4] 제어장치의 입력과 출력

제어장치는 순서제어와 실행의 두 가지 기본적인 작업을 처리한다. 순서제어(control sequencing)는 제어장치가 실행될 프로그램에 기반하여 마이크로프로그램을 설정하는 것이고, 실행(execution)은 해당 마이크로 연산을 실행하는 것이다. 이러한 행위는 제어신호를 발생해야 가능하다. 제어장치의 기능을 수행하려면 시스템의 상태를 결정할 수 있는 입력과 시스템의 동작을 제어할 수 있는 출력이 있어야 한다. 이들은 제어장치의 외부 사양이고, 내부적으로는 순서제어 및 실행 기능을 수행하는 데 필요한 로직을 가져야 한다. [그림 6-4]에서처럼 제어장치로 들어오는 입력값에는 다음의 네 가지가 있다.

(1) 클록이 발생해야 마이크로 연산이 실행된다. 한 개의 클록 펄스가 하나 이상(동시에 발생하는 마이크로 연산 그룹)의 마이크로 연산을 처리한다. 이것을 클록 사이클 타임(clock cycle time) 또는 프로세서 사이클 타임이라고 한다.
(2) 명령어 레지스터는 실행 사이클 때 처리할 현재 마이크로 명령어의 연산자와 주소 모드를 결정하기 위해 사용한다.
(3) 플래그(flag) 레지스터는 프로세서의 상태와 이전 ALU 연산의 결과를 표현하기 위해 사용한다. 예를 들어, ISZ 명령어는 메모리 값을 직접 검사하여 PC값을 조건적으로 증가시킨다.
(4) 제어신호는 시스템 버스의 제어 버스가 제어장치로 신호를 전달한다.

제어장치에서 출력되는 제어신호는 ALU 기능을 활성화하는 제어신호, 데이터 경로를 활성화하는 제어신호, 외부 시스템 버스 또는 기타 외부 인터페이스의 신호를 활성화하는 제어신호로 총 세 가지 유형이 있다.

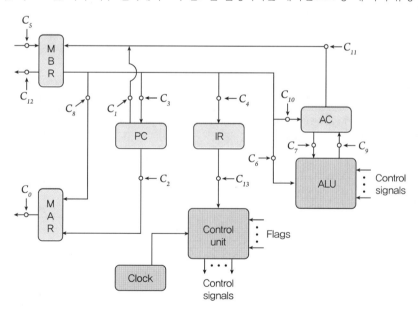

[그림 6-5] 데이터 경로와 제어신호

[그림 6-5]는 단일 누산기(AC)가 있는 간단한 프로세서의 구조이다. 레지스터, 제어장치와 ALU 간에 데이터 경로가 표시되어 있다. 제어장치로부터 나오는 신호에 대한 제어 경로는 그림으로 표현되지 않았지만, 제어신호는 Ci로 표시한다. 제어장치는 클록, 명령 레지스터 및 플래그로부터 입력을 수신하고, 각 클록 사이클에서 제어장치는 모든 입력을 읽고 일련의 제어신호를 내보낸다. 제어신호는 세 개의 목적지로 전송된다.

(1) 데이터 경로 : 제어장치는 내부 데이터 흐름을 제어한다. 예를 들어, 명령어를 인출하면 메모리 버퍼 레지스터(MBR)의 내용이 명령어 레지스터(IR)로 전송된다. 제어할 각 경로에는 스위치(그림에서 원으로 표시)가 있다. 제어신호는 데이터를 통과시키도록 게이트를 일시적으로 개방한다.
(2) ALU : 제어장치는 일련의 제어신호에 의해 ALU의 작동을 제어한다. 이 신호는 ALU 내의 다양한 논리 회로와 게이트를 활성화한다.
(3) 시스템 버스 : 제어장치는 제어신호를 시스템 버스의 제어 라인(예 기억장치 READ)으로 보낸다.

제어장치는 명령 사이클에 대한 정보를 유지해야 한다. 이 정보를 사용하여 모든 입력을 읽음으로써 제어장치는 일련의 제어신호를 생성하여 마이크로 연산을 발생시킨다. 다음은 마이크로 연산과 제어신호를 단순화시킨 것으로, PC 값을 증가시키고 고정 주소를 PC 및 MAR로 이동하기 위한 데이터 및 제어 경로는 생략했다.

[표 6-1] 마이크로 연산과 제어신호

단계	Micro-operations	Active Control Signals
인출	t_1 : MAR ← PC	C_2
	t_2 : MBR ← Memory PC ← PC + 1	C_5, C_R
	t_3 : IR ← MBR	C_4
간접	t_1 : MAR ← IR(Address)	C_8
	t_2 : MBR ← Memory	C_5, C_R
	t_3 : IR(Address) ← MBR(Address)	C_4
인터럽트	t_1 : MBR ← PC	C_1
	t_2 : MAR ← Save-address PC ← Routine-address	
	t_3 : Memory ← MBR	C_{12}, C_W

(*) C_R : 읽기 제어신호, C_W : 쓰기 제어신호

제어장치는 전체 컴퓨터를 실행하는 엔진이다. 이는 실행될 명령어와 산술 및 논리연산 결과의 속성(예 양수, 오버플로우 등)을 알아야 가능하다. 제어장치는 처리되는 데이터 또는 생성된 실제 결과를 볼 수 없다. 제어장치는 프로세서 내의 몇 가지 제어신호와 시스템 버스에 대한 몇 가지 제어신호로 모든 것을 제어한다.

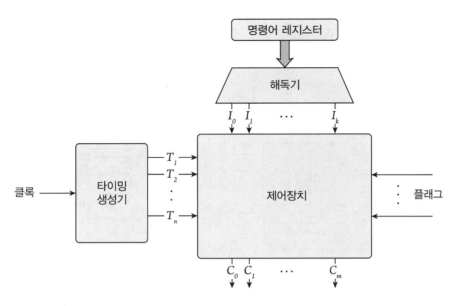

[그림 6-6] 제어장치의 구조

제3절 제어장치의 구현 방법 중요

제어장치의 구현 방법에는 하드와이어 방식과 마이크로프로그램 방식의 두 가지 방식이 있다. 하드와이어 (hardwired) 제어방식은 제어장치의 일부인 '제어신호 발생기'가 특별한 방식으로 배선된 플립플롭, 논리게이트, 디지털 회로, 인코더 및 디코더 회로의 하드웨어로 구성되었다는 이름에서 유래한다. 마이크로프로그램 (microprogrammed) 제어방식은 마이크로프로그램 제어기억장치를 사용하여 마이크로 명령어를 인출하여 명령어 실행에 필요한 인코딩된 제어신호를 발생한다.

제어장치에서는 명령어의 실행 단계를 제어하기 위해 단계별로 순차적인 제어 클록이 생성된다. 명령어의 실행 단계는 명령어를 인출하는 인출 사이클, 명령어를 해독하는 해독 사이클, 유효주소 계산을 위한 간접 사이클(오퍼랜드 인출 사이클), 실행 사이클로 구분할 수 있고, 사이클마다 마이크로 연산을 실행한다.

1 하드와이어 제어장치 중요

하드와이어 제어장치는 조합논리회로를 사용하여 하드웨어가 제어신호를 생성하는 방식이다. 제어선(control wire)들이 제어신호를 보내면 제어장치가 이러한 신호들을 판별하여 적절한 제어를 실행하는 것이다.

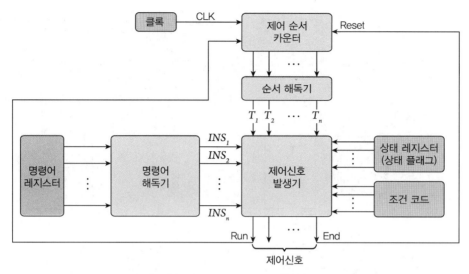

[그림 6-7] 하드와이어 제어장치 구성도

하드와이어 제어장치는 명령어 레지스터, 명령어 해독기, 인코더, 제어 순서 카운터, 순서 해독기, 상태 플래그, 제어 코드로 구성된다.

(1) 제어 순서 카운터(control sequence counter)

제어 순서 카운터는 현재 어떤 단계를 수행 중인지 파악하기 위해 사용한다. 예를 들어, 어떤 명령어를 실행하기 위한 최대 제어 순서를 n이라고 하자. 이때, 제어 단계 카운터의 크기(k)는 $\log_2(n)$(밑의 수가 2인 로그함수) 비트가 된다.

(2) 순서 해독기(step decoder)

순서 해독기는 $n \times 2^n$의 디코더로 구성하며, t_1, t_2, ..., t_n의 순서 제어신호(클록)를 생성한다. 예를 들어, 어떤 명령어를 수행하기 위해 7개의 순서 제어신호를 생성해야 한다면(n = 7), 제어 순서 카운터의 크기는 k = 3비트이기 때문에, 제어 순서 카운터는 3비트의 카운터가 되는 것이다. 다시 말해서 제어 순서 카운터는 3×8의 디코더로 구성이 된다.

(3) 상태 플래그(status flag)

상태 플래그는 이전의 산술논리연산의 출력과 CPU의 상태를 결정하기 위해서 입력되는 신호이다. 명령어 레지스터에서 명령어의 연산자 부분이 명령어 해독기에서 해독되면 적절한 명령어 코드가 생성되고, 제어신호 생성기인 인코더에서는 최종적인 제어신호를 생성한다. 제어신호에 따라서 제어장치는 마이크로 연산을 실행한다. 그리고 순서 해독기에서 발생하는 제어 클록(t_1, t_2, ..., t_n)은 명령어 주기 끝에서 다시 t_1에서 시작할 수 있도록 순서 해독기를 초기화시킨다.

하드와이어 제어장치는 단순하게 회로를 구성하면 제어신호 생성을 위한 지연시간을 최소화할 수 있지만, 실제로는 많은 명령어를 처리하기 위해 회로 구성이 복잡할 수밖에 없어 실행속도가 불필요하게 느려질 수 있다. 또한, 유사한 제어선들을 함께 연결하기가 매우 어렵고, 일부 기능이 변경되는 경우에는 전체 설계를 다시 해야 하는 등의 단점이 있다.

2 마이크로프로그램 제어장치 종요 기출

마이크로프로그램 제어장치는 제어 변수를 기억장치에 저장한 제어장치이다. 제어 메모리는 마이크로프로그램을 저장하기 위한 제어장치 내의 저장 공간을 말한다. 마이크로프로그램이나 명령어는 필요에 따라서 수정이나 변경이 가능해야 하므로 제어 메모리는 쓰기 가능한 제어 메모리(writable control memory)이다. 제어 단어(control word)는 '1'과 '0'으로 표현된 제어 변수이다.

(1) 마이크로(micro)의 정의 종요

마이크로프로그램 제어장치에서는 마이크로 연산(micro operation), 마이크로 명령어(micro instruction), 마이크로 프로그램(micro program)과 마이크로 코드(micro code)로 제어를 실행한다.

① 마이크로 연산(micro operation)

마이크로 연산은 복잡한 기계 명령어(매크로 명령어 : macro instruction)를 실행하기 위해서 사용하는, 더는 분해할 수 없는 가장 최소의 명령어이다. 예를 들어, 은행의 ATM 기기에서 현금을 인출하는 순서는 일반적으로 다음과 같다.

- 카드를 ATM기에 넣는다.
- 비밀번호를 누른다.
- 인출하고자 하는 금액을 누른다.
- 현금을 인출한다.
- 카드를 ATM기에서 제거한다.

이 경우 인출 절차의 각 단계를 마이크로 연산에 비유할 수 있고, 이때 ATM 기기에서 돈을 찾는 행위 그 자체는 매크로 연산(macro operation)에 비유할 수 있다. 또한, 인출자는 ATM 기기에서 나오는 음성에 따라서(예 카드를 넣으시오, 비밀번호를 누르세요, 등등) 순서를 진행하는데, 이러한 멘트를 제어 클록과 비유하면 된다.

② 마이크로 명령어(micro instruction)

마이크로프로그램은 어셈블러에 의해서 그와 동일한 이진수의 형태로 변환이 되는데, 이때 어셈블리 언어는 한 개 이상의 명령어로 작성된다. 이때 각 라인을 마이크로 명령어라고 할 수 있다. 다음은 'alarm'과 관련한 어셈블리 언어의 일부분이다.

```
(생략)
jmp p150                    ; start-up code
jumpval dd 0                ; address of prior interrupt
signature dw whozat; program signature
state db 0                  ; '-' = off, all else = on
waitdw 18                   ; wait time - 1 second or 18 ticks
hour  dw 0                  ; hour of the day
atime dw 0ffffh             ; minutes past midnite for alarm
acount dw 0                 ; alarm beep counter - number of seconds (5)
atone db 5                  ; alarm tone - may be from 1 to 255 - the
                           ; higher the number, the lower the frequency
aleng dw 8080h             ; alarm length (loop count) may be from 1-FFFF
(생략)
```

마이크로 명령어는 '라벨(label)', '마이크로 연산(micro operation)', '조건 필드(CD : condition field)', '분기 필드(BR : branch field)' 그리고 '주소 필드(AD : address field)'의 5개 필드로 구분한다.

③ **마이크로 프로그램(micro program)**

일련의 마이크로 명령어가 마이크로 프로그램을 구성한다. 제어장치가 작동했을 때 마이크로 프로그램이 변경되는 것을 방지하기 위해서, 제어장치는 ROM으로 구현된다. ROM에 저장된 워드 데이터들이 마이크로 명령어이다.

④ **마이크로 코드(micro code)**

마이크로 코드 작성을 **마이크로 프로그래밍**이라고 한다. 마이크로 코드는 짧은 마이크로 명령어, 다중 마이크로 명령어 및 레지스터 제어 연산을 수행한다. 마이크로 코드와 기계어는 다르다. 기계어는 하드웨어 추상화의 상위 계층에서 작동하고, 마이크로 코드는 하위 레벨 또는 회로 기반 조작을 처리한다. 그리고 마이크로 코드는 일반적으로 하드웨어에 내장되어 있어 변경할 수 없다.

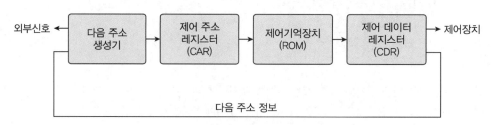

[그림 6-8] 마이크로프로그램 제어장치의 블록도

제어 메모리는 제어 정보를 영구적으로 저장하기 위해 ROM으로 구성된다.

제어 주소 레지스터는 마이크로 명령어의 주소를 지정하고, 제어 데이터 레지스터는 메모리에서 읽은 마이크로 명령어를 보관한다. 마이크로 명령어는 하나 이상의 마이크로 연산을 지정하는 제어워드를 포함하며, 이러한 작업이 실행되면 해당 제어는 다음 주소를 결정해야 한다. 다음 마이크로 명령어의 위치는 순서대로 다음 위치일 수도 있고 컨트롤 메모리의 다른 위치에 있을 수도 있다. 마이크로 연산이 실행되면 그다음 주소가 다음 주소 생성기(next address generator) 회로에서 계산되고, 다음에 처리할 마이크로 명령어를 읽기 위해 제어 주소 레지스터로 전달된다. 이처럼 마이크로 명령어는 마이크로 연산을 시작하기 위한 비트들과 제어 메모리의 주소 시퀀스를 결정할 비트들을 포함하고 있다.

다음 주소 생성기는 마이크로프로그램 순서 제어기(sequencer)라고 불리는데, 그 이유는 이것이 제어 메모리에서 읽을 주소의 순서를 결정하기 때문이다. 마이크로프로그램 순서 제어기의 전형적인 기능은 제어 주소 레지스터(CAR)의 주소를 '하나'씩 증가시키고, 제어 메모리에서 주소를 CAR로 이동하고, 외부 주소를 전달하거나 제어 연산을 시작할 수 있도록 초기 주소를 이동하는 역할이다. 제어 데이터 레지스터는 현재의 마이크로 명령을 유지하고 다음 주소를 계산하여 메모리에서 읽어온다. CDR은 파이프라인 레지스터(pipeline register) 또는 CBR(Control Buffer Register)이라고도 불린다. CDR 때문에 다음 마이크로 명령어의 생성과 동시에 제어워드에 의해 지정된 마이크로 연산을 실행할 수 있다. 이 구성은 2-위상 클록(2 phase clock)을 요구하며, 하나의 클록은 주소 레지스터에 적용되고 다른 하나는 데이터 레지스터에 적용된다. 마이크로프로그램 제어의 가장 큰 장점은 추가적인 하드웨어 또는 배선 변경이 필요하지 않다는 것이다.

(2) 주소 순서 제어(address sequencing, 순서 제어 모듈) 중요

마이크로 명령어는 제어 메모리에 그룹으로 저장되며, 각 그룹은 루틴을 지정한다. 마이크로프로그램 제어장치에서 주소 제어를 이해하기 위해 단일 컴퓨터 명령어를 실행하는 과정을 살펴보기로 하자.

① 1단계
  ㉠ 컴퓨터의 전원을 켜면 초기 주소가 제어 주소 레지스터로 로드된다.
  ㉡ 이 주소는 명령어 인출 루틴을 활성화하는 첫 번째 마이크로 명령의 주소이다.
  ㉢ 인출 루틴은 마이크로 명령어를 통해 제어 주소 레지스터를 증가시킴으로써 순서를 제어한다.
  ㉣ 인출 루틴이 끝나면 명령어는 컴퓨터의 명령어 레지스터에 있게 된다.

② 2단계
  ㉠ 다음으로 제어 메모리는 피연산자의 유효주소를 결정하기 위해 루틴을 살펴봐야 한다.
  ㉡ 기계 명령어는 간접 주소 레지스터, 직접 주소 레지스터와 같은 여러 가지 주소지정 방식을 지정하는 비트들을 가지고 있다.
  ㉢ 제어 메모리에서 유효주소 산출 루틴은 분기 마이크로 명령어를 통해서, 인출 루틴은 마이크로 명령어를 통해 처리되는데, 이러한 분기 명령어는 명령어의 모드 비트(mode bits) 상태에 따른다.
  ㉣ 유효주소 계산 루틴이 끝나면, 피연산자의 주소를 MAR에서 사용할 수 있다.

③ 3단계
  ㉠ 다음 단계는 메모리에서 인출된 명령어를 실행하는 마이크로 연산을 생성하는 것이다.
  ㉡ 프로세서 레지스터에서 생성된 마이크로 연산 단계는 명령어의 연산코드(operation code) 부분에 따른다.
  ㉢ 각 명령어는 제어 메모리의 주어진 장소에 저장된 그 자신의 마이크로프로그램 루틴을 가지고 있다.

      ㉣ 명령어 코드를 그 루틴이 위치한 제어 메모리의 주소 비트로 변환하는 것을 매핑(mapping) 처리라고 한다.

      ㉤ 매핑 절차는 명령어 코드를 제어 메모리 주소로 변환하는 규칙이다.

④ 4단계

      ㉠ 필요한 루틴에 도달하면, 명령어를 실행하는 마이크로 명령어는 CAR(제어 주소 레지스터)를 증가시킴으로써 순서제어를 한다.

      ㉡ 서브루틴을 사용하는 마이크로프로그램은 복귀주소(return address)를 저장하기 위한 외부 레지스터가 필요하다. 왜냐하면, 제어장치는 쓰기가 금지된 ROM으로 만들어졌기 때문이다. 이러한 레지스터를 서브루틴 레지스터(SBR : Subroutine register)라고 한다.

      ㉢ 명령어의 실행이 완료되면 제어는 인출 루틴으로 복귀해야 한다.

      ㉣ 이것은 인출 루틴의 첫 번째 주소로 무조건 분기 마이크로 명령을 실행하여 수행된다.

앞의 단계를 요약해 보면 다음과 같다.

첫 번째, 제어 주소 레지스터(CAR)를 증가시킨다.
두 번째, 상태 비트 조건에 따라서 무조건 분기나 조건부 분기를 한다.
세 번째, 명령어의 비트를 제어 메모리를 위한 주소로 매핑한다.
네 번째, 서브루틴 호출과 복귀 기능이 있다.

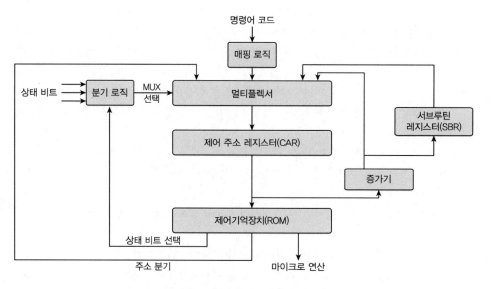

[그림 6-9] 마이크로프로그램 제어장치

[그림 6-9]는 제어 메모리와 그리고 제어 메모리와 다음번 마이크로 명령어 주소 선정을 위해 필요한 관련 하드웨어 구성도이다.

① 제어 메모리에 있는 마이크로 명령어는 컴퓨터 레지스터에 마이크로 연산을 기동시키는 일련의 비트 와 다음 주소를 얻는 방법을 지정하는 다른 비트를 포함하고 있다.

② 제어 주소 레지스터(CAR)가 주소를 받는 4개의 서로 다른 경로를 보여주고 있다.

③ 증가기(incrementer)는 다음에 수행할 마이크로 명령어를 연속으로 선택하기 위해서 '1'씩 CAR을 증 가시킨다.

④ 분기는 마이크로 명령어의 필드 중 하나에 있는 분기 주소를 지정함으로써 실행된다.

⑤ 조건 분기(conditional branch)는 그 조건을 결정하는 하나의 특별한 상태 비트를 선택하기 위해 마 이크로 명령어의 일부분을 사용함으로써 진행된다.

⑥ 외부 주소는 매핑 논리회로를 통해 제어 메모리로 전달된다.

⑦ 서브루틴 복귀 주소는 마이크로프로그램이 서브루틴에서 복귀를 원할 때 사용하는 값을 특별한 레지 스터에 저장하고 있다.

⑧ 분기 로직(branch logic)은 제어장치에서 의사 결정 능력을 제공한다.

⑨ 상태 조건은 가산기의 캐리 발생, 숫자의 부호 비트, 명령어의 모드 비트 및 입력/출력 상태 조건과 같은 파라미터 정보를 제공하는 특별한 비트이다.

⑩ 상태 비트는 분기 주소를 지정하는 마이크로 명령어의 필드와 함께 분기 로직에서 생성된 조건 분기 결정을 제어한다.

⑪ 멀티플렉서에서의 출력 '1'은 분기 주소를 마이크로 명령어에서 CAR로 전달하는 제어신호를 생성하 고, 출력 '0'은 주소 레지스터를 증가시킨다.

(3) 명령어 매핑(instruction mapping) 중요

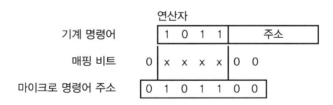

[그림 6-10] 명령어 코드의 매핑

① 마이크로 명령어가 명령어에 대한 마이크로프로그램 루틴이 있는 제어 메모리의 첫 번째 워드로 분 기를 지정하면 특별한 형태의 분기가 발생한다.

② 이런 형태의 분기에 대한 상태 비트는 명령어의 연산코드 부분에 있다. 예를 들어, [그림 6-10]에 보이는 간단한 명령어 형식을 갖는 컴퓨터는 16개의 명령어를 지정할 수 있는 4비트의 연산코드를 가지고 있다. 즉, 제어 메모리가 128워드라고 하면, 7비트의 주소가 필요하다.

③ 위의 그림은 4비트 연산 코드를 제어 메모리를 위한 7비트 주소로 변환하는 하나의 간단한 처리 과 정을 보여주고 있다.

④ 이 매핑은 주소의 MSB 비트가 '0'으로 구성되어 있다.

⑤ 이 매핑은 주소의 최상위 비트(MSB)에 0을 배치하고, 4개의 연산코드 비트를 전송하고, 제어 주소 레지스터의 최하위 비트(LSB) 2개를 0으로 배치하는 것으로 구성되어 있다.

⑥ 이것은 4개의 마이크로 명령의 용량을 가진 마이크로프로그램 루틴을 제공한다.

⑦ 만일 그 루틴이 4개 이상의 마이크로 명령어가 필요하다면, 1000000부터 1111111까지의 주소를 사용할 수 있다. 4개의 마이크로 명령어보다 적다면, 다른 루틴들이 사용하지 않은 메모리를 이용할 수 있게 된다.

⑧ ROM을 사용하여 매핑 기능을 지정하면 이 개념을 보다 일반적인 매핑 규칙으로 확장할 수 있다.

⑨ 매핑 ROM의 내용은 CAR에 대한 비트를 제공한다.

⑩ 이러한 방법으로 명령어를 실행하는 마이크로프로그램 루틴이 제어 메모리의 원하는 장소에 배치될 수 있다.

⑪ 매핑 개념은 필요에 따라 컨트롤 메모리에 대한 명령어를 추가할 수 있는 유연성을 제공한다.

(4) 마이크로 명령어 형식 (중요)

마이크로 명령어 형식은 다음과 같다.

F1	F2	F3	CD	BR	AD

- F1, F2, F3 : 연산 필드(각 3비트)
- CD : 조건 필드(2비트)
- BR : 분기 필드(2비트)
- AD : 주소 필드(7비트)

[그림 6-11] 마이크로 명령어 형식

마이크로 명령어는 4개의 기능으로 구분되며, 전체 길이는 20비트이다. 세 개의 필드 F1, F2, F3는 마이크로 연산 필드이다. 마이크로 연산은 3비트씩 3개의 필드로 나눠진다. 각 필드에 있는 3비트는 7개의 마이크로 연산을 지정하도록 인코딩되어 있다. 따라서 21개의 마이크로 연산을 제공한다. CD(condition) 필드는 분기에 사용할 상태 비트의 조건을 지정한다. BR(branch) 필드는 분기의 종류와 다음에 사용할 마이크로 명령어의 주소를 결정하는 방법을 제공한다. AD(address) 필드는 분기 주소를 가지고 있다.

[표 6-2] 마이크로 연산 필드

F1	F2	F3	마이크로 연산 기능	기호
000			없음	NOP
001			AC + MBR → AC	ADD
010			0 → AC	CLRAC
011			AC + 1 → AC	INCAC
100			MBR → AC	BRTAC
101			MBR[address] → MAR	BRTAR

110			PC → MAR	PCTAR
111			MBR → M[MAR]	WRITE
	000		없음	NOP
	001		AC − MBR → AC	SUB
	010		AC ∨ MBR → AC	OR
	011		AC ∧ MBR → AC	AND
	100		M[MAR] → MBR	READ
	101		AC → MBR	ACTBR
	110		MBR + 1 → MBR	INCBR
	111		PC → MBR[address]	PCTBR
		000	없음	NOP
		001	AC ⊕ MBR → AC	XOR
		010	AC′ → AC	COM
		011	shl AC → AC	SHL
		100	shr AC → AC	SHR
		101	PC + 1 → PC	INCPC
		110	MAR → PC	ARTPC
		111	Reserved	

모든 전송과 관련한 마이크로 연산에 대한 기호는 5개 문자를 사용하여 표시한다. 첫 두 문자는 출발지 레지스터(source register)를 표시하고, 세 번째 문자는 항상 'T'로 표시한다. 그리고 마지막 두 문자는 목적지 레지스터(destination register)를 표시한다. 예를 들면, PC ← MAR 전송을 표현하는 ARTPC 는 MAR에서 PC로 전송을 나타낸다.

[표 6-3] 조건 필드

CD	조건	기호	의미
00	Always = 1	U	무조건 분기(unconditional branch)
01	MBR(15)	I	간접 주소 방식 비트(indirect address mode bit)
10	AC(15)	S	누산기의 부호 비트(sign bit of AC)
11	AC = 0	Z	누산기의 제로 비트(zero bit of AC)

첫 번째 조건은 '항상 1'이고, 따라서 'CD = 00'은 조건이 참이라는 것이다. 이 조건이 분기 필드와 함께 사용되면 무조건 분기를 하게 된다. 기호 'U', 'I', 'S', 그리고 'Z'는 마이크로프로그램 쓰기(writing)를 위한 4개의 상태 비트로 사용된다.

[표 6-4] 분기 필드

BR	기호	기능	
00	JMP	AD → CAR, CAR + 1 → CAR,	if 조건 = 1 if 조건 = 0
01	CALL	AD → CAR, CAR + 1 → SBR, CAR + 1 → CAR,	if 조건 = 1 if 조건 = 0
10	RET	SBR → CAR(서브루틴에서 복귀)	
11	MAP	IR(11–14) → CAR(2–5), 0 → CAR(0, 1, 6)	

① BR = 00이면 점프(JUMP) 연산을 실행한다. CD 필드의 상태 비트가 '1'이면, AD 필드에 있는 다음 주소가 CAR로 전달된다. 그렇지 않으면 CAR의 값이 '1' 증가한다.

② BR = 01이면 서브루틴 호출(CALL)을 실행한다. CD 필드의 상태 비트가 '1'이면, AD 필드에 있는 다음 주소가 CAR로 전달되고, 그 외에는 CAR의 값이 '1' 증가한다.

(*) 분기(JUMP)와 호출(CALL) 연산은 호출(CALL) 마이크로 명령어가 서브루틴 레지스터(SBR)에 복귀 주소를 저장하는 것을 제외하면 동일하다.

③ BR = 10이면 서브루틴에서 복귀가 완료된다. SBR에서 CAR로 복귀주소를 이동시켜 호출되기 이전의 프로그램 순서로 돌아간다.

④ BR = 11이면 명령어의 연산 코드 비트가 CAR 주소로 매핑이 된다. 명령어가 메모리에서 읽힌 후, 연산 코드의 비트가 CAR(2–5)로 이동한다.

(*) BR 필드의 마지막 두 비트 조건은 CD와 AD 필드 값과 무관하다.

(5) 마이크로프로그래밍

마이크로프로그램 제어장치에서 제어신호는 제어워드에 저장되며, 제어워드를 마이크로 명령어라고 하고, 마이크로 명령어의 집합을 마이크로프로그램이라고 한다. 이러한 마이크로프로그램은 제어 메모리에 저장되며, 명령어를 처리하는 데 필요한 제어신호를 순차적으로 생성한다.

3 제어방식 중요

제어신호는 마이크로 명령어를 읽을 때 연산 필드에 있는 비트들의 출력 신호를 말한다. 이러한 제어신호를 발생하는 방식에는 수평적 마이크로 명령어(horizontal micro instruction)와 수직적 마이크로 명령어(vertical micro instruction)가 있다.

(1) 수평적 마이크로 명령어

수평적 마이크로 명령어의 형식은 일반적으로 다음과 같다.

- A : CPU용 제어신호(내부 제어신호)
- B : 시스템 버스용 제어신호(외부 제어신호)
- C : 분기 조건
    - unconditional
    - zero
    - overflow
    - indirect addressing
- D : 마이크로 명령어 주소

[그림 6-12] 수평적 마이크로 명령어 형식

분기 조건은 실행할 다음 마이크로 명령어를 선택하고, 마이크로 명령어 주소는 어떤 조건이 참이면 실행될 다음(next) 마이크로 명령어의 주소를 저장하고 있다. 만일 조건이 거짓이면 제어 메모리의 다음 마이크로 명령어가 실행된다. 즉, 각각의 내부 CPU 제어신호에 대해 하나의 비트가 있고, 각 시스템 버스 제어신호에 대해 하나의 비트가 있다. 조건 필드는 분기가 마이크로프로그램에서 실행되는 조건을 나타내고, 주소 필드는 분기가 수행될 때 실행될 다음 마이크로 명령의 주소를 포함하고 있다. 그러한 마이크로 명령어는 다음과 같이 해석된다.

① 마이크로 명령을 실행하기 위해, 제어신호 필드에서 1의 비트로 표시된 모든 제어신호가 활성화되고, 비트 0으로 표시된 모든 제어신호는 비활성화된다. 활성화된 제어신호는 하나 이상의 마이크로 동작의 실행을 결정한다.
② 조건 필드에 표시된 조건이 거짓이면, 마이크로프로그램의 다음 마이크로 명령어가 실행된다.
③ 조건 필드에 표시된 조건이 참이면, 주소 필드에 표시된 마이크로 명령이 실행된다.

수평적 마이크로 명령어는 중간에 디코더 없이 제어워드 비트가 직접 그들의 목적지와 일대일로 연결된다. 예를 들면, 제어워드 내의 각 비트는 직접 제어신호에 연결되고, 제어워드의 총 비트의 합은 CPU 제어신호의 총 개수와 동일하다. 수평적 마이크로프로그램 방식은 하드웨어가 간단하고 해독에 따르는 지연시간이 없지만, 기억장치의 용량이 커지는 단점이 있다.

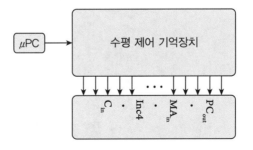

[그림 6-13] 수평적 마이크로프로그램

(2) 수직적 마이크로 명령어

수직적 마이크로프로그램(vertical micro program) 방식은 특별한 디코더를 사용하여 제어워드의 폭
을 감소시킨다. n비트 제어워드로 2^n비트의 제어신호를 만들 수 있다.

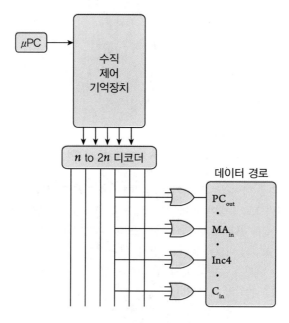

[그림 6-14] 수직적 마이크로 프로그래밍

해독기를 사용하여 제어신호를 생성하기 때문에 해독기 통과시간만큼의 지연시간이 발생하고, 설계가 복
잡하다.

※ 수평적 마이크로 프로그래밍 구조와 수직적 마이크로 프로그래밍 구조

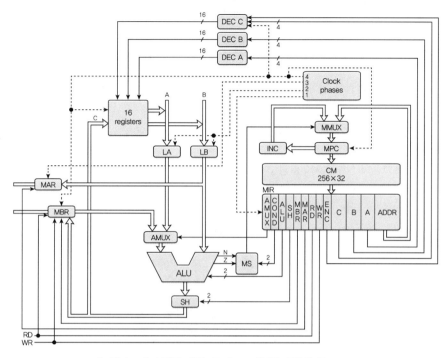

[그림 6-15] 수평적 마이크로 프로그래밍을 사용한 구조

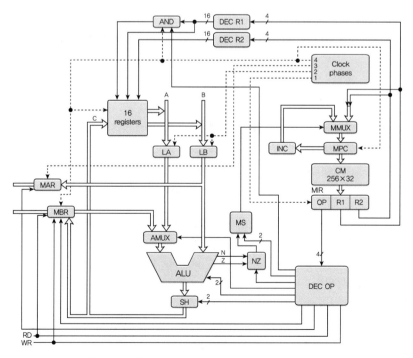

[그림 6-16] 수직적 마이크로 프로그래밍을 사용한 구조

※ 다음 지문의 내용이 맞으면 ○, 틀리면 ✕를 체크하시오. [1 ~ 6]

01 명령어는 명령어 사이클 동안에 실행이 되며, 각 서브 사이클의 실행은 하나 이상의 마이크로 연산들로 구성되고, 마이크로 연산은 프로세서의 가장 최소 동작이다. (   )

》》○ 마이크로 연산은 프로세서의 가장 최소 동작으로, 여러 단계의 사이클은 하나 이상의 마이크로 연산으로 구성된다.

02 프로그램의 실행은 사이클당 하나의 기계 명령어를 갖는 명령 사이클로 구성되며, 이 명령 사이클은 인출 사이클, 간접 사이클, 실행 사이클 그리고 인출과 실행이 함께 발생하는 인터럽트 사이클로 더 나눌 수 있다. (   )

》》○ 프로그램을 실행할 때 컴퓨터의 동작은 사이클당 하나의 기계 명령어를 갖는 일련의 명령 사이클로 구성된다. 명령 사이클 순서는 명령어의 실제 실행시간 순서를 의미하는 것으로, 각 명령어 사이클은 더 작은 단위인 인출 사이클, 간접 사이클, 실행 사이클 그리고 인출과 실행이 함께 발생하는 인터럽트 사이클로 나눌 수 있고, 이러한 사이클은 더 세분화된 단계로 구성되어 있는데, 이를 '마이크로 연산'이라고 한다.

03 실행 사이클은 반복적이고 간단해서 결과를 예측할 수 있다. (   )

》》○ 인출 사이클, 간접 사이클 및 인터럽트 사이클은 고정된 마이크로 연산이 반복되기 때문에 간단하고, 예측이 가능하다. 그러나 실행 사이클은 다양한 연산코드가 있기 때문에 별도의 마이크로 제어 순서가 있어 복잡하고 결과를 예측하기가 어렵다.

04 제어장치를 구현하는 방법 중 하나인 하드와이어 제어방식은 조합논리회로를 사용하여 하드웨어가 제어신호를 생성하는 방식으로, 회로가 필요할 때 쉽게 변경할 수 있다. (   )

》》○ 하드와이어 제어장치는 단순하게 회로를 구성하면 제어신호 생성을 위한 지연시간을 최소화할 수 있지만, 실제로는 많은 명령어를 처리하기 위해 회로 구성이 복잡할 수밖에 없어 실행속도가 불필요하게 느려질 수 있고, 유사한 제어선들을 함께 연결하기가 매우 어려워 일부 기능이 변경되는 경우에는 전체 설계를 다시 해야 한다.

05 서브루틴을 사용하는 마이크로프로그램은 복귀주소를 저장하기 위한 외부 레지스터가 필요하고, 이 레지스터를 서브루틴 레지스터(SBR : Subroutine register)라고 한다. (   )

》》○ 서브루틴을 사용하는 마이크로프로그램은 복귀주소를 저장하기 위한 서브루틴 레지스터라는 외부 레지스터가 필요하다. 제어장치는 쓰기가 금지된 ROM으로 만들어졌기 때문에 제어장치 내에 복귀주소를 저장할 수 없기 때문이다.

06 마이크로 명령어는 3종류의 연산 필드, 조건 필드, 분기 필드, 주소 필드로 구성되고 총 20비트의 길이를 갖는다. (   )

》》○ 마이크로 명령어는 연산 필드 1(3비트), 연산 필드 2(3비트), 연산 필드 3(3비트), 조건 필드(2비트), 분기 필드(2비트) 그리고 주소 필드(7비트)로 총 20비트의 길이를 가지고 있다.

정답 **1** ○ **2** ○ **3** ✕ **4** ✕ **5** ○ **6** ○

01 다음은 어떤 사이클의 마이크로 연산 순서인가?

> (1) IR(주소) → MAR
> (2) M[MAR] → MBR
> (3) MBR → IR(주소)

① 인출 사이클
② 해독 사이클
③ 간접 사이클
④ 실행 사이클

02 다음 인출 사이클의 마이크로 연산 중 괄호 안에 들어갈 마이크로 연산은?

> (1) PC → MAR
> (2) M[MAR] → MBR, (   )
> (3) MBR → IR

① PC + 1 → PC
② MAR → PC
③ IR → MBR
④ MAR → MAR + 1

01 간접 사이클은 데이터에 대한 연산을 수행하는 경우에, 명령어에는 그 데이터를 읽어오기 위한 기억장치 주소가 포함되어 있다. 따라서 명령어 레지스터에 저장된 주소를 MAR로 이동하고, 유효주소를 MBR로 이동시킨 후 MBR의 유효주소를 명령어 레지스터 주소 부분으로 이동시키는 작업이 필요하다.

02 먼저 다음 명령어의 주소가 저장된 PC 내용을 MAR로 이동시킨다. 그리고 MAR에 저장된 주소에 근거하여, 해당 기억장치에 저장된 명령어를 MBR로 이동시키며, 동시에 PC를 증가시켜서 다음 명령어의 주소를 표시해 준다. 마지막으로 MBR에 저장된 명령어 내용을 실행하기 위해서 IR로 이동하고 명령어 인출 단계를 완료한다.

정답 01 ③ 02 ①

03 컴퓨터의 동작은 사이클당 하나의 기계 명령어를 갖는 일련의 명령 사이클로 구성된다. 각 명령어 사이클은 더 작은 단위인 인출 사이클, 간접 사이클, 실행 사이클, 인터럽트 사이클로 더 나눌 수 있다. 이러한 사이클은 최소한의 동작으로 세분화된 마이크로 연산으로 구성된다.

03 프로세서의 가장 최소 단위의 동작을 무엇이라고 하는가?

① 명령 사이클
② 인터럽트 사이클
③ 클록 사이클
④ 마이크로 연산

04 제어신호는 논리게이트를 열거나 닫도록 하고, 레지스터 간의 데이터 전송과 ALU 연산을 실행토록 한다. 제어장치가 제어기억장치에 저장된 마이크로 명령어를 처리하기 위해 발생하는 출력 신호를 제어신호라고 하고, 마이크로 명령어를 제어워드(control word) 또는 마이크로프로그램이라고 한다.

04 기억장치에 들어있는 제어워드의 집합을 무엇이라고 하는가?

① 제어주소
② 제어데이터
③ 제어신호
④ 마이크로 명령어

05 인출 사이클, 간접 사이클 및 인터럽트 사이클은 간단하고 예측 가능하다. 왜냐하면, 고정된 마이크로 연산이 반복되기 때문이다. 그러나 실행 사이클은 다양한 연산코드(연산자)가 있기 때문에 별도의 마이크로 제어 순서가 있어 예측이 어렵다.

05 명령어 사이클 중 가장 예측하기 어려운 사이클은 무엇인가?

① 인출 사이클
② 간접 사이클
③ 인터럽트 사이클
④ 실행 사이클

정답 03 ④ 04 ④ 05 ④

06 제어장치가 제어신호를 생성하는 과정을 순서대로 바르게 표시한 것은?

① 명령어 해독기 → CAR → CBR → 제어기억장치 → 해독기
② 명령어 해독기 → CAR → 제어기억장치 → CBR → 해독기
③ 명령어 해독기 → 제어기억장치 → CBR → CAR → 해독기
④ 명령어 해독기 → 제어기억장치 → CAR → CBR → 해독기

07 다음 중 마이크로 연산과 관련된 내용을 모두 맞게 고른 것은?

> ㄱ. 레지스터에서 다른 레지스터로 데이터 전송
> ㄴ. 레지스터에서 시스템 버스로 데이터 전송
> ㄷ. 시스템 버스에서 레지스터로 데이터 전송
> ㄹ. 레지스터를 사용하여 산술논리연산 실행

① ㄱ, ㄴ
② ㄱ, ㄴ, ㄷ
③ ㄱ, ㄴ, ㄹ
④ ㄱ, ㄴ, ㄷ, ㄹ

08 다음의 설명 중 틀린 것은?

① 제어장치는 순서제어와 실행의 두 가지 기본적인 작업을 처리한다.
② 순서제어는 제어장치가 실행될 프로그램에 기반하여 마이크로프로그램을 설정하는 것이다.
③ 실행은 해당 마이크로 연산을 실행하는 것이다.
④ 제어장치의 기능을 수행하려면 시스템의 상태를 결정할 수 있는 입력만 필요하다.

06 주소기억장치에서 주소와 데이터를 인출하는 과정과 동일하다. 명령어 해독기에서 해당 주소를 제어 주소 레지스터(CAR)에 이동하고, 제어기억장치에서 명령어를 인출하여 제어 버퍼 레지스터(CBR)로 전달하면, 해독기를 거쳐 제어신호가 발생한다.

07 마이크로 연산은 레지스터에서 다른 레지스터로 데이터 전송, 레지스터에서 외부 인터페이스(예 시스템 버스)로 데이터 전송, 외부 인터페이스에서 레지스터로 데이터 전송 및 레지스터를 사용하여 산술논리연산 실행 등으로 분류할 수 있다.

08 제어장치의 기능을 수행하려면 시스템의 상태를 결정할 수 있는 입력과 시스템의 동작을 제어할 수 있는 출력이 있어야 한다.

정답 (06 ② 07 ④ 08 ④)

09 하드와이어 제어방식은 플립플롭, 논리게이트, 디지털 회로, 인코더 및 디코더 회로의 하드웨어로 구성되고, 마이크로프로그램 제어방식은 마이크로프로그램 제어기억장치를 사용한다. 하드와이어 방식은 저장된 내용을 수정·변경하기가 어렵다.

09 **제어장치의 구현 방법에 대한 설명으로 옳은 것은?**

① 구현 방법에는 하드와이어 방식과 마이크로프로그램 방식의 두 가지 방식이 있다.

② 마이크로프로그램 방식은 플립플롭, 논리게이트, 디지털 회로로 구성한다.

③ 하드와이어 방식은 저장된 내용을 수정·변경하기가 매우 쉽다.

④ 하드와이어 방식은 마이크로프로그램 제어기억장치를 사용하여 제어신호를 발생한다.

10 CAR의 내용을 잠시 보관한 SBR의 내용이 CAR로 전달된다.

10 **서브루틴 레지스터와 관련 있는 마이크로 연산은?**

① CAR + 1 → CAR

② SBR → CAR

③ SBR + 1 → CAR

④ CBR → CAR

11 제어기억장치가 ROM으로 구성되었기 때문에 복귀주소를 기억할 별도의 레지스터가 필요하기 때문이다.

11 **서브루틴 레지스터를 사용하는 가장 중요한 이유는?**

① SBR을 사용하면 속도가 빨라진다.

② SBR을 사용해야 복귀주소를 저장할 수 있다.

③ 제어기억장치가 ROM으로 구성되었기 때문이다.

④ SBR이 조건 플래그를 입력받기 때문이다.

정답 09 ① 10 ② 11 ③

12 제어장치에서 다음에 실행할 마이크로 명령어의 주소를 가지고 있는 레지스터는?

① MBR
② CAR
③ CBR
④ MAR

13 다음의 설명 중 틀린 것은?

① 명령어 레지스터는 실행 사이클 때 처리할 마이크로 명령어를 결정하기 위해 사용한다.
② 클록이 발생해야 마이크로 연산이 실행된다.
③ 상태 플래그 레지스터는 프로세서의 상태와 이전 ALU 연산의 결과를 표현하기 위해 사용한다.
④ 제어신호는 시스템 버스의 데이터 버스를 통해 제어장치로 전달된다.

14 수평적 마이크로프로그램과 관련한 설명이 아닌 것은?

① 마이크로 명령어의 각 필드가 각 제어신호에 대응하는 방식이다.
② 하드웨어가 간단하고 제어에 따른 지연이 발생하지 않는다.
③ 코드화된 비트를 해독하기 위한 지연시간이 발생한다.
④ 큰 용량의 제어장치가 필요하다.

정답 12 ② 13 ④ 14 ③

15 제어장치의 중요한 구성요소는 CAR, CBR, 순서 제어기, 제어기억장치, SBR이다.

15 제어장치의 구성요소가 <u>아닌</u> 것은?

① 명령어 실행기
② 명령어 해독기
③ 순서제어장치
④ 제어기억장치

16 수평적 마이크로프로그램 방식은 명령어의 각 필드가 각 제어신호에 대응하는 방식으로, CPU 내부의 각 제어신호들과 시스템 버스의 각 제어신호들에 필드가 할당된다. 수직적 마이크로프로그램 방식은 연산 필드의 내용은 코드화된 비트이고 해독기에서 내용이 해독되어 제어신호가 발생한다.

16 제어장치를 구성하는 방식에 대해 <u>틀리게</u> 설명한 것은?

① 하드웨어 구현장치 – 하드와이어드 방식
② 소프트웨어 구현방식 – 마이크로프로그램 방식
③ 수직적 마이크로프로그램 방식 – CPU 내부의 제어신호
④ 수평적 마이크로프로그램 방식 – CPU 내부의 제어신호

17 마이크로 명령어는 4개의 기능으로 구분되며 전체 길이는 20비트이다. 3비트씩 3개의 연산 필드, 2비트의 조건 필드, 2비트의 분기 필드, 7비트의 주소 필드로 구성된다.

17 일반적인 마이크로 명령어에 관한 설명 중 틀린 것은?

① 마이크로 명령어는 4개의 기능으로 구분되며 전체 길이는 20비트이다.
② 연산 필드는 3비트씩 3개의 필드로 구성된다.
③ 조건 필드는 1비트, 분기필드는 3비트로 구성된다.
④ 주소 필드는 7비트로 구성한다.

정답 15 ① 16 ③ 17 ③

18 다음은 어떤 동작의 마이크로 연산인가?

> IR(address) → MAR
> M[MAR] → MBR
> AC + MBR → AC

① 곱셈
② 덧셈
③ 뺄셈
④ 이동

18 유효주소에서 데이터를 읽어 누산기의 내용에 더하라는 덧셈 명령이다.

19 다음 내용에 해당하는 것은?

> 특별 레지스터가 보낸 명령어의 연산코드를 해독하여 해당 연산을 실행하기 위한 루틴의 시작 주소를 결정한다.

① 명령어 해독기
② 제어 주소 레지스터
③ 제어 버퍼 레지스터
④ 순서제어 모듈

19 명령어 레지스터(IR)가 보낸 명령어의 연산코드를 해독하여 해당 연산을 실행하기 위한 루틴의 시작 주소를 결정하는 것은 명령어 해독기이다.

20 순서 제어 모듈의 절차와 관련이 <u>없는</u> 것은?

① 제어 주소 레지스터를 증가시킨다.
② 상태 비트 조건에 따라서 무조건 분기나 조건부 분기를 한다.
③ 명령어의 비트를 제어 메모리를 위한 주소로 매핑한다.
④ 서브루틴 호출과 복귀에 대한 기능은 제외한다.

20 순서 제어 모듈은 서브루틴 호출과 복귀에 대한 기능을 제공한다.

정답 18 ② 19 ① 20 ④

Self Check로 다지기 | 제6장

⇥ 제어장치의 정의

프로세서의 조작을 지시하는 CPU의 구성요소로, 명령어들을 읽고 해석하며 데이터 처리를 위한 시퀀스를 결정한다. 타이밍과 제어신호들을 제공함으로써 다른 장치들의 실행을 지시하고 CPU와 다른 장치들 사이의 데이터 흐름을 제어한다. 컴퓨터 프로그램 명령을 실행하기 위한 마이크로프로그램들은 일련의 마이크로 명령어들로 구성되어 제어 메모리에 저장된다.

⇥ 마이크로 사이클

주기억장치에서 명령을 불러오는 인출 사이클, 유효주소를 구하기 위한 간접 사이클, 연산을 수행하는 실행 사이클 및 예상치 못한 상황에서 실행하는 인터럽트 사이클의 4단계로 구성된다.

⇥ 메이저 스테이트(major state)의 변화

마이크로 사이클의 4단계 중 하나를 의미하며, 현재 수행하는 사이클에 따라서 메이저 상태는 변화한다. 직접 주소를 사용하는 경우의 메이저 상태 변화는 인출 사이클 다음에 실행 사이클을 수행한다. 간접 주소의 경우 인출 사이클, 간접 사이클, 실행 사이클로 진행되고, 인터럽트 사이클의 경우는 인출 사이클, 간접 사이클, 실행 사이클, 인터럽트 사이클, 인출 사이클로 진행된다. 인터럽트가 발생하면 현재 진행되고 있는 실행 사이클을 끝내고 인터럽트 단계로 들어가기 때문이다.

⇥ 마이크로 명령어

마이크로 명령어는 여러 비트로 구성되며 각 비트는 제어신호를 정의하는데, 이를 통해 다수의 마이크로 연산이 수행될 수 있는 수평 마이크로 명령어와 마이크로 명령어의 코드화된 비트를 해독하는 디코딩 회로를 이용하여 제어신호를 사용하는 수직 마이크로 명령어로 분류할 수 있다. 마이크로 명령어는 한 개 이상의 마이크로 연산으로 구성되고, 마이크로 연산을 수행하는 데 걸리는 시간을 CPU 클록 또는 CPU 사이클(cycle time)이라고 한다. CPU 클록은 CPU의 순서 동작을 동기화하기 위한 클록 펄스이다.

⇥ 제어신호의 기능

논리게이트를 열거나 닫도록 하고, 레지스터 간의 데이터 전송과 ALU 연산을 실행토록 한다. 제어장치를 구현하는 기법에는 조합논리회로로 구성하는 하드와이어 방법과 마이크로프로그램으로 구성하는 방법이 있다. 제어장치가 제어기억장치에 저장된 마이크로 명령어를 인출하고, 처리하기 위해 발생하는 출력 신호를 제어신호라 하고, 마이크로 명령어를 제어워드라 한다.

제 7 장

기억장치

할 수 있다고 믿는 사람은 그렇게 되고, 할 수 없다고 믿는 사람도 역시 그렇게 된다.

– 샤를 드골 –

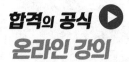

제 **7** 장 | 기억장치

데이터를 임시로 또는 영구적으로 저장할 수 있는 물리적 장치인 기억장치는 **주기억장치**와 **보조기억장치**로 구분할 수 있다. 주기억장치는 고속으로 동작하고, 중앙처리장치와 직접 데이터를 주고받지만, 보조기억장치는 대용량을 제공하는 반면에, 데이터에 접근하는 속도가 느리다. 컴퓨터의 기억장치는 가상 메모리(virtual memory)라는 메모리 관리 기법을 사용해서 컴퓨터 기억장치의 내용을 보조기억장치로 전달한다. 주기억장치(main memory)는 반도체 메모리(semiconductor memory)와 연관이 있다. 반도체 메모리에는 휘발성(volatile) 메모리와 비휘발성(non-volatile) 메모리의 두 가지 종류가 있다. 주기억장치와 CPU의 속도 차이를 보완하기 위해 캐시기억장치를 이용하며, 캐시기억장치는 접근하는 방식에 따라서 직접 사상, 연관 사상, 집합 연관 사상으로 구분한다.

제1절   기억장치의 개요 (중요)

1 기억장치의 정의

기억장치(memory unit)는 컴퓨터를 구성하는 가장 중요한 장치 중 하나로, 프로그램과 데이터를 저장하는 물리적인 장치이다. 주기억장치는 중앙처리장치와 직접 명령을 주고받으며 현재 실행에 직접 필요한 프로그램이나 데이터를 저장하고, 현재 필요하지 않은 프로그램이나 데이터는 보조기억장치에 저장해 두었다가 필요한 시점에 접근하여 사용한다. 주기억장치의 성능은 기억용량, 메모리 사이클 타임, 메모리 접근 폭에 의해서 좌우된다. 모든 메모리 구조는 주소 버스와 데이터 버스를 가지고 있다.

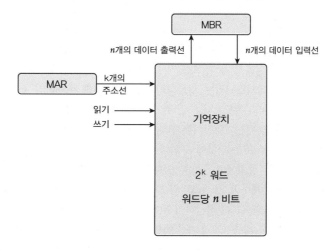

[그림 7-1] 메모리 구조

주기억장치는 RAM(Random Access Memory)과 ROM(Read Only Memory)으로 구성하며, 보조기억장치는 HDD(Hard Disk Drive)와 SSD(Solid State Drive) 등으로 구성한다. 램(RAM)은 읽고 쓰기가 가능한 집적회로이고, 롬(ROM)은 읽기만 가능하고 쓰기는 할 수 없는 집적회로이다. 하드디스크는 플래터(platter)가 회전하며 판독 및 기록을 하여 데이터를 읽고 쓰는 비휘발성(non-volatile) 장치이고, SSD도 하드드라이브와 같이 데이터를 저장하는 저장장치로 사용되는데, 플래시 메모리(flash memory) 칩에 데이터가 저장된다는 점이 다르다.

[표 7-1] SSD와 HDD 비교

SSD(Solid State Drive)	HDD(Hard Disk Drive)
• 액세스가 빠르다. • 진동과 충격에 강하다. • 소음이 거의 없다. • 전력을 적게 사용한다. • 용량당 가격이 비싸다. • 용량이 적다. • 읽고 쓰는 횟수에 제한이 있다. • 장기간 사용하지 않으면 데이터 손실이 발생한다.	• 액세스 속도가 느리다. • 진동과 충격에 약하다. • 소음과 열이 발생한다. • 소비전력이 높다. • 용량당 가격이 저렴하다. • 대용량이다. • 장기간 보존이 가능하다.

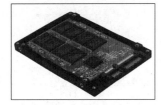 

[그림 7-2] SSD와 HDD

2 기억장치의 계층구조

기억장치는 속도가 빠른 주기억장치부터 대용량을 저장할 수 있는 보조기억장치까지 여러 가지의 종류로 구성된다. 기억장치는 사용 목적에 따라서 용량, 속도 및 가격이 서로 다르다. 적은 용량을 저장할 수 있지만, 매우 빠른 처리 속도를 지원하는 레지스터라는 저장장치가 CPU 내부에 존재한다. 레지스터는 속도가 빠른 RAM으로 구성되고, 레지스터의 처리 속도보다 느린 주기억장치와의 속도 보완을 위해 레지스터와 주기억장치의 중간에 캐시기억장치를 둔다. 캐시기억장치는 현재 실행되는 프로그램이나 자주 사용하는 데이터를 저장한다. 캐시기억장치는 CPU 내부 또는 외부에 구성할 수 있다.

CPU는 매우 빠른 속도로 이들 기억장치에 접근할 수 있다. 레지스터 RAM보다는 속도가 느린 RAM으로 구성되는 주기억장치는 CPU 외부에 존재하고, 레지스터와 캐시보다 접근 속도가 느리다. CPU는 보조기억장치에 직접 접근할 수 없고, CPU가 하드디스크에 접근하기 위해서는 하드디스크의 데이터를 주기억장치로 이동시키고, 주기억장치에 접근해야 한다. 계층구조의 가장 하단에는 자기디스크, 자기테이프, 자기드럼이 있다. 빠른 속도를 지원할수록 기억장치의 가격은 비싸진다. 이러한 관계를 계층적인 모형으로 표시하면 다음과 같다.

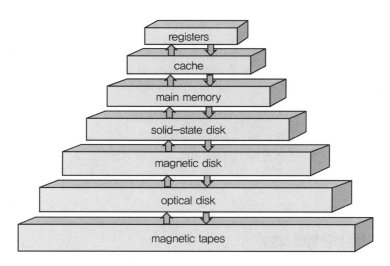

[그림 7-3] 기억장치의 계층구조

메모리의 계층구조가 필요할까? 용량을 얼마나 준비하고, 얼마나 빠르게 구성하고 설계비용은 어느 수준으로 할 것인가는 기억장치 설계의 3가지 변수이다. 그런데 이를 동시에 만족하는 기억장치를 설계하는 것은 현실적으로 매우 어려운 문제이다. 접근 시간이 빠르면 빠를수록 비트당 가격은 증가할 수밖에 없고, 많은 용량을 가지려면 비트당 단가는 낮아져야 하는데 접근 속도는 느려진다. 이 같은 문제를 해결하기 위해서 많은 용량이 필요한 곳은 비트당 단가가 낮은 기억장치 소자를 사용하고, 고속의 성능을 요구하는 기억장치는 비트당 단가가 높은 소자를 사용해야 한다. 그 방안이 바로 한 개의 기억장치에만 의존하지 않고 여러 가지 기억장치를 계층적으로 사용하는 것이다. 즉, **기억장치를 계층적 구조로 구분하는 이유**는 기억장치의 최대 성능을 얻고, 가격을 최소화하여 평균적 접근 속도를 확보하기 위함에 있다.

기억장치는 레지스터에서 보조기억장치로 내려올수록 용량이 커지고, 속도는 느려지며, 단위당 가격은 저렴해진다. 보조기억장치에서 레지스터로 올라갈수록 속도는 빨라지고 용량은 적어지며 단위 비트당 가격은 증가한다. 그리고 CPU는 주기억장치까지는 직접 프로그램과 데이터를 액세스하지만, 보조기억장치는 직접 액세스할 수 없다.

3 기억장치의 분류

(1) 레지스터(register)

레지스터는 CPU 내에 위치하는 매우 빠른 고속의 기억장치로서, 연산의 값을 임시로 저장하기 위하여 사용한다.

(2) 캐시메모리(cache memory)

캐시메모리는 주기억장치의 느린 속도를 보완하기 위해 중앙처리장치와 주기억장치 사이에 있는 소용량의 고속 메모리로, CPU가 빈번히 사용하는 프로그램이나 데이터를 저장한다.

(3) 주기억장치(main memory)

주기억장치는 처리할 데이터, 처리할 프로그램, 처리된 데이터 등을 기억하는 기억공간으로, 중앙처리장치가 직접 접근할 수 있는 유일한 대량 저장장치이다.

(4) 보조기억장치(auxiliary memory, secondary memory)

보조기억장치는 주기억장치를 보조하는 기억장치로, 데이터나 프로그램을 저장했다가 필요할 때 주기억장치로 보내 처리를 하는 대용량의 기억장치이며, 가상화의 개념을 갖는다.

4 기억장치의 접근방법 종요

CPU가 데이터를 읽거나 쓰기 위해서는 기억장치에 접근해야 하는데, 이를 액세스(access)라고 한다. 기억장치는 다음과 같은 여러 가지 액세스 방법이 있다.

(1) 직접 접근 방식(Direct access)

직접 접근 방식은 기억장치의 주소를 이용하여 직접 원하는 위치를 찾아가는 방식이다. 주소의 순서와 관계없이 무작위로 기억장치의 어떤 위치를 찾아가는 방식이기 때문에 임의(random)라고도 표현한다. 어느 위치를 찾아가도 걸리는 시간은 일정하다. RAM과 ROM이 대표적인 직접 접근 기억장치이다.

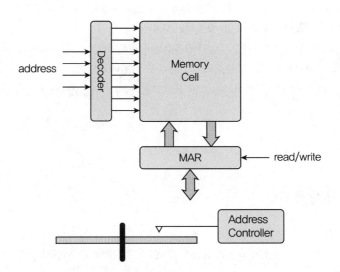

[그림 7-4] 직접 접근 방식 - 반도체, HDD/FDD

(2) 순차 접근 방식(Sequential access)

순차 접근 방식은 원하는 데이터가 저장된 위치에 따라서 접근 시간의 차이가 크게 난다. 데이터의 시작점부터 순차적으로 원하는 데이터의 위치가 있는 곳까지 찾아가는 방식이기 때문이다. 기억된 데이터 위치에 따라서 접근 시간의 차이가 크게 난다. 자기테이프나 자기드럼과 같은 보조기억장치 등이 대표적이다. 테이프의 경우 회전시켜서 원하는 데이터를 찾는다.

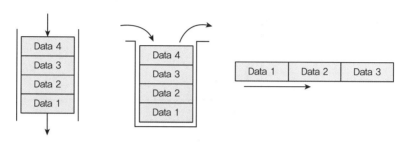

[그림 7-5] 순차 접근 구조 - 좌측부터 FIFO, LIFO, 자기테이프

(3) 접근 시간(Access time)

접근 시간은 읽기 신호가 발생한 후 데이터가 읽혀 나올 때까지 걸리는 시간으로, 직접 접근 방식은 접근 시간이 동일하지만, 순차 접근 방식의 접근 시간은 데이터가 저장된 위치에 따라서 다르다.

(4) 사이클 시간(Cycle time)

사이클 시간은 기억장치에 읽기 제어신호가 가해져 해당 주소에 접근한 시점부터 다음 주소와 읽기 제어신호가 가해질 때까지의 시간을 말한다. 즉, 사이클 시간은 메모리의 접근시간 + CPU의 처리시간 + CPU가 동작하는 시간으로, 명령어를 해독하는 시간이나 데이터를 연산하는 시간이 포함된다. 자기코어의 경우에는 파괴적 기억장치로서, 읽기 동작이 완료되면 내용이 파괴되기 때문에 다음의 데이터 접근을 위해서 복원되는 시간이 필요하다. 이 경우의 사이클 타임은 접근시간 + 복원시간으로 표시할 수 있다. 일반적으로 비파괴적인 기억장치는 접근시간과 사이클 시간이 같다. 하드디스크의 경우에는 전기적 기계장치의 특성으로 인해 사이클 시간의 고려요소가 더 추가된다.

> ① 탐색시간(seek time)은 디스크 헤드가 지정된 트랙에 도달하기까지 걸리는 시간이다.
> ② 전송시간(transfer time)은 데이터를 전송하는 데 걸리는 시간이다.
> ③ 대기시간(latency time)은 디스크가 회전하여 주소가 저장된 섹터가 디스크 헤드 아래에 도달할 때까지의 시간을 말한다.

따라서 하드디스크의 사이클 시간은 탐색시간, 전송시간, 대기시간의 합으로 계산할 수 있다.

(5) 데이터 전송률(Data transfer rate)

데이터 전송률은 대역폭(bandwidth)이라고 하며, 초당 전송되는 정보량을 말한다. 기억장치의 전송속도는 데이터 전송률로 측정한다.

5 기억장치의 구성방법 (중요)

기억장치는 워드(word) 단위로 주소가 부여되는 워드 컴퓨터와 바이트(byte) 단위로 주소가 부여되는 바이트 컴퓨터가 있다.

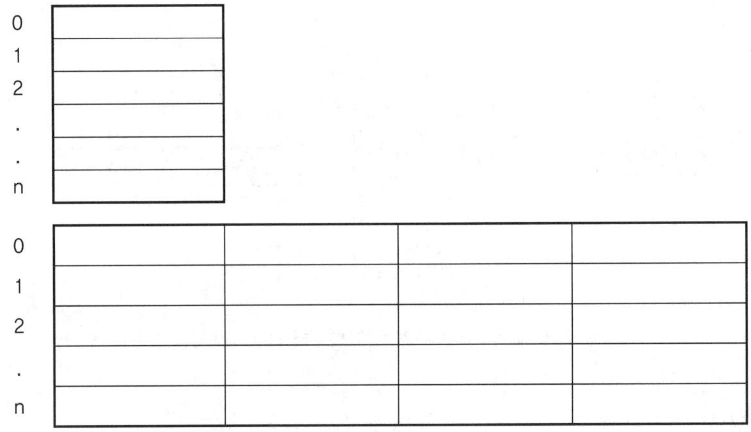

[그림 7-6] 바이트 기억장치와 워드 기억장치

바이트 컴퓨터는 바이트 단위로 데이터를 저장하고, 워드 컴퓨터는 워드 단위로 데이터를 저장한다. 64비트 컴퓨터라면 한 워드는 64비트가 된다.

> **더 알아두기**
>
> **데이터 저장단위**
> 데이터를 저장하는 최소의 단위를 비트라고 한다. 비트는 '0' 또는 '1'의 이진 데이터를 의미하고, 이진 데이터의 4비트를 니블(nibble), 8비트는 바이트(byte), 16비트는 하프 워드(half word), 32비트는 워드(word)라고 부른다.

6 기억장치의 기억방식과 물리적 특성 (중요)

(1) 기억방식 (중요)

기억장치가 데이터를 저장하는 방식에는 파괴적 방식과 비파괴적 방식이 있다.

① 파괴적(destructive) 기억장치

파괴적 기억장치는 한 번 읽으면 그 내용이 파괴되어 원래 데이터를 복원하기 위해서 쓰기 동작이 필요한 기억장치를 말한다. 대표적으로 자기코어가 있다.

② 비파괴적(non-destructive) 기억장치

비파괴적 기억장치는 데이터를 읽어 와도 데이터가 파괴되지 않고 원래대로 유지하고 있는 기억장치이다. 일반적인 반도체 소자는 비파괴적 기억장치이다.

(2) 물리적 특성

① 휘발성 기억장치(volatile memory)

휘발성 기억장치는 전원이 공급되는 동안에는 데이터를 기억하고 있고 전원이 차단되면 기억된 내용이 소멸하는 기억장치이다. RAM이 휘발성 기억장치이다.

② 비휘발성 기억장치(non-volatile memory)

비휘발성 기억장치는 전원이 차단되어도 데이터를 기억하는 장치이다. ROM이나 보조기억장치는 비휘발성 기억장치에 속한다.

(3) 정적 램과 동적 램

① 정적 램(static RAM)

전원이 공급되는 동안에는 저장하고 있는 데이터를 계속 유지할 수 있는 기억장치이다.

② 동적 램(dynamic RAM)

전원이 공급되고 있더라도 일정 시간마다 충전해야 저장된 데이터가 계속 유지되는 기억장치를 말한다.

제2절 　주기억장치 〈중요〉

주기억장치(main memory)는 현재 실행 중인 프로그램과 프로그램 실행에 필요한 데이터를 일시적으로 저장하는 장치이다. 주기억장치는 시스템 프로그램과 사용자 프로그램 영역으로 구분할 수 있다. 운영체제(OS : Operating System)는 시스템 프로그램 영역으로, 현재 사용되고 있는 주기억장치 영역과 사용되지 않고 있는 영역에 대한 정보를 유지하면서 주기억장치가 필요한 프로세스에게 주기억장치를 할당하고, 프로세스가 종료되면 사용했던 주기억장치 영역을 회수하는 방식으로 주기억장치를 관리한다. 사용자 프로그램 영역은 일반 프로그램이 사용하는 영역으로, 시스템 프로그램이 제어하여 동작한다. 현재 실행하지 않는 다른 프로그램들은 디스크에 저장되었다가 필요할 때 비상주영역으로 이동한다.

```
                    ┌──────────────────────────────┐
  시스템            │       운영체제                │
  프로그램          │      (상주영역)               │
  영역              ├──────────────────────────────┤
                    │                              │
                    │   비상주영역(임시영역)        │
                    ├──────────────────────────────┤
                    │                              │
                    │      프로그램 1              │
                    ├──────────────────────────────┤
  사용자            │                              │
  프로그램          │         ...                  │
  영역              ├──────────────────────────────┤
                    │                              │
                    │      프로그램 n              │
                    └──────────────────────────────┘
```

[그림 7-7] 주기억장치 영역

> **더 알아두기**
>
> **자기코어(magnetic core)**
> 자기코어는 컴퓨터 초창기에 사용하던 임의 접근 기억소자이다. 조그마한 자기 세라믹 링, 코어를 사용
> 하며 자기장으로 정보를 저장한다. 전원을 꺼도 내용이 사라지지 않는다. 이러한 메모리를 코어 메모리
> 라고도 부른다.

1 주기억장치의 관리 중요

프로그램이 실행되기 위해서는 반드시 기억장치로 이동되어야 한다. 기억장치가 가지고 있는 주소의 체계와
CPU가 생성하는 주소의 체계는 서로 다르다. 기억장치는 **물리주소**(physical address)를 갖고 있고 CPU는 **가
상주소**(virtual address)를 가지고 있으므로 이러한 차이를 해결하지 않으면 데이터나 프로그램을 기억장치
로 이동시킬 수 없다. 이러한 이유로 인해 주소지정 모드가 필요하다. **기억관리장치**(MMU : Memory
Management Unit)는 가상주소를 물리주소로 매핑시키는 하드웨어장치이다.

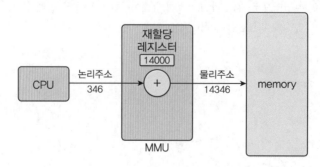

[그림 7-8] 메모리 관리장치(MMU)

2 주기억장치의 기능

주기억장치는 실행에 필요한 프로그램과 데이터를 저장하고, CPU는 주기억장치에서 명령어를 읽어 와서 실행하며, 처리 결과는 주기억장치에 저장한다. 컴퓨터가 개발된 초기에는 자기코어를 주기억장치의 소자로 사용했다. 그러나 자기코어는 데이터를 읽으면 기억된 내용이 소멸하는 파괴적 기억장치이면서 전원을 꺼도 기억된 내용을 저장하고 있는 비휘발성 기억장치이기 때문에, 현재는 사용하지 않는다. 주기억장치의 소자는 RAM이나 ROM과 같은 집적회로를 사용한다.

3 RAM(Random Access Memory) 중요

(1) 개요

RAM은 임의 접근 기억소자로, 운영체제, 응용 프로그램 및 현재 사용 중인 데이터가 저장되는 **휘발성 메모리**(volatile memory)이다. 임의의 영역에 접근하여 읽고 쓰기가 가능하다. 휘발성 메모리는 전원이 공급되는 동안은 데이터가 유지되지만, 컴퓨터를 끄면 데이터가 사라지는 특성이 있다. 컴퓨터를 다시 켜면 운영체제 및 기타 파일이 대개 하드디스크에서 RAM으로 다시 로드된다. RAM은 임의의 저장 위치의 주소를 즉시 읽을 수 있어, 데이터의 위치가 어디에 있든지 값을 읽는 데 시간 차이가 발생하지 않는다.

(2) 종류

반도체 휘발성 메모리인 RAM에는 SRAM(Static RAM)과 DRAM(Dynamic RAM)이 있다.

① SRAM

SRAM은 전원이 연결된 동안은 정보를 유지하며, 재충전이 필요 없다. SRAM은 두 쌍의 플립플롭 인버터(4개의 트랜지스터)에 정보가 저장되며, DRAM과는 달리 커패시터(capacitor)에 정보를 저장하는 것이 아니므로, 저장된 정보가 시간에 따라 자연 방전으로 사라지거나 하지 않고 두 쌍의 인버터가 0과 1의 값을 안정된 상태로 유지하기 때문에 재생이라는 것을 해 줄 필요가 없다. SRAM은 충전할 필요가 없으므로 DRAM보다 훨씬 빠른 입·출력이 가능하다. SRAM은 DRAM보다 면적을 많이 차지하고 고비용이므로, 컴퓨터의 주기억장치와 같이 고용량의 메모리로는 적당하지 않다. SRAM은 CPU 내부의 파이프라인, 프로세서 레지스터, CPU 캐시 등 속도를 중요시하는 메모리로 주로 사용된다.

② DRAM

DRAM은 전원이 들어와 있는 동안에도 저장된 정보가 사라지지 않게 하도록 일정 시간마다 충전(refresh)을 해줘야 하는 반도체로, 트랜지스터 하나와 커패시터 하나로 구성된 간단한 구조로 되어 있다. 트랜지스터는 정보를 쓰고 읽는 접근 용도로 사용되고, 커패시터에 전하를 충전하면 정보가 저장된다. 커패시터에 저장된 전하는 시간이 지남에 따라 자연 방전이 되므로, 완전한 방전이 이루어지기 전에 계속해서 충전해야 정보가 유지되며, 이를 재생(refresh)이라고 부른다. 얼마나 자주 재생해야 하는지는 메모리의 성능에 따라 다르다. DRAM은 구조가 간단해서 집적도에 유리하며 공정비용이 저렴해, 컴퓨터의 주기억장치로 많이 사용된다.

[표 7-2] SRAM과 DRAM 비교

SRAM	DRAM
플립플롭에 정보를 저장함	전하를 충전하여 정보를 저장함
정보유지를 위한 재충전이 필요 없음	정보유지를 위해 주기적인 재충전이 필요함
속도를 중요시하는 메모리로 사용함	저비용 고용량의 주기억장치로 사용함
집적도가 낮고 소비전력이 큼	전력 소비가 적음

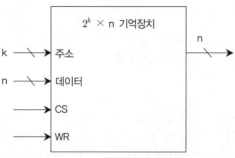

[그림 7-9] RAM 구성도

[그림 7-9]는 k개의 주소선, n비트 워드를 저장하는 $2^k \times n$ RAM 기억장치의 구성도이다. CS(Chip Select)는 RAM을 활성화(enable) 또는 비활성화(disable)하는 신호이고, WR(Write/Read)은 읽기 쓰기 신호이다.

CS	WR	기억장치 동작
0	x	없음
1	0	읽기 선택
1	1	쓰기 선택

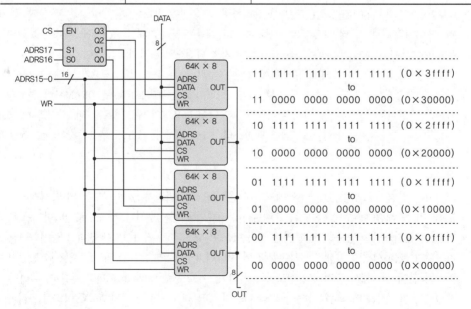

[그림 7-10] 256K × 8 RAM

위의 그림은 4개의 64K×8 RAM 칩으로 구성된 256K×8 RAM 기억장치이다. 주소의 MSB 비트가 00이면, 첫 64K 주소 데이터를 가지고 있는 맨 아래의 RAM 칩이 선택되고, 01이면 두 번째 칩이, 10이면 세 번째 칩이 선택되며, 11이면 마지막 64K 주소 데이터를 저장하고 있는 네 번째 칩이 선택된다. 동일한 주소를 사용해서 워드당 비트 수를 많게 하면 조그만 칩들을 연결해서 더 큰 칩을 만들 수 있다.

다음 [그림 7-11]은 두 개의 64K×8 칩을 사용해서 64K×16 RAM을 설계한 예를 보여주고 있다. 왼쪽 칩은 상위 8비트 데이터를 가지고 있고 오른쪽의 칩은 하위 8비트 데이터를 가지고 있다.

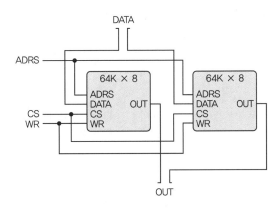

[그림 7-11] 64K×16 RAM 구성도

[그림 7-11]과 같은 RAM 기억장치의 용량은 다음과 같이 계산한다. $2^6 \times 8$ RAM은 0부터 63까지 64개의 주소를 가질 수 있고, RAM이 2개이므로 데이터 비트는 16비트가 된다. 따라서, RAM의 용량은 64×16비트로 $2^{10}(2^6 \times 2^4)$이 된다. 저장장치의 용량 단위는 다음과 같다.

[표 7-3] 용량의 단위

용량 단위	2진수	10진수
킬로 바이트, Kilo Byte(KB)	2^{10} = 1,024	10^3 = 1,000
메가 바이트, Mega Byte(MB)	2^{20} = 1,048,576	10^6 = 1,000,000
기가 바이트, Giga Byte(GB)	2^{30} = 1,073,741,824	10^9 = 1,000,000,000
테라 바이트, Tera Byte(TB)	2^{40}	10^{12}
페타 바이트, Peta Byte(PB)	2^{50}	10^{15}
엑사 바이트, Exa Byte(EB)	2^{60}	10^{18}
제타 바이트, Zetta Byte(ZB)	2^{70}	10^{21}
요타 바이트, Yotta Byte(YB)	2^{80}	10^{24}

4 ROM(Read Only Memory) 종요

(1) 개요

제조 때 특정 데이터로 프로그램된 집적회로로서, 컴퓨터를 구동하기 위한 기본적인 정보가 담겨있다. 그리고 그 정보들을 기억하기 위해 다른 정보들은 기억하지 않는다. 램(RAM)은 읽고 쓰기가 가능하고, 전원을 끄면 데이터가 지워진다. 하지만 롬(ROM)은 전원을 꺼도 데이터가 지워지지 않기 때문에 바이오스(BIOS)나 운영체제(OS) 또는 펌웨어(firmware)의 저장에 쓰였으나 최근에는 읽고 쓰기가 일부분 가능한 플래시 메모리 등으로 일부 대체되었다.

> **더 알아두기**
>
> **펌웨어(firmware)**
> 펌웨어는 특정 하드웨어장치에 포함된 소프트웨어로, 소프트웨어를 읽어 실행하거나 수정하는 것도 가능한 장치를 말한다. 펌웨어는 ROM이나 PROM에 저장되며, 하드웨어보다는 교환하기가 쉽지만, 소프트웨어보다는 어렵다.

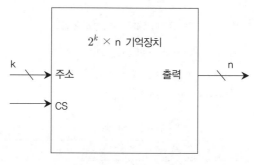

[그림 7-12] ROM 구성도

[그림 7-12]에서 보이는 바와 같이, 롬에서는 WR 신호와 데이터 신호 입력은 필요 없다. 데이터는 특별한 하드웨어 도구를 사용해서 롬에 저장된다.

(2) 종류 기출

ROM은 정보 저장 방법과 제조 방법에 따라서 다음과 같이 구분한다.

① **마스크 ROM**

마스크(mask) ROM은 제조할 때 마스크를 이용하여 내용을 영구적으로 기록하고, 기록된 내용은 다시 변경할 수 없다. 대량으로 생산하면 유리하다.

② **PROM**

프로그램(Programmable) ROM은 쓰기 장비를 이용해서 사용자가 데이터를 넣을 수 있지만, 한 번 기록되면 다시 변경할 수 없다.

③ **EPROM**

삭제가능(Erasable) PROM은 한 번 쓴 내용을 지우고 몇 번이고 다시 사용할 수 있고, 강한 자외선으로 내용을 지울 수 있다.

④ **EEPROM**

전기적(Electrically) EPROM은 한 번 쓴 내용을 지우고 몇 번이고 다시 사용할 수 있는 EPROM이다. 일정한 전압을 가하면 저장된 데이터를 지우고 쓸 수 있다.

⑤ **플래시 메모리**

플래시 메모리(flash memory)는 전원 공급이 중단되어도 저장된 정보를 그대로 보존할 수 있는 ROM의 장점뿐 아니라 데이터의 읽고 쓰기가 자유로운 RAM의 장점을 동시에 지니고 있다. 또한, 속도가 빠르고 전력 소모가 적다는 점 역시 장점이다.

5 기억용량의 계산 중요

주기억장치를 구성하는 RAM과 ROM은 칩당 저장할 수 있는 용량의 한계가 있어서 필요한 용량을 얻기 위해서는 여러 개의 칩을 사용해야 한다. 기억용량을 계산하기 위해서는 워드의 수와 워드의 크기를 파악해야 한다.

(1) 워드의 수 = 입력번지의 수 = 주소선의 수 = MAR = PC

워드의 수는 입력번지의 수와 같고 주소선의 수와 같다. 또한, 메모리 주소 레지스터(MAR)의 크기와 프로그램 카운터(PC)의 크기와도 같다.

(2) 워드의 크기 = 출력 데이터선의 수 = 데이터 버스 비트의 수 = MBR = IR

워드의 크기는 출력 데이터선의 수와 같고 데이터 버스 비트 수와 같다. 그리고 메모리 버퍼 레지스터(MBR)의 크기와 명령어 레지스터(IR)의 크기와 같다.

예제

기억장치의 용량이 2,048K × 32비트일 때, MAR과 MBR의 길이는 각각 몇 비트인가?

해설

MAR은 주소선의 비트 수이므로 2,048K($2^{11} \times 2^{10}$, 1KB = 2^{10})은 2^{21}이 된다. 따라서 MAR은 21비트가 되고, MBR은 데이터 버스선의 주소선이므로 32비트가 된다.

제3절 캐시기억장치 (종요)

캐시 메모리(cache memory)는 CPU의 속도와 주기억장치의 속도 차이를 줄이려는 방법으로 사용하는 고속의 버퍼 기억장치로, 캐시를 이용하면 주기억장치에 접근하는 횟수가 줄기 때문에 **컴퓨터의 처리 속도가 향상**된다. 캐시는 CPU와 기억장치 사이에 위치하며, 주기억장치의 일부를 복사하여 가지고 있다. 캐시는 빠른 속도를 지원하기 위해 일반적으로 SRAM을 사용한다.

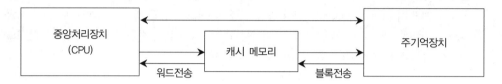

[그림 7-13] 캐시 메모리와 주기억장치

CPU와 캐시 메모리 사이는 워드전송을 하고, 캐시 메모리와 주기억장치 사이는 블록전송을 한다.

1 캐시의 원칙 및 특성 (종요)

CPU가 주기억장치에서 데이터를 읽으려고 할 때는 첫 번째, 해당하는 워드가 캐시에 있는지를 우선 확인한다. 만일 캐시에 원하는 워드가 있으면 그 워드를 읽으면 된다. 두 번째, 해당하는 데이터가 캐시기억장치에 없으면 주기억장치의 블록을 캐시로 이동한다. 세 번째, 해당하는 데이터를 CPU로 전달한다. 다음 설명처럼 캐시에 원하는 데이터가 있는 것을 히트(hit)라고 하고, 히트율(적중률)로 표시한다.

$$히트율(적중률) = \frac{히트수}{기억장치 \ 접근횟수}$$

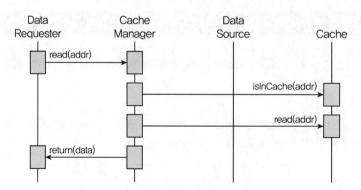

[그림 7-14] 히트의 처리 과정

CPU가 캐시에 원하는 주소가 있는지 확인하여 주소가 일치되면 캐시로부터 데이터를 읽어서 CPU로 전달한다.

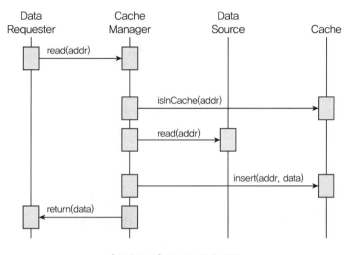

[그림 7-15] 미스의 처리 과정

CPU가 캐시에 원하는 주소가 있는지 확인하여 주소가 없으면 기억장치에서 주소를 읽고, 읽은 주소와 데이터를 캐시에 기록하고 데이터를 CPU로 전달한다.

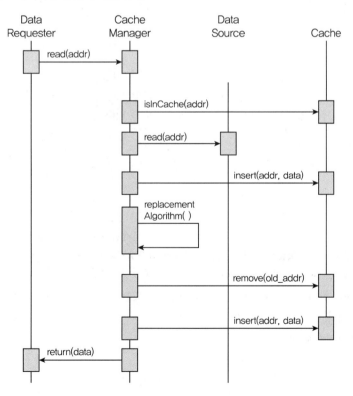

[그림 7-16] 캐시가 full인 경우의 미스 처리 과정

2 캐시의 교체(대체) 알고리즘 중요

캐시 미스가 발생하여 기억장치에서 원하는 데이터를 포함한 블록을 캐시로 불러올 때 비어 있는 캐시 공간이 없다면 캐시에서 불필요한 블록을 선별하여 공간을 마련해야 한다. 즉 새로운 데이터 블록이 들어가도록 캐시의 대상을 선택하는 알고리즘을 말한다. 교체 알고리즘은 직접 사상 방식에는 적용되지 않는다.

(1) 선입선출 방식

가장 오랜 시간 동안 저장된 블록을 교체하는 방식이다(FIFO : First In First Out). 가장 간단한 방식이고 구현이 쉽다는 장점이 있지만, 효율성이 떨어진다는 단점이 있다.

(2) LRU(Least Recently Used) 방식

최근에 사용하지 않은 블록을 교체하는 방식이다. 예를 들어 A 블록은 2018년 12월 1일 사용했고 B 블록은 2018년 11월 30일에 사용했다면 B 블록을 교체하는 알고리즘이다.

(3) LFU(Least Frequency Used) 방식

블록의 사용빈도가 가장 적은 것을 교체하는 방식이다. 예를 들어 A 블록은 2018년 12월 1일 사용했지만 사용한 횟수가 10번이고 B 블록은 2018년 11월 30일 사용했고 사용빈도가 20번이라면 LFU 알고리즘에서는 A 블록이 교체된다.

(4) 랜덤 방식

난수(random number)가 발생하여 블록을 교체하는 방식이다.

이외에도 여러 가지 다른 방식으로 교체 알고리즘을 구성할 수 있다.

3 캐시의 지역성

캐시의 적중률은 참조의 지역성(locality of reference, 또는 지역성)이란 용어와 관련이 있다. 이것은 기억장치에 접근하는 패턴에 따라 동일한 값 또는 관련 저장 위치가 자주 액세스 되는 현상에 대한 용어로서, 자주 사용되는 부분이 계속 사용되게 된다는 것이다. 즉, 프로그램을 구성하는 대부분의 명령어가 반복해서 실행되는 루틴에 있고, 이러한 루틴이 매우 제한된 영역에 있으며, 또한 서로 근접한 데이터 필드를 참조하고 있는 현상을 보인다는 것이다. 지역성에는 공간적 지역성(spatial locality), 시간적 지역성(temporal locality) 및 순차적 지역성(sequential locality)이 있다.

공간적 지역성은 프로그램이 최근에 사용된 기억장소와 가까운 곳에 있는 기억장소를 사용한다는 것으로, 어레이(배열)나 명령어처럼 인접한 기억장치가 참조되는 경향이 있기 때문이다. **시간적 지역성**은 프로그램의 루프나 반복과 같은 코드로 인해서 상대적으로 짧은 시간 내에 특정 데이터 또는 자원이 재사용된다는 것을 의미한다. **순차적 지역성**은 특수한 경우는 데이터 요소가 일차원 배열의 요소를 순회하는 것처럼 선형적으로 배열되고 액세스하는 것을 의미하는 것이다. 이것은 데이터 및 명령어가 고속 메모리에 저장되고 다른 세트가 메모리를 덮어쓰기 전에 여러 번 읽는 캐시 메모리의 기본 원리이다. 캐시 속도를 개선하기 위하여 다음과 같이 여러 개의 캐시를 사용한다.

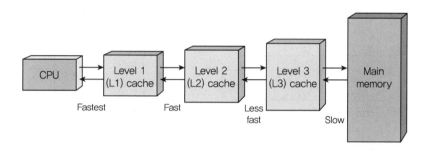

[그림 7-17] 3계층 캐시 메모리 구조

L2는 L1보다 속도는 느리지만 용량이 크고, L3는 L2보다 느리지만 용량이 더 크다. L1, L2 캐시는 수 KB 정도의 용량에 불과하고 CPU 내에 포함되며, L3는 CPU 외부에 있고 MB 정도의 용량을 갖고 있다. CPU는 L1, L2, L3의 순서로 캐시의 데이터를 체크한다. 캐시를 계층적으로 구성하면 접근 시간이 짧아져 컴퓨터의 성능이 향상된다. 주기억장치에서 캐시로 데이터를 전송하는 것을 매핑(mapping)이라고 하는데, 매핑(사상)은 write through(즉시 쓰기), write back(나중 쓰기)과 같은 캐시 쓰기 정책을 사용하여 캐시가 CPU에 의해 사용될 때 캐시에 데이터가 쓰이는(writing) 것을 말한다.

4 캐시의 읽기

캐시의 크기는 주기억장치보다 적기 때문에 주기억장치의 블록(block)을 캐시의 라인(line)에 매핑시켜야 한다. 주기억장치와 캐시기억장치의 구조는 다음과 같다.

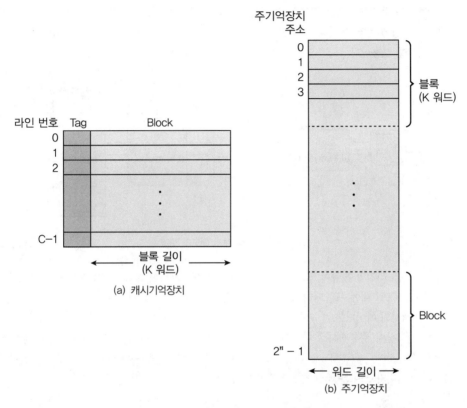

[그림 7-18] 캐시기억장치와 주기억장치 구조

주기억장치는 2^n의 주소 워드로 구성되어 있고, 각 워드는 n비트 주소를 가지고 있다. 주기억장치는 K 워드의 고정 길이 블록(fixed length block)으로 구성되어 있다. 따라서, 블록의 개수 M은 $2^n / k$ 블록이 된다(M = $2^n / k$).

캐시기억장치는 라인(line)이라고 하는 m개의 블록으로 구성되어 있고, 각 라인은 K 워드로 구성된다. 기억장치 블록의 개수(M)는 캐시기억장치 블록의 개수(m)보다 훨씬 크다. 기억장치에서 블록의 한 개 워드를 읽어오면, M이 m보다 커서 영원히 블록을 저장할 수 없으므로 매핑이 필요하고, 저장된 블록을 식별하기 위해 태그(tag) 필드의 정보를 사용한다. 매핑 과정에서 주기억장치의 주소(블록 번호)는 캐시의 태그 번호, 라인 번호 및 블록 오프셋(offset)과 매핑이 된다.

블록 번호

태그 번호	라인 번호	블록 오프셋(offset)

[그림 7-19] 블록과 라인/태그/오프셋의 구성

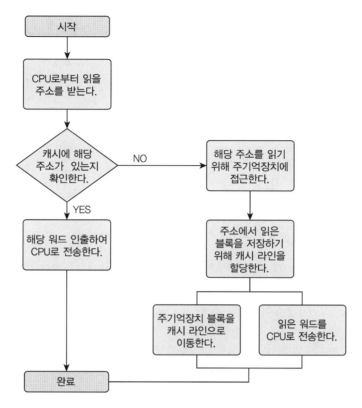

[그림 7-20] 캐시기억장치의 주소 읽기 절차

읽기 순서는 다음과 같다.

① CPU는 읽을 워드의 주소를 생성한다.
② 만일 읽을 워드가 캐시에 있으면 이것을 CPU로 전달한다.
③ 그렇지 않다면, 그 워드를 저장하고 있는 블록을 캐시로 이동한다.
④ 이동된 워드는 CPU로 전달된다.
⑤ ③번과 ④번은 동시에 병렬로 진행된다.

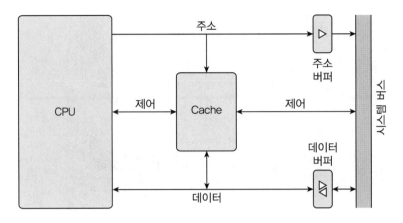

[그림 7-21] 일반적인 캐시 구조

히트인 경우는 데이터와 주소 버퍼가 비활성화되고, CPU와 캐시 간에만 대화가 진행되며 시스템 버스에는 트래픽이 없다. 미스인 경우에는 필요한 주소가 시스템 버스로 전달되어 데이터가 데이터 버퍼를 통해 주기억장치에서 직접 CPU로 전달되고 동시에 캐시로 전달된다.

캐시기억장치의 구조는 다음의 여러 가지 요소에 의해서 구분할 수 있다.

- 캐시의 물리적 주소와 논리적 주소
- 캐시의 크기
- 매핑 기능(직접, 연관, 집합 연관)
- 교체 알고리즘(LRU, FIFO, LFU 등)
- 쓰기 정책(write through, write back)
- 라인 크기
- 캐시의 수(단일 레벨/이중 레벨, 통합/분리)

5 캐시의 쓰기 정책 ^{중요}

캐시의 블록이 변경되면 그 내용을 주기억장치와 항상 일치시켜야 하는데, 갱신하는 시간과 방법을 결정하는 것을 쓰기 정책(writing policy)이라고 한다. 쓰기 정책은 즉시쓰기 정책과 나중쓰기 정책이 있다.

(1) 즉시 쓰기(Write through)

즉시 쓰기는 변경되는 블록이 캐시기억장치와 주기억장치에 동시에 쓰이는 것을 말한다. 이 방식은 캐시에 적재된 블록 내용과 주기억장치의 블록 내용이 항상 일치한다는 것이다. 다만 쓰기 동작에 주기억장치 쓰기 시간이 포함되므로 쓰기 시간이 길어진다.

(2) 나중 쓰기(Write back)

나중 쓰기는 캐시기억장치에서 데이터가 변경되어도 **주기억장치에는 갱신되지 않는 방식**이다. 기억장치에 대한 쓰기 동작의 횟수가 줄어들어 쓰기 시간이 단축되지만, 캐시기억장치의 내용과 주기억장치의 갱신 시간이 다르므로 해당 내용이 서로 다를 수 있다.

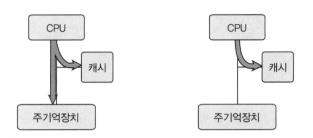

[그림 7-22] 즉시 쓰기(좌)와 나중 쓰기(우)

6 캐시의 매핑 방법 종요

주기억장치의 블록을 캐시기억장치의 라인으로 매핑시키는 방법에는 직접 매핑, 연관 매핑, 집합 연관 매핑의 세 가지가 있다.

(1) 직접 사상(direct mapping)

직접 매핑은 주기억장치의 각 블록을 단지 하나의 캐시 라인에 매핑시키는 것이다.

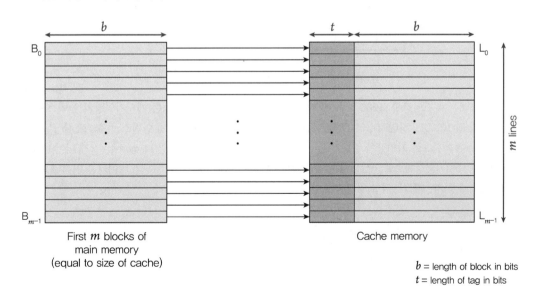

[그림 7-23] 직접 매핑

캐시가 N개(N = 2^n)의 블록을 가지고 있고, 블록은 A 주소를 가지고 있다고 할 때, 주기억장치의 블록이 매핑될 캐시기억장치의 주소(index)는 다음과 같이 mod 연산으로 구한다.

- i(인덱스) = j mod d
- j : 주기억장치의 블록 번호
- m : 캐시기억장치에 있는 라인 수(= d)

용량이 적은 캐시에 그보다 용량이 큰 블록의 내용을 모두 저장할 수 없으므로, 기억장치에서 캐시로 데이터 블록을 옮기기 위해 태그(tag)와 인덱스(index)로 구분된 블록 주소를 사용한다. 인덱스(라인)는 캐시의 어느 곳에 데이터를 저장할 주소를 결정하기 위해 사용하고, 태그는 찾고자 하는 데이터가 캐시에 있는지 비교하기 위해 사용한다. 즉, 선택된 블록의 태그 필드와 비교하여, 서로 일치하면 원하는 데이터가 캐시에 있음을 의미하고(hit), 다르면 캐시 미스로 주기억장치에서 원하는 블록을 읽어서 가져와야 한다. 주기억장치에서 읽은 데이터는 새로운 태그와 함께 캐시에 저장된다. 직접 매핑에서는 많은 블록 주소들이 동일한 인덱스(라인)를 사용하기 때문에 태그를 사용하여 현재 어느 블록이 캐시에 있는지를 검증한다.

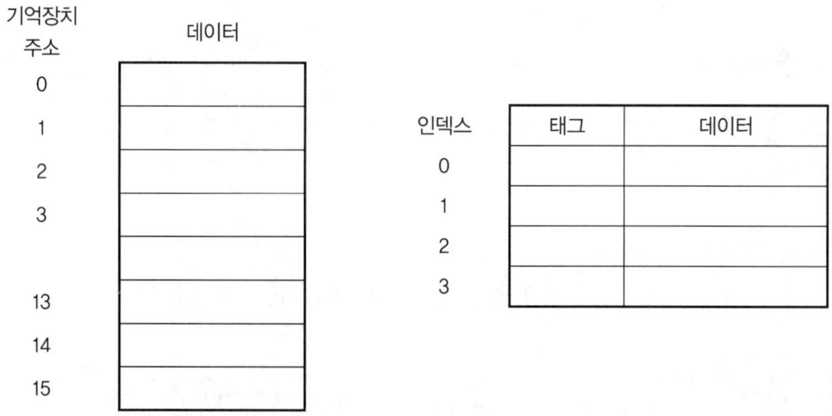

[그림 7-24] 기억장치와 캐시의 구조

직접 사상에서는 주기억장치 0(0000), 4(0100), 8(1000), 12(1100)번지 주소는 캐시기억장치 인덱스 번호 0으로 사상되고, 1(0001), 5(0101), 9(1001), 13(1101)번지 주소는 캐시기억장치 인덱스 번호 1로 사상된다. 이것을 위의 mod 계산으로 기억장치 주소가 들어갈 캐시기억장치 주소를 구하면 14 mod 4 = 2가 되어 14(1110)번지 주소는 캐시기억장치 2로 사상된다는 계산을 할 수 있다. 직접 사상으로 캐시의 데이터를 읽어 오는 과정을 살펴보기로 하자. 태그는 주소의 앞번호이고, 인덱스는 주소의 뒷부분이다.

기억장치 주소	데이터
0000	5812
0001	6004
0010	8902
0011	3010
	...
1101	8405
1110	0407
1111	1909

인덱스	태그	데이터
00		
01	11	8405
10		
11		

[그림 7-25] 직접 매핑의 예

만약 CPU가 1101번지를 액세스하려고 한다면 그런 주소가 캐시에 있는지 우선 확인할 것이다. 이때 태그는 11이고 인덱스는 01이므로 태그를 비교하고, 인덱스를 비교하여 해당하는 값이 캐시에 있으면 그 값을 CPU로 읽어 오면 된다. 만일 해당 값이 없다면 그 값을 기억장치에서 읽어서 캐시로 보내고 CPU로 전송하면 된다. 직접 사상은 인덱스는 같으나 태그가 다른 워드를 반복하여 접근하면 히트율이 감소하는 단점이 있다.

(2) 연관 사상(associative mapping)

연관 사상은 주기억장치의 블록이 캐시기억장치의 어느 위치라도 저장될 수 있다. 융통성은 있으나 모든 태그를 검사해야 하므로 시간이 오래 걸린다. 만약 주기억장치에서 읽어 캐시에 쓰려고 할 때 캐시가 가득 차 있으면 교체 알고리즘을 적용해야 한다. CPU가 찾고자 하는 주소를 인자 레지스터(argument register)에 넣고 이 주소와 일치하는 데이터를 CPU로 보내는 것이다. 만일 미스가 발생하면 해당 주소를 주기억장치에서 찾아 주소와 데이터를 캐시에 넣는다. 예를 들어서 주소가 000001000000000 15비트 주소는 인자 레지스터로 입력되어 01000(8진수 5 digits)의 주소에서 3450이라는 데이터를 CPU에게 전달한다. 02786이라는 주소를 찾는 경우 미스가 발생했다면 그 주소를 기억장치에서 찾아 [그림 7-26]처럼 캐시에 넣는 것이다.

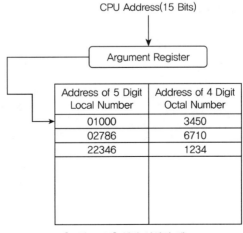

CPU Address(15 Bits)

Argument Register

Address of 5 Digit Local Number	Address of 4 Digit Octal Number
01000	3450
02786	6710
22346	1234

[그림 7-26] 연관 사상의 예

(3) 집합 연관 사상(set associative mapping) 기출

집합 연관 매핑은 캐시기억장치의 같은 인덱스 주소에 여러 개의 블록을 저장하는 것이 가능하도록 하여 직접 매핑의 단점을 보완한 방식이다. 데이터 워드는 태그와 함께 저장되며, 캐시의 한 워드는 한 세트로 구성된다. 같은 집합 내에서는 연관 사상을 적용한다.

인덱스	태그	데이터	태그	데이터
000	00	1234	01	5678
001	01		00	
110	00		01	
111	11	2018	00	2019

[그림 7-27] 집합 연관 사상

직접 사상에서는 CPU가 00111(태그는 00, 인덱스는 111) 주소를 찾아갈 때, 캐시기억장치의 인덱스 111에 가서 태그와 비교한다. CPU의 태그는 00이고 111의 태그는 11이기 때문에 미스가 발생한다. 미스가 발생했기 때문에 기억장치로 가서 00111 주소에 있는 데이터를 CPU로 전달하고 캐시기억장치의 인덱스 주소 111로 접근하여 태그를 00으로 바꾸고 CPU에 전달한 데이터를 해당 주소에 기록한다.

만일 인덱스와 태그를 세트로 구성하고 그 세트의 크기가 클 경우 동일 인덱스 내에서 또 다른 태그를 연속적으로 비교하면 원하는 데이터가 캐시에 있는지 찾을 확률이 증가한다. 이것이 집합 연관 사상의 장점이다. 집합 연관 사상의 캐시 용량은 세트의 크기에 비례한다. 예를 들어, 한 블록의 크기가 15비트, 태그가 9비트인 경우, 워드의 길이는 $2 \times (15 + 9)$이므로 48비트이다. 9비트 인덱스 주소는 512 워드를 저장할 수 있으므로, 캐시의 용량은 512×48이 된다.

7 매핑 방법의 비교 중요

[표 7-4] 매핑 방식의 비교

매핑 방법	매핑의 복잡성	태그 연관검색	캐시 효율	교체 알고리즘
직접 매핑	단순함	필요 없음	효율이 떨어짐	불필요
연관 매핑	복잡함	필요함	효율이 매우 좋음	필요
집합 연관 매핑	약간 복잡함	인덱스와 태그로 찾음	효율이 좋음	필요

제4절 가상기억장치 중요 기출

1 개념

주기억장치 안의 프로그램양이 많아질 때, 사용하지 않는 프로그램을 보조기억장치 안의 특별한 영역으로 옮겨서 그 보조기억장치 부분을 주기억장치처럼 사용할 수 있는 개념이다. 가상기억(virtual memory)장치는 컴퓨터의 속도 증가보다 주소 공간의 확대를 목적으로 한다. 가상기억장치를 사용하는 이유는 사용자가 기억공간을 할당하는 불편을 없애고, 프로그램과 프로그램 실행 중에 사용하는 기억장치의 구성이나 용량이 무관하도록 한다. 그리고 다수의 사용자가 기억공간을 효율적으로 사용하도록 하기 위함이다.

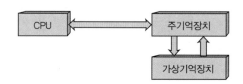

[그림 7-28] 가상기억장치의 개념도

지금 당장 실행에 필요한 프로그램은 가상기억장치에서 주기억장치로 보내고(roll-in), 당장 필요하지 않은 프로그램은 가상기억장치로 보내면(roll-out) 기억공간을 효율적으로 사용할 수 있다. 일반적으로 프로그램에 사용하는 주소를 가상주소(virtual address)라 하고, 주기억장치의 주소를 물리주소(physical address)라 한다.

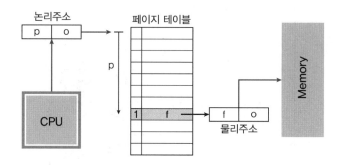

[그림 7-29] 주소 공간의 동작 원리

물리적 기억장치를 고정크기의 블록으로 나누고, 논리적 기억장치도 고정크기인 페이지로 나눈다. 일반적으로 페이지의 크기는 4KB 정도이다. CPU가 생성하는 주소는 페이지 오프셋을 갖는 페이지 번호이다. 페이지 테이블은 페이지 번호와 연관된 블록 주소를 포함한다. CPU에서 사용하는 가상주소는 주기억장치의 실제주소로 변환되어야 하는데 이것을 사상(mapping)이라고 한다. 사상에는 페이징 기법과 세그멘트 기법이 있다. 가상공간과 주기억장치의 기억공간을 일정한 크기의 연속된 기억공간으로 나눈 것을 페이지(page)라고 하고, 크기가 일정하지 않은 연속된 기억공간으로 구분하는 것을 세그먼트(segment)라고 한다.

2 동작 과정

페이지는 데이터의 이동이 간단하지만, 단점은 **내부 단편화**가 발생한다는 것이다. 주기억장치에 원하는 데이터가 있으면 히트라고 하고, 없으면 페이지 폴트(fault)라고 한다. 페이지 폴트가 발생하면 보조기억장치에서 필요한 데이터를 주기억장치로 이동해야 하는데, 이때 주기억장치에 공간의 여유가 없다면 주기억장치 페이지 중에서 하나를 선택하여 대체해야 한다. 주기억장치의 적중 여부를 확인하기 위하여 주소변환표를 사용한다.

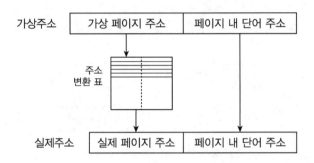

[그림 7-30] 실제주소와 가상주소의 관계

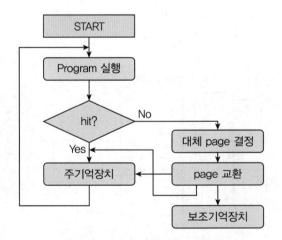

[그림 7-31] 실제주소와 가상주소의 동작 원리

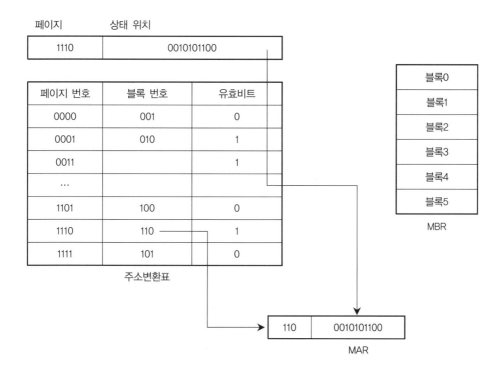

[그림 7-32] 주소변환표를 이용한 주소변환

주소변환표는 페이지 번호, 주기억장치의 블록 번호와 유효비트로 구성된다. 유효비트는 페이지가 보조기억
장치에서 주기억장치로 전송되었음을 의미한다. 유효비트가 1이면 해당 페이지 번호의 블록 번호 110과 상대
주소가 기억 주소 레지스터(MAR)로 전송되고, 주기억장치의 지정된 주소에서 기억 버퍼 레지스터(MBR)로
블록의 데이터가 전송된다.

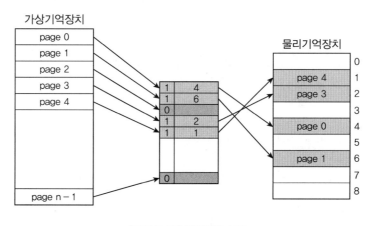

[그림 7-33] 기억장치 사상

메모리를 할당하는 것은 쉬운 일이지만 운영체제의 입장에서는 프로세스마다 페이지 테이블을 할당해야 한다. 이 경우 외부 단편화는 없지만, 내부 단편화(internal fragmentation)가 발생한다. 내부 단편화는 모든 기본적인 입·출력이 블록 단위로 이뤄져서 발생한다. 페이징 기법에서 내부 단편화는 프로세스에게 할당된 마지막 페이지에 남은 영역에서 발생한다.

예를 들어, 페이지 크기가 $2^{10} = 1024$byte이고 프로세스가 10500byte일 때, 페이지 11개를 할당(11264byte)하고 마지막 페이지에 남은 764byte가 내부 단편화 영역이 된다. 이 경우에서 페이지 크기가 $2^9 = 512$byte였으면 페이지는 21개가 할당(10752byte)되어 내부 단편화는 252byte가 되었을 것이다. 즉, 페이지 크기가 작을수록 내부 단편화 영역은 줄어든다. 그렇다고 무작정 페이지 크기를 줄일 수만은 없다. 이와는 반대로 분할한 영역보다 프로그램이 커서 할당 자체를 할 수 없어 영역 전체가 낭비될 때 이 부분을 외부 단편화(external fragmentation)라고 한다.

제5절 기억장치 인터리빙 중요

1 개념 중요

메모리 인터리빙(interleaving)은 주기억장치에 대한 접근 속도를 빠르게 하기 위해 사용한다. 주소지정 방식을 적절하게 조정하여 순차적으로 실행되는 명령어나 데이터를 기억장치 모듈에 분산 저장하는 기술이다. 인접한 메모리 위치를 서로 다른 뱅크(bank)에 둠으로써 동시에 여러 곳에 접근할 수 있게 하는 것으로 병렬처리가 가능하다. 다른 기억장소에 분산 배치하면 CPU에서 n개의 연속된 명령어를 순차적으로 실행하더라도 차례대로 처리해야 할 필요가 없어 시간을 절약할 수 있다. 메모리 인터리빙은 블록 단위 전송이 가능하게 하므로 캐시나 기억장치, 주변장치 사이의 빠른 데이터 전송을 위한 DMA(Direct Memory Access)에서 많이 사용한다.

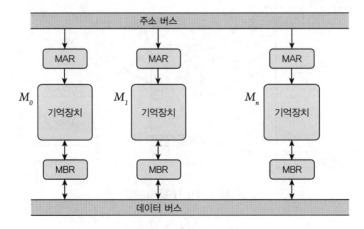

[그림 7-34] 복수 모듈 기억장치

U1	A1	M1	D1	A4	M4	D4	...
U2		A2	M2	D2	A5	M5	...
U3			A3	M3	D3	A6	...

[그림 7-35] 인터리빙의 병렬성

3개의 기억장치 모듈을 이용한 인터리빙의 경우, A가 주기억장치를 통해서 한 모듈에 주소를 보내는 동안, 다른 모듈 M은 미리 보낸 주소를 이용해서 기억장치에 접근하고, 또 다른 모듈 D는 읽어낸 정보를 데이터 버스에 실어서 외부로 전송한다.

2 상위 인터리빙

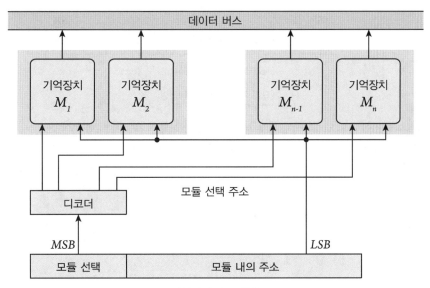

[그림 7-36] 상위 인터리빙

주소의 상위 비트들이 모듈을 선택하고, 하위 비트는 각 모듈 내의 기억장소 주소를 표시하기 위해 사용한다. 다중 프로그램에서는 프로그램과 데이터가 독립적이어서 각각의 모듈에 저장하는 것이 더 효과적이다. 오류가 발생해도 주소 공간의 일부만 영향을 받는다는 장점이 있다. 기억장치 인터리빙에서 뱅크(bank)라는 개념은 기억 모듈로 구성되는 집단을 얘기한다.

3 하위 인터리빙

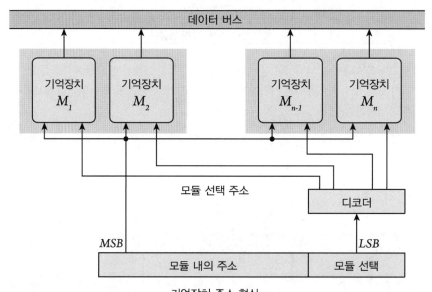

기억장치 주소 형식

[그림 7-37] 하위 인터리빙

하위 인터리빙은 주소의 하위 비트들이 모듈을 선택하면, 상위 비트는 각 모듈 내의 기억장소 주소를 표시하는
방식이다. 하위 인터리빙의 특징은 연속된 주소가 연속된 모듈에 구분되어 적용되므로, 다수의 모듈이 동시에
동작할 수 있다는 장점이 있지만, 어느 한 모듈의 오류가 전체에 영향을 끼칠 수 있다는 단점도 있다.

4 혼합 인터리빙

메모리 모듈을 뱅크로 그룹화하고 상위 비트는 뱅크 선택, 하위 비트는 뱅크 내의 모듈을 선택하게 하는 혼합 인터리빙 방식도 있다. 혼합 인터리빙 방식은 상위 인터리빙과 하위 인터리빙 방식을 혼합한 것이다.

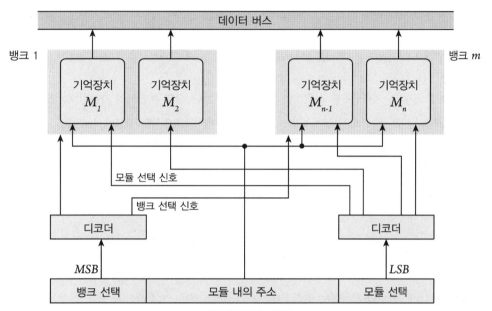

[그림 7-38] 혼합 인터리빙

※ 다음 지문의 내용이 맞으면 ○, 틀리면 ✕를 체크하시오. [1 ~ 10]

01 기억장치의 속도 빠르기는 레지스터, 캐시기억장치, 주기억장치, 보조기억장치의 순서이다.
(   )

　　》》》◯ 기억장치의 속도가 빠른 순서는 레지스터, L1 캐시, L2 캐시, L3 캐시, 주기억장치, 보조기억장치의 순서이다.

02 기억장치의 계층구조를 사용하면 기억장치를 효율적으로 혼합하여 사용할 수 있다. (   )

　　》》》◯ 많은 용량이 필요한 곳은 비트당 단가가 낮은 기억장치 소자를 사용하고, 고속의 성능을 요구하는 곳은 비트
　　당 단가가 높은 소자를 사용하여 경제적으로 기억장치를 구성할 수 있는 해결안을 제시하는 것이 기억장치
　　의 계층구조이다.

03 기억장치에 접근하는 순서가 하나의 모듈에서 순차적으로 실행되지 않고 여러 모듈에 주소를
분배하여 처리는 기법이 연관 사상이다. (   )

　　》》》◯ 기억장치에 접근하는 순서가 하나의 모듈에서 순차적으로 실행되지 않고 여러 모듈에 주소를 분배하여 처리
　　는 기법은 기억장치 인터리빙이다.

04 캐시기억장치의 사상에는 직접 사상, 간접 사상, 세트 연상 사상이 있다. (   )

　　》》》◯ 캐시기억장치의 사상에는 직접, 연관, 집합 연관 사상이 있고, 이 중 집합 연관 사상은 직접 사상의 단점을
　　보완한 방식이다.

05 캐시기억장치는 주소가 아니라 기억된 내용 일부를 이용하여 접근하는 방식이다. (   )

　　》》》◯ 캐시기억장치는 주기억장치와 CPU의 속도를 보완하기 위한 기억장치이고, 기억된 내용의 일부를 이용하여
　　기억장치에 접근하는 방식은 연관기억장치이다.

정답 1 ○ 2 ○ 3 ✕ 4 ✕ 5 ✕

06 주기억장치의 소자로는 RAM과 ROM을 사용한다. (　　　)

〉〉〉🔍 ROM은 읽을 수만 있는 반도체이고, RAM은 읽고 쓰기가 가능한 반도체 소자이다.

07 가상기억장치는 보조기억장치를 사용한다. (　　　)

〉〉〉🔍 주기억장치 안의 프로그램양이 많아질 때 사용하지 않는 프로그램을 보조기억장치 안의 특별한 영역으로 옮겨서 그 보조기억장치 부분을 주기억장치처럼 사용할 수 있는 개념이 가상기억장치이다.

08 즉시 쓰기는 변경되는 블록이 캐시기억장치와 주기억장치에 동시에 쓰이는 것을 말한다.

(　　　)

〉〉〉🔍 즉시 쓰기 방식은 변경되는 블록 내용이 캐시기억장치와 주기억장치에 동시에 쓰이기 때문에, 블록 내용이 항상 일치한다.

09 원하는 데이터를 주기억장치에서 인출하기 위해서는 MAR과 MBR이 필요하다. (　　　)

〉〉〉🔍 필요한 데이터를 주기억장치에서 인출하기 위해서는 유효주소를 MAR로 전달하고 기억장치에서 필요한 데이터를 찾아 MBR에 전송해야 한다.

10 데이터 전송률은 초당 전송되는 정보량으로, 대역폭이라고도 한다. (　　　)

〉〉〉🔍 초당 전송되는 데이터의 양은 대역폭이라고 한다.

01 CAM은 Content Addressable Memory의 약자로 내용 일부에 저장된 데이터를 찾아가는 연관기억장치를 말한다.

01 CAM은 어떤 기억장치를 의미하는 용어인가?

① 가상기억장치

② 연관기억장치

③ 캐시기억장치

④ 보조기억장치

02 문제는 인터리빙에 대한 내용이며, 인터리빙은 블록 단위 전송이 가능하므로 캐시나 기억장치, 주변장치 사이의 빠른 데이터 전송을 위한 DMA(Direct Memory Access)에서 많이 사용한다.

02 기억장치를 각 모듈이 서로 번갈아 가면서 액세스하는 방식을 무엇이라고 하는가?

① 직접 사상 방식

② 연관 사상 방식

③ 인터리빙 방식

④ 세그먼테이션

03 주기억장치에서 캐시기억장치로 데이터를 전송하는 것을 사상(mapping)이라고 한다.
페이징은 가상기억장치를 모두 같은 크기의 블록으로 편성하여 운용하는 기법으로, 일정한 크기를 가진 블록을 페이지(page)라고 한다.

03 다음 중 관련이 적은 한 가지는?

① 직접 사상

② 연관 사상

③ 집합 연관 사상

④ 페이징

정답 (01 ② 02 ③ 03 ④)

04 기억장치 인터리빙의 목적을 바르게 표현한 것은?

① 기억장치의 액세스 효율을 증가시킨다.
② 기억용량을 확장한다.
③ 캐시와 주기억장치의 데이터 전송을 빠르게 한다.
④ 주소 공간을 확대한다.

05 RAM에 대한 설명으로 옳은 것은?

① 일반적으로 읽고 쓰기가 가능하다.
② 중요한 명령어나 데이터를 저장한다.
③ 내용을 변경시킬 수 없다.
④ 비휘발성 기억장치이다.

06 기억장치의 계층구조에 대해서 바르게 설명한 것은?

① 상단으로 올라갈수록 기억용량이 크다.
② 하단으로 내려올수록 비트당 가격이 비싸다.
③ 레지스터는 보조기억장치와 직접 통신이 가능하다.
④ 보조기억장치는 주기억장치를 통해서 레지스터와 통신한다.

04 인터리빙은 기억장치 모듈을 여러 집단으로 분리하여 병렬처리를 가능하게 함으로써 액세스 효율을 향상하는 기법이다.

05 RAM(Read Access Memory)은 읽고 쓰기가 가능한 휘발성 메모리로, 전원이 차단되면 기억된 내용이 사라지기 때문에 중요한 명령이나 데이터를 저장하지 못한다.
ROM은 Read Only Memory의 약자로 전원이 차단되어도 데이터를 기억하는 비휘발성 장치로서, 손실되지 않아야 할 데이터를 보관하며 종류에 따라서 내용을 변경할 수 있다.

06 기억장치 계층구조에서는 상단으로 올라갈수록 기억용량이 적어지고 비트당 가격은 비싸진다. 보조기억장치와 레지스터는 직접 통신할 수 없고 반드시 주기억장치를 거쳐서 통신할 수 있다.

정답 04 ① 05 ① 06 ④

07 Mask ROM은 반도체 제조공정에서 내용이 찍혀나오는 ROM으로 변경할 수 없고, PROM은 한 번만 프로그램할 수 있는 ROM이다. EPROM은 자외선을 이용하여 여러 번 지우고 쓸 수 있는 ROM이고, EEPROM은 전기적으로 삭제가 가능하고 거의 RAM처럼 읽고 쓰기가 자유로운 ROM이다.

07 자외선을 이용하여 여러 번 내용을 지우고 쓸 수 있는 ROM은?

① Mask ROM
② PROM
③ EPROM
④ EEPROM

08 ROM은 읽기만 가능하고 쓰기가 불가능하므로, 쓰기 신호선이 없다.

08 ROM의 구조에서 불필요한 신호는 무엇인가?

① 칩 선택 신호　② 읽기 신호
③ 쓰기 신호　④ 주소선

09 파괴적 기억장치는 기억된 내용을 한 번 읽으면 그 내용이 파괴되어 원래의 데이터를 복원해줘야 하는 기억장치이다. 전원의 공급이 중단되면 기억된 내용이 사라지는 장치는 휘발성 장치라고 하며, 기억된 내용이 사라지지 않는 장치를 비휘발성 장치라고 한다.

09 파괴적 기억장치에 대한 설명으로 옳은 것은?

① 한 번 읽으면 내용이 파괴되어 원래의 데이터를 복원해줘야 하는 기억장치이다.
② 데이터를 읽어 와도 원래의 데이터를 복원해 줄 필요가 없는 기억장치이다.
③ 전원의 공급이 단절되면 기억된 내용이 사라지는 장치이다.
④ 전원의 공급이 단절돼도 기억된 내용이 사라지지 않는 장치이다.

10 SRAM은 속도를 중요시하는 메모리로 사용하는 대신에 소비전력이 크다.

10 다음 중 SRAM의 특징이 아닌 것은?

① 플립플롭에 정보를 저장한다.
② 전력 소비가 적다.
③ 정보유지를 위한 재충전이 필요 없다.
④ 속도가 중요하다.

정답 07 ③　08 ③　09 ①　10 ②

11 기억장치의 읽기 동작에 대해서 순서대로 나열한 것은?

> 가. CPU 내부의 주소 버스를 통해 주소를 MAR에 넣는다.
> 나. 칩 선택과 읽기 신호를 활성화한다.
> 다. 데이터를 데이터 버스를 통해 MBR에 저장한다.

① 가-나-다
② 나-다-가
③ 다-나-가
④ 나-가-다

11 기억장치의 읽기 동작은 MAR이 가지고 있는 주소에 접근하여 해당 주소에 있는 데이터를 MBR로 전달하는 일련의 동작을 말한다. 이때 데이터를 저장하기 전에 기억장치는 읽기 신호가 활성화된다.

12 다음 중 페이징 기법과 관련 없는 내용은?

① 보조기억장치와 주기억장치 간의 사상을 위한 방법이다.
② 가상공간과 주기억장치를 일정한 크기로 나눈다.
③ 내부 단편화 문제가 발생한다.
④ 인터리빙에 필요한 기법이다.

12 인터리빙은 여러 개의 메모리 뱅크(bank)로 분리하여, CPU가 데이터 전송을 거의 동시에 여러 메모리 뱅크에서 요청하는 기법을 말한다.

13 컴퓨터의 용량이 64M × 64비트인 경우 MAR과 MBR은?

① MAR = 26, MBR = 64
② MAR = 64, MBR = 26
③ MAR = 16, MBR = 64
④ MAR = 64, MBR = 16

13 메모리의 용량을 구할 때 워드의 수는 $64M = 2^{20} \times 2^6 = 2^{26}$ 이고 1 워드의 크기는 64이므로 MAR은 26, MBR은 64가 된다.

정답 11 ① 12 ④ 13 ①

14 DRAM은 정보유지를 위한 주기적인 재충전이 필요하다.

14 다음 중 DRAM의 특징이 <u>아닌</u> 것은?

① 전하를 충전하여 정보를 저장한다.

② 주기억장치의 용도로 사용한다.

③ 정보유지를 위한 재충전이 필요 없다.

④ 전력 소비가 적다.

15 L2는 L1보다 속도는 느리지만 용량이 크고, L3는 L2보다 느리지만 용량이 더 크다. L1, L2 캐시는 수 KB 정도의 용량에 불과하고 CPU 내에 포함된다. L3는 CPU 외부에 있으며 MB 정도의 용량을 갖고 있다. 캐시를 계층적으로 구성하면 접근 시간이 짧아져 컴퓨터의 성능이 향상된다.

15 캐시기억장치에 관한 설명으로 <u>틀린</u> 것은?

① 주기억장치와 CPU 간의 속도의 차이를 조정해준다.

② L1, L2, L3 캐시는 CPU 내부에 설치된다.

③ 캐시 속도는 L1, L2, L3의 순서이다.

④ 캐시를 계층적으로 사용하면 컴퓨터 성능이 좋아진다.

16 캐시의 지역성은 나타나는 현상이지 기법이 아니다. 캐시의 지역성은 기억장치에 접근하는 패턴에 따라 동일한 값 또는 관련 저장 위치가 자주 액세스 되는 현상에 대한 용어이다.

16 캐시의 지역성에 대해서 <u>틀리게</u> 설명한 것은?

① 캐시의 속도를 개선하기 위해 사용하는 기법이다.

② 기억장치에서 자주 사용된 값 또는 관련 저장 위치가 자주 액세스 되는 현상이다.

③ 공간적 지역성은 프로그램이 최근에 사용된 기억장소와 가까운 곳에 있는 기억장소를 사용한다는 의미이다.

④ 시간적 지역성은 짧은 시간 내에 특정 데이터 또는 자원이 재사용된다는 것을 의미한다.

정답 14 ③ 15 ② 16 ①

17 캐시 적중률의 공식으로 맞는 것은?

① 적중률 = miss 수 / 기억장치 참조 횟수

② 적중률 = hit 수 / 기억장치 참조 횟수

③ 적중률 = miss 수 / 캐시기억장치 참조 횟수

④ 적중률 = hit 수 / 캐시기억장치 참조 횟수

17 캐시 적중률은 기억장치를 참조하면서 원하는 데이터가 캐시에 있을 확률을 구하는 것이다.

18 다음과 같은 조건에서 캐시기억장치의 라인 번호는?

- 주기억장치의 블록 번호(j) = 300
- 캐시기억장치의 라인 수(m) = 16

① 10

② 11

③ 12

④ 13

18 캐시기억장치의 라인 번호(i) = j mod d이므로, 300 mod 16 = 12이다. MOD 함수는 음이 아닌 양의 나머지 값을 생성한다.

19 캐시의 블록이 변경되면 주기억장치의 내용도 동시에 변경되는 쓰기 정책은?

① write through

② write back

③ write parallel

④ write now

19 캐시의 쓰기 정책에는 변경되는 내용이 동시에 기록되는 write through 정책과 캐시에 데이터가 변경되어도 주기억장치는 변경되지 않고 나중에 기록하는 write back 정책이 있다.

정답 17 ② 18 ③ 19 ①

Self Check로 다지기 | 제7장

➡️ **RAM과 ROM**

램(RAM)은 전원이 끊어지면 기억되어 있는 데이터들이 소멸하기 때문에 휘발성 메모리(volatile memory)라 표현하고, 데이터를 읽는 속도와 기록하는 속도가 같으며, 컴퓨터의 주기억장치, 응용 프로그램 로딩, 데이터 일시 저장 등과 같은 곳에 사용한다. SRAM, DRAM 등이 있다. 롬(ROM)은 전원이 끊어져도 기록된 데이터들이 소멸하지 않는 비휘발성 메모리(non-volatile memory)이고, ROM에 데이터를 (반영구적으로) 저장한 후 이를 지속적으로 사용한다. 컴퓨터의 BIOS도 이에 속한다. 일반적인 롬은 데이터를 한 번 저장하면 지울 수 없이 계속 사용해야 하지만, PROM(1번 다시 쓰기 가능), EPROM(무한), EEPROM(무한)은 특수한 방법을 통해 데이터를 삭제한 후 데이터를 다시 기록할 수 있다.

➡️ **기억장치**

기억장치는 주기억장치, 캐시기억장치, 보조기억장치로 구분할 수 있다. 주기억장치는 현재 실행 중인 프로그램이나 데이터가 위치하는 저장공간이고, 캐시는 주기억장치와 CPU의 실행속도를 중재하기 위해서 사용빈도가 높은 데이터나 프로그램을 저장하는 기억장치이다. 보조기억장치는 대용량의 저장공간을 제공하는 장치로서, 가상기억장치로도 역할을 한다.

➡️ **매핑(mapping)**

주기억장치에서 캐시로 데이터를 전송하는 것을 매핑(mapping, 사상)이라고 하며 직접 사상, 연관 사상, 집합 연관 사상이 있다.

매핑 방법	매핑의 복잡성	태그 연관검색	캐시 효율	대체 알고리즘
직접 매핑	단순함	필요 없음	효율이 떨어짐	불필요
연관 매핑	복잡함	필요함	효율이 매우 좋음	필요
집합 연관 매핑	약간 복잡함	인덱스와 태그로 찾음	효율이 좋음	필요

➡️ **인터리빙**

CPU에서 n개의 연속된 명령어를 순서대로 차례로 실행하기 위해서는 n번의 액세스가 필요하지만, 기억장치를 여러 모듈로 나누어서 각각의 모듈에 MAR, 해독기, MBR을 복수로 구성하면 동시에 병렬성을 갖고 실행할 수 있어 기억장치의 효율이나 시스템이 향상되도록 하는 기법이다.

➡️ **참조의 지역성**

원하는 데이터가 캐시에 있을 확률을 적중률이라고 하는데, 이는 프로그램과 데이터의 지역성에 크게 의존한다. 지역성은 최근에 참조한 데이터를 다시 액세스하는 것, 서로 인접한 데이터를 사용하는 것 등에 의해서 시간적 지역성, 공간적 지역성, 순차적 지역성으로 구분한다.

제 8 장

보조기억장치

비관론자는 어떤 기회가 찾아와도 어려움만을 보고,
낙관론자는 어떤 난관이 찾아와도 기회를 바라본다.

– 윈스턴 처칠 –

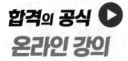

제 8 장 | 보조기억장치

주기억장치는 CPU와 통신을 위해 속도가 빠른 고가의 기억소자를 필요로 하기 때문에 용량에 제한이 있지만, 보조기억장치는 상대적으로 저가의 기억소자를 이용하여 용량을 필요한 만큼 확장할 수 있다. 현재 실행에 필요한 프로그램이나 데이터는 주기억장치에 넣어 두고 처리하지만, 보조기억장치는 현재 사용하지 않는 데이터 등을 보관하고 있다가 필요한 시점에 인출하여 사용하므로 주기억장치의 용량 문제를 해결해주는 역할을 한다. 보조기억장치는 비휘발성 저장장치이면서 영구적인 저장장치이다. 즉, 컴퓨터의 전원이 꺼져도 데이터나 프로그램은 그대로 저장장치에 남아 있기 때문이다. 보조기억장치의 특성은 매체(media), 용량(capacity), 저장 장치(storage devices) 및 접근 속도(access speed)의 4가지 요소이다.

보조기억장치는 데이터에 접근하는 방식에 따라서 직접접근 기억장치(DASD : Direct Access Storage Devices)와 순차접근 기억장치(SASD : Sequential Access Storage Devices)로 구분한다. 보조기억장치는 다음과 같이 분류할 수 있는데 자기디스크, CD, DVD, Flash Disk 등은 직접접근 기억장치이고, 자기테이프는 순차접근 기억장치이다. 보조기억장치는 이동식 모터와 헤드를 가지고 있는 기계식 장치이고, 헤드가 원하는 데이터의 위치에 도달하기 위한 탐색시간과 데이터 전송시간으로 인해 접근 속도가 느리며, 탐색시간이 전송시간보다 길기 때문에 레코드나 블록으로 데이터를 저장한다.

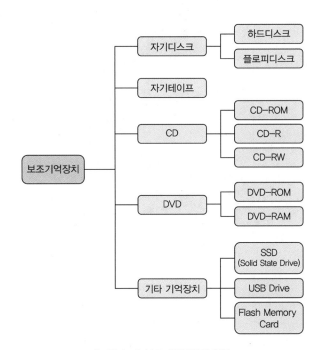

[그림 8-1] 보조기억장치의 분류

제1절 　자기디스크 （중요）

자기디스크는 원형 플래터 위에 자성으로 데이터를 표현한다. 플래터는 하나의 중심축에 여러 장의 원판이 쌓여 있는 형태로 되어 있다. 플래터 사이는 중심 작동 암(arm)에 장착된 판독 및 기록 디스크 헤드를 위한 공간을 확보할 정도로 충분하고, 표면당 하나의 읽기 및 쓰기 헤드가 있다. 디스크는 프로그램을 포함한 데이터를 저장할 수 있는 입·출력장치로서, 디스크 제어 레지스터가 메모리 매핑 입·출력을 통해서 직접 액세스할 수 있지만, 디스크에 저장된 데이터는 디스크와 메모리 간의 블록 전송을 통해서만 액세스할 수 있다. 주기억장치보다는 용량이 크고 비트당 가격이 저렴하고 속도는 느리다. 디스크의 입·출력 대역폭(bandwidth)과 저장 공간을 고려해야 하는데 주기억장치의 속도는 나노급(ns)이고 디스크의 속도는 밀리급(ms)이기 때문에 속도의 차이를 충분하게 고려해야 한다. 디스크를 시스템에 연결하는 방식에는 IDE(PATA), SATA(Serial ATA), SCSI(Small Computer Systems Interface), 광 채널(fibre channel) 및 SAS(Serial Attached SCSI) 등이 있다.

1 디스크의 구성 （중요）

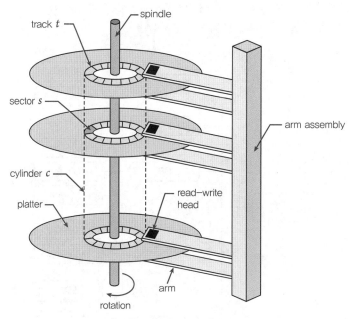

[그림 8-2] 디스크의 구성요소

① 플래터(platter)는 자성 재료로 덮인 두 표면으로, 비휘발성 저장 공간을 제공한다.
② 트랙(track)은 데이터가 기록되는 플래터 상의 위치를 말하며, 섹터로 나누어져 있다.
③ 실린더(cylinder)는 서로 다른 플래터에 있는 트랙이 형성하는 집단으로, 동심축에서 같은 거리에 있는 트랙의 집합을 실린더라고 부른다.

④ 섹터(sector)는 트랙에서 주소가 지정되는 최소 단위 영역을 말한다. 섹터는 디스크를 포맷하는 동안에 설정된다. 윈도우에서 섹터의 크기는 512바이트이다.

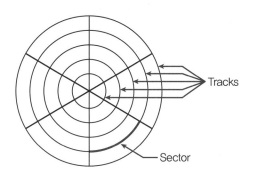

[그림 8-3] 트랙과 섹터

블록 크기는 여러 개의 섹터로 이루어진다. 디스크의 인치당 바이트 수(BPI : Byte Per Inch)와 인치당 트랙 수(TPI : Track Per Inch)는 기하급수적으로 증가하고 있고, 버퍼링 속도와 회전 속도도 함께 개선되고 있다. 반도체 기억장치를 사용하는 솔리드 스테이트 디스크(SSD : Solid State Disk)는 자기디스크를 대체하고 있다. 또한, 공기보다 훨씬 가벼운 헬륨을 이용하여 HDD의 이동 메커니즘에 대한 저항력과 내부의 난기류 발생도 적게 하는 데 이용하고 있고, 전력 소모가 적은 모터로 대체되고 있다. 디스크에서 데이터를 읽어오고 쓰기 위한 순서는 다음과 같다.

① 헤드를 해당 트랙으로 이동한다.
② 원하는 데이터가 저장된 섹터의 주소를 찾아간다.
③ 데이터를 읽어온다.

2 데이터 접근시간 기출

원하는 데이터가 저장된 트랙을 찾는 데 걸리는 시간을 탐색시간(seek time)이라 하고, 원하는 데이터가 있는 섹터에 디스크 헤드가 도달하는 시간을 회전 지연시간(rotational delay time)이라 하며, 디스크 헤드가 데이터를 읽기 위한 시간을 데이터 전송시간(data transfer time)이라고 한다. 탐색시간, 회전시간, 전달시간의 합을 데이터 접근시간(data access time)이라고 한다. 데이터 접근시간은 실린더의 수, 데이터 밀도 및 회전 속도와 비례한다. 데이터 접근시간에 영향을 주는 기타 다른 요인은 다음과 같다.

① 입·출력을 처리하는 CPU time   ④ 주기억장치 경쟁
② 제어기 경쟁   ⑤ 체크섬 블록 교정
③ 버스 경쟁   ⑥ 스케줄링 큐

3 디스크 처리량

디스크 처리량(disk throughput)은 초당 데이터 처리 능력을 말하는 것으로, 스토리지의 성능을 평가하는 중요한 지표로 활용된다. 일반적으로 초당 입·출력(IOPS : Input Output Per Sec)을 활용하지만, 제조사에 따라 블록 크기, 액세스, 트랜잭션 등에 따라 측정 결과가 다른 경우가 많다. 처리량은 데이터 크기를 데이터 전달 시간으로 나눈 값으로 표시한다.

4 인터페이스의 종류 (중요)

(1) 병렬 ATA(PATA : Parallel Advanced Technology Attachment)

개인용 컴퓨터 안에서 하드디스크, CD-ROM 드라이브와 같은 기억장치를 연결하는 표준 인터페이스이다. 데이터의 경로를 여러 개로 분산시켜 성능을 높이는 병렬 구조의 특성 때문에 PATA 방식의 하드디스크와 광디스크 드라이브(ODD, Optical Disc Drive)는 40개의 핀으로 구성된 복잡한 구조의 커넥터와 케이블을 사용해야 했고, 이는 장치 및 케이블을 소형화하는 데 불리했다. 게다가 지나치게 많은 핀을 사용하다 보니 데이터 전송 도중에 신호의 누락이나 오류가 발생할 여지가 컸고, 이는 데이터를 전송할 때 안정성과 속도를 저하시키는 요인으로 작용했다. 수년 동안 가장 일반적이면서 가장 값싼 인터페이스를 제공하였고, 직렬 ATA로 대체되었다.

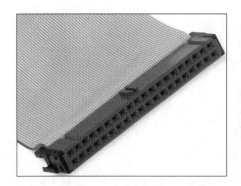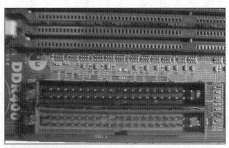

[그림 8-4] 병렬 ATA와 드라이브 표준

(2) 직렬 ATA(SATA : Serial ATA)

병렬 ATA에 비해 빠른 전송을 지원하고, 전원이 켜진 상태에서도 하드디스크 드라이브를 교체할 수 있는 핫 스왑(hot swap) 기능을 제공한다. 물론, 해당 PC의 메인보드 및 운영체제에서 AHCI(Advanced Host Controller Interface) 규격을 지원해야 가능하다.

[그림 8-5] 직렬 ATA와 드라이브

(3) SCSI(Small Computer System Interface)

스카시라고 불리는 SCSI는 직렬 방식으로, 컴퓨터에 주변기기를 연결할 때 사용하는 표준 인터페이스
이다. 입·출력 버스를 접속하는 데에 필요한 기계적, 전기적인 요구 사항과 모든 주변기기 장치를 중
심으로 명령어 집합에 대한 규격을 말한다. SCSI는 주변기기의 번호만 각각 지정해 주면 자료 충돌 없
이 주변기기를 제어할 수 있다.

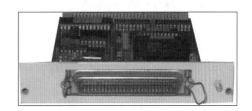

[그림 8-6] SCSI 인터페이스

(4) 광채널(Optical Channel)

광채널은 광섬유 케이블에 의해 전송된 광신호로 입·출력 자료를 실행하는 인터페이스이다. 보통 전기
적인 채널에 비해 원거리인 동시에 고속 정보의 전송이 가능하고 케이블이나 접속 기구 등의 공간도
줄어든다.

[그림 8-7] 광케이블 인터페이스

(5) SAS(Serial Attached SCSI)

주기억장치로 데이터를 송/수신할 수 있는 점대점 직렬 프로토콜이다. SAS는 1980년대 중순에 처음 등장한 병렬 SCSI 버스 기술을 대체한다.

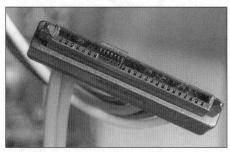

[그림 8-8] SAS 인터페이스와 케이블

제2절   광기억장치 (종요)

광기억장치(optical memory unit)는 레이저를 이용하여 데이터를 기록하는 장치이다. 매체로는 CD-ROM (Compact Disk Read-Only Memory), DVD(Digital Versatile Disk), WORM(Write-Once Read-Many) 카트리지, 플래시 드라이브 등이 있다.

1 CD-ROM(compact disk read only memory)

CD-ROM은 오디오용 콤팩트 디스크와 크기 및 작동 방식이 같다. 또한, CD-ROM 안의 데이터를 지우거나 바꾸거나 새로운 내용을 더 삽입할 수는 없다. CD-ROM의 한쪽 면은 평평한 면에 0과 1을 나타내는 미세한 구멍들이 있어, 레이저 장치로 레이저 광선을 쏘아 CD-ROM의 구멍들을 읽어서 비트 신호를 만든다. 표준 규격의 CD-ROM은 약 650 메가바이트(MB)의 용량을 저장할 수 있는데, 이것은 대략 A4용지 양면으로 32만 5,000페이지에 이르는 분량이다. CD-ROM은 대용량을 지원하기 때문에 음향, 동영상, 게임 등의 멀티미디어 프로그램들을 보급하는 주요 수단으로 사용한다. CD를 매체로 하는 장치에는 사용자가 데이터를 한 번만 기록할 수 있는 CD-R(CD-recordable)과 데이터를 지우고 쓰는 것이 언제나 가능한 CD-RW(CD-writable) 이 있다. CD-ROM은 사용자가 약 1,000번 정도 읽고 쓸 수 있다. CD-ROM의 동작 원리는 다음과 같다.

① 디스크의 표면에 홈을 파서 미끄러움을 방지한다.
② 홈에 레이저 빔을 쏴서 반사되는 빛을 광센서로 검출한다.
③ 검출된 빛을 디지털 신호로 변환한다.
④ 데이터의 액세스는 순차적 방식을 사용한다.

2 DVD(digital versatile dick)

DVD는 CD에서 더 발전한 저장 매체이다. 외형은 CD와 같으나 CD와는 다른 포맷으로 데이터를 저장한다. 처음에는 품질이 좋은 대용량 영상물을 담을 수 있는 매체로 시작하여, 컴퓨터의 정보 저장 매체로 발전하였다. CD와 달리 모든 DVD는 UDF라는 형식으로 파일을 저장한다. DVD에는 싱글 레이어(single layer)와 듀얼 레이어(dual layer)가 있는데, 싱글 레이어는 용량이 4.7GB이고, 듀얼 레이어는 8.5GB의 데이터를 저장할 수 있다. 최대 9.4GB를 저장할 수 있는 DVD-RAM도 있다. 종류로는 DVD-R, DVD-RW 등이 있으며, 듀얼 레이어 DVD는 DVD 기록 장치가 듀얼 레이어(DL)를 지원해야만 정상적으로 구울 수 있다. DVD-R은 DVD를 기록할 수 있는 포맷이고, DVD-RW는 언제든지 데이터의 지우고 쓰기가 가능한 포맷이다. DVD를 'Digital Video Disc'의 약자로 이해하고 있으나, DVD 포럼에서는 'Digital Versatile Disc'로 정의하고 있다.

3 Flash Drive (종요)

플래시 드라이브는 USB 포트에 꽂아 쓰는 플래시 메모리를 이용한 이동형 저장장치를 말한다. GB부터 TB까지 다양한 용량의 제품들이 있다. 크기가 매우 작아 휴대하기도 매우 간편하고, 큰 용량의 파일을 가지고 다닐 때나 파일을 옮길 때 편리하며 보안용 암호장치도 있어 자료를 안전하게 보관할 수 있다.

[그림 8-9] CD ROM과 Flash Drive

제3절 | SSD

1 개요

SSD(Solid State Drive)는 고정 상태 드라이브를 의미하고, Solid-state는 고정 상태와 소체(트랜지스터)를 의미한다. SSD와 HDD의 가장 큰 차이는 HDD는 자기 디스크이고, SSD는 플래시 메모리로 구성된다는 것이다. 구동부(모터)가 없어서 소음도 대폭으로 감소했다.

SSD의 가장 큰 장점은 데이터 입출력 속도이다. 파일 전송 속도가 HDD에 비해 매우 **빠르다**. 이 신속한 입출력 속도 때문에 같은 시가의 HDD 대비 낮은 최대 저장 용량을 가졌음에도 대중적으로 인기를 얻고 있다. 다만 빠른 속도로 SSD의 최대용량이 늘어나 2021년에는 최대 용량 기준으로 2배(일반 소비자용 제품 기준 – SSD : 10TB, HDD : 20TB. 특수 제품 SSD의 경우 2018년에 100TB 제품이 출시됨)로 그 간격이 좁혀져 있는 상황이다. 그 다음 장점은 아주 작고 가볍다는 점이다. 하드디스크는 플래터와 그 플래터를 감싸는 몸체, 플래터를 구동하기 위한 모터 등의 구조물로 인해 일정한 두께 이하로 줄이기 어려우며 그로 인해 무게가 어느 정도 나갔는데, SSD는 겉을 감싸는 얇은 케이스와 기판으로만 이루어져 있어 HDD 대비 상당히 가볍고, 작은 사이즈를 구현할 수 있다. SSD를 메인 저장공간으로 쓰면 부팅과 게임/프로그램 로딩 등에서 HDD와는 비교할 수 없는 속도감을 느끼고 다시 HDD로 돌아갈 수 없다는 사용후기가 넘쳐나기 시작하고, 때마침 2011년 태국 홍수로 HDD 생산공장이 침수되어 HDD의 품귀현상과 맞물리면서 본격적으로 대중화가 이루어졌다. CPU와 램을 아무리 높여도 얻을 수 없는 속도를 맛본 것이다. 구형 컴퓨터라도 SSD에 OS를 설치해서 메인으로 쓰면 사무용으로는 다시 수년을 써도 전혀 문제가 없다.

2019년 이후부터 SSD의 지속적인 가격 하락으로 대중화되고 있다. 점유율이 50%를 넘겼으나, 아직은 하드디스크에 비하면 용량은 작고 가격은 비싸 보통 부팅 및 OS, 중요한 응용 소프트웨어를 설치하기 위한 용도로 많이 사용되며, 고용량을 필요로 하는 데이터 저장용도로는 아직 하드디스크가 대세이다.

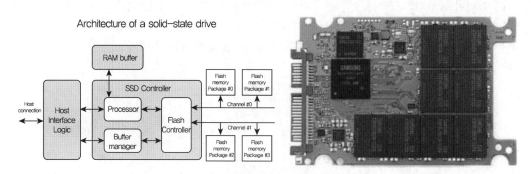

[그림 8-10] SSD 구조와 실제 기판

2 장점과 단점

(1) 장점

① 대역폭이 큼

SSD는 초기에 SATA2, SATA3 기반으로 나왔을 때도 기존 HDD보다 몇 배는 높은 대역폭을 보여주며 빠르게 컴퓨터 전문가들의 애용품이 되었다.

② 랜덤 액세스 속도가 빠름

HDD는 물리적인 바늘과 원판을 직접 움직여서 파일을 찾아야 하지만, SSD는 전기 신호로 모든 것을 처리하기 때문이다.

③ 자기장으로부터 안전함

HDD는 자성 물질이 있는 원판(= 알루미늄 또는 유리 원판)에 자기를 정렬하는 원리로 기록하고 지우는 것이라, HDD 위에 자석을 흔들어 대면 데이터가 싹 다 손상되고 작동 불능 상태가 된다. 하지만 SSD는 플래시 메모리 원리를 이용하여 정보를 기록하기 때문에 자기장으로부터 안전하다. 물론 완전히 안전하지 않겠지만 SSD의 정보가 교란될 정도로 강력한 자기장이 발생하면 다른 금속 부품들이 자화되어 컴퓨터 외장이 먼저 부서질 것이다. 공장이나 MRI 등 대형 모터나 전자석이 사방에 널려있는 환경에서는 하드디스크 대신 SSD를 사용한다.

④ 소음이 없음

구동부가 없어서 소음이 없다. 그래서 무소음 PC를 만들거나 태블릿을 만들 때는 필수품이다.

⑤ 전력소모가 적음

모터가 상시 구동되는 HDD에 비하면 대기전력 소모는 10% 수준이다. 대기 시 전력소모는 mW 수준으로 매우 적다. 노트북에서는 결코 무시할 수 없는 전력 차이를 보인다. 또한 회전속도가 10,000~15,000 rpm에 달하는 기업용 HDD들의 전력 소모량과는 비교불허 수준이고, 12V 쇼크로부터도 안전하다.

⑥ 충격에 강함

HDD의 경우 작동하지 않는 상태에서도 책상 높이 수준에서 떨어지면 고장이 발생할 가능성이 높고, 들고 다니면서 충격을 받으며 쓰는 외장 HDD의 경우엔 수명이 1년도 안될 정도로 충격에 약한 편이다. 반면 SSD는 모터나 액추에이터와 같은 기계적 작동부가 없기에 HDD보다 충격이나 진동에 관련된 문제에 대해 자유롭다. 따라서 노트북 등 모바일 환경에서라면, 난기류를 마주친 비행기 안에서든, 험지 주파중인 SUV 안에서든, HDD 탑재 노트북이라면 배드섹터가 생길 수 있는 환경에서도, 신경 쓰지 않고 작업을 이어갈 수 있으며 마음 놓고 손에 든 채로 쓸 수 있다는 점과 작업 중 장소를 옮길 때 신경을 덜 써도 된다는 장점이 있다.

⑦ 조각모음이 불필요함

HDD는 파일을 만들었다 지웠다를 반복하면서 파일이 조각나는 현상이 생겨 조각모음을 하지 않은 채 사용하면 점점 성능이 저하된다. SSD는 조각모음 대신에 트림이라는 게 생기지만, 짧게는 수십 분에서 길게는 몇 시간 단위로 걸리는 하드디스크 조각모음에 비해 걸리는 시간이 불과 수초에서 1분 이내로 매우 짧다. 하드디스크를 시스템 디스크로 쓰는 컴퓨터의 경우 백그라운드에서 실행되는 조각모음 때문에 종종 컴퓨터가 느려지는 걸 경험하게 되지만, SSD는 이러한 문제가 거의 없다.

⑧ 발열이 적음

하드디스크와 비교하면 확실히 전력소모와 발열이 적다. 단 2.5인치 SATA 방식의 SSD에만 해당되며, mSATA와 M.2 방식의 경우에는 2.5인치 SATA 방식과 다르게 표면적이 좁아서 발열이 상당하다. 2.5인치 SATA SSD의 경우 기판을 덮고 있는 케이스 부분이 보통 알루미늄으로 되어 있어서 자체적으로 방열판 역할을 하고 있다. 다만 기판을 덮는 소재가 알루미늄이 아닌 플라스틱 기반으로 되어 있는 경우가 있는데, 이런 경우에는 일부 TLC SSD 제품 중에서 고발열이 발생할 수도 있지만, 그래도 mSATA이나 M.2에 비하면 비교적 발열은 적은 편이다. 물론 SSD마다 발열이 다를 수 있다는 점에 유의를 해야 한다.

(2) 단점

① 용량 대비 비싼 가격

상대적으로 HDD(하드디스크)와 용량 대비 가격을 비교하면 여전히 비싸지만, SSD 시장이 급성장하고 TLC, QLC, 3D스택 등 집적기술 발전으로 용량 대비 원가격이 빠르게 떨어지고 있다.

② 발열 해소 방안 없음

2.5인치 SATA 규격의 SSD를 주로 사용한 2015년 이전에는 하드디스크에 비해서 확실히 전력 소모와 발열이 적었지만, 시간이 흘러 mSATA와 M.2 규격의 SSD를 사용하는 경우가 상당히 많아졌는데 이 방식의 경우 미세공정 기술이 급발전하면서 성능이 급격히 향상되는데 속도는 빠르면서 표면적이 작은 경우가 많다 보니 오히려 발열을 해소할 방도가 없어서 이 부분이 문제가 되고 있다.

③ 전기적/논리적 오류 시 데이터 완파 위험

정전기나 컨트롤러 오류로 인한 데이터 손실 시 SSD는 복구가 거의 불가능하다. 위의 가격 문제와 함께 백업용 스토리지로 기피되는 이유이며, 가격과는 달리 근본적으로 해결 불가능하기 때문에 SSD에 백업한 데이터는 별도로 HDD나, 자기테이프 등 추가 사본을 가질 필요가 있다.

④ 전력이 장기간 공급되지 않으면 데이터 소실될 가능성이 큼

이는 모든 플래시 저장장치의 특징이며, SSD도 마찬가지로 2~5년 이상 전력이 공급되지 않으면 데이터가 유실될 가능성이 매우 크다. 낸드 플래시 자체가 휘발성 메모리인데, 이를 제조사 차원에서 비휘발성 메모리로 제작한 것이다. 따라서 데이터를 중장기적으로 저장하기 위해서는 SSD보다는 블루레이, DVD 혹은 HDD에 저장하는 것이 바람직하다.

(3) SSD와 HDD의 비교

구분	비용	속도	내구성	최대 용량	에너지 효율성
HDD	더 저렴함	더 느림	덜 견고함	16TB	더 많은 에너지 사용
SSD	더 비쌈	더 빠름	더 견고함	8TB	더 적은 에너지 사용

제4절 | 레이드 (종요)

1 개요 (종요)

CPU나 Memory의 속도는 나노세크(ns, nano second, 10^{-9}초, 10억 분의 1초)를 사용하지만, hard disk의 속도 단위는 밀리세크(ms, mili second, 10^{-3}초, 1000분의 1초)이다. 이것은 1,000,000배의 차이이며, 기계적인 장치가 전자 장치에 비해 속도가 현저하게 느리다는 것을 보여준다. 이러한 속도의 차이를 줄이기 위해 hard disk의 회전 속도를 빠르게 하거나, 버퍼의 용량을 크게 하는 등 다양한 방법이 구현되고 있으나, 비용과 기술적인 측면에서 한계가 있다. 따라서 다음과 같은 방법으로 저장장치의 성능을 향상시키는 방법을 고려해 볼 수 있다. 예를 들어 1 sector를 기록하는 데 1초가 걸린다고 가정하면, 단일 디스크에서 3 sector를 쓰기 위해서는 3초의 시간이 걸린다. 이러한 과정을 세 개의 동일한 디스크에 기록한다면, 3 sector를 각 disk에 1 sector씩 기록하면 되고, 이때 1 sector를 기록하는 데 1초가 걸리므로, 3 sector를 기록하는 데 드는 총 시간은 역시 1초가 된다. 이것이 RAID의 기본 개념으로서, 3배의 성능을 내는 disk를 개발하는 것보다 상대적으로 저렴한 disk를 세 개 연결하여 사용하는 것이 비용적인 측면에서 더 경제적이라는 개념이다.

레이드(RAID)는 **데이터 저장 가상화 기술**(data storage virtualization)이다. 데이터 저장 가상화 기술은 데이터 중복성, 성능 향상 또는 그 모두를 위해 여러 대의 물리적 디스크 드라이브를 마치 1개의 디스크처럼 결합하는 기술을 말한다. 이것은 고가의 대용량 디스크를 사용하는 것과 비교하면 신뢰성은 다소 떨어지지만 저렴하게 데이터의 저장을 가능하도록 한 기술로, 운영체제에서 레이드를 구성한다. 레이드는 신뢰성, 가용성, 용량, 성능 등에 따라서 여러 방식으로 구성할 수 있다.

2 RAID 구성방식 (종요) (기출)

(1) RAID-0

RAID LEVEL 0 : Striped Disk Array without Fault Tolerance

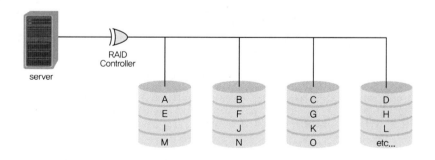

- 최소 드라이브 개수: 2
- 최대 용량: 디스크의 수 × 디스크의 용량

[그림 8-11] RAID-0 구성도

RAID-0는 **스트라이프(stripe)** 방식이라고도 부르며, 데이터를 블록으로 나누어 블록별로 서로 다른 디스크에 저장하는 방식이다. 예를 들어, A, B, C, D라는 데이터를 입력하면 디스크 1에 A, 디스크 2에 B, 디스크 3에 C, 디스크 4에 D를 입력하고, 불러들일 때도 1, 2, 3, 4에 저장된 순으로 A, B, C, D를 불러들이기 때문에, I/O 로드가 1/4가 되어 속도가 4배가 된다. 하드 디스크의 용량을 증설할 때 주의할 점은 서로 동일한 용량의 하드 디스크를 사용해야 한다는 것이다. 1TB 하드 디스크 두 개를 레이드 0으로 묶으면 2TB 용량의 하드 드라이브 하나가 생성된다. 그러나 500GB와 1TB 하드를 레이드 0으로 묶을 경우 작은 용량의 하드 디스크로 하향되어 묶이기 때문에 용량은 1.5TB가 되는 게 아니라 1TB가 된다. RAID-0 방식은 매우 빠른 속도를 지원하지만, 드라이브가 하나라도 고장 나면 전체 디스크 배열이 고장 날 수 있다는 단점이 있다. 이러한 위험은 디스크를 추가할수록 증가한다.

(2) RAID-1

RAID LEVEL 1 : Mirroring & Duplexing

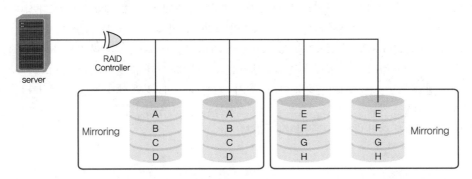

- 최소 드라이브 개수: 2
- 최대 용량: 디스크의 용량

[그림 8-12] RAID-1 구성도

RAID-1은 **미러링(mirroring)** 방식이라고도 하며, 저장되는 모든 데이터는 N개의 물리적인 디스크에 각각 저장되고 모든 데이터는 복제된다. 데이터의 손실이나 유실을 방지하기 위한 목적으로 사용한다. RAID-1은 드라이브 하나가 고장 나더라도 똑같은 내용의 다른 드라이브가 하나 더 있기 때문에 매우 안전하다는 장점이 있다. 그러나 각 드라이브는 복제되기 때문에 전체 용량의 절반밖에 사용하지 못하는 단점이 있다. 그리고 드라이브 두 개에 동일한 데이터를 써야 하기 때문에 쓰기 성능이 나쁘지만, 다른 RAID 방식의 쓰기 성능보다는 훨씬 우수하다.

(3) RAID-2

RAID LEVEL 2 : Hamming Code ECC

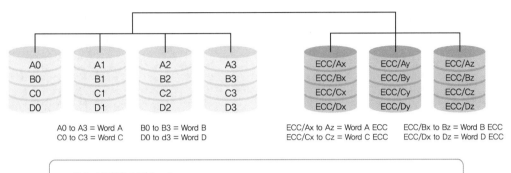

A0 to A3 = Word A   B0 to B3 = Word B   ECC/Ax to Az = Word A ECC   ECC/Bx to Bz = Word B ECC
C0 to C3 = Word C   D0 to d3 = Word D   ECC/Cx to Cz = Word C ECC   ECC/Dx to Dz = Word D ECC

- 최소 드라이브 개수 : 3
- 최대 용량 : (디스크의 수 − 1) × 각 디스크의 용량

[그림 8-13] RAID-2 구성도

RAID-2는 오류 정정 부호(ECC : Error Correcting Code)를 기록하는 전용의 하드디스크를 이용해서 안정성을 확보한 방식으로, 비트 단위에 해밍코드를 적용한 것이다. 하나의 멤버 디스크가 고장이 나도 ECC를 이용하여 정상적으로 작동할 수 있지만, 추가적인 연산이 필요하여 입·출력 속도가 매우 떨어진다. 모든 입·출력에서 ECC 계산이 필요하므로 입·출력 병목현상이 발생하며, ECC 기록용으로 쓰이는 디스크의 수명이 다른 디스크들에 비해 짧아지는 문제가 있어, 현재는 사용하지 않는다.

(4) RAID-3

RAID LEVEL 3 : Parallel Transfer with Parity

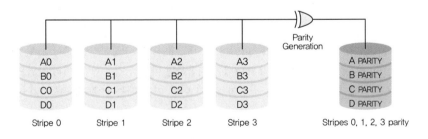

Stripe 0   Stripe 1   Stripe 2   Stripe 3   Stripes 0, 1, 2, 3 parity

- 최소 드라이브 개수 : 3
- 최대 용량 : (디스크의 수 − 1) × 각 디스크의 용량

[그림 8-14] RAID-3 구성도

RAID-3 방식에서 데이터는 바이트 단위로 쪼개져서 모든 디스크에 균등하게 분산 저장되고, 패리티 정보는 별도의 전용 디스크에 저장된다. 장점은 한 개의 드라이브가 고장 나는 것을 허용하며 순차적 쓰기(sequential write) 성능과 순차적 읽기(sequential read) 성능이 우수하다는 것이다. 단점은 잘 사용되지 않고 문제를 해결하는 것이 어려울 수 있다는 것이다. 패리티 디스크에 장애가 발생하면 복구가 불가능하기 때문이다. RAID-3은 매우 효율적이지만 임의 쓰기(random write) 성능이 나쁘고 임의 읽기(random read) 성능은 좋다.

(5) RAID-4

RAID LEVEL 4 : Independent Data Disks with Shared Parity Disk

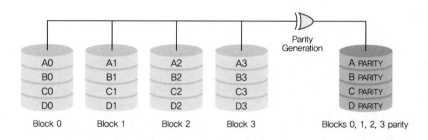

- 최소 드라이브 개수 : 3
- 최대 용량 : (디스크의 수 - 1) × 디스크의 용량

[그림 8-15] RAID-4 구성도

RAID-4는 모든 파일은 블록으로 쪼개지고 각 블록은 여러 디스크에 저장되지만 균등하진 않다. RAID-4도 RAID-3처럼 패리티를 처리하기 위해 별도의 디스크를 사용한다. 동시 트랜잭션 사용량이 많은 시스템에서 읽기 속도는 매우 중요한데, 이런 시스템에 적합하다. 장점은 드라이브 하나가 고장 나는 것을 허용하고 블록 읽기 성능이 좋다는 것이지만, 쓰기 성능이 나쁘다는 단점이 있다.
RAID-3과 RAID-4의 차이는 RAID-3은 바이트 단위로 데이터를 저장하지만, RAID-4는 블록 단위로 데이터를 저장한다는 것이다. 블록 단위 데이터를 저장하면 파일의 경우는 한 번의 작업으로 데이터를 읽을 수 있기 때문에 성능이 빨라지는 장점이 있다. 이런 이유 때문에 RAID-4를 많이 사용한다.

(6) RAID-5

RAID LEVEL 5 : Independent Data Disks with Distributed Parity Blocks

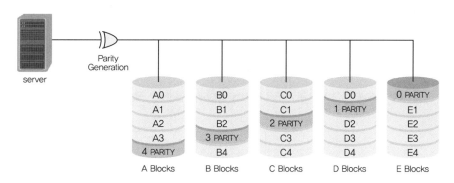

- 최소 드라이브 개수 : 3
- 최대 용량 : (디스크의 수 − 1) × 디스크의 용량

[그림 8-16] RAID-5 구성도

RAID-4처럼 데이터의 블록은 모든 디스크에 분산 저장하지만 항상 균등하진 않고, 패리티 정보도 모든 디스크에 나뉘어 저장된다. 장점은 지원하는 회사가 많고 한 개의 드라이브가 고장 나도 운영상 문제는 없다는 것이다. RAID-3과 RAID-4의 단점을 해결한 방식으로, 고급 RAID 제어기에서 많이 사용한다. 이는 별도의 ECC 드라이브를 두지 않고, 각 드라이브에 분산되어 ECC 드라이브에 대한 병목현상을 방지한다. ECC를 위한 알고리즘 때문에 성능 면에서는 RAID-0보다 떨어진다. 또한, 디스크 재구성(rebuild)이 매우 느리고, 쓰기 성능도 패리티 정보를 끊임없이 갱신해야 하기 때문에 빠르지는 않다.

(7) RAID-6

RAID LEVEL 6 : Independent Data Disks with Two Independent Distributed Parity Schemes

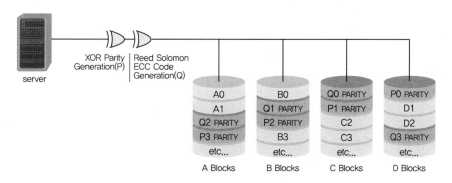

- 최소 드라이브 개수 : 4
- 최대 용량 : (디스크의 수 − 2) × 디스크의 용량

[그림 8-17] RAID-6 구성도

RAID-4처럼 데이터의 블록은 모든 디스크에 분산 저장되지만 항상 균등하진 않고, 패리티 정보도 모든 디스크에 나뉘어 저장된다. 두 개의 드라이브까지 고장 나는 것을 허용하고, 읽기 성능이 우수하다. 쓰기 성능은 패리티를 여러 번 갱신해야 하기 때문에 RAID-5보다 나쁘다. 디스크를 재구성하는 동안에 성능이 매우 나빠질 수 있다.

(8) RAID 1 + 0

RAID LEVEL 1+0 : Very High Reliability Combined with High Performance

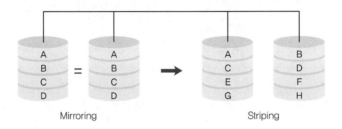

- 최소 드라이브 개수: 4
- 최대 용량: 디스크의 수 / (RAID-1로 묶는 디스크 개수) × 디스크의 용량

[그림 8-18] RAID 1 + 0 구성도

RAID-1 방식으로 먼저 묶고, 그다음 RAID-0 방식으로 묶는 방법이다. RAID-0의 속도와 RAID-1의 안정성이라는 각 장점을 합쳤다. RAID 0 + 1에 비해 디스크 장애 발생 때 복구가 수월하지만, 기술적으로 복잡하다.

(9) RAID 0 + 1

RAID LEVEL 0 + 1 : High Data Transfer Performance

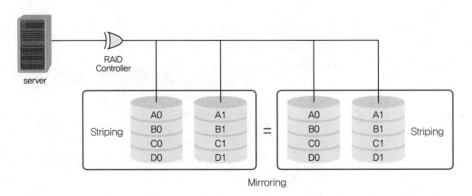

- 최소 드라이브 개수 : 4
- 최대 용량 : 디스크의 수 / (RAID-0로 묶는 디스크 개수) × 디스크의 용량

[그림 8-19] RAID 0 + 1 구성도

RAID-0 방식으로 먼저 묶고, 그다음 RAID-1 방식으로 묶는 방법이다. RAID-0의 빠른 속도와 RAID-1의 안정성이라는 각 장점을 합친 방식이다. RAID 1 + 0에 비해 기술적으로 단순하지만, 확률적으로 안정성이 떨어지고, 복구 시간이 오래 걸린다는 단점이 있다.

○✕로 점검하자 | 제8장

※ 다음 지문의 내용이 맞으면 ○, 틀리면 ✕를 체크하시오. [1 ~ 7]

01 트랙은 디스크에서 주소가 지정되는 최소 단위 영역을 말한다. (　　　)

>>>🔍 디스크에서 주소가 지정되는 최소 단위 영역을 섹터(sector)라고 한다. 섹터는 트랙(track)의 일정 부분을 말하며, 디스크를 포맷하는 동안에 설정된다.

02 헤드가 트랙을 찾아 이동하는 시간을 단축하기 위하여 트랙마다 헤드를 설치하는 고정 헤드 디스크 방법과 헤드가 이동하며 트랙을 찾아가는 이동 헤드 디스크 방법이 있다. (　　　)

>>>🔍 고정식은 seek time이 발생하지 않는 장점이 있다. 이동식은 헤드를 하나만 사용하는 단일 헤드 방식과 여러 개의 헤드를 사용하는 다중 헤드 방식으로 분류할 수 있다.

03 데이터 접근시간은 탐색시간, 회전시간(또는 회전 지연시간)의 합이다. (　　　)

>>>🔍 데이터를 하드디스크에서 읽거나 쓰기 위해 데이터에 접근하는 시간을 데이터 접근시간(data access time)이라고 한다. 데이터 접근시간은 디스크가 트랙을 찾아가는 탐색시간(seek time), 트랙에서 해당 섹터를 찾아가는 회전시간(rotation time)과 자료를 전송하기 위해 걸리는 시간인 데이터 전달시간(transfer time)의 합으로 계산한다.

04 스카시라고 불리는 SCSI는 병렬 방식으로, 컴퓨터에 주변기기를 연결할 때 사용하는 표준 인터페이스이다. (　　　)

>>>🔍 SCSI는 직렬 방식으로, 컴퓨터에 주변기기를 연결할 때 사용하는 표준 인터페이스이다. 입 · 출력 버스를 접속하는 데에 필요한 기계적 · 전기적인 요구 사항과 모든 주변기기 장치를 중심으로 명령어 집합에 대한 규격을 말한다. SCSI는 주변기기의 번호만 각각 지정해 주면 자료 충돌 없이 주변기기를 제어할 수 있다.

05 표준 규격의 CD–ROM은 650MB의 데이터를 저장할 수 있고, 싱글 레이어(single layer) DVD는 4.7GB 용량의 데이터를 저장할 수 있다. (　　　)

>>>🔍 표준 규격의 CD–ROM은 650MB의 데이터를 저장할 수 있다. DVD에는 싱글 레이어(single layer)와 듀얼 레이어(dual layer)가 있는데, 싱글 레이어는 용량이 4.7GB이고, 듀얼 레이어는 8.5GB의 데이터를 저장할 수 있다. 최대 9.4GB를 저장할 수 있는 DVD–RAM도 있다.

06 레이드(RAID)는 여러 대의 하드 디스크를 1개의 하드 디스크처럼 다루는 가상화 기술이다. (　　　)

>>>🔍 레이드(RAID)는 데이터 저장 가상화 기술(data storage virtualization)이다. 데이터 저장 가상화 기술은 데이터 중복성, 성능 향상 또는 둘 모두를 위해 여러 대의 물리적 디스크 드라이브를 마치 1개의 디스크처럼 결합하는 가상화 기술을 말한다.

07 RAID–1은 동일한 데이터를 다른 드라이브에 복제하여 저장하는 기법이다. (　　　)

>>>🔍 RAID–1은 미러링(mirroring) 방식이라고도 하며, 저장되는 모든 데이터는 N개의 물리적인 디스크에 각각 저장되고 모든 데이터는 복제된다.

정답 **1** ✕ **2** ○ **3** ✕ **4** ✕ **5** ○ **6** ○ **7** ○

01 보조기억장치의 특성이라고 볼 수 <u>없는</u> 것은?

① 매체

② 용량

③ 저장장치

④ 가격

01 보조기억장치의 특성은 매체(media), 용량(capacity), 저장장치, 접근 속도의 4가지 요소이다.

02 다음 중 자기디스크에 대한 설명으로 옳지 <u>않은</u> 것은?

① 자성으로 데이터를 표기한다.

② 데이터를 읽고 쓰는 속도가 자기테이프보다 느리다.

③ 주기억장치보다 대용량의 데이터를 저장할 수 있다.

④ 주기억장치보다 가격이 저렴하다.

02 자기디스크는 원형 플래터 위에 자성으로 데이터를 표현하며, 하나의 중심축에 여러 장의 원판이 쌓여 있는 형태로, 중심 작동 암(arm)과 디스크 헤드에 의해서 데이터 판독 및 기록을 한다. 주기억장치보다 용량이 크고 비트당 가격이 저렴하지만, 속도는 느리다. 자기테이프는 순차적으로 데이터에 접근하는 방식이기 때문에 직접접근방식의 자기디스크보다 속도가 느리다.

03 자기디스크의 구성요소가 <u>아닌</u> 것은?

① 릴

② 트랙

③ 실린더

④ 섹터

03 자기디스크는 플래터(platter), 트랙(track), 실린더(cylinder), 섹터(sector)로 구분한다. 릴(reel)은 자기테이프에서 사용하는 용어이다.

정답 (01 ④ 02 ② 03 ①)

04 보조기억장치는 데이터에 접근하는 방식에 따라서 직접접근 기억장치(DASD)와 순차접근 기억장치(SASD)로 구분한다. SASD의 대표장치로는 자기테이프가 있다.

04 DASD 방식과 관련이 <u>없는</u> 기억장치는?

① USB
② 자기디스크
③ 자기테이프
④ CD-ROM

05 초기 컴퓨터에서 사용하던 모델은 병렬 ATA 방식이다. 디스크, CD-ROM 드라이브와 같은 기억장치를 연결하는 표준 인터페이스인데, 부품 연결을 위한 전선 가닥이 너무 많아 이로 인한 장애가 발생하여, 이후에는 직렬 ATA, SCSI 등이 사용되었다.

05 다음의 인터페이스 중에서 초기 컴퓨터에서 사용하던 모델은?

① 직렬 ATA
② 병렬 ATA
③ SCSI
④ 광채널

06 섹터(sector)는 트랙에서 주소가 지정되는 최소 단위 영역이고, 디스크를 포맷하는 동안에 설정된다.

06 자기디스크에서 데이터가 저장되는 최소의 주소 단위는?

① 트랙
② 섹터
③ 실린더
④ 블록

07 데이터 접근시간은 탐색시간, 회전시간, 전달시간의 합으로, 실린더의 수, 데이터 밀도 및 회전 속도와 비례하며, CPU 시간, 장치 간의 경쟁, 스케줄링 큐 등과도 관련이 있다.

07 데이터 접근시간과 관련한 설명 중 <u>틀린</u> 것은?

① 원하는 데이터가 저장된 트랙을 찾는 데 걸리는 시간을 탐색시간이라고 한다.
② 원하는 데이터가 있는 섹터에 디스크 헤드가 도달하는 시간을 회전 지연시간이라고 한다.
③ 디스크 헤드가 데이터를 읽기 위한 시간을 데이터 전송시간이라고 한다.
④ 데이터 접근시간은 실린더의 수, 데이터 밀도 및 회전 속도와는 무관하다.

정답 04 ③ 05 ② 06 ② 07 ④

08 USB 포트에 꽂아 쓰는 이동형 저장장치는 무엇인가?

① 플래시 드라이브
② DVD
③ CD-ROM
④ CD-RW

09 다음의 설명에 해당하는 것은?

> 저가의 디스크를 여러 개 사용하여 마치 용량이 큰 대형 디스크를 사용하는 듯한 효과를 제공하는 기술

① 미러링
② 레이드
③ 인터리빙
④ 패리티

10 오류 검사를 위해 해밍코드를 적용한 레이드 방식은?

① RAID-0
② RAID-1
③ RAID-2
④ RAID-3

11 복제 기법을 적용하는 레이드 방식은?

① RAID-0
② RAID-1
③ RAID-2
④ RAID-3

08 플래시 드라이브는 USB 포트에 꽂아 쓰는 플래시 메모리를 이용한 이동형 저장 장치로서, GB부터 TB까지 다양한 용량을 지원한다.

09 레이드(RAID)는 데이터 저장 가상화 기술(data storage virtualization)이다. 데이터 저장 가상화 기술은 데이터 중복성, 성능 향상 또는 그 모두를 위해 여러 대의 물리적 디스크 드라이브를 마치 1개의 디스크처럼 결합하는 기술을 말한다.

10 해밍코드는 레이드-2에서 적용한다.

11 복제 기법은 미러링(mirroring)이라고 하며, 한 드라이브에 기록되는 모든 데이터를 다른 드라이브에 동일하게 복사하는 기술이다. RAID-1에서 사용한다.

정답 08① 09② 10③ 11②

12 레이드 0, 1은 2개의 드라이브가 최소한으로 필요하고, 레이드 2, 3, 4, 5는 3개, 레이드 6, 1 + 0, 0 + 1은 4개의 드라이브가 필요하다.

13 동심축에서 같은 거리에 있는 트랙의 집합을 실린더라고 부른다.

14 RAID-0는 스트라이프(stripe) 방식이라고도 부르며, 데이터를 블록으로 나누어 블록별로 서로 다른 디스크에 저장하는 방식이다. 매우 빠른 속도를 지원하지만, 드라이브가 하나라도 고장 나면 전체 디스크 배열이 고장 날 수 있다는 단점이 있다.

15 자기테이프의 정보 단위인 레코드의 집합을 블록이라고 하고, 용량이 큰 데이터를 디지털 신호로 변환하여 저장하는 매체에는 대표적으로 CD-ROM이 있다.

12 최소한의 레이드를 구성할 때 드라이브의 개수가 가장 많이 필요한 방식은?

① RAID-1
② RAID-3
③ RAID-5
④ RAID-1 + 0

13 디스크의 동심축에서 동일 거리에 있는 트랙의 집합이 무엇인가?

① 디스크 헤드
② 섹터
③ 트랙
④ 실린더

14 가장 빠른 속도를 지원하지만 하나의 드라이브에서 장애가 발생하면 전체 드라이브 배열에 지장을 초래할 수 있는 레이드 방식은?

① RAID-0
② RAID-1
③ RAID-3
④ RAID-5

15 다음 괄호 안에 적절한 용어로 짝지은 것은?

> 자기테이프의 레코드 집합을 (가)(이)라고 하고, 동영상과 같은 큰 용량을 디지털 신호로 변환하여 저장하는 매체를 (나)(이)라고 한다.

① (가) 섹터, (나) CD-ROM
② (가) 블록, (나) 자기테이프
③ (가) 블록, (나) CD-ROM
④ (가) 섹터, (나) DVD

정답 12④ 13④ 14① 15③

16 디스크에 데이터를 읽고 쓰는 과정을 순서대로 고른 것은?

> 가. 헤드를 해당 트랙으로 이동한다.
> 나. 데이터를 저장한다.
> 다. 원하는 데이터가 저장된 섹터의 주소를 찾아간다.

① 가–나–다
② 나–다–가
③ 가–다–나
④ 나–가–다

16 해당 트랙으로 이동하여, 원하는 섹터의 시작 주소를 찾고, 데이터를 저장한다.

17 CD-ROM의 동작 원리와 거리가 먼 것은?

① 디스크의 표면에 홈을 파서 미끄러움을 방지한다.
② 홈에 레이저 빔을 쏴서 반사되는 빛을 광센서로 검출한다.
③ 검출된 빛을 디지털 신호로 변환한다.
④ 데이터의 액세스는 순차적 방식을 사용한다.

17 CD-ROM은 광디스크이므로 직접 액세스 방식을 사용한다.

18 보조기억장치의 특징을 설명한 내용으로 틀린 것은?

① 전기식, 전자식 등 다양한 종류가 있다.
② 기억장치 중에서 속도가 가장 느리다.
③ 비트, 바이트 또는 레코드나 블록 단위로 데이터를 저장한다.
④ 주기억장치와 직접 데이터를 주고받을 수 있다.

18 보조기억장치는 HDD, SSD 등 다양한 형태로 제공되고 있으며, 대용량의 데이터를 저장할 수 있다. 즉, 기억장치의 용량의 한계를 보조하는 역할을 한다. 그러나 보조기억장치는 기억장치와 직접 데이터를 주고받을 수는 없다.

정답 16 ③ 17 ④ 18 ④

➡ 디스크는 트랙마다 헤드를 고정하여 부착시킨 고정식 헤드 디스크 방식과 하나의 헤드가 액세스 암을 이용하여 트랙을 찾아가는 이동식 헤드 디스크가 있다.

➡ 광디스크는 읽을 수만 있는 CD-ROM 장치, 사용자가 한 번 기록이 가능한 CD-R 장치 그리고 사용자가 약 1000번 정도 읽고 쓸 수 있는 CD-RW 장치가 있다.

➡ 데이터 접근시간은 탐색시간, 회전시간, 전달시간을 합한 시간이다.

➡ 디스크의 구조는 자성 재료로 덮인 두 표면으로 비휘발성 저장 공간을 제공하는 플래터, 데이터가 기록되는 플래터 상의 위치를 말하는 트랙, 주소가 지정되는 최소 단위 영역을 말하는 섹터 및 서로 다른 플래터에 있는 트랙이 형성하는 집단을 의미하는 실린더로 구성된다.

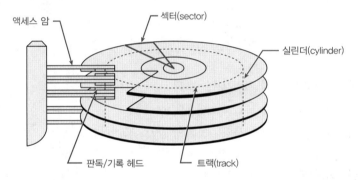

➡ RAID는 여러 대의 디스크를 마치 하나의 대용량 디스크처럼 사용할 수 있는 기술이다.

➡ RAID-0는 데이터를 여러 대의 디스크에 분산하여 저장하는 기법이다.

➡ RAID-1은 한 드라이브에 저장되는 데이터를 복제하여 다른 드라이브에 저장하는 기법이다.

➡ RAID-2는 해밍코드 방식을 사용하는 기법이며, RAID-3은 RAID-0에 에러 보정기술이 첨가된 기법이다.

➡ RAID-4는 패리티 드라이브를 사용하여 각 드라이브에 데이터를 블록 단위로 저장하고, RAID-5는 패리티의 병목현상을 해결하기 위해 사용하는 기법이다.

➡ 이외에도 RAID 1 + 0, RAID 0 + 1의 방법들이 있다.

제 9 장

시스템 버스 및
입·출력장치

당신이 저지를 수 있는 가장 큰 실수는 실수를 할까 두려워하는 것이다.

– 앨버트 하버드 –

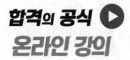

제9장 │ 시스템 버스 및 입·출력장치

컴퓨터에서 버스(bus)란 연결된 장치 간의 이동 통로를 의미하며, 중앙처리장치 내에서 산술논리연산장치(ALU), 레지스터와 제어장치에 연결된 내부 버스와 중앙처리장치, 기억장치, 입력 및 출력장치와 연결된 시스템 버스로 구분된다. 시스템 버스는 케이블과 커넥터들로 구성된 전송 통로로서, 데이터와 제어신호들이 흐른다. 시스템 버스는 제어, 타이밍 및 조정 신호를 전달하여 시스템 전반의 다양한 기능을 관리하는 **제어 버스**, 전송되는 데이터의 메모리 위치를 지정하는 데 사용하는 **주소 버스**, 프로세서와 메모리 및 주변장치 간에 실제 데이터를 전달하는 **데이터 버스** 등 세 가지 버스 기능을 결합하고 있다. 버스는 클록의 제공 여부에 따라서 동기식 버스와 비동기식 버스의 두 가지 방식으로 구분할 수 있다. 입·출력장치는 사용자와 컴퓨터 간의 대화 통로를 제공해 주는 장치로서, 입력장치는 컴퓨터로 데이터를 전달하는 장치이고, 출력장치는 컴퓨터에서 데이터나 정보를 외부로 전달하는 장치이다. 이러한 입·출력장치를 주변장치(peripheral device)라고도 부른다.

제1절 시스템 버스 중요

1 개요 기출

시스템 버스(system bus)는 공유 전송 매체로서 중앙처리장치, 기억장치와 입·출력장치를 상호 연결하여 컴퓨터 신호를 전송하는 전기적인 연결선들로 구성되어 있다. 시스템 버스는 전기적 연결뿐만 아니라 하드웨어(버스 아키텍처), 프로토콜, 소프트웨어 및 버스 컨트롤러 모두를 포함한다. 전기적인 회선은 데이터 버스, 주소 버스, 제어 버스로 구분할 수 있다. 주소 버스는 주기억장치의 주소를 전달하고, 데이터 버스는 데이터를 전달한다. 제어 버스는 CPU가 주기억장치로부터 데이터를 읽거나 쓰기 위한 제어 정보를 전달한다.

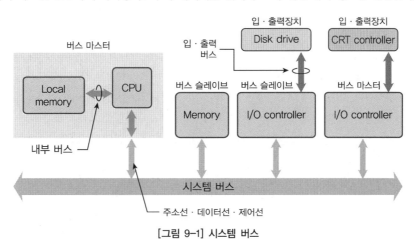

[그림 9-1] 시스템 버스

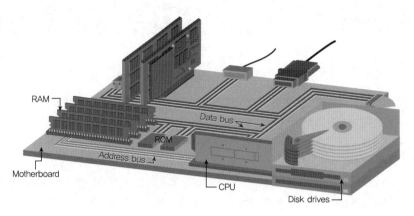

[그림 9-2] 데이터 버스 경로

시스템 버스는 기억장치, 중앙처리장치, 입력장치와 출력장치 간에 통신할 수 있도록 해주는 상호 연결 구조이다. 이러한 버스는 그와 연결된 가장 빠른 장치(보통 메인 저장소)의 속도로 동작할 수 있어야 한다. 저속 입·출력장치가 실제로 필요하든 아니든 간에 고속 인터페이스가 있어야 하기 때문에 많은 저속 입·출력장치가 연결되면 비용이 많이 발생한다. 시스템 버스는 일반적으로 약 오십 개에서 수백 개의 개별 라인으로 구성되며, 연결된 모듈에 전원을 공급하는 전원 분배 라인이 있을 수 있다. 시스템 버스는 주소 버스, 제어 버스, 데이터 버스로 구성된다.

버스를 분류하거나 차별화하는 설계 요소로는 버스 유형, 전용 버스 라인, 주소 유효 제어선(AVC : Address Valid Control line)을 사용해서 같은 회선에 주소와 데이터 정보를 전달하는 멀티플렉스 버스를 고려할 수 있다. 버스 트랜잭션(transaction)은 주소와 명령을 발행하는 '요청(request)'과 데이터를 전송하는 '행동(action)'으로 구분한다. 마스터(master)는 명령이나 주소를 발생시켜 버스의 트랜잭션을 시작할 수 있는 버스 요청 신호를 생성할 수 있는 장치이고, 슬레이브(slave)는 버스에 대한 요청 권한이 없이 수동적으로 대응하는 장치이다.

2 데이터 버스(data bus)

데이터 버스는 시스템 모듈 간에 데이터를 전송하는 **양방향**(bi-directional) 통로를 제공한다. 데이터 버스는 32개 이상 수백 개의 선들로 구성이 되는데, 선의 개수는 데이터 버스의 폭으로 간주할 수 있다. 폭은 전체 시스템의 성능을 결정한다. 데이터 버스의 전송용량(대역폭, bandwidth)은 '버스 사이클'이라고 하는 하나의 동작(single operation)을 할 때 전송할 수 있는 비트의 수를 말한다. 대역폭은 보통 다음과 같이 구한다. 예를 들어 버스의 주파수가 64GHz, 데이터 버스의 폭이 8비트인 경우 버스 대역폭은 $64 \times 10^9 \times 1$바이트(8비트는 1바이트)이므로 64Gbyte/sec가 된다.

버스 사이클은 완료하는 데 몇 개의 사이클이 필요할 수도 있다. 속도는 버스의 처리량(throughput)을 나타내고 '바이트/초(bytes/s)'로 표시한다. 버스의 폭이 넓을수록 처리량은 더욱 커진다. 예를 들어, 16비트 버스는 초당 100메가 바이트로 데이터를 전송할 수 있다고 가정할 경우, 32비트로 버스의 폭이 두 배 늘어나면, 처리량은 초당 200메가 바이트가 된다. 버스의 처리지연(latency)은 데이터 전송을 준비하기 위해 필요한 시간이다.

영구적인 버스 마스터가 있는 시스템에서는 처리지연이 매우 작지만, 데이터 전송을 요구하는 장치들이 버스 접근을 승인하는 중재(arbitration) 메커니즘이 필요한 복잡한 시스템에서는 지연시간이 더욱더 길어진다.

3 주소 버스(address bus)

(1) 개요

주소 버스는 **단방향**으로 주소를 지정만 하며, 데이터 버스에 실어야 할 주소를 지정한다. 만일 중앙처리장치가 기억장치에서 한 워드(8비트, 16비트 또는 32비트)를 읽고자 한다면, 주소 버스로 읽어야 할 워드의 주소를 보내야 한다. 주소 버스의 폭은 시스템의 최대 메모리 용량을 결정하게 된다. 예를 들어, 인텔 8086은 20비트 주소 버스를 가지고 있으므로 2^{20}의 주소 공간(1MB)을 제공할 수 있다. 일반적으로 입·출력 포트를 지정할 때도 주소선을 사용한다.

상위 비트는 버스의 특정 모듈을 선택하고 하위 비트는 모듈 내의 메모리 주소 또는 입·출력 포트를 선택하는 데 사용한다. 예를 들어, 8비트 주소 버스에서 주소 01111111 및 이하는 128 워드의 메모리가 있는 메모리 모듈(모듈 0)의 주소를 참조할 수 있으며, 10000000 이상의 주소는 I/O 모듈(모듈 1)에 연결된 장치를 나타낸다. 중앙처리장치와 같은 장치가 기억장치에 접근하기 위해서는 데이터의 출발지나 목적지 주소를 지정해야 한다. 따라서, 데이터 전송을 통제하는 버스 마스터는 데이터에 대한 주소를 제공해야만 한다.

대부분의 컴퓨터 시스템은 데이터 버스와 병렬로 작동하는 주소 버스를 제공한다. 프로세서가 데이터를 메모리에 쓸 때 데이터가 데이터 버스에서 전송되는 동시에 한 개의 주소가 주소 버스의 메모리 시스템으로 전송된다. 일부 시스템에서는 주소와 데이터 버스를 멀티플렉스를 사용하여 하나의 주소/데이터 통합 버스로 제공하기도 한다. 이 같은 버스를 시분할(time division)이라고 한다. 다음은 멀티플렉스 주소/데이터 버스 구성도이다. 이 버스는 기존의 버스보다 구현하는 데 돈이 적게 든다. 왜냐하면, 신호의 경로가 적어지고 핀 수가 적어지기 때문에, 커넥터와 소켓이 싸지기 때문이다.

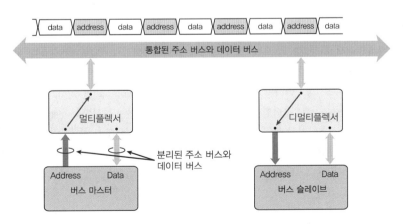

[그림 9-3] 멀티플렉스 주소/버스 구성도

같은 선으로 주소와 버스를 멀티플렉싱하기 때문에 전송 경로상에 고속 전자 스위치인 멀티플렉서와 디멀티플렉서가 필요하다. 멀티플렉스 버스 구조는 구현하는 비용은 적게 들지만, 기존 버스보다 속도가 느리다는 단점이 있다. 또한, 프로세서 내에서 상호 인터페이스로 연결되기 때문에 수정이 어렵다.

(2) 버스트 전송(burst transfer)

버스트 방식을 사용하면 각각의 데이터를 연속적으로 기억장치 주소로 전달할 수 있기 때문에 기존 주소 버스 방식과 멀티플렉스 주소 버스 방식의 효율성이 향상될 수 있다. 버스트 모드 동작은 캐시 메모리 시스템을 지원하기 위해 널리 사용된다. 캐시의 한 라인이 메모리에서 로드될 때 첫 번째 워드의 주소가 메모리로 전송된다. 메모리는 지정된 주소의 데이터를 제공하고 계속해서 다음 주소의 워드를 제공하는 행동을 반복하게 된다. 즉, 각 데이터를 전송하는 데 필요한 단계를 거치지 않고 반복하여 처리하기 때문에 효율성이 증가한다. 이처럼 연속적인 주소를 메모리에서 생성할 수 있다.

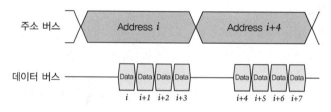

[그림 9-4] 버스트 모드와 데이터

[그림 9-4]는 주소가 위치 i에 대해 송신되고 위치 i, i + 1, i + 2 및 i + 3에 대한 데이터가 추가 주소 없이 송신되는 버스트 모드 주소지정 방식에 대한 개념을 보여주고 있다.

4 제어 버스(control bus)

(1) 개요

제어 버스는 일반적으로 양방향으로 동작한다. 제어선은 데이터선과 주소선의 사용과 접근을 제어하기 위한 용도이고, 중앙처리장치와 기억장치 간에 명령과 시간 정보를 전달한다. 시간 신호(timing signal)는 데이터와 주소 정보의 유효성을 나타내고, 명령 신호(command signal)는 실행할 연산을 지정한다. [그림 9-5]는 가장 간단한 동기 제어 버스를 설명한 그림으로, '데이터 방향 신호(data direction signal)'와 '데이터 유효성 신호(DAV : Data Validation Signal)'를 갖고 있다. 데이터 방향 신호는 '읽기/쓰기 신호'를 의미하며, '1'이면 읽기를 실행하고, '0'이면 쓰기를 실행한다. 읽기 사이클 동안, 데이터는 버스 슬레이브(slave)에서 버스 마스터(master)로 흐르게 되고, 쓰기 사이클에서는 마스터에서 슬레이브로 흐른다.

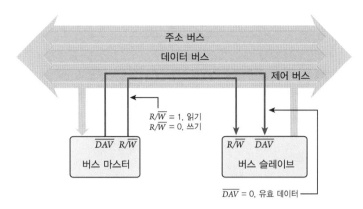

[그림 9-5] 제어신호

일부 시스템은 읽기와 쓰기 신호를 통합하여 갖지 않고 별도로 분리하여 갖기도 한다. 분리된 READ와 WRITE 신호를 유지하면, '읽기 활성화 상태', '쓰기 활성화 상태' 및 '버스 프리 상태'의 3가지 상태를 나타낼 수 있는 장점이 있다. R/W = 0일 때 버스는 항상 쓰기 연산을 수행하는 반면, R/W = 1일 때는 읽기 연산이 실행 중이거나 버스가 자유로운 상태를 나타내기 때문에 통합 R/W 신호는 모호성을 초래하게 된다. [그림 9-5]에서 DAV는 버스 마스터에 의해 신호가 발생되어 데이터 전송이 일어나고 있음을 나타낸다.

(2) 제어신호의 종류

① 쓰기 신호(write signal)

중앙처리장치가 신호를 주면 데이터 버스의 내용이 지정된 주소에 저장된다.

② 읽기 신호(read signal)

중앙처리장치가 기억장치에 신호를 주면 지정된 주소의 데이터가 버스에 실린다.

③ 입 · 출력 쓰기 신호

중앙처리장치가 지정된 입 · 출력장치에 신호를 주면 지정된 입 · 출력 포트로 버스에 실린 데이터가 출력된다.

④ 입 · 출력 읽기 신호

중앙처리장치가 지정된 입 · 출력장치에 신호를 주면 지정된 입 · 출력 포트로부터 데이터가 버스에 실린다.

⑤ 클록(clock) 신호

동작을 동기화하기 위하여 사용한다.

⑥ 리셋(reset) 신호

모든 모듈을 초기화하는 데 사용한다.

⑦ 전송 ACK 신호

데이터가 버스에 실렸거나 버스로부터 다른 곳으로 전달되었음을 나타내는 신호이다.

⑧ 버스 요청(request) 신호

모듈이 버스의 사용권을 얻는 데 필요한 신호이다.

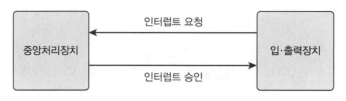

[그림 9-6] 인터럽트 신호

⑨ **버스 승인(grant) 신호**

모듈의 요청이 버스의 사용권을 승인받았음을 나타내는 신호이다. 버스를 사용하기 위해서는 우선 버스 요청 신호를 보내고, 이후에 버스 승인 신호를 받아야 버스의 사용이 가능해진다.

⑩ **인터럽트 요청 신호**

외부에서 인터럽트가 발생했음을 알리는 신호이다.

⑪ **인터럽트 ACK 신호**

요청한 인터럽트를 승인했다는 신호이다.

5 시스템 버스의 동작 종요

시스템 버스는 읽기・쓰기의 기본적인 동작, 인접한 여러 개의 기억장치 주소를 읽거나 쓰는 블록 전송 동작, 인터럽트 동작 등 여러 가지 동작을 수행한다. 이러한 동작을 수행하기 위한 방식으로는 버스 클록 신호가 필요한 '동기식 버스'과 클록 신호가 필요하지 않은 '비동기식 버스'가 있다.

(1) 동기식 버스(synchronous bus)

동기식 버스는 클록이 필요한 버스로서 구현이 쉽고, 대부분의 버스는 동기식이다. 그러나 버스 상에 있는 모든 장치가 동일한 클록 속도에 맞춰서 동작해야 하고, 클록의 주기보다 짧은 주기의 버스 동작은 클록이 완료될 때까지 기다려야 하기 때문에 시간 낭비가 발생하는 단점이 있다. 즉, 버스의 동작은 기다리는 상태를 가지는 경우도 있고 기다리는 상태가 필요 없는 경우도 있다. 제어선은 규칙적인 동일한 주기로 '1'과 '0'을 번갈아 전달하는 클록선을 포함하고 있다. 클록에 의해서 버스 상의 모든 이벤트가 결정되고, 클록이 1에서 0으로 변화되는 것을 하나의 클록 사이클(clock cycle) 또는 버스 사이클(bus cycle)이라고 하며, 클록 슬롯(clock slot)이라고 정의한다. 버스 상에 있는 모든 장치는 클록선을 읽을 수 있고, 모든 이벤트는 클록 사이클이 시작되면 동작한다. 다른 버스 신호는 약간 지연이 되는 클록 신호의 양단에서 변화될 수 있다. 대부분의 이벤트는 항상 하나의 클록 사이클을 점유한다. 다음은 동기식 버스에 대한 그림과 설명이다.

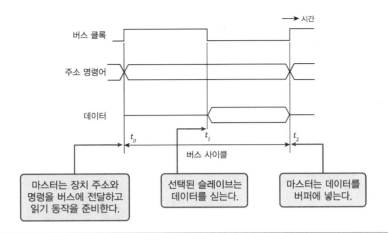

(*) 마스터는 장치의 주소와 명령을 버스에 전달하고 읽기 동작을 준비한다(t_0).
(*) 선택된 슬레이브는 데이터를 데이터 버스에 싣는다(t_1).
(*) 마스터는 데이터를 버퍼에 넣는다(t_2).

[그림 9-7] 동기식 타이밍-데이터 읽기

① 첫 번째 클록(t_0)에서 프로세서는 주소선에 기억장치 주소를 전달하고 읽기 신호를 발생시킨다.
② 두 번째 클록(t_1)이 시작될 때 프로세서는 읽기 명령을 해독하고, 데이터선에 데이터를 싣는다.
③ 세 번째 클록(t_2)에서 데이터를 읽어 오고 버스를 종료한다.

(2) 비동기식 버스(asynchronous bus)

비동기식 버스는 클록을 사용하지 않고 마스터-슬레이브 방식으로 동작하며, 버스의 트랜잭션을 실행하기 위해 핸드셰이킹(handshaking)을 사용한다. 핸드셰이킹에는 MSYN(master synchronization)과 SSYN(slave synchronization) 두 가지 신호를 사용한다. 비동기식은 동기식에 비해 기다리는 시간의 낭비는 줄지만, 회로가 복잡해지는 단점이 있다.

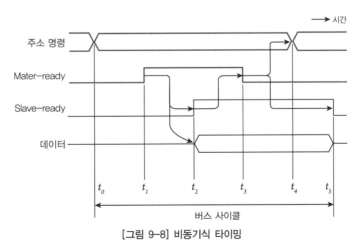

[그림 9-8] 비동기식 타이밍

① 마스터(주장치)는 데이터 전송을 시작하는 '마스터 준비 신호(master-ready)'를 활성화한다.

② 슬레이브(종장치)가 데이터를 버스에 전송하고, '슬레이브 준비 신호(slave-ready)'로 응답한다.

③ 마스터는 데이터 버스로부터 데이터를 가져오고 난 후, 마스터 준비 신호를 제거한다.

④ 슬레이브는 마스터 슬레이브 신호가 1에서 0으로 전환되면 신호를 끝낸다.

⑤ 마스터도 주소와 명령(읽기 명령)을 제거하여 비활성화한다.

[표 9-1] 동기식 버스와 비동기식 버스의 비교

동기식 버스	비동기식 버스
클록으로 동작	클록 없음
클록 왜곡 때문에 길게 구성하지 못함	클록 왜곡을 걱정할 필요가 없기 때문에 길이에 제한이 없음
버스상 모든 장치는 동일한 클록 속도가 적용	핸드셰이킹 프로토콜 사용
구현이 쉽고 로직이 간단함	버스 트랜잭션을 관리하기 위해 별도의 제어선과 로직 필요함
속도가 빠름	빠르지 않음

더 알아두기

클록 왜곡(clock skew)

동기식 회로에서 발생하는 클록의 시간적인 지연에 의한 문제를 의미하는 것으로, 새로운 클록이 발생했는데 일부 장치는 아직 예전 클록에 의해 동작하는 등의 현상을 말한다.

다음 그림은 요리하는 과정을 예로 들어 동기식 프로토콜을 쉽게 이해하도록 구성한 그림이다.

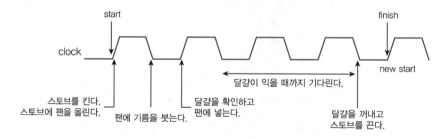

[그림 9-9] 동기식 프로토콜의 비유

6 시스템 버스의 데이터 전송

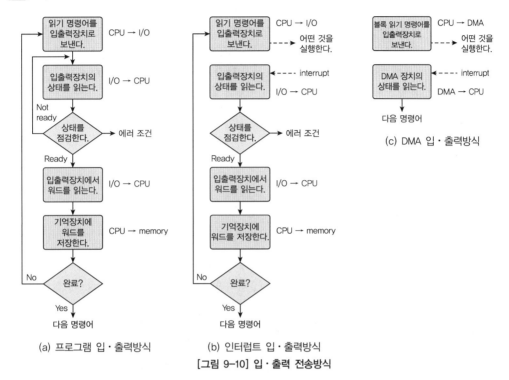

(a) 프로그램 입·출력방식   (b) 인터럽트 입·출력방식   (c) DMA 입·출력방식

[그림 9-10] 입·출력 전송방식

입·출력 전송방식에는 프로그램에 의한 입·출력 방식, 인터럽트에 의한 입·출력 방식, DMA에 의한 입·출력 방식이 있다. 프로그램에 의한 방식은 입·출력장치가 직접 기억장치에 접근하지 못하기 때문에 CPU를 경유하여 데이터 전송을 할 수 있다. 인터럽트에 의한 방식은 CPU가 항상 상태 레지스터를 검사하지 않고 데이터 전송 준비가 되면 인터페이스가 인터럽트를 이용하여 데이터를 전송하는 방식이다. DMA 방식은 입·출력장치와 기억장치가 직접 데이터를 전송하는 방식이다.

(1) 프로그램에 의한 입·출력 방식

CPU가 직접 입·출력에 대해서 제어를 하는 방식이다. 상태 레지스터를 검사할 별도의 프로그램이 필요하고, 플래그를 검사한 결과에 따라서 읽기 또는 쓰기 명령에 의해 데이터를 전송한다. CPU는 계속해서 플래그를 검사해야 하고 입·출력 실행이 완료될 때까지 기다려야 하기 때문에 CPU 시간을 낭비하게 된다. 이 방식은 저속의 소형 컴퓨터에서 사용한다.

(2) 인터럽트에 의한 입·출력 방식

CPU가 기다리는 문제를 해결할 수 있고, CPU가 반복해서 입·출력장치의 상태를 검사할 필요가 없다. 상태 비트가 활성화되어 입·출력장치가 **인터럽트를 요청**하면 현재 실행 중인 **프로그램은 중단**되고 입·출력 전송을 시작하는 방식이다. 인터럽트가 발생하면 복귀주소를 스택에 저장하고 서비스할 루틴으로 분기(branch)한다. 서비스 루틴의 분기 주소는 벡터(vector) 인터럽트 방식과 비벡터(non-vector) 인터럽트 방식으로 분류한다.

(3) DMA에 의한 입·출력 방식

인터럽트에 의한 방식이나 프로그램에 의한 입·출력 방식은 CPU의 간섭을 요청하는 방식이다. 이 경우 CPU가 입·출력장치를 검사하고 서비스하는 속도에 의해 전송률이 제한되고, 입·출력 때문에 CPU의 시간을 낭비하게 된다. DMA 방식은 DMA라는 하드웨어를 버스에 설치하고, 입·출력하는 동안에는 CPU로부터 모든 권한을 위임받는 방식이다. DMA가 CPU에게 버스 제어권을 요청하면 CPU는 현재 실행 중인 명령을 끝내고 주소 버스, 데이터 버스와 제어선을 활성화 상태로 만든 후에 DMA에게 버스 승인 신호를 보낸다. 그러면 DMA가 CPU의 개입 없이 기억장치와 직접 데이터를 전송하게 된다.

제2절   버스 중재 종요

프로세서와 DMA 컨트롤러 또는 두 개의 DMA 컨트롤러가 주메모리에 액세스하려고 동시에 버스를 요청한 경우는 충돌(collision)이 발생할 수 있다. 이 문제를 해결하려면 **버스에 대한 중재(arbitration) 절차가 필요**하다. 주어진 시간에 버스에서 데이터 전송을 초기화할 수 있는 장치를 버스 마스터라고 한다. 현재 마스터가 버스 제어를 포기하면 다른 장치가 이 상태를 획득할 수 있는데, 버스 중재는 다음 장치가 버스 마스터로부터 버스에 대한 액세스를 얻도록 우선순위 시스템을 설정하여 다양한 장치의 요구를 고려하는 과정이다.

버스 중재는 중앙집중식 중재 방식(centralized arbitration)과 분산형 중재 방식(distributed arbitration)이 있다. 중앙집중식 중재 방식은 하나의 버스 중재기가 요청한 중재를 처리하는 방식이고, 분산형 중재 방식은 모든 장치가 버스 마스터의 선택에 참여하는 방식이다. 버스 중재 과정에서 사용되는 제어 신호선들의 연결 형태에 따라서 직렬(serial) 중재 방식과 병렬(parallel) 중재 방식으로도 구분할 수 있다.

1 중앙집중식 중재 방식(centralized arbitration)

중앙집중식 중재 방식은 하나의 버스 중재기가 중재를 하는 방식이다. 이 방식은 데이지 체인 방식, 폴링 방식과 독립 방식이 있다.

(1) 데이지 체인 방식(Daisy chain) 기출

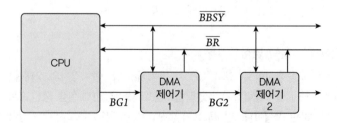

[그림 9-11] 데이지 체인 방식

버스 중재기는 CPU일 수도 있고 또는 버스에 연결된 독립적인 장치일 수 있다. DMA 컨트롤러는 버스 요청(BR)선을 활성화하여 버스 제어를 요청하고, 이에 대한 응답으로 CPU는 버스 승인(BG)선을 활성화하여 버스를 사용할 수 있다. BG 신호는 데이지 체인 방식으로 모든 DMA 컨트롤러에 연결되고, 버스 사용 중(BB) 신호가 0이면 버스가 사용 중이라는 의미이고 BB가 1이면 DMA 컨트롤러는 버스 제어권을 획득할 수 있다. 이 방식은 동일한 버스 요청선, 버스 승인선, 버스 사용선을 사용하는 간단하고 경제적인 방식으로, 하나의 중재선이 모든 장치에 직렬로 연결되고 중재기에 가장 가까운 장치의 우선순위를 높게 할당한다. 데이지 체인방식을 직렬 중재 방식이라고 부른다. 버스의 제어권을 얻는 단계는 다음과 같다.

① 모든 마스터는 동일한 버스 요청(BR : Bus Request)선을 사용한다.
② 버스 요청에 대해서 중재기(컨트롤러)는 버스가 사용 가능할 경우에 버스 승인(BG, Bus Grant) 신호를 해당 마스터로 보낸다.
③ 버스 승인(BG) 신호는 버스에 대한 액세스를 요청하는 첫 번째 신호를 만날 때까지 각 마스터를 통해 직렬로 전파된다. 신호를 만난 마스터는 BG 신호를 차단하고 버스선을 활성화하여 버스 제어권을 얻는다.
④ 따라서 다른 요청 모듈은 승인 신호를 받지 못하므로 버스 액세스를 얻을 수 없다.
⑤ 해당 마스터가 버스 사용을 완료하고 버스 사용(BB : Bus Busy) 신호를 해제한다.

데이지 체인 방식은 장치 중 하나에 장애가 발생하면 신호를 전송할 수 없는 단점이 있다.

(2) 폴링 방식(Polling)

폴링 방식은 중재기가 마스터에게 버스 사용 여부를 주기적으로 체크하는 방식이다. 중재기와 마스터 간에 별도의 폴링 주소선이 있다. 필요한 주소선의 개수는 시스템에 연결된 마스터의 개수와 비례한다.

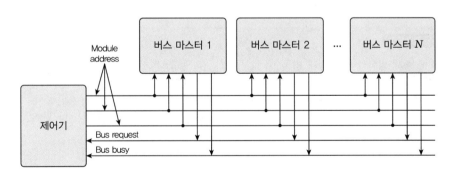

[그림 9-12] 폴링 방식

예를 들어 8개의 마스터가 시스템에 연결되어 있다면, 최소한 3개의 주소선이 필요하다. BR 신호에 대해서 중재기는 마스터의 주소를 순차적으로 생성하고, 요청한 마스터가 그의 주소를 인식하면 마스터에게 버스 사용을 할 것인지 체크한다. 만일 해당 마스터가 버스를 사용한다고 하면 BR 신호를 발행하고, 버스 사용을 허가한다. 이때 BB 신호도 함께 활성화된다. 만일 지정된 마스터가 버스 사용을 하지 않을 경우는 순차적으로 다음 마스터에게 우선순위가 넘어가는 방식이다. 폴링 방식은 하드웨어 구성 방식과 소프트웨어 구성 방식이 있다. 소프트웨어 방식은 하드웨어 방식보다 속도가 느린 단점이 있고, 하드웨어 방식은 폴링 순서의 우선순위를 변경하기 어려운 융통성의 문제가 있다.

(3) 독립 방식(Independent)

독립 방식은 중재기와 마스터 간에 **별도의 독립된 버스 요청(BR)선, 버스 승인(BG)선**을 갖고 있다. 다만, 버스 사용(BB)선은 중재기와 모든 마스터 간에 공통으로 사용한다. 중재기 안에 있는 디코더가 가장 높은 우선순위를 선택하고 버스 승인 신호를 발생하면 해당 마스터는 버스를 사용할 수 있다.

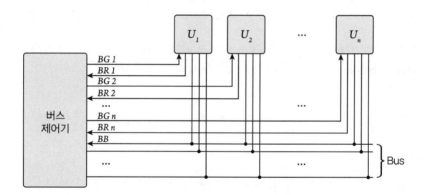

[그림 9-13] 독립 중재 방식

더 알아두기

직렬 중재 방식과 병렬 중재 방식
직렬 중재 방식은 BR선과 BG선이 각 한 개만 있고, 각 신호선이 버스 마스터에 데이지 체인처럼 직렬로 연결되는 방식으로, 마스터의 순서에 의해서 우선순위가 결정된다.
병렬 중재 방식은 버스에 연결된 마스터들이 모두 독립적인 BR, BG선을 사용하는 방식으로, 마스터 개수만큼의 BR선과 BG선이 필요한 방식이다.

---

2 분산형 중재 방식(Decentralized arbitration)

분산형 중재 방식은 버스 마스터가 **별도의 중재기를 가지고 있는 방식**으로, 버스 중재 동작은 각 버스 마스터의 버스 중재기에 의해서 이루어진다. 회로 구성이 간단하고 동작 속도가 빠르며, 버스 중재기에 장애가 발생해도 다른 중재기에 영향을 주지 않기 때문에 신뢰성이 우수하다는 장점이 있지만, 장애를 일으킨 중재기를 찾는 방법이 복잡하고, 한 중재기의 장애가 전체 시스템에 영향을 줄 수도 있다.

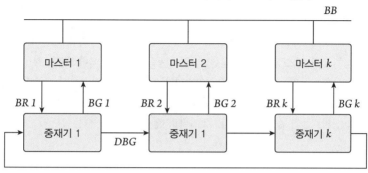

[그림 9-14] 분산형 중재 방식

제3절 입·출력장치의 제어 ⟨중요⟩

1 개요 ⟨중요⟩

입·출력(I/O : Input/Output) 구조는 컴퓨터의 크기와 컴퓨터에 연결된 주변장치에 의해서 결정된다. 컴퓨터의 입·출력 하위 시스템은 중앙 시스템과 외부와의 효율적인 통신 모드를 제공한다. 컴퓨터의 직접적인 제어하에 있는 장비들은 온라인으로 연결되어 있다. 이러한 장비들이 컴퓨터와 장애 없이 데이터를 주고받기 위해서는 서로의 특성을 파악하여 장애 없는 데이터 전송을 수행해야 한다. 이러한 제반의 사항을 고려하여 컴퓨터는 입·출력 장비와 기타 주변장치 간의 데이터나 신호 전송을 제어하고 적절한 동작을 실행할 수 있는 인터페이스(interface)가 필요하다. I/O 인터페이스는 내부 저장장치와 외부의 I/O 장치 간의 정보 전송을 위한 방법을 제공한다.

2 입·출력장치의 구성요소 ⟨중요⟩

(1) 입·출력장치

입·출력장치를 사용하여 사용자는 데이터를 저장하고 처리 결과를 출력할 수 있다. 입·출력장치로는 키보드, 마우스, 터치펜, 프린터, 플로터, 음성합성장치, 모니터 등과 같은 장치가 있다.

(2) 입·출력 제어장치

입·출력장치와 입·출력 인터페이스 사이의 상호작용을 제어하는 장치로, 특정한 입·출력장치를 제어할 목적으로 설계되어 있다. 입·출력장치의 종류가 다르면 입·출력 제어장치도 달라진다. 입·출력장치의 고유한 제어 기능 및 입·출력장치를 작동시키는 기능을 가지고 있으며, 처리기와 입·출력장치의 상호작용을 제어하는 기계적 구동장치이다.

(3) 입·출력장치 인터페이스

인터페이스(interface)는 양단의 소통 역할을 한다는 의미로, 입·출력장치 인터페이스는 **중앙처리장치와 입·출력장치 간의 정보 전송**을 담당한다. 입·출력장치 인터페이스는 포트(port)라고 하는 주소를 갖고 있다. 입·출력장치는 기계적인 장치이기 때문에 전기·전자장치인 컴퓨터와의 데이터 전송을 위해서는 이러한 차이를 제어할 장치가 필요한데, 인터페이스가 이런 기능을 담당한다. I/O 인터페이스의 기능은 신호 변환, 동기 절차 및 제어, 데이터의 형식 변환 등이다.

(4) 입·출력 제어기

입·출력 제어기(I/O controller)는 마더 보드 내에 설치되어 중앙처리장치 기능을 갖는 입·출력 전용 처리기를 의미한다. 입·출력 제어기는 DMA 제어기, 입·출력 프로세서(IOP), 채널 제어기 등이 대표적이다.

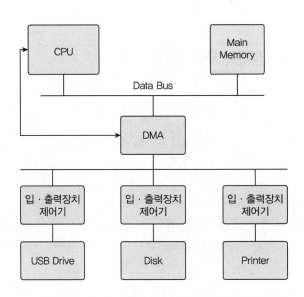

[그림 9-15] DMA 제어기를 포함한 입·출력시스템

3 입·출력장치 인터페이스의 목적 중요

컴퓨터에 연결된 주변장치는 중앙처리장치와 연결하기 위한 특별한 통신 링크가 필요하다. 통신 링크의 목적은 중앙 컴퓨터와 주변장치 간에 존재하는 차이점을 해결하기 위해서다. 중요한 차이점은 다음과 같다.

(1) 주변장치들은 전기/기계 또는 전자기적인 장비로서 전자적인 장비인 중앙처리장치나 기억장치와는 다르므로, 신호 값을 변환시켜야 동작이 가능하다.

(2) 주변장치의 데이터 전송 속도는 CPU의 전송 속도보다 느리므로, 동기화를 위한 과정이 필요하다.

(3) 주변장치의 데이터 코드와 형식은 CPU나 기억장치의 워드 형식(word format)과는 다르다.

(4) 주변장치의 운영 방식이 서로 달라서 CPU에 연결된 다른 주변장치들의 동작에 방해되지 않도록 제어되어야 한다.

제4절 입·출력장치의 주소지정 중요

입·출력 버스는 데이터선, 주소선 및 제어선으로 구성된다. 프로세서와 연결된 입·출력 버스에는 모든 주변장치의 인터페이스들이 연결되어 있다. 어떤 장비와 통신을 하기 위해서는 프로세서가 주소선에 장비의 주소를 올려주어야 한다. 각 인터페이스는 입·출력 버스에서 받은 주소와 제어를 해독하고 주변장치의 제어장치(controller)로 신호를 보낸다. 이 신호가 주변장치와 프로세서 간에 데이터 흐름을 동기화하고 전송을 관리한다. 각 주변장치는 자기만의 제어장치를 가지고 있다. 예를 들면, 프린터 제어장치는 종이의 움직임과 프린트 시간을 제어한다.

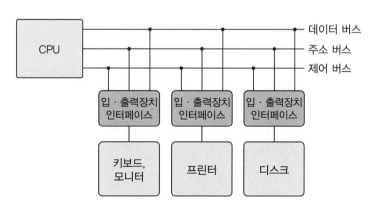

[그림 9-16] 입·출력장치와 인터페이스

1 입·출력 명령(I/O command) 종요

입·출력 명령에는 다음의 네 가지 명령이 있다.

(1) 제어 명령(control command)

제어 명령은 주변장치를 활성화하고 실행할 동작에 대한 정보를 제공한다.

(2) 상태 명령(status command)

상태 명령은 인터페이스와 주변장치에서 여러 가지 상태 조건을 테스트하기 위해 사용한다. 예를 들면 인터페이스를 통해서 전송 중에 발생하는 장애를 테스트하고 결과를 상태 레지스터에 표시한다.

(3) 출력 명령(output command)

출력 명령은 데이터의 출력에 관한 명령으로, 인터페이스가 버스에서 받은 데이터를 출력 레지스터에 전달하도록 하는 명령이다.

(4) 입력 명령(input command)

입력 명령은 데이터의 입력에 관한 명령으로, 출력 명령과 반대이다. 인터페이스는 주변장치에서 데이터를 받아 버퍼 레지스터에 둔다.

2 입·출력 버스와 기억장치 버스 종요

입·출력장치와 통신하기 위해서는 CPU는 기억장치하고도 통신을 해야 한다. 입·출력 버스처럼 기억장치 버스도 데이터선, 주소선, 읽기·쓰기 제어선으로 구성된다. 컴퓨터 버스가 기억장치, CPU와 통신하는 방법에는 세 가지가 있다.

(1) 전용 프로세서(IOP)를 사용하는 방법

이것은 기억장치 사용을 위한 데이터 버스, 주소 버스, 제어 버스와는 별도로 입·출력을 위한 전용 버스를 구성하는 방법이다. 컴퓨터가 별도의 입·출력 프로세서(IOP : I/O Processor)를 제공하는 것으로, IOP의 목적은 외부 장치와 내부 기억장치 간의 정보 전송을 위한 독립된 경로를 제공하는 것이다. DMA와의 차이점은 기억장치에 저장된 입·출력 프로그램을 실행할 수 있는 기능이 있다는 것이다. 입·출력 프로그램의 실행은 CPU 명령에 의해서 시작하고 IOP 번호, 입·출력장치 번호, 입·출력 프로그램 주소 등을 명령이 포함하고 있다.

(2) 분리형 입·출력 방법

이것은 기억장치 전송과 입·출력 전송을 위한 데이터와 주소 버스는 공통으로 사용하고, 읽기·쓰기를 위한 제어 버스만 분리하여 사용하는 방법이다. 입·출력용 데이터주소는 주소선에 배치하고 읽기·쓰기 제어는 분리된 제어선에 설정한다. 기억장치와 입·출력의 주소 공간을 분리(isolated)해서 사용하기 때문에 이러한 이름을 갖게 되었다. 여기서 입·출력을 위한 주소를 포트(port)라고 한다. 이 방식은 기억장치와 입·출력장치들이 별도의 명령어를 사용한다.

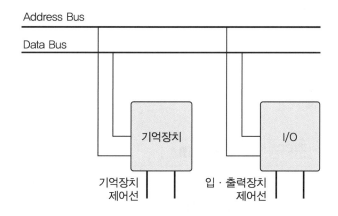

[그림 9-17] 분리형 입·출력 방식

(3) 기억 사상 입·출력 방식 기출

기억 사상(memory mapped) 입·출력 방식은 기억장치나 입·출력장치를 위해 동일한 명령어를 사용한다. 하지만 일부의 기억장소를 입·출력을 위해 할당해야 하기 때문에 기억장치의 주소 용량은 감소한다.

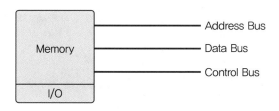

[그림 9-18] 기억장치 사상 입·출력 방식

[표 9-2] 분리형 입·출력 방식과 기억 사상 입·출력 방식의 비교

분리형 입·출력 방식	기억 사상 입·출력 방식
기억장치와 입·출력장치가 서로 다른 주소 공간을 가짐	동일한 주소 공간을 사용함
모드 주소는 기억장치에 의해서 사용됨	입·출력 주소 공간 때문에 기억장치의 공간이 줄어듦
기억장치와 입·출력장치를 위해 서로 다른 명령어를 사용함	동일한 명령어를 사용함
입·출력 주소를 포트라고 부름	일반적인 기억장치 주소와 같음
별도의 버스를 사용하기 때문에 효율적임	효율성이 떨어짐
버스가 많기 때문에 크기가 커짐	크기가 작음
별도의 로직 때문에 복잡함	로직이 간단함

제5절 입·출력방식의 종류 (중요)

1 인터럽트를 이용하지 않는 방식 (중요)

프로그램 입·출력 방식은 인터럽트를 사용하지 않고 드라이버 소프트웨어 제어하에 CPU가 장치의 레지스터 또는 메모리에 액세스하기 위해 시작하는 데이터 전송을 의미한다. CPU는 명령어를 실행한 후에 입·출력 작업이 완료될 때까지 대기한다. CPU의 속도가 입·출력장치보다 빨라서 생기는 프로그램 입·출력 방식의 문제는 CPU가 데이터의 수신 또는 전송을 위해 준비된 입·출력장치에 대해 오랜 시간 동안 대기해야 한다는 것이다. CPU는 대기하는 동안 입·출력 모듈의 상태를 반복적으로 확인해야 하며, 이 프로세스를 폴링(polling)이라고 한다. 결과적으로 전체 시스템의 성능 수준이 심각하게 저하될 수밖에 없다. 입·출력장치의 속도가 적당한 범위에 있고, CPU가 신호 비트를 읽고 쓰는 속도가 너무 빠르지 않고, CPU가 해당 활동을 기다리는 데 너무 느린 것도 아닌 경우에는 프로그램 입·출력 방식을 사용해도 무관하다. 프로그램 입·출력의 실행 과정을 정리하면 다음과 같다.

① CPU는 입·출력 동작을 요청한다.
② I/O 장치는 동작을 실행한다.
③ I/O 장치는 상태 비트를 설정한다.
④ CPU는 상태 비트를 주기적으로 확인한다.
⑤ I/O 장치는 CPU에게 직접 정보를 제공하지 못한다.
⑥ I/O 장치는 CPU를 인터럽트할 수 없다.
⑦ CPU는 실행을 완료한다.

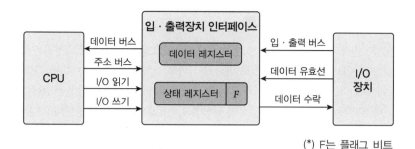

(*) F는 플래그 비트

[그림 9-19] 입·출력장치에서 CPU로 데이터가 전송되는 순서

다음은 동작 순서이다.

(1) 장치에 의한 동작

한 바이트를 전송하고자 할 때 장치는 데이터를 입·출력 버스에 배치하고 데이터 유효 라인을 활성화한다.

(2) 인터페이스에 의한 동작

① 그 바이트를 데이터 레지스터에 받아들이고 데이터 허용선을 활성화하며, 상태 비트 'F'를 세트한다. 이제 데이터 유효 라인을 비활성화할 수 있지만, 데이터 허용선이 인터페이스에 의해 비활성화될 때까지 다른 바이트를 전송하지 않는다. 이것은 핸드셰이크 절차에 따른 것이다.

② 플래그가 클리어되면, 인터페이스는 데이터 허용선을 비활성화시키고, 장치는 다음 데이터 바이트를 전송할 수 있게 된다.

(3) 프로그램에 의한 동작

① 상태 레지스터를 읽는다.

② 상태 레지스터 비트를 체크해서 '0'이면 ①번으로 분기하고, '1'이면 ③번으로 분기한다.

③ 데이터 레지스터를 읽는다. 인터페이스 회로가 어떻게 설계되었느냐에 따라서 CPU나 인터페이스에 의해서 플래그 비트가 '0'으로 클리어된다.

프로그램 입·출력 방식의 가장 큰 단점은 CPU가 프로그램이 실행될 때마다 항상 장치를 모니터링해야 한다는 것이다. 따라서 CPU는 입·출력장치가 데이터 전송 준비가 되었음을 나타낼 때까지 프로그램 루프 상태를 유지해야 한다. 이것은 시간이 많이 소요되는 프로세스이며, CPU 시간을 소비하는 요인이 된다. 이 문제를 제거하기 위해 인터럽트 방식과 DMA 방식을 사용한다.

2 인터럽트를 이용하는 방식 _{중요}

인터럽트 기능은 입・출력 인터페이스 장치가 데이터 전송이 필요할 때 CPU에게 요청하는 방식이기 때문에 CPU는 항상 플래그를 체크할 필요가 없어 이로 인한 CPU의 시간 낭비를 없앨 수 있다. 그동안 CPU는 다른 프로그램을 실행할 수 있다. 인터페이스 장치가 데이터 전송 준비가 되었다고 판단하면 인터럽트 요청을 생성 하여 CPU로 보낸다. CPU는 이러한 신호를 받으면 일시적으로 프로그램 실행을 중단하고 서비스 프로그램으로 분기하여 입・출력 전송을 처리하고 완료한 후에 다시 원래대로 수행한 작업으로 복귀하여 중단했던 프로그램을 수행한다. 인터럽트를 이용하는 방식에는 폴링 방식과 데이지 체인 방식이 있다.

(1) 인터럽트를 이용한 동작 과정
① 동작 절차
    ㉠ CPU는 인터럽트 신호를 접수하기 이전까지는 원래 하던 일을 계속하여 수행한다.

    ㉡ CPU가 인터럽트 신호를 인지하면 PC주소를 스택에 저장하고, 해당 인터럽트 서비스 루틴(ISR) 으로 분기한다. 인터럽트는 입・출력장치나 예외상황이 발생한 경우에 긴급하게 처리해야 하는 작업을 말하는데, 현재 실행 중인 명령어의 실행은 완료한 후에 인터럽트 루틴을 처리한다.

    ㉢ 입・출력 데이터의 전송을 처리한다.

    ㉣ 스택에 저장된 주소를 PC로 전달하여 원래 주소로 복귀 후 중단했던 프로그램을 처리한다.

② 분기 주소를 선택하는 방법
    ISR의 분기 주소를 선택하는 방법에는 벡터 인터럽트(vector interrupt)와 비벡터 인터럽트(non-vector interrupt)의 두 가지 방식이 있다.

    ㉠ 벡터 인터럽트 방식

    벡터 인터럽트는 CPU가 인터럽트 서비스 루틴(ISR : Interrupt Service Routine)의 주소를 미리 알고 있다. **소프트웨어적 처리방식**으로, 인터럽트가 필요한 장치는 그 장비의 벡터값을 데이터 버스와 입・출력 인터페이스를 통해 CPU로 보내면 된다. CPU는 이 벡터값을 확인하여 메모리의 인터럽트 테이블을 확인한 다음 해당 장치에 대해 올바른 ISR을 수행한다.

    ㉡ 비벡터 인터럽트 방식

    비벡터 인터럽트는 인터럽트를 요구하는 장치가 인터럽트 벡터를 보내는 것이 아니라 CPU가 인터럽트를 수신하면 PC에 저장된 주소가 지정하는 하드웨어로 분기하는 방식이다. 항상 일정한 위치로 분기한다. 이것은 문자 그대로 장치 독립적인 하드웨어로 코드화된 ISR로 분기하는 것이다.

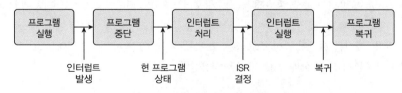

[그림 9-20] 인터럽트 수행과정

③ **인터럽트의 종류**

인터럽트에는 외부 인터럽트, 내부 인터럽트 및 소프트웨어 인터럽트로 구분한다.

㉠ 외부(external) 인터럽트

외부적 요인에 의한 인터럽트로서, 정전이나 전원 공급의 이상, 입·출력장치의 오류, 타이머 등의 하드웨어적인 장애로 발생하는 인터럽트를 말한다. 여러 장치에서 인터럽트가 동시에 발생하는 경우 가장 먼저 처리해야 하는 인터럽트는 정전이 발생한 경우이다.

㉡ 내부(internal) 인터럽트

트랩(trap)이라고 하며, 프로그램 자체의 오류에 의해서 발생하는 인터럽트이다. 예를 들면, 불법적 명령이나 데이터의 사용이 원인이 된다. 매번 같은 위치에서 발생하는 특징이 있다.

㉢ 소프트웨어(software) 인터럽트

프로그램 운영자에 의해서 강제로 실행되는 명령어에 의해 발생되는 인터럽트이다. 감시자 호출 (supervisor call) 명령어로 발생된다.

여러 종류의 인터럽트가 동시에 발생할 경우에는 인터럽트 처리 우선순위에 의하여 처리 순서가 결정된다. 인터럽트의 우선순위는 다음과 같다.

i) 정전/전원 이상 인터럽트
ii) 출력장치 인터럽트
iii) 내부 인터럽트
iv) 소프트웨어 인터럽트

(2) 폴링 방식(Polling)

폴링 방식은 소프트웨어적인 방식으로, CPU가 사용 가능한 데이터가 있거나 데이터를 수락할 입·출력장치가 있는지를 지속적으로 확인하는 방식이다. 인터럽트가 발생하면 우선순위에 따라서 각 장치를 순차적으로 검사하여 해당하는 서비스 루틴을 실행한다. 이 방식은 모든 장치를 순차적으로 검사해야 하므로 시간이 오래 걸리고, 또한 CPU는 입·출력장치의 속도가 아무리 늦더라도 해당 작업을 종료하기 이전까지는 아무 일도 하지 못하여 CPU의 낭비가 발생한다. 초기 개인용 컴퓨터 시스템에서 이것은 정확히 프로그램이 작동하는 방법이었다. 예를 들면, 키보드에서 키를 읽으려 할 때 키가 사용 가능할 때까지 키보드 상태 포트를 폴링하는 방식이었기 때문에, 컴퓨터는 키보드를 기다리는 동안 다른 작업을 수행할 수 없다.

(3) 직렬 우선순위 인터럽트 방식

폴링 방식의 단점은 하드웨어 우선순위(priority) 방식을 사용하여 보완할 수 있다. 인터럽트 요청 장비의 동작 속도를 빠르게 하기 위하여 각 장비는 인터럽트 벡터를 가지고 있다. 폴링이 필요 없고, 모든 결정은 하드웨어 우선순위 인터럽트 장치에 의해서 결정된다. 인터럽트 선은 직렬 또는 병렬로 구성할 수 있다. 데이지 체인(daisy chain) 방식은 인터럽트 회선을 직렬로 연결하여 우선순위를 결정하고, 인터럽트 신호를 CPU에 전달하는 방식이다. 데이지 체인 방식은 우선순위가 높은 장치를 먼저 배열한다. 인터럽트를 요구하는 장치는 다음의 순서에 따라서 처리된다.

① 입·출력장치는 CPU로 인터럽트를 요청한다.

② CPU는 첫 번째 장비의 PI(Priority In)를 통해서 INTACK(interrupt acknowledge) 신호를 보낸다.

③ 만일 해당 장치가 인터럽트를 요청한 장치라면 VAD(vector address) 신호를 데이터 버스를 통해 CPU로 보낸다. 그리고 PO(Priority Out)에 '0'을 주어 신호를 닫는다.

④ 만일 해당 장치가 인터럽트를 요청한 장치가 아니라면 PO를 거쳐서 다음 장치로 이동하고, 이때 PO의 값은 '1'이 된다.

⑤ 이러한 과정이 반복된다.

즉, 데이지 체인 방식은 PI = 1이고 PO = 0인 장치가 CPU에 인터럽트를 요청하는 방식이다.

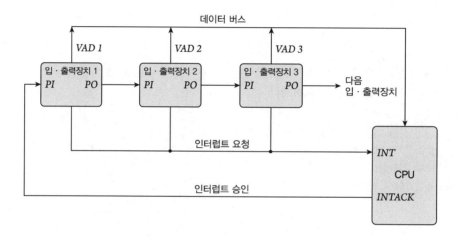

[그림 9-21] 직렬 우선순위 인터럽트 방식

(4) 병렬 우선순위 인터럽트 방식

병렬 우선순위 인터럽트 방식은 인터럽트 레지스터를 사용하여 레지스터 비트의 위치에 따라서 우선순위가 결정되는 방식이다. 마스크 레지스터는 우선순위가 낮은 장치가 서비스될 때라도 우선순위가 높은 장치가 인터럽트를 요구할 수 있도록 하거나 우선순위가 높은 장치가 처리될 때는 모든 우선순위가 낮은 장치를 사용하지 않도록 설정하는 데 사용한다. 해당 인터럽트 비트와 마스크 비트가 AND 연산되어 우선순위 인코더에 적용되며, 우선순위 인코더는 2비트의 벡터 주소를 생성한다. 다른 출력은 인터럽트 상태 플립플롭(IST)을 설정한다.

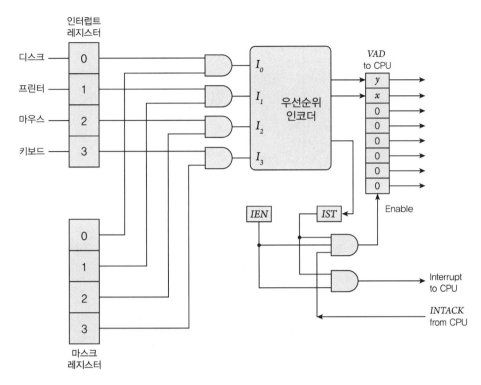

[그림 9-22] 병렬 우선순위 인터럽트 방식

3 DMA를 이용한 입·출력 방식 중요 기출

(1) 개요

인터럽트에 의한 입·출력 방식은 프로그램에 의한 입·출력 방식보다 효율적이기는 하지만, CPU가 직접 입·출력장치를 체크하고 서비스하는 속도 때문에 CPU의 시간이 낭비되는 문제를 안고 있다. DMA(Direct Memory Access)를 이용한 입·출력 방식은 입·출력장치와 기억장치가 직접 데이터를 전송하도록 하여 **전송 속도를 개선하고 CPU를 효율적으로 사용할 수 있는 기법**이다. 기억장치와 입·출력장치가 직접 전송을 실행하므로, 직접 메모리 제어 방식이라고도 한다. DMA가 데이터를 전송하는 동안, CPU는 기억장치의 제어로부터 자유롭게 되고 DMA 제어기가 직접 입·출력장치와 기억장치 간의 데이터 전송을 관리한다. 마이크로프로세서에서 일반적으로 사용하는 방법으로 버스 요청(BR : Bus Request)과 버스 승인(BG : Bus Grant)의 두 가지 특별한 제어신호를 통해서 버스를 제어할 수 있다. BR 신호는 CPU를 요청하기 위한 신호이고, BG 신호는 버스를 사용해도 좋다는 신호이다. BR 입력이 들어오면 CPU는 현재 명령어의 실행을 끝내고 주소 버스, 데이터 버스와 제어 버스를 고전압 상태(high impedance state)로 설정한다. 고전압 상태라는 것은 출력이 중단되었다는 의미이다.

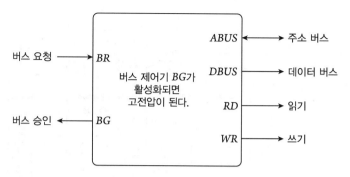

[그림 9-23] DMA 전송을 위한 CPU 버스신호

CPU는 버스 승인(BG) 출력을 활성화하여 버스 요청(BR)이 CPU를 사용하지 않고 메모리 전송을 수행하기 위해 버스를 제어할 수 있음을 DMA 제어기에 통보한다. DMA가 전송을 종료하면 버스 요청(BR)선을 사용할 수 없게 되고, CPU는 버스 승인(BG)을 비활성화시키고 버스를 제어하여 정상 작동으로 복귀한다.

(2) DMA 전송

① 대량 전송(burst transfer)

메모리의 데이터가 한 블록씩 연속적으로 전송되는 방식으로, DMA 제어기는 메모리 버스의 마스터가 된다.

② 사이클 스틸링(cycle stealing)

DMA 제어기가 한 번에 한 워드씩만 데이터 전송을 하도록 하고 다시 버스의 제어를 CPU에게 반환하는 방식이다. CPU는 한 번에 한 기억장치 사이클만 DMA 제어기에게 넘겨줄 뿐이기 때문에, CPU의 동작 지연이 거의 없다.

(3) DMA 제어기 구조 중요

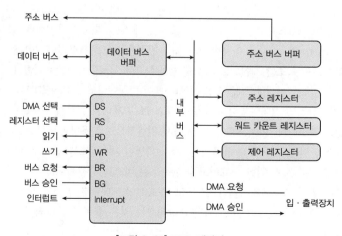

[그림 9-24] DMA 제어기

DMA 제어기는 CPU와 입·출력장치 간의 데이터 전송을 위한 인터페이스 회로, 주소 레지스터, 워드 카운트 레지스터, 제어 레지스터 등으로 구성된다. 주소 레지스터의 기억장치의 주소를 이용하여 기억장치와 직접 통신을 하고, 워드 카운트 레지스터는 전송할 워드 개수를 표시한다. 워드 카운트 레지스터는 각 워드가 전송되고 나면, '1'씩 감소가 된다. 제어 레지스터는 전송 방식을 표시한다. 주소 레지스터의 값은 워드를 전송하고 나면 1씩 증가하고, 제어 레지스터는 읽기나 쓰기의 전송모드를 지정한다.

DMA 제어기는 데이터 버스와 제어선을 통해서 CPU와 통신을 하고, DMA 내의 레지스터는 DS(DMA select)와 RS(Register select) 입력을 '1'로 설정함으로써 주소선을 통하여 CPU가 선택한다. RD(read)와 WR(write) 입력은 양방향이다. BG = 0이면 CPU는 DMA 레지스터에서 읽거나 쓰기 위해서 데이터 버스를 통해서 DMA 레지스터와 통신을 한다. BG = 1이면 DMA는 주소 버스에 직접 주소를 지정함으로써 메모리와 직접 통신할 수 있고 RD와 WR 제어는 활성화된다. DMA 전송은 다음과 같이 실행된다.

① CPU는 주소와 데이터 버스를 통해서 DMA 통신을 한다.
② 그 자신의 주소를 가지고 있는 DMA는 DS와 RS선을 활성화한다.
③ CPU는 데이터 버스를 통해 DMA를 초기화하고 DMA가 시작 신호 명령을 받는 즉시, 입·출력장치와 기억장치 간의 전송을 시작하게 된다.
④ BG = 0이면 RD와 WR은 DMA 레지스터와 통신할 수 있는 입력선이 되고, BG = 1이면 RD와 WR은 DMA 제어기에서 기억장치에 읽거나 쓰기 위한 출력선이 된다.

(4) DMA의 초기화 내용 종요

CPU는 DMA 레지스터 주소가 포함된 입·출력 명령으로 다음과 같이 DMA 제어기의 관련 레지스터를 초기화한다.

① 입·출력할 기억장치 블록의 시작 주소를 담고 있는 주소 레지스터
② 기억장치 블록의 워드 개수를 표시하는 워드 카운트 레지스터
③ 읽기나 쓰기와 같은 전송 모드를 지정하는 제어 레지스터
④ DMA 전송 시작 신호

DMA가 초기화되면 인터럽트가 발생하거나 전송된 워드 수를 검사하는 경우를 제외하고는 CPU와 DMA 간의 통신은 중단된다.

4 채널에 의한 입·출력 방식 종요

(1) 개요

입·출력 프로세서(IOP : Input Output Processor)라고도 불리는 채널(channel)에 의한 입·출력 방식은 입·출력 동작만을 위해서 설계되었다는 점을 제외하면 CPU와 유사하다. CPU에 의해서 초기화되는 DMA와는 달리, IOP는 스스로 명령어를 인출하고 실행할 수 있다. IOP 명령어는 입·출력 동작만을 위해서 특별하게 설계되었다.

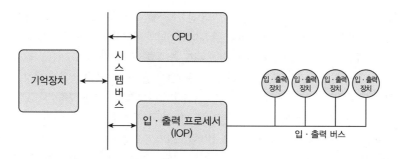

[그림 9-25] 입·출력 제어기가 있는 컴퓨터의 구성도

기억장치는 중앙에 위치하여 DMA에 의해 각 프로세서와 통신할 수 있다. CPU는 데이터를 처리하고, IOP는 주변장치와 기억장치 간의 데이터 전송 경로를 제공한다. 주변장치의 데이터 형식은 CPU나 기억장치와는 다르며, IOP는 이 같은 문제를 해결한다. 데이터는 하나의 메모리 사이클을 이용하여(cycle stealing) IOP에서 기억장치로 전송된다. IOP가 기억장치에서 읽은 명령어는 CPU가 읽은 명령어과 구분하기 위해서 명령(커맨드, command)이라고 부른다.

(2) CPU와 IOP의 통신 중요

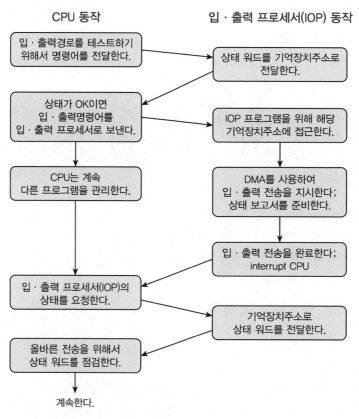

[그림 9-26] CPU와 IOP의 통신

(3) 채널의 종류 (중요)

① **셀렉트 채널(select channel)**

한 번에 하나의 입·출력 동작을 처리하며, 고속장치에서 사용한다.

② **멀티플렉서 채널(multiplexer channel)**

동시에 여러 입·출력장치를 시분할하여 처리하며, 저속장치에서 사용한다. 한 번에 한 바이트씩 전송한다.

③ **블록 멀티플렉서 채널(block multiplexer channel)**

셀렉트 채널과 멀티플렉서 채널을 혼합한 방식으로, 블록 단위로 전송하고 다수의 고속장치를 지원한다.

전송 속도는 셀렉트 채널, 블록 멀티플렉서 채널, 멀티플렉서 채널의 순서로 빠르다.

○✕ 로 점검하자 | 제9장

※ 다음 지문의 내용이 맞으면 ○, 틀리면 ✕를 체크하시오. [1 ~ 8]

01 컴퓨터의 구성요소인 CPU, 입력장치, 출력장치, 기억장치를 상호 연결해주는 데이터의 통로를 시스템 버스라고 한다. (   )

>>>◯ 컴퓨터 시스템의 버스는 CPU, I/O 장치, Memory 장치 등을 상호 연결하는 시스템 버스와 CPU 내의 레지스터, ALU, 제어장치를 연결하는 내부 버스(로컬 버스)로 구분한다.

02 데이터 버스, 주소 버스, 제어 버스는 모두 양방향이다. (   )

>>>◯ 주소 버스는 단방향이고, 제어 버스와 데이터 버스가 양방향이다.

03 동기식 버스는 공통된 기준 클록을 사용하고 이 클록에 맞춰 정보를 전송하는 방식으로, 인터페이스 회로가 간단하지만, 시간 낭비의 단점이 있다. (   )

>>>◯ 시스템 버스의 기본 동작이 클록에 의해서 처리되는 동기식 방식과 클록을 사용하지 않고 각 버스의 동작이 완료되면 다음 동작이 이뤄지는 비동기식 버스 방식이 있다.

04 한 장치씩 순서대로 버스를 사용할 수 있도록 중재하는 하드웨어를 버스 중재기라고 한다. (   )

>>>◯ 버스 중재기는 버스 요구 신호, 버스 승인 신호, 버스 사용 신호를 사용하여 여러 장치가 버스를 동시에 요구했을 때, 충돌 없이 한 장치가 버스를 사용하도록 처리하는 장치이다.

05 인터럽트 입·출력 방식은 입·출력장치와 기억장치 간에 직접 통신할 수 있는 방식이다. (   )

>>>◯ 인터럽트 입·출력 방식은 CPU가 시간을 낭비하지 않고 효율적으로 사용할 수 있도록 하는 방식으로, CPU를 경유하여 입·출력장치와 기억장치가 통신하는 방식이다.

06 CPU의 개입 없이 입·출력장치와 주기억장치 사이에서 데이터를 직접 전송시키는 방식을 프로그램 입·출력 방식이라고 한다. (   )

>>>◯ CPU의 개입 없이 입·출력장치와 주기억장치 사이에서 데이터를 직접 전송시키는 방식은 DMA 방식이다.

07 DMA 제어기가 데이터를 전송하는 방식에는 2가지가 있다. (   )

>>>◯ DMA 제어기가 데이터를 전송하는 방식에는 데이터를 블록으로 대량 전송(burst transfer)하는 방식과 한 사이클 동안 한 워드씩 전송하는 방식이 있다. 후자의 방식은 CPU의 시간을 한 클록만큼 뺏기 때문에 사이클 스틸링(cycle stealing)이라고 한다.

08 입·출력장치가 공통의 버스를 공유하는 입·출력 방식 중에서 기억장치 사상 입·출력 방식은 입·출력을 위한 명령어와 주기억장치를 위한 명령어를 서로 다르게 사용한다. (   )

>>>◯ 기억장치 사상 입·출력 방식은 주기억장치와 입·출력장치를 액세스할 때 동일한 명령어를 사용한다.

정답 **1** ○ **2** ✕ **3** ○ **4** ○ **5** ✕ **6** ✕ **7** ○ **8** ✕

01 인터페이스 장치의 기능으로 <u>틀린</u> 것은?

① 데이터의 형식 변환
② CPU와의 전송 동기 제어
③ 입·출력장치의 상태 점검 및 제어
④ 신호의 레벨 조정

02 인터럽트에 대해 <u>틀리게</u> 설명한 것은?

① 입·출력장치나 예외상황이 발생한 경우에 긴급하게 처리해야 하는 작업을 말한다.
② 인터럽트는 발생 즉시 처리한다.
③ 전원 이상 인터럽트가 모든 인터럽트 중에서 우선순위가 가장 높다.
④ 인터럽트의 종류에는 외부, 내부 및 소프트웨어 인터럽트가 있다.

03 사이클 스틸링에 대해서 올바르게 설명한 것은?

① 대용량 데이터를 전송할 때 사용한다.
② 데이터는 한 블록 단위로 전송한다.
③ 인터럽트에 의한 전송방식이다.
④ 한 워드씩 전송하고 버스의 제어권을 CPU에게 반환한다.

04 DMA 제어기는 주소 레지스터, 워드 카운트 레지스터, 제어 레지스터 등 3개의 레지스터를 가지고 있다.

04 DMA 제어기에 포함되지 <u>않는</u> 레지스터는?

① 워드 카운트 레지스터
② 주소 레지스터
③ 버퍼 레지스터
④ 제어 레지스터

05 모든 레지스터 값을 초기화하는 것은 CPU의 기능이다.

05 DMA 제어기 내의 레지스터에 대한 설명 중 **틀린** 것은?

① 주소 레지스터의 값은 워드를 전송하고 나면 1씩 증가한다.
② 워드 카운트 레지스터는 워드를 전송할 때마다 1씩 감소하여 0이 될 때까지 검사하는 기능이 있다.
③ 제어 레지스터는 읽기나 쓰기의 전송모드를 지정한다.
④ DMA 제어기는 모든 레지스터의 값을 초기화할 수 있다.

06 ① 입·출력할 기억장치의 블록의 시작 주소는 주소 레지스터에 저장된다.
② DMA가 초기화되면 CPU와 DMA 사이의 통신은 무조건 중단되는 것이 아니라, 인터럽트가 요청되거나 전송된 워드 수를 검사하는 경우에는 CPU와 DMA의 통신이 계속된다.
③ 기억장치의 워드 개수를 나타내는 워드 카운트는 워드 카운트 레지스터에 저장된다.

06 DMA의 초기화에 대한 설명 중 올바른 것은?

① 입·출력할 기억장치의 블록의 시작 주소는 워드 카운트 레지스터에 저장한다.
② DMA가 초기화되면 CPU와 DMA 사이의 통신은 무조건 중단된다.
③ 기억장치의 워드 개수는 주소 레지스터에 저장된다.
④ DMA가 초기화되더라도 인터럽트가 요청되거나 전송된 워드 수를 검사하는 경우에는 CPU와 DMA의 통신이 중단되지 않고 계속된다.

정답 (04 ③ 05 ④ 06 ④)

07 동기식 버스에 대한 설명 중 <u>틀린</u> 것은?

① 클록이 필요한 버스로서, 구현이 쉽다.
② 대부분의 버스는 비동기식이다.
③ CPU의 시간 낭비가 발생한다.
④ 기준 클록에 맞춰 데이터를 전송하는 방식이다.

07 대부분의 버스는 동기식이다.

08 비동기식 버스에 대한 설명 중 <u>틀린</u> 것은?

① 클록이 필요 없다.
② 핸드셰이킹 프로토콜을 사용한다.
③ 상대적으로 처리 속도가 느리다.
④ 별도의 제어선과 로직이 필요 없다.

08 버스 트랜잭션을 관리하기 위해 별도의 제어선과 로직이 필요하다.

09 버스의 중재 방식에 대한 설명 중 <u>틀린</u> 것은?

① 두 개 이상의 프로세서 또는 DMA 제어기가 버스 요청을 하는 경우 중재가 필요하다.
② 중앙집중식 중재 방식은 하나의 버스 중재기가 요청한 중재를 처리하는 방식이다.
③ 주어진 시간에 버스에서 데이터 전송을 초기화할 수 있는 장치를 DMA라고 한다.
④ 분산형 중재 방식은 모든 장치가 버스 마스터의 선택에 참여하는 방식이다.

09 주어진 시간에 버스에서 데이터 전송을 초기화할 수 있는 장치를 버스 마스터라고 한다.

정답 07 ② 08 ④ 09 ③

10 데이지 체인 방식은 직렬 중재 방식
이다.

10 중앙집중식 중재 방식에 대한 설명이 <u>아닌</u> 것은?

① 폴링 방식은 중재기가 마스터에게 버스 사용 여부를 주기적
으로 체크하는 방식이다.

② 데이지 체인 방식을 병렬 중재 방식이라고 한다.

③ 데이지 체인 방식은 중재기에 가장 가까운 장치의 우선순위
를 높게 할당한다.

④ 데이지 체인 방식은 장비를 순서대로 하나씩 점검하는 방식
이다.

11 모든 마스터가 동일한 버스 요청선
을 사용하여 버스 요청을 하면, 중재
기(컨트롤러)는 버스 사용이 가능할
경우 버스 승인(BG) 신호를 보낸다.
버스 승인 신호는 버스를 요청한 첫
번째 신호를 만날 때까지 각 마스터
를 통해 직렬로 전파된다. 신호를 만
난 마스터는 BG 신호를 차단하고 버
스선을 활성화하여 버스 제어권을
얻으며, 버스를 사용한 후 버스 사용
(BB) 신호를 반환한다.

11 버스의 제어권을 획득하는 순서를 바르게 나열한 것은?

가. 버스 사용권을 얻는다.
나. 버스 승인 신호를 보낸다.
다. 버스 요청 신호를 보낸다.
라. 버스 사용권을 반환한다.

① 가-나-다-라
② 나-가-다-라
③ 나-다-가-라
④ 다-나-가-라

정답 (10 ② 11 ④)

12 분산형(decentralized) 중재 방식에 대한 설명 중 **틀린** 것은?

① 버스 마스터가 별도의 중재기를 가지고 있는 방식이다.

② 각 버스 마스터의 버스 중재기에 의해서 버스를 중재한다.

③ 동작 속도가 빠르며 신뢰성이 우수하다.

④ 장애를 일으킨 중재기를 찾는 방법이 간단하다.

13 입·출력 인터페이스에 대한 설명으로 옳은 것은?

① 데이터를 저장하고 처리 결과를 출력할 수 있다.

② 특정한 입·출력장치를 제어할 목적으로 설계되어 있다.

③ 중앙처리장치와 입·출력장치 간의 정보 전송을 담당한다.

④ 중앙처리장치 기능을 갖는 입·출력 전용 처리기를 의미한다.

14 분리형 입·출력 방법의 특징이 **아닌** 것은?

① 데이터와 주소 버스는 공통으로 사용하고 제어 버스만 분리하여 사용하는 방법이다.

② 기억장치와 입·출력장치를 위해 동일한 명령어를 사용한다.

③ 기억장치와 입·출력의 주소 공간을 분리해서 사용한다.

④ 기억장치가 사용하는 명령어와 입·출력장치가 사용하는 명령어가 서로 다르다.

---

12 분산형 중재 방식은 회로 구성이 간단하고 동작 속도가 빠르며, 버스 중재기에 장애가 발생해도 다른 중재기에 영향을 주지 않기 때문에 신뢰성이 우수하다는 장점이 있지만, 장애를 일으킨 중재기를 찾는 방법이 복잡하고 한 중재기의 장애가 전체 시스템에 영향을 줄 수도 있다.

13 ① 입·출력장치는 데이터를 저장하고 처리 결과를 출력할 수 있다.
② 입·출력 제어장치는 특정한 입·출력장치를 제어할 목적으로 설계되어 있다.
④ 입·출력 제어기란 마더 보드 내에 설치되어 중앙처리장치 기능을 갖는 입·출력 전용 처리기를 의미한다.

14 기억 사상 입·출력 방식은 기억장치나 입·출력장치를 위해 동일한 명령어를 사용한다.

정답 12 ④ 13 ③ 14 ②

15 프로그램이 CPU에게 입·출력 동작을 요청하고, 요청 후 입·출력장치의 상태 비트를 설정하여 준비 상태를 표시한다. 상태 비트를 반복적으로 확인하여 장치가 준비되었는지 확인하고, 장치가 준비되면 인터럽트를 발생시킨 후, 인터럽트를 처리하여 입·출력 동작을 완료한다.

15 프로그램 입·출력 방식의 실행 순서를 바르게 열거한 것은?

> 가. 입·출력 동작을 요청한다.
> 나. 인터럽트를 처리한다.
> 다. 상태 비트를 주기적으로 확인한다.
> 라. 실행을 완료한다.
> 마. 상태 비트를 설정한다.

① 가-마-다-나-라　② 가-나-다-라-마
③ 가-다-나-마-라　④ 가-다-라-나-마

16 병렬 우선순위 인터럽트 방식은 인터럽트 레지스터를 사용하여 레지스터 비트의 위치에 따라서 우선순위가 결정되는 방식이다.

16 직렬 우선순위 인터럽트 방식에 대한 설명이 <u>아닌</u> 것은?

① 데이지 체인 방식으로 인터럽트 신호를 CPU에 전달하는 방식이다.
② 폴링이 필요 없고, 모든 결정은 하드웨어 우선순위 인터럽트 장치에 의해서 결정된다.
③ 인터럽트 레지스터를 사용하여 우선순위가 결정되는 방식이다.
④ 인터럽트 요청 장비의 동작 속도를 빠르게 하기 위해 인터럽트 벡터를 가지고 있다.

17 채널에 의한 입·출력 방식은 입·출력 동작만을 위해서 설계되었다는 점을 제외하면 CPU와 유사하다. CPU에 의해서 초기화되는 DMA와는 달리 IOP는 스스로 명령어를 인출하고 실행할 수 있다. CPU는 데이터를 처리하고, IOP는 주변장치(PD)와 기억장치 간의 데이터 전송 경로를 제공한다. 채널의 주변장치 데이터 형식은 CPU나 기억장치와는 다른 문제를 해결한다. 데이터는 하나의 메모리 사이클을 이용하여 IOP에서 기억장치로 전송된다. IOP가 기억장치에서 읽은 명령어는 CPU가 읽은 명령어과 구분하기 위해서 커맨드(command)라고 부른다.

17 채널에 의한 입·출력 방식에 대한 설명으로 옳은 것은?

① 입·출력장치와 기억장치 간의 데이터 전송 경로는 제공하지 못한다.
② 스스로 명령어를 인출하고 실행할 수 있다.
③ 채널이 기억장치에서 읽은 명령어와 CPU가 읽은 명령어는 구분할 필요가 없다.
④ DMA 입·출력 방식이라고 한다.

정답 15① 16③ 17②

18 채널의 속도가 가장 빠른 순서부터 나열한 것은?

① 블록 멀티플렉서 채널, 멀티플렉서 채널, 셀렉트 채널

② 셀렉트 채널, 멀티플렉서 채널, 블록 멀티플렉서 채널

③ 블록 멀티플렉서 채널, 셀렉트 채널, 멀티플렉서 채널

④ 셀렉트 채널, 블록 멀티플렉서 채널, 멀티플렉서 채널

18 채널의 전송 속도는 셀렉트 채널, 블록 멀티플렉서 채널, 멀티플렉서 채널의 순서로 빠르다.

19 CPU가 DMA를 초기화시키는 정보와 관련이 없는 것은?

① 워드 카운트

② 기억장치 시작주소

③ 전송 시작 신호

④ CPU 레지스터

19 CPU는 DMA 레지스터 주소가 포함된 I/O 명령으로 DMA 제어기를 초기화시키는데, 이때 초기화 정보는 입·출력할 기억장치 블록의 시작주소, 워드 개수를 나타내는 워드 카운트, 전송 모드를 지정하는 제어신호와 DMA 전송 개시 신호이다.

20 버스의 주파수가 32GHz, 데이터 버스의 폭이 16비트일 때 버스 대역폭은?

① 64Gbyte/sec

② 128Gbyte/sec

③ 256Gbyte/sec

④ 512Gbyte/sec

20 $32 \times 10^9 \times 2$ bytes $= 64 \times 10^9 =$ 64Gbyte/sec

정답 (18④ 19④ 20①)

Self Check로 다지기 | 제9장

⮕ 사이클 스틸링

DMA 제어기가 한 번에 한 워드씩만 데이터 전송을 하도록 하고 다시 버스의 제어를 CPU에게 반환하는 방식이다. CPU가 주기억장치를 액세스하지 않는 동안에 시스템 버스를 사용하는데 이것을 사이클 스틸링이라고 한다.

⮕ 기억 사상 입·출력 방식과 분리형 입·출력 방식

기억 사상 입·출력 방식은 기억장치나 입·출력장치를 위해 동일한 명령어를 사용하지만, 기억장소 일부를 입·출력하기 위해 할당해야 하므로 기억장치의 주소 용량은 감소한다. 분리형 입·출력 방식은 기억장치 전송과 입·출력 전송을 위한 데이터와 주소 버스는 공통으로 사용하고 읽기·쓰기를 위한 제어 버스만 분리하여 사용하는 방법이다. 입·출력을 위한 주소를 포트(port)라고 하고, 기억장치와 입·출력장치들이 별도의 명령어를 사용한다.

⮕ 병렬 우선순위 인터럽트 방식

인터럽트 마스크 레지스터를 사용하여 레지스터 비트의 위치에 따라서 우선순위가 결정되는 방식이다. 마스크 레지스터는 우선순위가 낮은 장치가 서비스될 때라도 우선순위가 높은 장치가 인터럽트를 요구할 수 있도록 하거나 우선순위가 높은 장치가 처리될 때는 모든 우선순위가 낮은 장치를 사용하지 않도록 설정하는 데 사용한다.

⮕ CPU가 DMA를 초기화시키는 내용

주기억장치의 블록 전송 시작 주소, 전송될 데이터 워드의 수, 입·출력장치 주소, 읽기 및 쓰기 제어신호의 4가지이다.

⮕ 동기식 버스와 비동기식 버스

동기식 버스는 클록이 필요한 버스로서 구현이 쉽고, 대부분의 버스는 동기식이다. 그러나 버스상에 있는 모든 장치가 동일한 클록 속도에 맞춰서 동작해야 하고, 클록의 주기보다 짧은 주기의 버스 동작은 클록이 완료될 때까지 기다려야 하기 때문에 시간 낭비가 발생하는 단점이 있다. 비동기식 버스는 클록을 사용하지 않고 마스터-슬레이브 방식으로 동작하며, 버스의 트랜잭션을 실행하기 위해 핸드셰이킹을 사용한다. 비동기식은 동기식에 비해 기다리는 시간의 낭비는 줄지만, 회로가 복잡해지는 단점이 있다.

⮕ 중재 방식

중앙집중식 중재 방식은 하나의 버스 중재기가 요청한 중재를 처리하는 방식이고, 분산형 중재 방식은 모든 장치가 버스 마스터의 선택에 참여하는 방식이다.

⮕ 벡터와 비벡터 인터럽트

벡터 인터럽트는 CPU가 인터럽트 서비스 루틴(ISR : Interrupt Service Routine)의 주소를 미리 알고 있는 방식이다. 비벡터 인터럽트는 인터럽트를 요구하는 장치가 인터럽트 벡터를 보내는 것이 아니라 CPU가 인터럽트를 수신하면 PC에 저장된 주소가 지정하는 하드웨어로 분기하는 방식으로, 항상 일정한 위치로 분기한다.

제10장

컴퓨터 구조의 경향

나는 내가 더 노력할수록 운이 더 좋아진다는 걸 발견했다.

– 토마스 제퍼슨 –

제10장 | 컴퓨터 구조의 경향

구글은 매일 30억 건 이상의 검색, 4억 3천만 명 이상의 Gmail, 수천만 건의 유튜브 서비스, 구글 지도 서비스, 200억 웹 페이지 인덱싱 등 실로 어마어마한 데이터를 세계 곳곳에 산재된 데이터 센터 내 약 150만대의 서버에서 실시간으로 서비스를 제공하고 있다. 구글은 어떻게 이런 서비스를 제공하고 있는 것일까? 여기에는 강력한 병렬 컴퓨터가 있다.

제1절 컴퓨터 성능 평가 중요

1980년대 애플 컴퓨터가 처음 세상에 출시되었을 때 사람들은 그 크기와 용량(64K RAM)에 매우 놀랐다. 그런데 지금은 웬만한 가정용 PC의 용량도 64G 메모리로 약 1,000,000배(1GB = 10^6KB)가 되었다. 시간이 지나면서 더 좋은 컴퓨터가 등장하고 더 많은 작업을 가능하게 하였다. 인텔의 공동 설립자 무어(Moore)는 이를 두고 '컴퓨터 반도체의 성능은 18개월마다 2배가 된다'는, **무어의 법칙**(Moore's law)을 내놓는다.

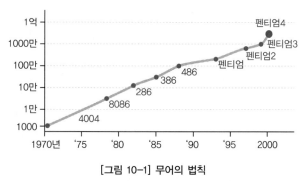

[그림 10-1] 무어의 법칙

무어의 법칙은 2000년대 초반까지는 어느 정도 맞아 들어갔다. 그러나 2000년대 중반부터는 반도체 공정이 물리적인 한계인 10nm대가 되어 트랜지스터를 점점 더 작게 만들기 어려워지는 한계에 도달하게 된다. [그림 10-2]는 2005년 이후에는 프로세서의 속도가 빨라지지 않아 클록 스피드가 거의 증가하지 않는 것을 보여주고 있다. 가장 위의 곡선은 칩당 트랜지스터의 수(천대), 중간 곡선은 클록 스피드(Mhz), 하단의 곡선은 열 설계 전력(watt)을 보여준다.

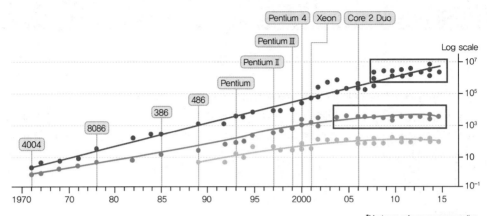

*Maximum safe power consumption
Sources: Intel; press reports; Bob Cotwell; Lintey Group; IB Consulting; The Economist
Economist, March 12–18, 2016

[그림 10-2] 트랜지스터의 수 · 클록 스피드 · 열 설계 전력

컴퓨터의 성능 향상, 성능 비교, 연산속도 측정, 성능 예측, 기대하는 바에 대한 성능 달성 여부의 검증, 시스템의 조율 등의 평가에 사용되는 항목에는 정량적 평가항목과 정성적 평가항목이 있다. 단위 시간당 처리량(throughput), 응답시간, 벤치마크(benchmark) 등은 정량적 평가항목이고, 시스템의 신뢰성, 사용 가능성 등은 추상적이며 정성적 평가항목이다. 이들 평가 방법 중에서 프로그램을 실행할 때의 명령어 실행 빈도를 성능의 척도로 평가하는 기준 단위로는 FLOPS(Floating Point Operations Per Second)와 MIPS(Million Instructions Per Second)가 있다.

MIPS는 1백만 회를 단위로 한 1초당 명령어 실행 횟수를 나타내며, FLOPS는 1초당 부동 소수점 연산의 명령 실행 횟수를 나타내는 단위이다. 그러나 MIPS 값은 명령의 기능별 수준을 반영하지 않기 때문에 그 평가치를 신뢰하지 않는 경향도 있다. 범용 슈퍼컴퓨터에서는 성능 향상을 위해 명령 실행 상의 여러 단계를 병렬로 다중처리함으로써 처리 속도를 초고속화하기 때문에, MIPS 대신 초당 부동 소수점 연산의 명령 실행 횟수인 FLOPS를 연산속도의 단위로 사용한다. 처리능력과 속도는 컴퓨터의 프로세서와 관련이 있고 신뢰도는 컴퓨터가 주어진 문제를 얼마나 정확하게 해결하는지를 의미한다. 사용 가능도는 컴퓨터를 사용할 필요가 있을 때 얼마나 신속하게 이용할 수 있는지를 표현한다. 무엇보다 중요한 것은 컴퓨터의 프로세서와 관련한 부분이다. 프로세서 한 개의 칩으로 속도를 늘리기 어려워지자 칩 하나에 메모리를 공유하는 두 개의 프로세서를 집어넣는 듀얼코어(dual core)를 시작으로 쿼드코어(4개 프로세서), 옥타코어(8개 프로세서) 등이 등장했지만, 듀얼코어나 싱글코어나 처리능력에 차이가 없는 것이 두 개의 코어를 동시에 처리할 수 있는 병렬 처리 시스템(parallel computing)의 문제였다는 것을 알고는 다시금 병렬 처리 시스템이 각광을 받게 되었다.

제2절   병렬 컴퓨터 종요

1 병렬 처리의 개념

프로그램을 하는데 프로그래머는 2명이고 컴퓨터는 1대 밖에 없다면 2명이 하든 1명이 하든 속도는 별 차이가 없을 것이다. 하드웨어는 듀얼코어로 제작되어 있더라도 연산을 순서대로 하나씩 처리한다면 코어가 둘이라도 한 코어가 일하는 것과 다를 바가 없다. 이러한 비효율적인 문제를 방지하기 위해서는 2명의 프로그래머가 동시에 프로그램할 수 있는 환경을 만들어 줘야 한다. 하지만 동시에 처리할 수 없는 부분도 있다. 이전의 프로그래머가 개발한 프로그램이 다른 프로그래머의 입력에 필요한 것이라면 하나의 프로그램 개발이 완료되기 이전에는 동시에 프로그램을 하는 것이 아무런 의미가 없고 이런 경우는 순차적으로 처리해야 하기 때문이다.

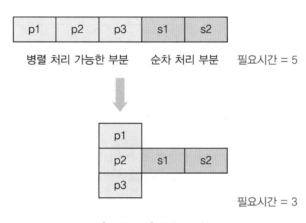

[그림 10-3] 암달의 법칙

암달의 법칙(Amdal's law)은 순차적으로 해야 하는 부분이 많으면 아무리 자원을 많이 투입해도 어느 한계점 이상은 빨라질 수 없다는 것이다. 위의 그림에서 병렬 처리가 가능한 부분은 빨라지지만, 순차 처리해야 하는 부분은 그대로다. 과거에는 컴퓨터 성능이 좋아지면 프로그램도 빨라졌지만, 이제는 순차적인 부분을 최대한 줄이는 설계를 해서 병렬 처리를 가능하게 해야 한다.

2 병렬 컴퓨터의 분류

병렬 컴퓨터는 병렬 처리를 위한 하드웨어와 소프트웨어를 갖춘 컴퓨터로서, 많은 연산을 동시에 처리할 수 있는 시스템이다. 속도는 FLOPS로 측정한다. 병렬 컴퓨터는 명령어가 처리하는 데이터의 수에 따라 분류하는 플린(Flynn)의 방식과 병렬 수행의 정도에 따라 컴퓨터를 구분하는 팽(Feng)의 분류가 있다.

(1) 플린의 분류 기출

플린은 컴퓨터 구조를 명령어 스트림(instruction stream)과 데이터 스트림(data stream)의 수에 따라서 컴퓨터 시스템을 분류했다. 스트림(stream)은 하나의 프로세서에 의해 처리되는 명령어와 데이터의 흐름이다. 데이터 스트림은 연속적인 데이터나 중간 결괏값을 의미한다.

[표 10-1] 플린의 분류표

	단일 명령어	다중 명령어
단일 데이터	SISD	MISD
다중 데이터	SIMD	MIMD

제어장치는 명령어를 해독하고 실행을 위해 명령어를 처리장치로 전달한다. 데이터는 프로세서와 기억장치의 양방향으로 흐른다.

① SISD(Single Instruction stream Single Data stream)

한 개의 제어장치, 처리장치, 기억장치를 갖는 구조로, 일반적인 직렬 컴퓨터 구조이다. 명령어 실행 과정은 파이프라이닝이 되어 있다. 단일 프로세서이고 현재 가장 많이 사용하고 있는 **일반적인 컴퓨터의 구조**이다. 파이프라인(pipeline)은 마이크로 연산을 실행할 때 병렬성을 제공하여 컴퓨터의 처리 속도를 빠르게 하는 기술이다.

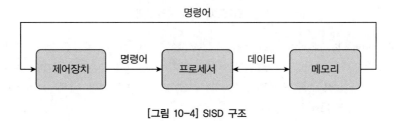

[그림 10-4] SISD 구조

입·출력장치는 제어장치와 연결되어 데이터를 입력하고 데이터를 출력한다.

② SIMD(Single Instruction stream Multi Data stream)

여러 개의 처리장치(프로세서)가 하나의 제어장치에 연결되고 각 처리장치는 독립된 기억장치 또는 공통의 기억장치로 구성할 수 있다. **배열 프로세서**(array processor)가 대표적인 SIMD 구조이다.

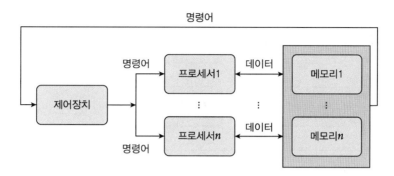

[그림 10-5] SIMD 구조

③ MISD(Multiple Instruction stream Single Data stream)

MISD는 여러 개의 프로세서가 하나의 데이터 스트림을 처리하는 구조이다. 프로세서가 파이프라인으로 연결되어 한 프로세서의 처리 결과가 다음 프로세서의 입력으로 전달된다. 현실성이 없어 실생활에서는 거의 사용하지는 않지만, **우주왕복선의 비행제어 컴퓨터에 사용한** 사례가 있다.

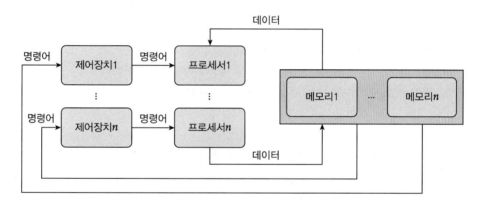

[그림 10-6] MISD 구조

④ MIMD(Multiple Instruction stream Multiple Data stream)

MIMD는 다수의 프로세서가 서로 다른 명령어와 데이터를 처리한다. 분산시스템이 MIMD 구조를 갖추고 있다. 기억장치는 공유 메모리 또는 분산 메모리 구조를 모두 사용한다. 대부분의 **다중 프로세서 시스템**과 다중 컴퓨터 시스템이 MIMD 구조에 속한다. MIMD 시스템은 프로세서 간의 상호 작용 정도에 따라서 밀결합 시스템(tightly coupled system)과 소결합 시스템(loosely coupled system)으로 구분한다.

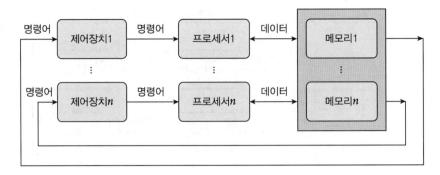

[그림 10-7] MIMD 구조

(2) 팽의 분류

팽(Feng)은 다양한 컴퓨터 구조를 분류하기 위해 병렬 처리 정도를 사용할 것을 1972년도에 제안했고, 컴퓨터가 단위 시간 내에 처리할 수 있는 최대 비트 수(최대 병렬도)를 P라고 하였다. 비트 슬라이스는 동일한 세로 위치에 있는 각 단어의 비트 열을 말한다.

① **워드순차 비트순차**(WSBS : Word Serial Bit Serial)
한 워드 내의 비트가 한 비트씩 순차적으로 처리되는 방식으로, 초기 컴퓨터의 방식이다.

② **워드순차 비트병렬**(WSBP : Word Serial Bit Parallel)
한 번에 한 워드씩 처리하는 방식으로, 가장 많이 사용하는 방식이다.

③ **워드병렬 비트순차**(WPBS : Word Parallel Bit Serial)
여러 개의 워드를 묶어서 그중에서 1개의 비트를 순차적으로 처리하는 방식이다. 비트 슬라이스 방식이라고 한다.

④ **워드병렬 비트병렬**(WPBP : Word Parallel Bit Parallel)
n × m 배열의 비트가 한 번에 처리되는 방식으로, 최대 병렬 처리가 가능하다.

> (*) 팽의 제약사항 – 팽의 분류는 파이프라인 설계로 동시성 처리를 고려하지 않기 때문에 파이프라인 프로세서에서 동시성을 지원하지 못한다.

3 배열 프로세서와 다중 프로세서

(1) 배열 프로세서(array processor)

배열 프로세서(처리기)는 벡터나 행렬 연산을 빠르고 효율적으로 실행하도록 구성되었고, SIMD 조직에 해당하며, 공간적 병렬성(spatial parallelism)을 실현하기 위해 한 컴퓨터 내에 여러 대의 동기화된 처리장치들이 배열 형태로 구성되어 있다. 프로그램 실행은 배열 처리기에서 하고, 프로그램은 제어처리기의 제어기억장치에 기억하며, 상호연결망에 의해 데이터를 주고받는다.

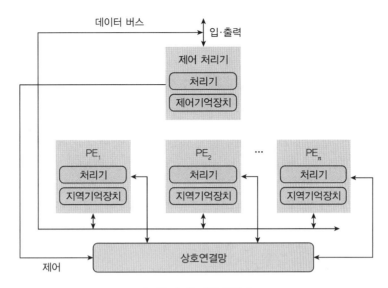

[그림 10-8] 배열 처리기

(2) 다중 프로세서(multi processor)

다중 프로세서(처리기)는 시스템상의 여러 처리기에 각각의 독립적인 작업을 할당하고 두 개 이상의 처리기를 동시에 실행할 수 있도록 한 시스템을 말한다. 하드웨어 시스템의 구성은 기억장치와 처리기 간 또는 기억장치와 입·출력 채널 간의 상호 연결구조에 의해서 결정된다. 전체 시스템은 하나의 운영체제에 의해서 제어된다.

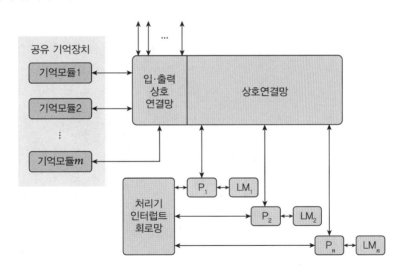

[그림 10-9] 다중 프로세서

4 상호연결망(interconnection network) 중요

상호연결망은 여러 개의 처리요소를 가진 병렬 시스템에서 **기억장치와 처리요소들 사이를 연결해 주는 통신 망**을 말한다. 상호연결망에는 동적 상호연결망과 정적 상호연결망이 있다. 정적 상호연결망은 연결구조가 고정 되어 변경할 수 없지만, 통신 경로를 예측할 수 있다. 동적 상호연결망은 모든 형태의 통신이 가능하고 범용 시스템 구축에 적합하지만, 스위치와 중계기 등 별도의 하드웨어가 필요하다. 정적 상호연결망 구조에는 1차원 구조로 선형(line)이 있고 2차원 구조로 성형(star), 원형(ring), 트리(tree), 메시(mesh)와 토러스(torus) 구조가 있다. 3차원 구조로는 완전연결(completely connected), 코달 원형(chordal ring), 큐브(cube) 구조가 있다. 메시는 노드가 2차원망의 교차점에 위치한 것으로, 두 개의 노드들이 상하좌우로 근접해 있으면서 연결된 구조다. 토러스 구조는 메시의 변형으로 상하 끝단과 좌우 끝단을 연결해 대칭성을 부여하여 평균 통신 거리를 단축한 구조다. 큐브 구조 중에서 하이퍼큐브(hyper cube) 구조는 병렬 처리에서 매우 중요한 구조로 높은 확장성, 간단한 경로 할당, 모든 노드가 동일한 경로 배정 방법 사용 등 많은 장점이 있다. 동적 상호연결망에는 오메가 네트워크와 델타 네트워크가 있다.

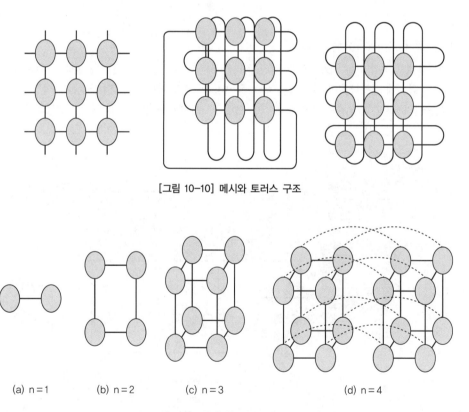

[그림 10-10] 메시와 토러스 구조

(a) n=1   (b) n=2   (c) n=3   (d) n=4

[그림 10-11] 하이퍼큐브 구조

제3절 | 클러스터링 컴퓨터

1 개요

컴퓨터 클러스터(computer cluster) 또는 클러스터 컴퓨터는 여러 대의 컴퓨터들이 연결되어 하나의 시스템처럼 동작하는 컴퓨터들의 집합을 말한다. 클러스터의 구성요소들은 일반적으로 고속의 근거리 통신망으로 연결된다. 서버로 사용되는 노드에는 각각의 운영체제가 실행된다. 컴퓨터 클러스터는 저렴한 마이크로프로세서와 고속의 네트워크, 그리고 고성능 분산 컴퓨팅용 소프트웨어들의 조합 결과로 태어났다. 클러스터는 일반적으로 단일 컴퓨터보다 더 뛰어난 성능과 안정성을 제공하며, 비슷한 성능과 안정성을 제공하는 단일 컴퓨터보다 비용 면에서 훨씬 더 효율적이다. 따라서 열 개 안팎의 중소 규모의 클러스터부터 수천 개로 이루어진 대형 슈퍼컴퓨터에 이르기까지 널리 사용되고 있다.

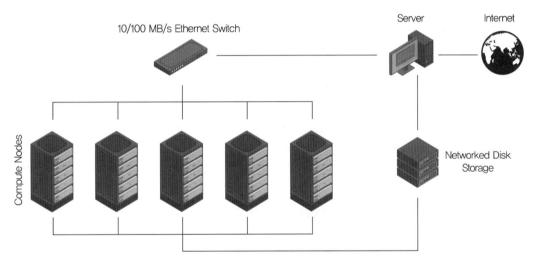

[그림 10-12] 전형적인 클러스터 컴퓨팅 구조

2 분산 컴퓨터와의 차이

메인프레임을 사용하는 것보다 개인용 컴퓨터를 여러 대 사용하여 하나로 묶어 대형 컴퓨터의 성능과 유사한 시스템을 만드는 것이 분산 시스템이고, 클러스터 컴퓨터는 네트워크에 있는 여러 컴퓨터들을 병렬적으로 하나의 거대한 시스템으로 만드는 것이다. 즉, 분산 시스템이든 병렬 시스템이든 하나의 단일 시스템 구조를 만드는 것이 클러스터 컴퓨터의 목적이고, 여러 시스템들에게 공유 저장소를 허용한다.

3 클러스터 구성요소

프로세싱 자원을 제공하는 시스템인 클러스터 노드와 노드를 서로 연결하여 단일 시스템처럼 보이게 만드는 로직을 제공하는 클러스터 관리자로 구성된다.

클러스터 관리는 컴퓨터 클러스터를 사용하는 데 있어서 가장 어려운 부분 중의 하나다. 만약 N개의 노드로 구성된 클러스터 시스템이 있다고 한다면 관리비용은 N개의 독립된 컴퓨터들을 관리하는 것과 비슷한 비용이 든다. 따라서 어떤 경우에는 공유 메모리 아키텍처가 관리비용 측면에서 클러스터 시스템 대비 유리한 측면이 있다. 상대적으로 관리의 편리성은 가상 머신이 많이 활용되는 이유 중의 하나이다.

4 클러스터의 중요 기능

위에서 언급한 시스템 관리, 즉, 노드 관리 외에도 작업 스케줄링, 노드 장애관리 기능이 중요한 기능이다. 작업 스케줄링은 커다란 여러 사용자 클러스터가 매우 방대한 양의 데이터에 접근할 때 애플리케이션의 환경이 복잡한 이기종 CPU-코프로세서 클러스터의 경우에 각 작업의 성능은 클러스터의 특성에 의존적이기 때문에 CPU 코어와 코프로세서 장치에 작업을 할당하는 것은 매우 어렵다. 이러한 작업 할당에 관여하는 것이 작업 스케줄링이고, 이 분야는 현재 진행되고 있는 연구 분야이기도 하다.

노드 장애 관리는 클러스터의 한 노드에서 장애가 발생했을 때 나머지의 모든 시스템이 계속해서 동작하도록 하기 위한 방법으로 '펜싱(fencing)'과 같은 전략이 사용된다. 펜싱은 노드가 오동작을 할 때 공유된 자원을 보호하고 그 노드를 격리시키는 동작이다. 두 가지의 펜싱 방법이 있는데, 하나는 노드 자체를 비활성화시키는 것이고, 다른 하나는 공유 디스크와 같은 공유 자원에 대한 접근을 차단하는 것이다. 노드의 격리는 장애로 의심되는 노드를 비활성화하거나 전원을 끈다는 의미이다.

※ 다음 지문의 내용이 맞으면 ○, 틀리면 ✕를 체크하시오. [1 ~ 7]

01 프로그램을 실행할 때의 명령어 실행 빈도를 성능의 척도로 하였을 때 평가 기준 단위에는 FLOPS와 MIPS가 있다. (   )

>>>◯ FLOPS(Floating-point Operations Per Second)는 초당 부동 소수점 연산의 명령 실행 횟수를 나타내는 단위이고, MIPS(Million Instructions Per Second)는 초당 백만 개의 명령어 처리를 나타내는 단위이다.

02 '컴퓨터 반도체의 성능은 18개월마다 2배가 된다'는 암달의 법칙이다. (   )

>>>◯ '컴퓨터 반도체의 성능은 18개월마다 2배가 된다'라는 표현은 '무어의 법칙'이다. 암달의 법칙은 순차적으로 해야 하는 부분이 많으면 아무리 자원을 많이 투입해도 어느 한계점 이상은 빨라질 수 없다는 것이다.

03 플린은 컴퓨터 시스템을 명령어 스트림과 데이터 스트림의 수에 따라서 분류했다. (   )

>>>◯ 플린은 컴퓨터 구조를 명령어 스트림과 데이터 스트림의 수에 따라서 SISD, SIMD, MISD, MIMD로 분류하였다.

04 배열 프로세서는 대표적인 MIMD 구조이다. (   )

>>>◯ 여러 개의 프로세서가 하나의 제어장치에 연결되고 각 처리장치는 독립된 기억장치 또는 공통의 기억장치로 구성할 수 있는 SIMD 구조의 대표적인 예가 배열 프로세서이다.

05 팽의 분류는 파이프라인을 지원하지 못한다. (   )

>>>◯ WSBS, WSBP, WPBS, WPBP로 구분한 팽의 분류는 동시성 처리를 고려하지 않기 때문에 파이프라인 프로세서에서 동시성을 지원하지 못한다는 문제가 있다.

06 배열 처리기는 데이터를 고속 처리하기 위해 연산장치를 병렬로 배열한 처리구조로, 벡터 계산이나 행렬 계산에 사용한다. (   )

>>>◯ 배열 프로세서(처리기)는 벡터나 행렬 연산을 빠르고 효율적으로 실행하도록 구성되었고, SIMD 조직에 해당한다.

07 정적 상호연결망에는 오메가 네트워크와 델타 네트워크가 있다. (   )

>>>◯ 오메가 네트워크와 델타 네트워크는 동적 상호연결망이다.

정답 **1** ○ **2** ✕ **3** ○ **4** ✕ **5** ○ **6** ○ **7** ✕

제10장 | 실전예상문제

01 상호연결망은 여러 개의 처리요소를 가진 병렬시스템에서 기억장치와 처리요소들 사이를 연결해주는 통신망을 말한다. 상호연결망에는 동적 상호연결망과 정적 상호연결망이 있다.

01 병렬시스템에서 기억장치와 처리요소들 사이를 연결해주는 통신망은 무엇인가?

① 배열 처리기

② 다중 처리기

③ 상호연결망

④ 파이프라인

02 다중 프로세서(처리기)는 시스템상의 여러 처리기에 각각의 독립적인 작업을 할당하고 두 개 이상의 처리기를 동시에 실행할 수 있도록 한 시스템으로, 하드웨어 시스템의 구성은 기억장치와 처리기 간 또는 기억장치와 입·출력 채널 간의 상호 연결구조에 의해서 결정되며, 전체 시스템은 하나의 운영체제에 의해서 제어된다.

02 다음은 무엇에 관한 설명인가?

> 여러 처리기에 각각의 독립적인 작업을 할당하고 두 개 이상의 처리기를 동시에 실행할 수 있도록 한 시스템이다.

① 상호연결망

② 다중 처리기

③ 배열 처리기

④ 파이프라인

03 토러스 구조는 메시 구조의 변형으로, 상하 끝단과 좌우 끝단을 연결해 대칭성을 부여하여 평균 통신 거리를 단축한 구조다.

03 메시 연결망의 변형으로, 상하 끝단과 좌우 끝단을 연결해 대칭성을 부여하여 평균 통신 거리를 단축한 구조는 무엇인가?

① 하이퍼 큐브

② 코달 원형

③ 트리

④ 토러스

정답 (01 ③ 02 ② 03 ④)

04 팽의 컴퓨터 분류에서 최대의 병렬성을 제공하는 구조는?

① WSBS

② WSBP

③ WPBS

④ WPBP

04 WPBP는 n×m 배열의 비트가 한 번에 처리되는 방식으로, 최대 병렬 처리가 가능하다.

05 컴퓨터를 다음과 같이 분류한 사람은 누구인가?

> SISD, MISD, SIMD, MIMD

① 플린

② 팽

③ 암달

④ 무어

05 플린은 명령어와 데이터의 처리 방식에 따라서 컴퓨터의 구조를 SISD, MISD, SIMD, MIMD의 4가지로 분류하였다.

06 플린의 분류 중에서 최대의 병렬성을 제공하는 것은?

① SISD

② MISD

③ SIMD

④ MIMD

06 MIMD는 다수의 프로세서가 서로 다른 명령어와 데이터를 처리하며, 분산 시스템이 MIMD 구조를 갖추고 있다. 기억장치는 공유 메모리 또는 분산 메모리 구조를 모두 사용한다. 대부분의 다중 프로세서 시스템과 다중 컴퓨터 시스템이 MIMD 구조에 속한다.

07 플린의 분류 중에서 현실성이 없어 거의 사용하지 <u>않는</u> 구조는 무엇인가?

① SISD

② MISD

③ SIMD

④ MIMD

07 MISD는 여러 개의 프로세서가 하나의 데이터 스트림을 처리하는 구조이다. 우주왕복선의 비행제어 컴퓨터가 대표적인 예이다.

정답 04 ④   05 ①   06 ④   07 ②

08 암달의 법칙(Amdal's law)은 순차적으로 해야 하는 부분이 많으면 아무리 자원을 많이 투입해도 어느 한계점 이상은 빨라질 수 없다는 것이다.

08 순차적으로 해야 하는 부분이 많으면 아무리 자원을 많이 투입해도 어느 한계점 이상은 빨라질 수 없다는 법칙은?

① 팽의 법칙
② 플린의 법칙
③ 암달의 법칙
④ 무어의 법칙

09 배열 처리기는 벡터 연산을 빠르고 효율적으로 실행하도록 구성되었고, SIMD 조직에 해당한다. 공간적 병렬성(spatial parallelism)을 실현하기 위해 한 컴퓨터 내에 여러 대의 동기화된 처리장치들이 배열 형태로 구성되어 있다.

09 벡터 연산을 빠르고 효율적으로 실행하도록 구성되었고, SIMD 조직에 해당하는 장치를 무엇이라고 하는가?

① 다중 처리기
② 배열 처리기
③ 중앙처리장치
④ 제어장치

10 RISC는 단순하고 빠른 명령어 집합을 사용한다. 각 명령어는 단일 클록 사이클 내에 실행되며, 복잡한 연산을 여러 간단한 명령으로 분해하여 처리한다. RISC는 성능 향상과 효율성을 위해 연산 속도를 극대화하는 것을 목표로 한다.

10 메모리 접근 횟수를 줄여 컴퓨터의 속도를 빠르게 하는 기술을 무엇이라고 하는가?

① pipeline
② RISC
③ CISC
④ MIMD

11 MIPS는 초당 1백만 개의 명령어를 실행하는 단위이고, FLOPS는 1초당 부동 소수점 연산의 명령 실행 횟수를 나타내는 단위이다. Benchmark는 측정의 기준이 되는 대상을 설정하고 테스트하는 행위를 말한다.

11 초당 1백만 개의 명령어를 실행하는 단위는 무엇인가?

① MIPS
② Benchmark
③ FLOPS
④ Processor

정답 08 ③ 09 ② 10 ② 11 ①

Self Check로 다지기 | 제10장

➜ **병렬 시스템의 데이터 전송 통로는 상호연결망이다.**

상호연결망은 여러 개의 처리요소를 가진 병렬 시스템에서 기억장치와 처리요소들 사이를 연결해 주는 통신망으로 동적망과 정적망이 있다. 동적 연결망은 모든 형태의 통신이 가능하고 범용 시스템 구축에 적합하지만, 스위치와 중계기 등 별도의 하드웨어가 필요하다. 정적 연결망은 연결구조가 고정되어 변경할 수 없지만, 통신 경로를 예측할 수 있다. 정적 상호연결망 구조에는 선형(line), 성형(star), 원형(ring), 트리(tree), 메시(mesh)과 토러스(torus) 구조, 완전연결(completely connected), 코달 원형(chordal ring), 큐브(cube) 구조가 있다. 동적 연결망에는 오메가 네트워크와 델타 네트워크가 있다.

➜ **컴퓨터의 병렬성을 나타내는 방식으로 일반적으로 플린과 팽의 분류를 사용한다.**

플린의 분류는 컴퓨터 구조를 명령어 스트림과 데이터 스트림의 수에 따라서 SISD, SIMD, MISD, MIMD로 구분한다. 팽은 병렬 수행의 정도에 따라서 WSBS, WPBS, WSBP, WPBP로 구분하였다. 병렬성이 큰 구조는 MIMD와 WPBP 구조이다.

➜ 다중 처리기는 프로그램의 실행속도를 증가시키고 탄력성, 신뢰성, 가용성 등의 개선을 목표로 한다.

➜ 배열 처리기는 데이터를 고속 처리하기 위해 연산장치를 병렬로 배열한 처리구조로, 벡터 계산이나 행렬 계산에 효율적이다.

➜ 파이프라이닝은 데이터 처리 단계의 출력이 다음 단계의 입력으로 이어지는 기술을 말한다. 이렇게 연결된 데이터 처리 단계는 한 여러 단계가 서로 동시에, 또는 병렬적으로 수행될 수 있어 효율성의 향상을 꾀할 수 있다.

➜ FLOPS는 초당 부동 소수점 연산(곱셈)의 명령 실행 횟수를 나타내는 단위로, 컴퓨터의 성능 향상, 성능 비교, 연산속도 측정, 성능 예측, 기대하는 바에 대한 성능 달성 여부의 검증, 시스템의 조율(tune up) 등에 대한 평가에 사용되는 대표적인 정량적 평가항목이다.

무언가를 시작하는 방법은 말하는 것을 멈추고 행동을 하는 것이다.

– 월트 디즈니 –

부록

최종모의고사

미래가 어떻게 전개될지는 모르지만, 누가 그 미래를 결정하는지는 안다.

– 오프라 윈프리 –

제한시간: 50분 | 시작 ___시 ___분 – 종료 ___시 ___분

정답 및 해설 345p

01 다음 중 설명이 옳지 <u>않은</u> 것은?

① 컴퓨터는 크게 입력장치, 출력장치, 중앙처리장치, 기억장치로 구분한다.

② 기억용량의 크기는 바이트, 킬로바이트, 기가바이트, 메가바이트 등의 순서이다.

③ 기억장치와 중앙처리장치의 속도의 차이를 해결하기 위하여 캐시기억장치를 두었다.

④ 1세대 컴퓨터는 기억소자로 진공관을 사용했고 2세대 컴퓨터는 트랜지스터를 사용했다.

02 주어진 함수의 값을 가장 정확하고 빠르게 간편화하고자 할 때 사용하는 방법은?

① 부울대수
② 카르노맵
③ 돈케어 조건
④ 드모르간 법칙

03 조합논리회로는 산술연산 기능 회로, 데이터전송 기능 회로 및 코드변환 기능 회로로 구분되는데, 다음 중 데이터전송 기능 회로와 코드변환 기능 회로에 속하지 않는 것은?

① 인코더
② 멀티플렉서
③ 2진 비교기
④ BCD 변환기

04 특정 비트의 내용을 0으로 변환시키기 위해 필요한 연산은?

① XOR 연산
② AND 연산
③ OR 연산
④ NOR 연산

05 12비트의 데이터를 전송하고자 한다. 이때 데이터 스트링에 포함할 패리티 비트의 개수는?

① 2
② 3
③ 4
④ 5

06 다음 두 개의 레지스터에서 A − B 연산을 실행한 후의 상태 비트 C, S, V, Z의 값을 올바르게 구한 것은?

레지스터 A(1100011)
레지스터 B(0011100)

	C	S	Z	V
①	1	0	1	0
②	1	1	0	1
③	0	0	0	0
④	1	1	0	0

07 기억장치의 주소를 가져오기 위해서 사용하는 레지스터는?

① MAR
② PSW
③ MBR
④ PC

08 CPU가 얼마나 효율적으로 작업을 처리하는지 알 수 있는 지표로서, 클록과 밀접한 연관이 있는 용어는 무엇인가?

① ALU
② IPC
③ MAR
④ MBR

09 인출 사이클과 간접 사이클의 차이를 설명한 것으로 옳은 것은?

① 간접 사이클은 실제주소를 인출한다.
② 인출·간접 사이클에서 명령어를 인출한다.
③ 인출·간접 사이클에서 주소를 인출한다.
④ 인출 사이클은 인터럽트를 처리한다.

10 제어장치의 구성요소가 <u>아닌</u> 것은?

① CAR
② CBR
③ 순서제어 모듈
④ 명령어 레지스터

11 3-주소 명령어의 장점을 옳게 설명한 것은?

① 연산이 빠르다.
② 프로그램이 길어진다.
③ 비트값이 많아진다.
④ 프로그램이 짧아진다.

12 연산 필드에 관한 설명으로 <u>틀린</u> 것은?

① 함수연산 기능 등 다양한 기능을 제공한다.
② 3비트씩 3개의 필드로 구성되고 각 필드는 8개의 마이크로 동작을 실행한다.
③ '000'부터 '111'까지 실행하는 각각의 코드에 대한 동작을 규정하고 있다.
④ 연산코드의 '000'은 동작이 없다.

13 명령어 연산자의 비트가 3비트, 주소부 비트가 4비트일 때, 실행할 수 있는 명령어의 개수는?

① 8개   ② 16개
③ 126개   ④ 256개

14 주소지정 방식에 대한 설명으로 옳은 것은?

① 묵시적 주소지정 방식은 레지스터의 값을 초기화할 때 주로 사용한다.
② 즉치 주소지정 방식은 스택 구조 컴퓨터에서 사용한다.
③ 직접 주소지정 방식은 간접 주소지정 방식보다 처리 속도가 빠르다.
④ 베이스 레지스터 주소지정 방식은 프로그램 카운터를 사용한다.

15 명령 사이클이 실행되는 순서대로 올바르게 나열한 것은?

① 인출 사이클 – 해독 사이클 – 간접 사이클 – 실행 사이클

② 인출 사이클 – 실행 사이클 – 간접 사이클 – 해독 사이클

③ 인출 사이클 – 간접 사이클 – 해독 사이클 – 실행 사이클

④ 인출 사이클 – 해독 사이클 – 실행 사이클 – 간접 사이클

16 마이크로프로그램의 복귀주소를 저장하기 위해 외부에 서브루틴 레지스터를 별도로 두는 이유는 무엇인가?

① 내부에 설치하면 설계가 복잡하기 때문이다.

② 제어장치가 ROM으로 만들어졌기 때문이다.

③ 처리 속도가 빠르기 때문이다.

④ 서브루틴 레지스터는 입력장치에 설치하기 때문이다.

17 페이지 교체를 위한 가상기억장치의 소프트웨어 기능과 관련 없는 것은?

① 주기억장치에서 새로운 페이지를 저장할 공간을 위해 제거할 페이지를 선택한다.

② 페이지를 보조기억장치에서 주기억장치로 이동하는 시간을 판단한다.

③ 페이지를 저장할 주기억장치의 위치를 판단한다.

④ 참조하려는 페이지가 주기억장치에 없을 경우를 미스라고 한다.

18 SBR → CAR은 무엇에 대한 마이크로 연산인가?

① 복귀주소 반환

② 복귀주소 저장

③ 인터럽트 주소 저장

④ 인터럽트 주소 반환

19 기억된 내용의 일부를 이용하여 기억장치에 접근하는 기억장치는?

① CAM

② Main Memory

③ Cache Memory

④ Storage

20 나중 쓰기(write-back) 방식의 쓰기 정책에서는 언제 주기억장치의 내용이 변경되는가?

① 캐시 먼저 수정, 기억장치는 나중에 수정

② 기억장치 먼저 수정, 캐시는 나중에 수정

③ 캐시의 내용이 추가될 때

④ 캐시의 내용이 삭제될 때

21 기억장치 모듈을 여러 집단으로 분리하여 병렬처리를 가능하게 함으로써 액세스 효율을 향상하는 기법을 무엇이라고 하는가?

① 메모리뱅크

② 인터리빙

③ 매핑

④ 페이징

22 캐시의 지역성과 관련한 내용이 <u>아닌</u> 것은?

① 공간적 지역성
② 시간적 지역성
③ 순차적 지역성
④ 매핑의 지역성

23 표준 규격의 싱글 레이어 DVD가 저장할 수 있는 데이터 용량은?

① 650MB
② 4.7GB
③ 8.5GB
④ 9.4GB

24 대용량의 데이터를 장기간 보관하기 위해서는 어느 장비가 적합한가?

① 플래시메모리
② 자기디스크
③ 자기테이프
④ DVD

25 레이드 방식의 종류와 그 설명이 옳게 짝지어진 것은?

① RAID-0 : 미러링 기법이라 부르며, 한 드라이브에 기록되는 데이터를 다른 드라이브에 복사한다.
② RAID-2 : RAID-0의 빠른 입출력 기능에 에러보정기술을 추가하였다.
③ RAID-3 : 여러 대의 하드디스크에 데이터를 분산하여 저장하는 스트라이핑 방식이다.
④ RAID-4 : 패리티 드라이브를 사용하고 데이터를 블록 단위로 저장한다.

26 다음 내용에 해당하는 지역성의 종류는?

> 프로그래머가 최근에 100번지 ~ 120번지 기억장소의 데이터를 자주 사용하였더니 90번지 ~ 130번지 범위 내의 기억장소 데이터도 자주 사용되었다.

① 공간적 지역성
② 시간적 지역성
③ 순차적 지역성
④ 반복적 지역성

27 보조기억장치에 대한 설명으로 틀린 것은?

① 보조기억장치 중 자기테이프와 하드디스크가 가장 많이 사용된다.
② 보조기억장치 일부를 가상기억장치로 활용한다.
③ 보조기억장치는 컴퓨터의 필수 구성요소 중 하나이다.
④ 보조기억장치의 컴퓨터 발전 초기에는 자기테이프가 가장 많이 사용되었다.

28 다음 중 버스의 종류와 그 방향이 올바르게 짝지어진 것은?

① 데이터 버스, 주소 버스 – 단방향
② 주소 버스, 제어 버스 – 단방향
③ 제어 버스, 주소 버스 – 양방향
④ 데이터 버스, 제어 버스 – 양방향

29 입·출력장치와 기억장치가 직접 데이터를 전송하는 방식을 무엇이라고 하는가?

① DMA 제어방식
② 프로그램 제어방식
③ 인터럽트 제어방식
④ 채널 입·출력 프로세서

30 다음과 같은 조건에서 캐시기억장치의 라인 번호를 구하면?

• 주기억장치의 블록 번호(j) = 380
• 캐시기억장치의 라인 수(m) = 12

① 8
② 9
③ 10
④ 11

31 사이클 스틸링에 대한 설명으로 틀린 것은?

① 대용량 데이터를 전송할 때 사용한다.
② 클록을 CPU로부터 훔쳐오는 방식이다.
③ DMA 제어방식에 의한 전송방식이다.
④ 한 워드씩 전송하고 버스의 제어권을 CPU에게 반환한다.

32 1개의 명령어가 수행되는 과정을 올바르게 나열한 것은?

가. 제어신호 발생기에서 연산자를 해독하고 명령 수행에 필요한 제어신호를 발생시킨다.
나. MAR 번지에 있는 명령어를 읽어 MBR로 전달하고 MBR은 이를 다시 IR로 전달한다.
다. MAR에서 명령 수행에 필요한 데이터, 피연산자의 주소를 계산하여 주기억장치에 접근한다.
라. PC에 기억된 주소를 MAR로 전달한다.

① 가-나-다-라
② 나-다-가-라
③ 다-라-나-가
④ 라-나-다-가

33 플린의 컴퓨터 시스템 분류 방식 중에서 멀티코어 시스템 또는 클러스터 등에서 많이 활용되는 구조는?

① SISD
② SIMD
③ MISD
④ MIMD

34 CISC 컴퓨터의 특징에 해당하는 것은?

① 컴파일러가 복잡하다.
② 마이크로프로그램 방식이다.
③ 파이프라이닝이 잘 되어있다.
④ 동시에 여러 개의 명령어를 처리할 수 있다.

35 컴퓨터 용어와 영어 약자 및 그 설명이 <u>잘못</u> 연결된 것은?

① PSW – Program Status Word – 프로그램의 현재 상태를 나타내는 레지스터이다.

② IPC – Instruction Per Cycle – 명령어당 평균 소요 사이클을 의미한다.

③ MAR – Memory Address Register – 기억장소의 주솟값을 전달하는 레지스터이다.

④ ALU – Arithmetic Logic Unit – CPU 내의 주요장치로 연산 기능을 담당한다.

36 배열처리기는 어떤 연산에 주로 사용되는가?

① 벡터 연산
② 사칙 연산
③ 논리 연산
④ 비교 연산

37 이진수 1011을 그레이 코드로 변환한 값은?

① 1001
② 1010
③ 1110
④ 0011

38 플린의 법칙에 대한 설명으로 옳은 것은?

① 순차적인 처리 부분이 많으면 자원을 많이 투입해도 어느 한계점 이상은 빨라질 수 없다.

② 컴퓨터 반도체의 성능은 18개월마다 2배가 된다.

③ 잡음이 있으면 대역폭을 아무리 증가시켜도 채널용량을 크게 할 수 없다.

④ 컴퓨터시스템은 명령어와 데이터의 스트림에 의해 분류할 수 있다.

39 기억장치의 용량을 표시하는 단위가 <u>틀리게</u> 연결된 것은?

① Kilo Byte(KB) – 2^{10}
② Mega Byte(MB) – 2^{15}
③ Giga Byte(GB) – 2^{30}
④ Tera Byte(TB) – 2^{40}

40 기억장치의 처리 속도를 빠른 순서대로 나열한 것은?

① 캐시기억장치, 레지스터, 주기억장치, 보조기억장치

② 주기억장치, 레지스터, 캐시기억장치, 보조기억장치

③ 레지스터, L1, L2, L3, 주기억장치, 보조기억장치

④ 레지스터, L3, L2, L1, 캐시기억장치, 보조기억장치

제한시간: 50분 | 시작 ___시 ___분 − 종료 ___시 ___분

⏎ 정답 및 해설 350p

01 다음 중 컴퓨터가 가장 빠르게 연산을 할 수 있는 언어는?

① 베이직, 파스칼
② C++
③ 어셈블리
④ 코볼, 포트란

02 다음의 카르노맵을 간소화한 결과는?

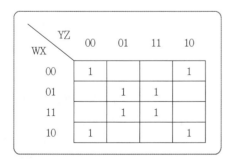

① X′Z′ + XZ
② X′Z′
③ XZ
④ 0

03 다음 그림에서 출력값 F는?

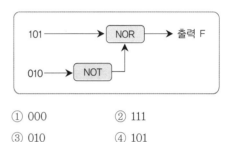

① 000
② 111
③ 010
④ 101

04 CPU의 기능 및 구조를 한 번에 하나의 명령어를 인출하고 해독하는 제어장치와 피연산자를 인출하여 명령어를 실행하는 처리장치의 두 대의 장치로 구성한 컴퓨터의 구조는 무엇인가?

① 폰 노이만의 분류
② 트렐리븐의 분류
③ 플린의 분류
④ 팽의 분류

05 자기디스크에 관한 설명으로 옳은 것은?

① 데이터를 읽고 쓰는 속도가 자기테이프보다 느리다.
② 주기억장치보다 저장용량이 적다.
③ 주기억장치보다 가격이 저렴하다.
④ 캐시기억장치보다 속도가 빠르다.

06 10진수 2345를 부동소수점 방식으로 표현할 경우 정규화값과 특성값은? (단 정규화 지수는 16진수를 사용함)

① 926, 43
② 927, 3D
③ 928, 3D
④ 929, 43

07 이진수 1111을 그레이 코드로 변환한 값은?

① 1000 　　② 1010
③ 1100 　　④ 0011

08 보조기억장치 중 데이터의 저장용량이 큰 순서대로 나열한 것은?

① CD-ROM, 싱글 레이어 DVD, 듀얼 레이어 DVD, DVD-RAM
② CD-ROM, DVD-RAM, 싱글 레이어 DVD, 듀얼 레이어 DVD
③ DVD-RAM, 듀얼 레이어 DVD, 싱글 레이어 DVD, CD-ROM
④ DVD-RAM, CD-ROM, 듀얼 레이어 DVD, 싱글 레이어 DVD

09 태그는 6비트, 워드 길이는 12비트, 세트의 크기가 4인 세트-연상 캐시 구조가 있다. 인덱스가 9비트일 때 캐시의 용량은?

① $6 \times 12 \times 4 \times 9$
② $(6 + 12) \times 4 \times 512$
③ $(6 + 12 + 4) \times 512$
④ $2^6 \times 2^{12} \times 2^4 \times 2^9$

10 병렬전송에서 16비트의 A 레지스터 데이터를 B 레지스터로 모두 전송하려면 몇 개의 클록 펄스가 필요한가?

① 1개
② 4개
③ 8개
④ 16개

11 MAR의 기능이 아닌 것은?

① 유효주소를 전달한다.
② 단방향 레지스터이다.
③ 양방향 레지스터이다.
④ MBR로 데이터를 전달한다.

12 연산장치에 대한 설명이 아닌 것은?

① 수치형 연산과 비수치형 연산이 있다.
② 연산장치의 입력 레지스터가 1개면 단항 연산이다.
③ 연산장치의 입력 레지스터가 2개면 이항 연산이다.
④ 수치형 연산은 MOVE, AND, OR 연산 등을 말한다.

13 상대 주소지정 방식의 주솟값 연산에 대해서 올바르게 설명한 것은?

	변위값	기준주소
①	PC	명령어의 주소
②	명령어의 주소, PC	PC
③	AC	명령어의 주소
④	명령어의 주소	AC

14 다음의 명령어에 대해서 바르게 설명한 것은?

> LOAD X

① 스택에서 데이터 X를 읽어옴
② 스택으로 데이터 X를 저장함
③ 기억장치에서 레지스터로 데이터 전송
④ 레지스터에서 기억장치로 데이터 전송

15 실행할 다음 명령어의 주소를 저장하고 있는 레지스터는?

① SP
② AC
③ PC
④ MAR

16 다음의 전위 표현법을 중위 표현법으로 맞게 변환한 것은?

> + + * A B * C D E

① A * B + C * D + E
② A + B + C + D * E
③ A * B * C + D + E
④ A + B * C + D * E

17 실행결과를 예측할 수 있는 사이클로만 구성한 것은?

① 인출, 간접, 실행
② 인출, 실행, 인터럽트
③ 실행, 간접, 인터럽트
④ 인출, 간접, 인터럽트

18 다음의 마이크로 연산은 어떤 명령에 대한 연산인가?

> t_1 : MAR ← IR(Address)
> t_2 : MBR ← MAR, MBR ← MBR + 1
> t_3 : If MBR = 0 then PC ← PC + 1

① JUMP
② LOAD
③ ADD
④ ISZ

19 제어장치의 처리 단계를 순서대로 나열할 때, 괄호 안에 알맞은 것은?

> 명령어 해독기 → CAR → 제어기억장치 → CBR → ( )

① SBR
② 순서제어 모듈
③ 명령어
④ 제어신호

20 제어장치의 구현방법에 대한 설명 중 틀린 것은?

① 구현방법에는 하드와이어 방식과 마이크로프로그램 방식이 있다.
② 마이크로프로그램 방식은 플립플롭, 논리게이트, 디지털 회로로 구성한다.
③ 하드와이어 방식은 플립플롭, 논리게이트, 디지털 회로로 구성한다.
④ 제어장치에서는 명령어의 실행단계를 제어하기 위해 단계별로 순차적 제어 클록이 생성된다.

21 다음 내용에서 괄호 안에 들어갈 말들을 순서대로 나열한 것은?

> 프로그래머가 사용하는 주소는 (가)이며, 주기억장치의 주소는 (나)라고 한다. (가)의 집합을 (다)이라고 하고 (나)의 집합을 (라)이라고 한다.

① (가) 가상주소, (나) 물리주소,
　(다) 주소공간, (라) 기억공간
② (가) 물리주소, (나) 가상주소,
　(다) 주소공간, (라) 기억공간
③ (가) 가상주소, (나) 물리주소,
　(다) 기억공간, (라) 주소공간
④ (가) 물리주소, (나) 가상주소,
　(다) 기억공간, (라) 주소공간

22 대체 알고리즘이 필요 없는 기억장치 매핑 기법은 무엇인가?

① 직접 사상, 연관 사상
② 연관 사상
③ 집합 연관 사상, 직접 사상
④ 직접 사상

23 다음 중 대역폭과 주파수의 관계를 틀리게 설명한 것은?

① 주파수의 폭을 대역폭이라고 한다.
② 대역폭은 전송용량에 비례한다.
③ 주파수는 주기에 반비례한다.
④ 대역폭은 전송용량에 반비례한다.

24 기억장치의 계층구조에 대한 설명 중 틀린 것은?

① 주기억장치가 계층구조의 가장 상단에 위치한다.
② 상단으로 올라갈수록 용량이 적어진다.
③ 하단으로 내려올수록 가격이 싸진다.
④ 하단으로 내려올수록 용량이 커진다.

25 레이드 기술에 대해 바르게 설명한 것은?

① 여러 대의 하드디스크를 1개의 하드디스크처럼 다루는 기술
② 데이터와 명령어의 흐름을 제어하여 병렬성을 제공하는 기술
③ 논리주소를 물리주소로 변환하는 기술
④ 주소 공간을 일정한 크기로 분할하는 기술

26 다음 내용에서 괄호 안에 알맞은 용어는?

> CPU는 다음의 명령어 실행 기간에 ( )에 있는 값에 따라 해당 주소에서 명령어를 가져와서 그다음 수행을 지시하는 레지스터에 적재한다.

① 명령어 레지스터
② 스택 레지스터
③ 프로그램 카운터
④ 메모리 주소 레지스터

27 데이터를 고속 처리하기 위해 연산장치를 병렬로 배열한 처리구조를 무엇이라고 하는가?

① 배열 프로세서
② 멀티 프로세서
③ 행렬처리기
④ 비교연산기

28 보조기억장치의 SASD 방식과 관련이 있는 기억장치는?

① CD-ROM
② 자기디스크
③ DVD
④ 자기테이프

29 보조기억장치 중 이동성이 가장 우수한 장치는 무엇인가?

① 플래시 드라이브
② DVD
③ CD-ROM
④ CD-RW

30 클록을 사용하지 않고 각 버스의 동작이 완료되면 다음 동작이 이뤄지는 버스 방식은?

① 동기식 버스
② 비동기식 버스
③ 시스템 버스
④ 로컬 버스

31 다음 중 입·출력 방식의 종류와 그 설명이 잘못 연결된 것은?

① 프로그램 입·출력 방식 – CPU를 경유하여 데이터 전송
② 인터럽트 입·출력 방식 – 인터럽트를 이용하여 데이터를 전송
③ DMA 방식 – 입·출력장치와 기억장치가 직접 데이터를 전송하는 방식
④ 입·출력 프로세서 방식 – CPU를 경유하여 데이터를 전송하는 방식

32 DMA 입·출력 제어기와 관련 없는 레지스터는?

① 주소 레지스터
② 워드 카운트 레지스터
③ 버퍼 레지스터
④ 제어 레지스터

33 병렬 우선순위 인터럽트 방식과 관련이 없는 것은 무엇인가?

① 인터럽트 레지스터
② 마스크 레지스터
③ XOR 연산
④ AND 연산

34 대부분의 다중 프로세서 시스템과 다중 컴퓨터 시스템은 다음 중 어느 분류에 속하는가?

① SISD
② SIMD
③ MISD
④ MIMD

35 팽의 컴퓨터 분류방식의 문제점은?

① 워드를 동시에 처리할 수 없다.
② 파이프라인 프로세서에서 동시성을 지원하지 못한다.
③ 비트를 동시에 처리할 수 없다.
④ 컴퓨터의 병렬처리 가능성을 지원하지 못한다.

36 분산 메모리 시스템 구조로만 구성된 것은?

① 링 구조, 토러스 구조
② 하이퍼큐브 구조, 크로스바 구조
③ 버스 구조, 크로스바 구조
④ 메시 구조, 버스 구조

37 병렬성을 제공하여 컴퓨터의 처리속도를 빠르게 하는 기술을 무엇이라고 하는가?

① 시스크(CISC) 컴퓨터
② 리스크(RISC) 컴퓨터
③ 파이프라인
④ 배열처리기

38 다음 내용에서 괄호 안에 들어갈 용어를 순서대로 고른 것은?

> 방향과 관련해서 주소 버스는 (㉠), 제어 버스는 (㉡), 그리고 데이터 버스는 (㉢)이다.

	㉠	㉡	㉢
①	단방향	단방향	단방향
②	양방향	양방향	양방향
③	단방향	양방향	양방향
④	양방향	단방향	단방향

39 다음 중 설명이 옳지 않은 것은?

① 제어장치는 명령어 해독기, CAR, 제어기억장치, CBR, SBR 등으로 구성된다.
② 순서제어는 마이크로 명령어의 실행 순서를 결정하는 것이다.
③ 제어장치 기능을 실행하려면 상태를 결정할 수 있는 입력과 동작을 제어할 수 있는 출력이 필요하다.
④ 마이크로 명령어의 집단을 마이크로 연산이라고 한다.

40 컴퓨터 메모리 용량이 512 워드이고, 1워드가 32비트인 경우 MAR과 MBR의 비트 수는?

① MAR = 10, MBR = 32
② MAR = 9, MBR = 32
③ MAR = 9, MBR = 64
④ MAR = 10, MBR = 64

01	02	03	04	05	06	07	08	09	10	11	12	13	14	15	16	17	18	19	20
②	②	③	②	④	④	①	②	①	④	④	②	①	③	①	②	④	①	①	④
21	22	23	24	25	26	27	28	29	30	31	32	33	34	35	36	37	38	39	40
②	④	②	③	④	①	③	④	①	①	①	④	④	④	②	①	③	④	②	③

01 정답 ②

기억용량의 단위는 바이트, 킬로바이트, 기가바이트, 테라바이트, 페타바이트의 순서이다.

02 정답 ②

카르노맵은 함수를 사각형의 맵에 표시하여 시각화 과정으로 단순화할 수 있는 장점이 있어 함수의 간소화를 효율적으로 수행할 수 있다. 부울대수는 부울대수의 관계를 이용하여 주어진 함수를 간소화하기 때문에 식을 암기하여 활용할 수 있는 능력이 필요하여 응용하기 쉽지 않다.

03 정답 ③

산술연산 기능 회로에는 가산기, 감산기, 2진 비교기, 패리티 체크기가 있다. 데이터전송 기능 회로에는 인코더, 디코더, MUX, DEMUX가 있고, 코드변환 기능 회로에는 BCD 변환기가 있다.

04 정답 ②

2진수의 특정 비트를 선택하여 0으로 바꾸는 연산에는 AND 연산을 사용한다.
XOR 연산은 두 개의 입력값이 서로 다른 경우에는 1을 출력하고, 그 외에는 0의 값을 출력한다.
OR 연산은 두 개의 입력값 중 하나라도 1이 있으면 1을 출력하고, 둘 다 0이면 0을 출력한다.
NOR 연산은 OR 연산의 반대값을 출력하므로 두 개의 입력값이 모두 0인 경우에만 1이 출력되는 연산을 수행한다.

05 정답 ④

데이터와 함께 전송할 패리티 비트의 개수는 다음의 공식에 의해서 구할 수 있다. 그리고 P의 값은 이 식을 만족하는 최대의 값이다.
$2^p - 1 \geq n + p$ (n : 전송할 데이터의 비트 수, p : 패리티 비트 수)
데이터 비트가 12일 때, $2^p - 1 \geq n + p$를 만족하는 P의 최솟값은 5이다.

06 정답 ④

컴퓨터에서 감산은 2의 보수를 이용한 가산으로 처리한다. 따라서 레지스터 B의 내용을 2의 보수로 변환하면 1100011 + 1 = 1100100이 된다. 레지스터 A와 가산을 하면 1100011 + 1100100 = 11000111의 결과를 얻는다. 캐리(C)가 발생했으므로 '1', 사인 비트(S)는 '1', 연산의 결괏값(Z)이 0이 아니므로 '0' 그리고 오버플로우 비트(V)는 사인 비트와 캐리 비트의 XOR로 구할 수 있으므로 '0'이 된다. 따라서 C = 1, S = 1, Z = 0, V = 0이 된다.

07 정답 ①

기억장치의 주소는 MAR이 실행하고, 데이터는 MBR 레지스터가 처리한다.

08 정답 ②

IPC는 한 사이클당 처리 가능한 명령어 개수를 의미하며, CPU가 얼마나 효율적으로 작업을 처리하는지 알 수 있는 지표로서 클록과 밀접한 연관이 있다. 동일 IPC일 때, 클록 속도가 높으면 성능이 상대적으로 우수하다.

09 정답 ①

주기억장치에서 PC가 가리키는 기억장치의 위치에서 명령어를 인출하는 것을 인출 사이클이라고 하고, 실행 사이클이 시작되기 전에 그 데이터의 실제 주소를 기억장치로부터 읽어오는 것을 간접 사이클이라 한다.

10 정답 ④

명령어 레지스터는 제어장치에 포함되지 않는다. 제어장치 구성요소는 CAR, CBR, 제어 메모리, 순서제어 모듈, 제어신호 발생기 등이 있다.

11 정답 ④

3-주소 명령의 장점은 연산 표현을 위한 프로그램이 짧아진다는 것이고, 단점은 3-주소를 표현하기 위한 비트의 낭비가 많아진다는 것이다.

12 정답 ②

연산 필드는 함수연산, 데이터전달, 제어, 입·출력기능 등 다양한 기능을 제공하고, 3비트씩 3개의 필드로 구성되며, 각 필드는 7개의 마이크로 동작을 실행한다. 연산코드 '000'은 동작이 없고, 001부터 111까지 사용한다.

13 정답 ①

주소부는 명령어의 연산과는 관계가 없다. 연산부가 3비트이면 2^3이므로 8개의 명령어를 실행할 수 있다.

14 정답 ③

즉치 방식은 값을 초기화할 때 사용하고, 묵시적 방식은 스택 구조에서 사용한다. 베이스 레지스터 방식은 베이스 레지스터를 사용한다.

15 정답 ①

명령 사이클은 명령어를 읽어오는 인출 사이클, 해독하는 해독 사이클, 오퍼랜드를 읽어오는 간접 사이클, 명령어를 실행하는 실행 사이클로 진행된다.

16 정답 ②

서브루틴을 사용하는 마이크로프로그램은 복귀주소를 저장하기 위한 서브루틴 레지스터가 필요한데, 제어기억장치는 쓰기 제어장치가 금지된 ROM으로 만들어졌기 때문에 제어장치 내에는 복귀주소를 저장할 수 없기 때문이다.

17 **정답** ④

참조하려는 페이지가 주기억장치에 없을 경우를 페이지 결함(page fault)라고 하고, 미스라는 용어는 캐시기억장치에서 사용한다.
페이지는 주기억장치에 로드(load)하는 단위인 블록의 크기가 고정된 방식으로, 사용자가 작성한 프로그램이 OS에 의해 페이지 단위로 분할된다. 페이지를 교체해야 하는 경우의 가상기억장치의 소프트웨어 기능을 보면 주기억장치에서 새로운 페이지를 저장할 공간을 위해 제거할 페이지를 선택하고, 페이지를 보조기억장치에서 주기억장치로 이동하는 시간과 페이지를 저장할 주기억장치의 위치를 판단한다.

18 **정답** ①

SBR은 서브루틴 레지스터로, 인터럽트가 발생할 때 인터럽트를 처리하고 복귀할 주소를 저장했다가 인터럽트가 종료되면 실행할 주소를 CAR로 반환한다.

19 **정답** ①

CAM은 Content Addressable Memory로 연관기억장치를 말한다. 연관기억장치는 주소가 아니라 기억된 내용의 일부를 이용하여 기억장치에 접근하는 방식이다.

20 **정답** ④

쓰기 정책은 miss가 발생했을 때 필요하다. 블록이 캐시기억장치와 주기억장치에 동시에 쓰이는 즉시 쓰기(write-through) 방식과는 달리 나중 쓰기(write-back)는 나중에 캐시의 내용이 제거될 때 주기억장치에 기록한다.

21 **정답** ②

인터리빙은 기억장치 모듈을 여러 집단으로 분리하여 병렬처리를 가능하게 함으로써 액세스 효율을 향상하는 기법이다. 메모리뱅크는 기억장치를 분할한 집단을 말한다. 페이징은 메모리를 동일한 크기의 페이지로 나누어 적재하는 기법이다. 매핑은 논리주소를 물리주소로 변환하는 기법이다.

22 **정답** ④

캐싱의 지역성은 기억장치에 접근하는 패턴에 따라 자주 사용되는 부분이 계속 사용되게 된다는 것이다. 공간적 지역성은 프로그램이 최근에 사용된 기억장소와 가까운 곳에 있는 기억장소를 사용한다는 것이고, 시간적 지역성은 상대적으로 짧은 시간 내에 특정 데이터 또는 자원이 재사용된다는 것을 의미한다. 순차적 지역성은 데이터 요소가 일차원 배열의 요소를 순회하는 것처럼 선형적으로 배열되고 액세스하는 것을 의미한다.

23 **정답** ②

표준규격의 CD-ROM은 650MB의 데이터를 저장할 수 있고, 싱글 레이어 DVD는 4.7GB, 듀얼 레이어 DVD는 8.5GB의 데이터를 저장할 수 있다. 최대 9.4GB를 저장할 수 있는 DVD-RAM도 있다.

24 **정답** ③

대용량의 자료를 장기간 보관하기 위해서는 상대적으로 저렴한 매체를 사용해야 한다. 플래시메모리, 자기디스크, DVD도 GB의 데이터를 장기간 저장할 수 있지만, 대기업의 경우 생성되는 데이터의 양은 GB를 넘어 TB에 육박하고 있다. 만일 자기테이프가 아닌 디스크나 플래시메모리로 대용량의 데이터를 보관하려면 매체 구입비용이 수십 배 이상 증가하게 되므로 경제적이지 못하다. 따라서 TB 이상의 대용량 데이터 저장을 위해서는 자기테이프가 가장 적합한 기억매체라고 할 수 있다.

25 정답 ④
①은 RAID-1에 대한 설명이고, ②는 RAID-3에 대한 설명, ③은 RAID-0에 대한 설명이다. RAID-2는 해밍코드라는 오류교정코드를 사용하는 기법이다.

26 정답 ①
공간적 지역성은 프로그램이 최근에 사용된 기억장소와 가까운 곳에 있는 기억장소를 사용하는 캐시의 지역성 중 하나이다.

27 정답 ③
보조기억장치가 필요한 장치이기는 하지만 컴퓨터의 필수 구성요소는 입력장치, 출력장치, 중앙처리장치 및 기억장치이다. 또한, 보조기억장치 중 자기디스크, 광디스크는 주기억장치의 공간의 한계를 확장하는 가상기억장치로써 사용할 수 있다. 보조기억장치로는 컴퓨터의 발전 초기부터 자기테이프가 사용되었다.

28 정답 ④
주소 버스는 단방향, 제어 버스와 데이터 버스는 양방향이다.
기억장치의 주소는 주소 버스에 실려 전송되며, 기억장치의 방향을 지시하기 때문에 단방향으로 작동된다.
제어 버스는 CPU로부터 명령(READ/WRITE 명령)을 지시받아 기억장치에 데이터를 읽거나 쓰는 명령을 처리하도록 관여하기 때문에, 양방향 통신이다.
데이터 버스는 데이터를 기억장치나 입·출력장치로 실어서 전달하는 것이므로 양방향 통신을 한다.

29 정답 ①
DMA 방식이 입·출력장치와 기억장치가 직접 데이터를 전송하는 방식이다. 프로그램 방식은 입·출력장치가 직접 기억장치에 접근하지 못하기 때문에 CPU를 경유하여 데이터를 전송한다. 인터럽트 방식은 CPU가 항상 상태 레지스터를 검사하지 않고 데이터 전송 준비가 되면 인터럽트를 이용하여 데이터를 전송하는 방식이다. 입·출력 프로세서 방식은 입·출력 동작을 직접 제어하는 방식으로, 입·출력에 대한 CPU의 시간 낭비를 없애주는 방식이다.

30 정답 ①
캐시기억장치의 라인번호(i) = j mod d이므로, 380 mod 12 = 8이다.
MOD 함수는 음이 아닌 양의 나머지 값을 생성한다.

31 정답 ①
DMA 전송에는 대용량 전송(버스트 모드, burst mode) 방식과 사이클 스틸 방식이 있다.
버스트 방식은 블록 단위로 전송하고, 사이클 스틸 방식은 한 클록 동안만 워드 단위 전송을 한다.

32 정답 ④
PC에 기억된 주소를 MAR로 전달한다. MAR 번지에 있는 명령어를 읽어 MBR로 전달하고, PC의 내용이 1 증가한다. MBR에서 다시 명령 레지스터(IR)로 전송되고, 명령의 연산코드 필드와 주소 필드의 내용을 해독하여 해독기와 레지스터로 전송하고, MAR에서 명령 수행에 필요한 데이터, 피연산자의 주소를 계산하여 주기억장치에 접근한다. 마지막으로 제어신호 발생기에서 연산자를 해독하고 명령 수행에 필요한 제어신호를 발생시킨다. 이와 같은 과정을 반복한다.

33 정답 ④

MIMD는 범용 컴퓨팅(멀티코어, 클러스터 등)에서 주로 사용한다.

34 정답 ②

CISC 컴퓨터는 컴파일러 작성이 쉽고, 명령어 세트가 복잡하지만, 마이크로 코드(마이크로프로그램 방식)이기 때문에 실행 효율이 좋고, 파이프라이닝 기법이 없거나 최소화되어 있다. 다만 명령어의 길이가 달라서 동시에 여러 개의 명령어를 수행할 수 없다. 파이프라이닝은 RISC 컴퓨터의 특징이다.

35 정답 ②

IPC(Instruction Per Cycle)는 한 사이클당 처리 가능한 명령어 개수를 뜻한다. 명령어당 평균 소요 사이클은 CPI(Cycle Per Instruction)라고 한다. 즉, IPC의 역수값이다.

36 정답 ①

배열 프로세서는 데이터를 고속 처리하기 위해 연산장치를 병렬로 배열한 처리구조로, 벡터 계산이나 행렬 계산에 사용한다.

37 정답 ③

첫 번째 비트를 그대로 두고 이웃한 비트의 값끼리 XOR 연산한 값이다. 그레이코드를 이진수로 변환할 때는 첫 번째 코드는 그대로 두고 대각선의 값과 XOR 연산한다.

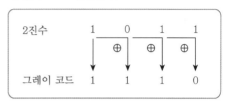

38 정답 ④

①은 암달의 법칙으로, 순차적으로 해야 하는 부분이 많으면 아무리 자원을 많이 투입해도 어느 한계점 이상은 빨라질 수 없다는 것으로, 암달의 저주로도 불린다. 컴퓨터 시스템의 일부를 개선할 때 전체적으로 얼마만큼의 최대 성능 향상이 있는지 계산하는 데 사용한다. ②는 무어의 법칙으로 컴퓨터의 성능이 반도체의 발전과 관련이 있음을 나타내는 말이다. ③은 샤논의 법칙으로 채널용량과 관련이 있다.

39 정답 ②

메가바이트는 2^{20}의 용량이다.

40 정답 ③

기억장치의 속도가 빠른 순서는 CPU 내의 기억장치인 레지스터, L1 캐시, L2 캐시, L3 캐시기억장치, 주기억장치, 보조기억장치의 순서이다.

제2회 정답 및 해설 | 컴퓨터구조

01	02	03	04	05	06	07	08	09	10	11	12	13	14	15	16	17	18	19	20
③	①	③	③	③	④	①	③	②	①	③	④	①	③	③	①	④	④	④	②
21	22	23	24	25	26	27	28	29	30	31	32	33	34	35	36	37	38	39	40
①	④	④	①	①	③	①	④	①	②	④	③	③	④	②	①	③	③	④	②

01 정답 ③

컴퓨터가 사용하는 언어는 저급언어, 중급언어, 고급언어로 구분한다. 고급언어는 베이직(BASIC), 파스칼(Pascal), 코볼(COBOL) 등이 있고, 중급언어는 C언어 등이 있다. 저급언어는 어셈블리언어가 있으며, 컴퓨터가 가장 빠르게 연산을 처리할 수 있는 언어이다.

02 정답 ①

	YZ			
WX	00	01	11	10
00	⓪	①	③	②
01	④	⑤	⑦	⑥
11	⑫	⑬	⑮	⑭
10	⑧	⑨	⑪	⑩

변숫값이 4개인 최소항은 위의 그림과 같이 표시되므로 ⅰ) 모서리에 있는 최소항(0, 2, 8, 10)을 묶으면 W'X', WX', Y'Z', YZ'의 항이 되므로 여기에서 서로 보수의 관계에 있는 변수는 제거하면 남는 값은 X'Z'가 된다.
ⅱ) (5, 7, 13, 15)를 묶으면 W'X, WX, Y'Z, YZ가 되고 보수 관계에 있는 변수를 제거하면 XZ가 남는다. ⅲ) 카르노맵으로 유도한 부울함수는 논리곱의 합으로 표시되므로 F = X'Z' + XZ가 된다.

03 정답 ③

NOT 게이트로 입력되는 '010'의 값은 '101'로 출력되어 NOR 게이트로 입력되고 또 다른 입력값인 '101'과 연산을 한다. NOR는 두 개의 입력값이 0일 경우만 1을 출력하므로 출력값 F = 010이다.

04 정답 ③

플린은 실행할 명령어 및 피연산자에 따른 명령어와 데이터 흐름의 단일 및 다중 처리에 따라 컴퓨터를 분류했다. 즉, 이 말은 CPU의 기능 및 구조를 한 번에 하나의 명령어를 fetch하고 decoding하는 제어장치와 피연산자를 인출하여 명령어를 실행하는 처리장치의 두 대로 컴퓨터를 구성한다는 말과 같은 의미이다.
팽은 데이터 처리의 병렬 수행 정도에 따라서 컴퓨터를 분류하였고, 트렐리븐은 플린의 MIMD 구조를 더 자세하게 분류한 사람이다.

05 정답 ③

자기디스크는 기억장치 계층구조의 가장 하단에 있기 때문에 가격은 저렴하고 속도가 느리다.

06 정답 ④

정규화는 유효숫자를 소수점 이하에 첫째 자리에 위치시키는 것이다.

(1) 10진수 2345를 16진수로 변환하려면 주어진 숫자를 16으로 나누어서 몫을 더 이상 나눌 수 없을 때까지 나눈 나머지를 아래쪽에서부터 순서대로 나열하면 된다.

즉, 나눗셈의 결과는 929가 된다.

따라서 16진수 929를 정규화하면 0.929×16^3이 된다.

(2) 16진수 바이어스는 40을 기준으로 음수의 지수값과 양수의 지수값을 표시하므로, 지수값 3은 43에 해당한다.

10진수	0	.....	62	63	64	65	66	.....	127
16진수	0	.....	3E	3F	40	41	42	.....	7F
지수값	−64	.....	−2	−1	0	+1	+2	.....	+63

(3) 따라서 본 문제의 답은 929와 43이 된다.

07 정답 ①

첫 번째 비트를 그대로 두고 이웃한 비트의 값끼리 XOR 연산한 값이다. 그레이코드를 이진수로 변환할 때는 첫 번째 코드는 그대로 두고 대각선의 값과 XOR 연산한다.

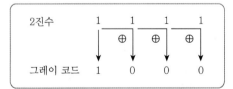

08 정답 ③

표준 규격의 CD-ROM은 650MB의 데이터를 저장할 수 있고, 싱글 레이어 DVD는 4.7GB, 듀얼 레이어 DVD는 8.5GB의 데이터를 저장할 수 있다. 최대 9.4GB를 저장할 수 있는 DVD-RAM도 있다.

09 정답 ②

세트-연상 매핑에서 한 워드의 크기는 데이터 워드와 태그 비트의 합에 세트의 수를 곱한 것이 된다. 따라서 태그가 6비트, 워드 길이가 12비트이므로 한 워드의 길이는 (6 + 12) × 4 = 72비트이다. 그리고 9비트의 인덱스 주소는 512 워드를 저장할 수 있으므로 캐시 용량은 (6 + 12) × 4 × 512가 된다.

10 정답 ①

병렬전송은 클록 하나에 모든 비트를 전송한다.

11 정답 ③

MAR은 데이터의 메모리 주소를 기억하고 있고 MAR 주소에 있는 데이터는 MBR로 전송된다. MAR은 단방향, MBR은 양방향 레지스터이다.

12 정답 ④

MOVE, AND, OR 연산 등은 비수치형 연산이다. 수치형 연산은 사칙연산과 산술 시프트이다.

13 정답 ①

상대 주소지정 방식은 변위값으로 PC의 값을 사용하고, 기준주소로는 명령의 주소부의 값을 사용하여 유효주소를 구한다.

14 정답 ③

스택은 POP과 PUSH라는 명령어를 사용하여 데이터를 스택으로부터 읽어오거나 저장한다. LOAD는 기억장치에서 레지스터로 데이터를 전송하는 명령어이고, STORE는 레지스터에서 기억장치로 데이터를 전송하는 명령어이다.

15 정답 ③

명령어가 시작되는 주소를 기억하고 있는 레지스터는 프로그램 카운터(PC)이다.

16 정답 ①

연산자, 피연산자, 피연산자의 순서로 된 것을 앞에서부터 찾아 연산자를 피연산자와 피연산자 사이로 옮긴다.

++*AB*CDE → ++(A*B)*CDE → ++(A*B)(C*D)E → +((A*B)+(C*D))E → A * B + C * D + E

17 정답 ④

인출 사이클, 간접 사이클 및 인터럽트 사이클은 고정된 마이크로 연산이 반복되기 때문에 간단하고 예측이 가능하지만, 실행 사이클은 다양한 연산코드가 있기 때문에 마이크로 제어순서가 복잡하고 결과를 예측하기가 어렵다.

18 정답 ④

MBR이 '0'인 경우에는 X번지의 내용을 1 증가시키고 결괏값이 0이면 다음 명령어를 실행하지 않고 다음 명령어로 건너뛰라는 명령어이다. ISZ는 Increment and Skip if Zero의 약자이다.

19 정답 ④

제어장치가 제어신호를 생성하는 과정은 주소기억장치에서 주소와 데이터를 인출하는 과정과 유사하다. 명령어 해독기에서 해당 주소를 CAR에 이동하고 제어기억장치에서 명령어를 인출하여 CBR로 전달하면 해독기를 거쳐 제어신호가 발생한다.

20 정답 ②

하드와이어 제어방식은 플립플롭, 논리게이트, 디지털 회로, 인코더 및 디코더 회로의 하드웨어로 구성되어 있고, 마이크로프로그램 제어방식은 마이크로프로그램 제어기억장치를 사용한다. 제어장치에서는 명령어의 실행단계를 제어하기 위해 단계별로 순차적인 제어 클록이 생성된다.

21 정답 ①

프로그래머가 사용하는 주소는 가상주소(virtual address)이며, 가상주소의 집합을 주소공간(address space)이라고 한다. 주기억장치의 주소는 물리주소(physical address)라고 하며 물리 주소의 집합을 기억공간(memory space)이라고 한다.

22 정답 ④

직접 사상은 캐시와 주기억장치가 항상 '1:1'로 매칭되기 때문에 대체 알고리즘이 불필요하다.

23 정답 ④

전송 매체의 주파수 채널 폭을 대역폭이라고 하며, 대역폭은 전송하고자 하는 신호의 전송용량에 비례한다. 주파수와 주기의 관계는 f(주파수) = 1/t(주기)로, 1초 동안에 주기가 몇 번이나 반복되느냐를 표시하는 것이다.

24 정답 ①

기억장치 계층구조에서는 맨 하단부터 보조기억장치, 주기억장치, 캐시기억장치, 레지스터의 순서로 계층을 이루고 있다. 상단으로 올라갈수록 기억용량이 적어지고 비트당 가격은 비싸진다.

25 정답 ①

②는 플린의 컴퓨터 분류에 관한 것이고 ③은 주소 매핑과 관련한 것이다. ④는 페이징 기법에 대한 설명이다.

26 정답 ③

프로그램 카운터는 CPU가 명령을 실행하기 위해 메모리를 참조하는 경우 가장 중요한 레지스터이며, 항상 프로그램에서 다음에 가져올 명령어의 주소를 가리킨다. 보통 워드 개수 단위로 증가하지만, 분기나 복귀 명령어를 실행하는 경우 카운터 값이 변할 수 있다. PC의 값은 명령어 레지스터로 적재된다.

스택 레지스터는 바로 이전에 하던 작업의 내용과 그 상태를 보관하기 위한 기능을 갖는다. 명령어 레지스터는 명령어를 수행하기 위해 잠시 정보를 보관하고 있는 레지스터로서, 여기에 명령어가 적재되면 필요한 하드웨어를 구동하는 작업을 반복하며 명령어가 실행된다.

27 정답 ①

배열 프로세서는 데이터를 고속 처리하기 위해 연산장치를 병렬로 배열한 처리구조로, 벡터 계산이나 행렬 계산에 사용한다.

28 정답 ④

SASD는 순차접근기억장치(Sequential Access Storage Devices)로 대표장치는 자기테이프가 있다. DASD는 직접접근기억장치(Direct Access Storage Devices)로 CD-ROM, DVD 등의 광기억장치와 자기디스크 등이 있다.

29 정답 ①

플래시 드라이브는 USB 포트에 꽂아 쓰는 플래시 메모리를 이용한 이동형 저장 장치로서, GB부터 TB까지 다양한 용량을 지원한다.

30 정답 ②

동기식 버스는 공통된 기준 클록을 사용하여 정보를 전송하는 방식이고, 비동기식 버스는 클록을 사용하지 않고 각 버스의 동작이 완료되면 다음 동작이 이뤄지는 방식이다. 시스템 버스는 CPU, 입·출력장치, 기억장치를 상호 연결하는 버스이고, 로컬버스는 CPU 내의 레지스터, ALU, 제어장치를 연결하는 내부 버스를 말한다.

31 정답 ④

입·출력 프로세서 방식은 입·출력 동작을 직접 제어하는 방식으로, 입·출력에 대한 CPU의 시간 낭비를 없애주는 방식이다.

32 정답 ③

DMA 제어기는 주소 레지스터, 워드 카운트 레지스터, 제어 레지스터 등의 레지스터를 가지고 있다. 워드 카운트 레지스터는 전송해야 할 워드의 개수를 담고 있다.

33 정답 ③

병렬 우선순위 인터럽트 방식은 인터럽트 레지스터의 레지스터 비트의 위치에 따라서 우선순위가 결정되는 방식이다. 마스크 레지스터는 우선순위가 낮은 장치가 서비스될 때라도 우선순위가 높은 장치가 인터럽트를 요구할 수 있도록 하거나 우선순위가 높은 장치가 처리될 때는 모든 우선순위가 낮은 장치를 사용하지 않도록 설정하는 데 사용한다. 해당 인터럽트 비트와 마스크 비트가 AND 연산되어 우선순위 인코더값이 결정되며, 우선순위 인코더는 2비트의 벡터 주소를 생성한다.

34 정답 ④

MIMD는 다수의 프로세서가 서로 다른 명령어와 데이터를 처리한다. 대부분의 다중 프로세서 시스템과 다중 컴퓨터 시스템이 MIMD 구조에 속한다.

35 정답 ②

팽의 컴퓨터 분류방식의 문제는 동시성 처리를 고려하지 않기 때문에 파이프라인 프로세서에서 동시성을 지원하지 못한다는 것이다. 그러나 WPBP는 컴퓨터의 병렬처리 가능성을 최대로 지원한다.

36 정답 ①

프로세서가 메모리 모듈을 소유하는 방식에 따라서 공유 메모리 시스템 구조와 분산 메모리 시스템 구조로 구분한다. 공유 메모리 시스템 구조에는 버스 구조, 크로스바 구조가 있고, 분산 메모리 시스템 구조에는 링 구조, 메시 구조, 토러스 구조, 하이퍼큐브 구조가 있다.

37 정답 ③

파이프라인은 메모리 접근횟수를 줄여 컴퓨터의 속도를 빠르게 하는 병렬성을 제공하는 기술이다.

38 정답 ③

주소 버스는 단방향, 제어 버스와 데이터 버스는 양방향이다.

39 정답 ④

마이크로 연산은 2진수로 표시되고, 마이크로 명령어라고 한다. 마이크로 명령어의 집단을 마이크로 프로그램이라고 한다.

40 정답 ②

워드가 32비트이므로 MBR = 32비트, MAR은 $512 = 2^9$이므로 9비트가 된다.

독학학위제 2단계 전공기초과정인정시험 답안지(객관식)

★ 수험생은 수험번호와 응시과목 코드번호를 표기(마킹)한 후 일치여부를 반드시 확인할 것.

전공분야

성 명

	수 험 번 호								
(1)	2								

(2) ① ② ③ ● ④

과목코드			응시과목			
			1 ① ② ③ ④	21 ① ② ③ ④		
			2 ① ② ③ ④	22 ① ② ③ ④		
			3 ① ② ③ ④	23 ① ② ③ ④		
			4 ① ② ③ ④	24 ① ② ③ ④		
			5 ① ② ③ ④	25 ① ② ③ ④		
			6 ① ② ③ ④	26 ① ② ③ ④		
교시코드			7 ① ② ③ ④	27 ① ② ③ ④		
① ②			8 ① ② ③ ④	28 ① ② ③ ④		
③			9 ① ② ③ ④	29 ① ② ③ ④		
④			10 ① ② ③ ④	30 ① ② ③ ④		
			11 ① ② ③ ④	31 ① ② ③ ④		
			12 ① ② ③ ④	32 ① ② ③ ④		
			13 ① ② ③ ④	33 ① ② ③ ④		
			14 ① ② ③ ④	34 ① ② ③ ④		
			15 ① ② ③ ④	35 ① ② ③ ④		
			16 ① ② ③ ④	36 ① ② ③ ④		
			17 ① ② ③ ④	37 ① ② ③ ④		
			18 ① ② ③ ④	38 ① ② ③ ④		
			19 ① ② ③ ④	39 ① ② ③ ④		
			20 ① ② ③ ④	40 ① ② ③ ④		

※ 감독관 확인란

확인 ㊞

관 리 번 호

(연번)

(응시자수)

답안지 작성시 유의사항

1. 답안지는 반드시 컴퓨터용 사인펜을 사용하여 다음 보기와 같이 표기할 것.
   보기 잘된 표기: ●
   잘못된 표기: ⊘ ⊗ ① ◐ ○ ◑ ●
2. 수험번호 (1)에는 아라비아 숫자로 쓰고, (2)에는 "●"와 같이 표기할 것.
3. 과목코드는 뒷면 "과목코드번호"를 보고 해당과목의 코드번호를 찾아 표기하고,
   응시과목란에는 응시과목명을 한글로 기재할 것.
4. 교시코드는 문제지 전면 의 교시를 해당란에 "●"와 같이 표기할 것.
5. 한번 표기한 답은 긁거나 수정액 및 스티커 등 어떠한 방법으로도 고쳐서는
   아니되고, 고친 문항은 "0"점 처리함.

독학학위제 2단계 전공기초과정인정시험 답안지(객관식)

컴퓨터용 사인펜만 사용

★ 수험생은 수험번호와 응시과목 코드번호를 표기(마킹)한 후 일치여부를 반드시 확인할 것.

전공분야

성명

			수험번호			
(1)	2	-				
	① ●					
	③ ④					

교시코드
① ② ③ ④

응시과목

과목코드	응시과목
	1 ① ② ③ ④
	2 ① ② ③ ④
	3 ① ② ③ ④
	4 ① ② ③ ④
	5 ① ② ③ ④
	6 ① ② ③ ④
	7 ① ② ③ ④
	8 ① ② ③ ④
	9 ① ② ③ ④
	10 ① ② ③ ④
	11 ① ② ③ ④
	12 ① ② ③ ④
	13 ① ② ③ ④
	14 ① ② ③ ④
	15 ① ② ③ ④
	16 ① ② ③ ④
	17 ① ② ③ ④
	18 ① ② ③ ④
	19 ① ② ③ ④
	20 ① ② ③ ④
21 ① ② ③ ④
22 ① ② ③ ④
23 ① ② ③ ④
24 ① ② ③ ④
25 ① ② ③ ④
26 ① ② ③ ④
27 ① ② ③ ④
28 ① ② ③ ④
29 ① ② ③ ④
30 ① ② ③ ④
31 ① ② ③ ④
32 ① ② ③ ④
33 ① ② ③ ④
34 ① ② ③ ④
35 ① ② ③ ④
36 ① ② ③ ④
37 ① ② ③ ④
38 ① ② ③ ④
39 ① ② ③ ④
40 ① ② ③ ④

답안지 작성시 유의사항

1. 답안지는 반드시 컴퓨터용 사인펜을 사용하여 다음 보기와 같이 표기할 것.
   보기) 잘 된 표기: ●　　잘못된 표기: ⊗ ⊘ ◐ ⊙ ◑ ○ ◉
2. 수험번호 (1)에는 아라비아 숫자로 쓰고, (2)에는 "●"와 같이 표기할 것.
3. 과목코드는 뒷면 "과목코드번호"를 보고 해당과목의 코드번호를 찾아 표기하고,
   응시과목란에는 응시과목명을 한글로 기재할 것.
4. 교시코드는 문제지 전면 의 교시를 해당란에 "●"와 같이 표기할 것.
5. 한번 표기한 답은 긁거나 수정액 및 스티커 등 어떠한 방법으로도 고쳐서는
   아니되고, 고친 문항은 "0"점 처리함.

※ 감독관 확인란

(인)

관리번호	(연번) (응시자수)

참고문헌

■ IEEE 저널, VOL. 41, NO. 3, 2006년 3월.

■ Jin-Fu Li, 『입출력장치』, 중리국립대만대학교.

■ Pål Halvorsen, 『기억장치/보조기억장치』, 프린스턴대학.

■ S. Dandamudi, 『컴퓨터구조 및 설계』, Springer 출판사, 2013.

■ Silberschatz 외 공저, 『운영체제』, Wiley & Sons 출판사, 2013.

■ 조범석/송한춘 공저, 『컴퓨터 아키텍쳐』, 책마루, 2014.

■『병렬컴퓨터』, 마이크로웨이브/NVIDIA 인터넷 자료 중에서 참고

당신이 할 수 있다고 생각하든, 할 수 없다고 생각하든 그렇게 될 것이다.

- 헨리 포드 -

시대에듀 독학사 컴퓨터공학과 2단계 컴퓨터구조

개정3판1쇄 발행	2025년 03월 05일 (인쇄 2025년 01월 23일)
초 판 발 행	2019년 05월 03일 (인쇄 2019년 03월 28일)
발 행 인	박영일
책 임 편 집	이해욱
편 저	최성운
편 집 진 행	송영진
표지디자인	박종우
편집디자인	차성미 · 고현준
발 행 처	(주)시대고시기획
출 판 등 록	제10-1521호
주 소	서울시 마포구 큰우물로 75 [도화동 538 성지 B/D] 9F
전 화	1600-3600
팩 스	02-701-8823
홈 페 이 지	www.sdedu.co.kr

I S B N	979-11-383-8539-8 (13000)
정 가	27,000원

누적판매
36만 부

독학사 시리즈
17년 연속
베스트셀러
1위

컴퓨터공학과 2단계 합격을 위한
최적의 교재!

최성운 편저

★★ 시대에듀 ★★

독학사 2단계
컴퓨터공학과

컴퓨터구조 핵심요약집

시대에듀

핵심요약집 120% 활용 방안

교수님 코칭!

독학사 시험은 매년 정해진 평가영역에서 개념 위주의 문항이 출제됩니다. 결코 어렵게 출제되는 것이 아니기에 기본적인 사항 위주로 개념을 잘 정리해 둔다면 충분히 합격 점수인 60점 이상을 획득할 수 있습니다.

정리되지 않은 학습으로는 기울인 노력 대비 좋은 결과를 얻지 못합니다. 본서에 있는 핵심요약집은 각 단원별로 중요한 내용을 한 번 더 정리한 것으로, 다음과 같이 활용한다면 효율적인 학습에 도움이 될 것입니다.

정리 노트로 활용!

핵심요약집은 기본서의 핵심 내용이 단원별로 정리·요약되어 있으므로 중요 부분을 확인하기 쉬우며, 나만의 정리 노트로 활용할 수 있습니다.

자투리 시간에 활용!

바쁜 일상에서 공부할 시간을 따로 내는 것은 어려운 일입니다. 자투리 시간을 활용하여 정리된 요약집으로 틈틈이 복습한다면, 효과적으로 학습 시간을 확보할 수 있을 것입니다.

복습에 활용!

새로운 내용을 파악할 때 예습보다는 복습의 효과가 비교적 더 큽니다. 기본서 학습 후 복습할 때 핵심요약집을 통해 중요 내용을 떠올려 본다면 보다 효과적으로 정리할 수 있습니다.

시험 직전에 활용!

시험 직전에 많은 내용을 짧은 시간 안에 확인하려면 평소 정리 및 준비를 잘 해 두어야 합니다. 핵심요약집을 활용하여 시험 직전에 중요 부분을 확인한다면 합격에 도움이 될 것입니다.

시험장에 가져가는
핵심요약집

실패하는 게 두려운 게 아니라, 노력하지 않는 게 두렵다.

– 마이클 조던 –

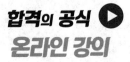

시험장에 가져가는 핵심요약집

제1장 컴퓨터시스템 개요

제1절 컴퓨터의 역사 및 발전과정

1 컴퓨터의 정의

(1) 컴퓨터는 '산술 및 논리 연산을 수행하는 전자 장치' 혹은 '데이터를 처리하여 정보로 변환하는 장치'로 표현할 수 있음

(2) 데이터(data)는 순서가 없는 기본적인 숫자를 말하고, 데이터를 가공하여 얻는 의미 있는 결과물을 정보(Information)라고 하며, 정보를 또다시 가공하면 지식(knowledge)을 얻음

2 컴퓨터의 역사 및 세대별 발전과정

(1) 컴퓨터의 역사

① 근대 컴퓨터 이전의 역사

ㄱ 컴퓨터라는 이름에 어울리는 형태의 전자기기가 등장한 것은 1900년대 이후(일반적으로는 2차 대전을 기점으로 함)의 일임

ㄴ 그 이전까지는 주판, 네이피어 본, 프랑스의 유명한 수학자인 파스칼(Pascal)이 발명한 덧셈과 뺄셈을 자동으로 수행하는 톱니바퀴 계산기, 라이프니츠의 계산기와 베비지의 분석엔진 등이 사칙연산(덧셈, 뺄셈, 곱셈, 나눗셈)과 다항함수를 계산하기 위한 목적으로 발명되었음

② 근대 컴퓨터 이후의 역사

마크원	• 마크원(MARK-1)은 최초의 대규모 자동 디지털 컴퓨터이며, 세계 최초의 기계식 컴퓨터임 • 하버드 대학교의 하워드 에이컨 교수가 고안하였음
에니악	• ENIAC : Electronic Numerical Integrator And Computer • 1943년부터 1946년까지 약 3년에 걸쳐 펜실베이니아 대학교의 존 모클리와 존 에커트가 제작한 전자식 컴퓨터임 • 현재와 같은 프로그램 기억식이 아니라, 프로그램을 배선판에 일일이 배선하는 외부 프로그램 방식으로 내부구조에는 10진수를 사용했음
에드삭	• EDSAC : Electronic Delay Storage Automatic Calculator • 에드삭은 최초의 프로그램 내장 컴퓨터로서 소프트웨어만 바꿔 끼우면 되기 때문에, 기존 애니악에서 다른 일을 하려면 전기회로를 모두 바꿔줘야 하는 불편함을 제거하였음
에드박	• EDVAC : Electronic Discrete Variable Automatic Computer • 이전의 에니악, 에드삭 컴퓨터와는 달리 10진수가 아닌 이진수로 처리하였고, 최초의 이진수를 사용한 프로그램 내장 컴퓨터임

유니백-1	• UNIVAC-1 : Universal Automatic Computer - 1 • 세계 최초의 상업용 컴퓨터

(2) 컴퓨터의 세대별 발전과정

구분	1세대	2세대	3세대	4세대	5세대
처리 소자	진공관	트랜지스터	집적회로	• 고밀도집적회로 (LSI) • 초고밀도 집적회로 (VLSI)	울트라 고밀도집적회로 (ULSI)
처리 속도	1000분의 1초 밀리세크 (ms, 10^{-3})	100만분의 1초 마이크로세크 (μs, 10^{-6})	10억분의 1초 나노세크 (ns, 10^{-9})	1조분의 1초 피코세크 (ps, 10^{-12})	1천조분의 1초 펨토세크 (fs, 10^{-15})
주요 기능	과학계산용	• 과학계산용 • 사무계산용	• 과학계산용 • 사무계산용 • 공장자동화	범용업무지원	범용업무지원
특징	기술의 태동	기술의 발전	기술의 응용	기술의 결합	기술의 융합
사용 언어	기계어	어셈블리어 (Assembler)	• 포트란 (FOTRAN) • 코볼(COBOL) • C, JAVA, BASIC	• Python • Visual C++ • Visual Basic	• 객체지향언어 • 자연어

제2절 컴퓨터의 기본구조

- 컴퓨터는 크게 하드웨어(H/W, Hardware)와 소프트웨어(S/W, Software)로 구성됨
- 하드웨어는 전자회로와 기계장치, 입출력장치(Input/Output), 중앙처리장치(CPU : Central Processing Unit) 및 기억장치(Memory Unit)의 주요 4가지 장치와 각 구성 장치 간에 데이터를 전달하는 통로인 버스(Bus)로 구성됨
- 소프트웨어는 하드웨어를 제어하여 작업을 수행하는 프로그램으로서, 명령문과 데이터로 구성되며, 사람이 이해하기 쉬운 컴퓨터 언어를 사용하여 작성할 수 있음

1 하드웨어(Hardware)의 구성요소

(1) 입력장치(Input Device)

① 입력장치는 데이터 및 제어 신호를 컴퓨터 또는 전자 장치와 같은 정보 처리 시스템에 제공하기 위해 사용되는 전기/전자적인 하드웨어 장치임

② 입력장치의 예로는 키보드, 마우스, 스캐너, 디지털카메라 등 다양한 장치들이 있고, 오디오 입력장치는 음성 인식을 포함한 목적으로 사용될 수 있음

(2) 중앙처리장치(CPU : Central Processing Unit)

① 중앙처리장치(CPU)는 기본 산술, 논리, 제어 및 입력 및 출력(I/O) 작업을 수행하여 컴퓨터 프로그램의 명령어를 수행하는 컴퓨터 내의 전자회로임

② 대부분의 최신 CPU는 단일 집적회로(IC) 칩에 들어있는 마이크로프로세서로, CPU가 포함된 IC에는 메모리, 주변 장치 인터페이스 및 기타 컴퓨터 구성요소가 포함될 수 있음

③ 일부 컴퓨터는 멀티 코어 프로세서를 사용하는데, 이 칩은 '코어'라고 하는 두 개 이상의 CPU가 포함된 단일 칩을 의미함

④ CPU는 기계어로 쓰인 컴퓨터 프로그램의 명령어를 해석하여 실행하고, 프로그램에 따라 외부에서 정보를 입력받아, 이를 기억하고, 연산하며, 결과를 외부로 출력할 뿐만 아니라, 컴퓨터 부품과 정보를 교환하면서 컴퓨터 전체의 동작을 제어함

⑤ 기본 구성으로는 CPU에서 처리할 명령어를 저장하는 역할을 하는 프로세서 레지스터, 비교·판단·연산을 담당하는 산술논리연산장치(ALU), 명령어의 해석과 올바른 실행을 위하여 CPU를 내부적으로 제어하는 제어부(control unit)와 내부 버스(Internal Bus) 등이 있음

(3) 기억장치(Memory Device)

① 기억장치는 명령어와 데이터를 저장하는 공간으로, 주기억장치(Main Memory Unit)와 보조기억장치(Secondary Memory Unit)로 구성되며, RAM, ROM, FLASH와 같은 유형의 칩이 사용됨

② 주기억장치는 CPU가 현재 처리 중인 데이터나 명령어를 저장하는 공간이고, 보조기억장치는 주기억장치의 제한적 용량을 확장시켜주는 역할을 함

(4) 출력장치(Output Device)

① 출력장치는 CPU에서 처리되어 전자적으로 생성된 정보를 사람이 읽을 수 있는 형식으로 변환하는 컴퓨터 하드웨어 장비의 일부임

② 출력 단위는 사용자가 읽을 수 있는 형태로 텍스트, 그래픽, 오디오 및 비디오일 수 있음

③ 출력장치로는 모니터, 프린터, 그래픽 출력장치, 플로터, 스피커 등의 VDU(Visual Display Units)가 있으며, 최근에는 음성 합성기와 같은 새로운 유형의 출력장치도 개발되었음

2 소프트웨어(Software)의 분류

- 하드웨어 장치를 제어하는 소프트웨어는 크게 시스템 소프트웨어(System Software)와 응용 소프트웨어(Application Software)로 구분할 수 있으며, 일상적으로 이 용어는 응용 소프트웨어의 의미로 자주 쓰임
- 컴퓨터과학과 컴퓨터공학에서 '컴퓨터 소프트웨어'는 컴퓨터 시스템, 프로그램, 데이터에 의해 처리된 모든 정보를 말하며, 저장장치에 저장된 특정한 목적의 하나 또는 다수의 컴퓨터 프로그램을 뜻함
- 소프트웨어는 컴퓨터 하드웨어에 직접 명령어를 주거나 다른 소프트웨어에 입력을 제공함으로써, 그것이 수행하도록 구현된 기능을 수행함

(1) 시스템 소프트웨어(System Software)

시스템 소프트웨어는 컴퓨터를 효과적으로 운영할 수 있도록 컴퓨터 하드웨어 및 응용 프로그램의 동작을 지시, 제어 및 실행하도록 설계된 컴퓨터 프로그램 유형으로, 컴퓨터 시스템을 계층 모델로 생각하면 하드웨어와 사용자 응용 프로그램 간의 인터페이스임

① 운영체제(OS : Operating System)

운영체제(OS)는 컴퓨터 하드웨어 및 소프트웨어 리소스를 관리하고 컴퓨터 프로그램에 대한 공통 서비스를 제공하는 시스템 소프트웨어임

② 장치 드라이버

㉠ 드라이버 소프트웨어는 컴퓨터 장치 및 주변 장치를 작동시키는 시스템 소프트웨어로서, 드라이버를 사용하면 연결된 모든 구성요소와 외부에서 연결되는 장비 간 의도한 작업을 OS에서 지시한 대로 수행할 수 있음

㉡ 드라이버가 없다면 OS는 장치에 대해서 아무런 행위를 지시할 수 없음

③ 펌웨어(Firmware)

㉠ 펌웨어는 특정 하드웨어 장치에 포함된 소프트웨어로서, 플래시나 ROM 또는 EPROM 메모리 칩에 내장된 운영 소프트웨어로 하드웨어의 모든 활동을 직접 관리하고 제어함

㉡ 오늘날 펌웨어는 플래시메모리에 저장이 되어, 반도체 칩을 바꾸지 않아도 업그레이드할 수 있게 되었음

㉢ PC의 전원을 켜면 운영체제의 기동이 시작되기 전에 검은색 바탕에 PC 제조사의 이름, CPU, 메모리 및 하드디스크 용량 등의 하드웨어 정보 목록이 표시되는데, 이를 BIOS(Basic Input Output System)라고 하며, 이 BIOS가 대표적인 펌웨어임

④ 프로그램 언어 번역기(Programming Language Translators)

㉠ 상위레벨 언어 소스 코드를 기계어 코드로 변환하는 프로그램으로서, Java, C++, Python, PHP, BASIC과 같은 상위레벨 프로그램 언어를 프로세서가 이해하는 언어로 변환시키는 프로그램을 의미함

㉡ 대표적인 언어 번역기로는 컴파일러, 어셈블러, 인터프리터가 있음

⑤ 유틸리티 프로그램(Utilities)

㉠ 유틸리티는 시스템과 응용 프로그램 사이에 위치하는 시스템 소프트웨어로서, 시스템을 진단, 구성 및 최적화 또는 유지/관리하도록 설계되었음

㉡ 즉, 컴퓨터 하드웨어, 운영체제 및 응용 소프트웨어를 관리하는 데 필요하며, 대체로 OS와 번들로 제공됨

(2) 응용 소프트웨어(Application Software)

① 워드프로세서와 스프레드시트, 그 밖에 몇몇 응용 프로그램들이 함께 포함된 마이크로소프트 오피스의 경우와 같이 소프트웨어 개발업체가 업무를 효율적으로 처리하도록 묶음으로 제공하는 프로그램을 의미하며, 이들은 사용자의 편의를 위해 응용 프로그램과의 사이에 상호 작용하는 기능을 가짐

② 오피스 제품군뿐만 아니라, 컴퓨터 통신용 웹 브라우저, 멀티미디어를 위한 멀티미디어 재생기와 그래픽 프로그램, 분석소프트웨어(DADiSP, MathCAD 등), 협업소프트웨어(오픈소스, 블로그, 위키위키 등), 데이터베이스(DBMS) 등이 대표적인 응용 소프트웨어임

3 프로그래밍 언어의 종류

(1) 프로그래밍 언어는 특정 알고리즘이나 계산의 결괏값을 출력하기 위해 사용하는 표기법임

(2) 프로그램 언어를 바라보는 관점에 따라서 초급언어, 중급언어 및 고급언어로 구분하기도 하지만 여기서 말하는 초급・중급・고급의 의미는 '수준의 높고 낮음'을 의미하는 것은 아님

(3) 지구상에는 수천 가지의 프로그램 언어가 사용되고 있지만, 그중 가장 많이 사용되는 대표적인 언어는 다음과 같음

> 어셈블러(Assembler), 알골(ALGOL), 베이직(BASIC), C계열 언어(C, C++, C#), COBOL, 델파이 (Delphi), 포트란(FOTRAN), 파스칼(PASCAL), 파이선(Python), 비주얼계열 언어(Visual Basic, Visual Prolog,) JAVA, Scala, Clarion, Clipper 등

(4) 이러한 컴퓨터 언어는 저급언어, 중급언어, 고급언어로 구분함
① **고급언어** : 베이직(basic), 파스칼(pascal), 코볼(cobol) 등
② **중급언어** : C언어 등
③ **저급언어** : 컴퓨터가 이해할 수 있는 어셈블리 언어

(5) 컴파일러 언어, 데이터 중심 언어 또는 4세대 언어 등 다양한 방식으로 분류할 수 있지만, 가장 중요한 것은 개발자가 구현하고자 하는 프로그램의 목적을 위해서 가장 필요한 언어를 적절하게 선택해서 사용 해야 한다는 사실임

제3절 폰 노이만 구조(Von Neumann Architecture)

(1) 프린스턴 구조(Princeton Architecture)로도 불리는 '폰 노이만 구조'는 수학자이자 물리학자인 폰 노 이만이 1945년 「EDVAC 컴퓨터의 설계 초안」에서 언급한 개념으로, 현대 전자 디지털 컴퓨터의 모델 이 됨

(2) 폰 노이만 모델은 다음의 3가지 특징으로 요약할 수 있음
① 컴퓨터는 4가지의 하부 시스템(sub-system)으로 구성됨
  ㉠ 기억장치
  ㉡ 산술연산장치(ALU : Arithmetic & Logical Unit)
  ㉢ 제어장치(Control Unit)
  ㉣ 입출력장치(Input/Output Unit)
② 실행하는 동안에 프로그램은 기억장치에 저장됨
③ 프로그램 명령어는 순차적으로 처리됨

(3) 폰 노이만 구조는 기억장치, 중앙처리장치 및 입출력장치들 서로 간에 필요한 데이터를 주고받을 수 있도록 시스템 버스로 연결되어 있음

(4) 시스템 버스는 제어 버스, 주소 버스 그리고 데이터 버스로 구성됨

(5) CPU 내의 제어장치, ALU, 레지스터를 연결하는 버스를 내부 버스라고 함

제4절 컴퓨터의 분류

1 크기와 용량에 의한 분류

(1) 슈퍼컴퓨터(Supercomputer)

① 슈퍼컴퓨터는 가장 강력하고 물리적으로도 크기가 가장 큰 컴퓨터임
② 슈퍼컴퓨터는 엄청난 양의 데이터를 처리하도록 설계되었고 1초에 1조 개 이상의 계산을 수행할 수 있음
③ 정확성과 상상을 초월하는 빠른 속도 및 처리 능력을 갖추고 있어 매우 복잡한 문제를 풀거나 엄청난 양의 계산을 수행하기에 적합함

(2) 메인프레임 컴퓨터(Mainframe)

① 메인프레임 컴퓨터는 1초에 수백만 개의 명령어를 처리할 수 있고, 일반적으로 보험회사나 은행 또는 정부기관처럼 큰 조직에서 업무처리용으로 사용함
② 메인프레임 환경에서 사용자는 메인프레임에 접속된 수십만 대의 많은 터미널을 사용하여 비행기 예약 및 티켓팅, 내부 회계관리, 통계조사, 투표 계산, 개인의 세금정보 등과 같은 업무를 처리함

(3) 미니컴퓨터(Mini computer)

① 미니컴퓨터는 메인프레임보다 크기가 작고 가격이 저렴함
② 데스크탑 PC보다는 성능이 뛰어나고 가격이 비싸며, 흔히 '중형 서버' 또는 '중형 컴퓨터'라고 부름
③ 사용자는 데스크탑 PC, 노트북 또는 더미 터미널 등을 사용해서 통신망을 통해 일반적으로 '서버'라고 하는 중형 컴퓨터에 접속하여 업무를 처리함

(4) 마이크로컴퓨터(Micro computer)

① 마이크로컴퓨터란 가장 일반적인 컴퓨터의 형태를 의미함
② 개인용 PC(Personal Computer)로도 불리는 마이크로컴퓨터는 한 사람이 사용하도록 설계된 작은 크기의 컴퓨터로, 포터블 컴퓨터(portable computer)도 마이크로컴퓨터의 부류에 포함됨

(5) 임베디드 컴퓨터(Embedded computer)

① 임베디드 컴퓨터란 특별한 기능을 수행할 수 있도록 설계된 제품 내에 고정된 컴퓨터를 말함

② 대체로 마이크로웨이브, 세탁기, 커피머신 등과 같은 가전제품이나 자체 결함 체크, 오일 필터, 자동 공기 주입 타이어, 에어백 관리시스템 등과 같이 자동차 제품에서 찾아볼 수 있음

2 사용 목적에 의한 분류

(1) 범용 컴퓨터(General Purpose Computer)

① 여러 가지 다양한 업무를 처리하기 위해서 설계되었고, 수많은 프로그램을 저장할 수 있는 능력이 있지만 처리속도나 효율성 면에서는 다소 부족함

② 우리 주변에서 자주 접하는 개인용 컴퓨터, 회사의 컴퓨터 등이 범용 컴퓨터에 속함

(2) 전용 컴퓨터(Special Purpose Computer)

전용 컴퓨터는 특별한 목적의 업무를 처리하기 위해 설계된 컴퓨터로서 일련의 명령어가 기계에 내장되어 있음

3 데이터 처리방식에 의한 분류

(1) 아날로그 컴퓨터(Analog Computer)

① 아날로그 컴퓨터는 측정 원리를 바탕으로 측정 결과를 데이터로 변환하는 컴퓨터임

② 현대의 아날로그 컴퓨터는 전기 또는 유압량과 같은 처리량을 나타내기 위해 전압, 저항 또는 전류와 같은 전기 매개 변수를 사용함

③ 이러한 컴퓨터는 숫자를 직접 처리하지 않고, 곡선이나 그래프 등으로 값을 출력함

(2) 디지털 컴퓨터(Digital Computer)

① 디지털 형식으로 표현된 숫자 또는 기타 정보로 작동하는 컴퓨터로서, 데이터를 이진수로 처리하므로, 결과를 더 정확하고 빠른 속도로 제공하는 컴퓨터임

② 디지털 데이터로 계산이나 논리 연산을 처리하는 컴퓨터로써 광범위하게 활용되고 있음

(3) 하이브리드 컴퓨터(Hybrid Computer)

① 하이브리드 컴퓨터는 아날로그 컴퓨터의 측정 기능과 디지털 컴퓨터의 기능을 통합한 컴퓨터임

② 디지털 및 아날로그 신호로 입출력이 가능한 컴퓨터의 조합이며, 하이브리드 컴퓨터 시스템 설정은 복잡한 시뮬레이션을 수행할 때 비용 효율적인 방법을 제공함

4 처리방식에 의한 분류

(1) 일괄처리 시스템(Batch Processing system)

1950년대 전자 컴퓨팅 초기 시절 이후 메인프레임 컴퓨터와 함께 발전한 일괄처리 시스템은 테이프나 디스크 등으로 모든 데이터를 일정한 장소에 모은 후 정해진 시간에 컴퓨터를 이용하여 처리하는 것을 말함

(2) 즉시처리 시스템(Real-time Processing system)

① 즉시처리 시스템은 데이터를 입력하는 즉시 결과물이 출력되는 컴퓨터 처리방식임
② 은행의 ATM 기기, 교통통제시스템, 레이더 시스템 등은 즉시처리 시스템의 좋은 예임

제5절 클라우드 컴퓨팅

클라우드 컴퓨팅(Cloud Computing)은 구성 가능한 컴퓨터 시스템 리소스와 상위 수준 서비스를 누구든지 공유하여 사용할 수 있는 시스템으로, 필요한 자원이나 서비스 또는 정보를 자신의 컴퓨터가 아닌 인터넷에 연결된 다른 컴퓨터로 처리하는 기술을 의미함

(1) IaaS(Infrastructure as a Service)

① 이아스(IaaS)는 데이터센터를 구축하는 대신 인터넷을 통해 서버와 스토리지 등 타사의 데이터 센터의 자원을 빌려서 사용할 수 있는 서비스를 의미함
② 사용자는 서버나 스토리지를 구입하고 운영하는 비용을 줄일 수 있음
③ 이렇게 빌려온 인프라에서 사용자는 운영체제를 설치하고, 애플리케이션 등을 설치한 다음 원하는 서비스를 운영하면 됨

(2) PaaS(Platform as a Service)

① 파스(PaaS)는 소프트웨어 서비스를 개발할 때 필요한 플랫폼을 제공하는 서비스임
② 사용자는 PaaS에서 필요한 서비스를 선택해 애플리케이션을 개발함
③ 고객은 데이터와 응용 프로그램에 대해서만 관리하면 됨
④ PaaS 운영 업체는 개발자가 소프트웨어를 개발할 때 필요한 API를 제공해 개발자가 좀 더 편하게 앱을 개발할 수 있게 지원함

(3) SaaS(Software as a Service)

① 사스(SaaS)는 클라우드 환경에서 운영되는 애플리케이션 서비스를 말함
② 모든 서비스가 클라우드에서 이루어지고, 소프트웨어를 구입해서 PC나 기업 서버에 설치하지 않아도 웹에서 소프트웨어를 빌려 쓸 수 있음

제6절 4차 산업혁명의 핵심 기술

4차 산업혁명 시대의 신기술, 신산업으로 떠오르고 있는 핵심 기술에는 사물인터넷(IoT, Internet of Thing), 인공지능(AI), 나노기술, 자율주행차량, 3D프린터, 빅데이터, 블록체인 등이 있음

제2장 │ 디지털 논리회로

- 논리회로는 AND, OR, NOT, XOR, XNOR, NAND, NOR 등의 논리 게이트에 의해서 구성되며, 입력과 출력조건에 따라서 진리표를 만들 수 있음
- 진리표를 이용하여 논리식을 작성하고, 논리식을 간략화하기 위해 카르노맵을 활용함(부울함수를 사용 하여 논리식을 작성하면 간략화하기가 어려워서 카르노맵을 사용하는 것이 더욱 효과적임)
- 논리회로는 조합논리회로 및 순차논리회로로 구분됨
- 조합논리회로에는 가산기, 감산기, 인코더, 디코더, 멀티플렉서, 디멀티플렉서 등이 있음
- 순차논리회로에는 RS 플립플롭, JK 플립플롭, D 플립플롭, T 플립플롭 등이 있음

제1절 부울대수

- 수학 및 수학 논리에서 부울대수(Boolean algebra)는 변수의 값이 참(true)과 거짓(false) 즉, 1과 0의 진릿값으로 표시되는 대수의 일종임
- 변수의 값이 숫자이고 사칙연산이 더하기, 빼기, 곱하기, 나누기인 일반 대수와는 달리, 부울연산은 '∨' 로 표시되는 합, '∧'로 표시되는 곱 및 '~'(또는 ' ')로 표시되는 부정(NOT)이 기본 연산임

(1) 부울대수의 기본 논리기호

① 부울대수는 두 값 중에서 하나의 값만 가질 수 있음

② 일반적인 논리에서는 '참' 또는 '거짓'으로 표현되지만, 디지털 컴퓨터에서는 'ON' 또는 'OFF', '1' 또는 '0', 'HIGH' 또는 'LOW'의 값으로 표시됨

③ 부울 연산자는 논리기호와 진리표로 값을 표시할 수 있음

④ 논리기호는 다음과 같이 그림으로 표시되고, 디지털 입력은 논리기호의 연산에 의해 해당하는 결괏 값을 출력함

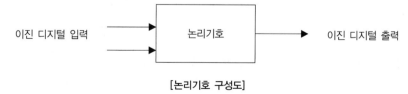

[논리기호 구성도]

논리기호명	논리기호	논리함수	의미
AND	A B X	$X = AB$	입력값이 모두 '1'일 경우에만 '1'을 출력하고, 그 외의 경우는 '0'을 출력
OR	A B X	$X = A + B$	입력값이 모두 '0'일 경우에만 '0'을 출력하고, 그 외의 경우는 '1'을 출력
NAND (NOT AND)	A B X	$X = \overline{AB}$	입력값이 모두 '1'일 경우에만 '0'을 출력하고, 그 외의 경우는 '1'을 출력
NOR (NOT OR)	A B X	$X = \overline{A + B}$	입력값이 모두 '0'일 경우에만 '1'을 출력하고, 그 외의 경우는 '0'을 출력
XOR (Exclusive OR)	A B X	$X = A \oplus B$	입력값이 서로 다를 경우에만 '1'을 출력하고, 그 외의 경우는 '0'을 출력
XNOR (Exclusive NOR)	A B X	$X = \overline{A \oplus B}$	입력값이 모두 같을 경우에만 '1'을 출력하고, 그 외의 경우는 '0'을 출력
NOT	A X	$X = \overline{A}$	입력값의 반대 값을 출력

(2) 부울대수의 기본 정리

부울대수는 디지털 회로를 단순화하는 유용하고 효과적인 방법으로, 회로의 제작비용을 낮추고 디지털 회로의 속도와 효율을 높일 수 있을 뿐만 아니라, 회로의 구조를 간략화할 수 있음

① 교환법칙

논리곱이나 논리합을 연산(즉, 곱하거나 더할 때)할 때 그 순서가 바뀌어도 동일하다는 법칙

$$A + B = B + A, \ A \cdot B = B \cdot A$$

② 결합법칙

AND나 OR 연산을 할 때 3개 이상의 논리합이나 논리곱은 어느 것이나 2개씩 묶어서 먼저 계산해도 그 곱이나 합은 변하지 않는다는 법칙

$$A + (B + C) = (A + B) + C, \ A \cdot (B \cdot C) = (A \cdot B) \cdot C$$

③ 분배법칙

세 개의 변수 A, B, C는 다음과 같이 결합하여 사용함

$$A \cdot (B + C) = A \cdot B + A \cdot C$$

④ **부울대수의 규칙**

- $A + 0 = A$
- $A + 1 = 1$
- $A \cdot 0 = 0$
- $A \cdot 1 = A$
- $A + A = A$
- $A + A' = 1$

- $A \cdot A = A$
- $A \cdot A' = 0$
- $(A')' = A$
- $A + AB = A$
- $A + A'B = A + B$
- $(A + B)(A + C) = A + BC$

⑤ **드 모르간의 법칙**

　㉠ 어떤 수의 곱의 부정은 각각의 부정의 합과 같고, 어떤 수의 합의 부정은 각각의 부정의 곱과 같다고 정리하였음

　㉡ 드 모르간의 제1법칙과 제2법칙

- 드 모르간 제1법칙 : $(A + B)' = A'B'$
- 드 모르간 제2법칙 : $(AB)' = A' + B'$

(3) 카르노맵(Karnaugh map)

- 여러 개의 부울대수 규칙을 사용해서 수식을 간소화하였지만, 수식을 기억하고 적절하게 적용하지 못하면 간소화하기가 쉽지 않음
- 또한, 수식을 체계적으로 적용하기 어렵고, 간소화를 더 할 수 있는데 간혹 그 부분을 놓쳐 완전한 간소화를 못하는 경우도 있음
- 이러한 문제점을 보완하기 위해 카르노맵 방법을 사용함

① 입력 변수를 기준으로 맵을 만듦 (n = 입력 변수의 개수, 맵 = 2^n)

② 입력 변수의 한 개의 비트만 변하도록 배열함 (00, 01, 11, 10)

③ 출력이 '1'인 최소항을 맵에 표시함

④ 가능한 큰 묶음으로 그룹화함

⑤ 묶음은 2^n으로 1, 2, 4, 8개의 셀로 묶음 (n = 0, 1, 2, …)

⑥ 보수 관계에 있는 변수는 서로 상쇄함

⑦ 카르노맵에서 유도한 부울함수는 논리곱의 합(SOP : Sum of Production)으로 표시함

> ※ **돈케어(Don't care) 조건**
> - 간소화를 위해 맵의 민텀항에 '1'의 값을 넣어 간소화에 도움을 주는 조건을 '돈케어' 조건이라 하고, 맵에 표시할 때는 'x' 또는 'd'로 표시함
> - 이러한 입력값은 출력값에 영향을 주지 않기 때문에 회로를 설계할 경우 또는 고도로 최적화된 어셈블리 또는 기계 코드 개발에도 사용될 수 있음

제2절 조합논리회로

- 조합논리회로(Combinational logic circuits)는 기억 능력이 없는 디지털 논리회로로, 출력은 주어진 순간의 현재 입력 상태, 즉 논리 '0' 또는 논리 '1'의 논리적 기능에 의해서만 결정되는 회로임
- 조합논리회로에는 기본 논리 게이트인 AND, OR, NAND, NOR, XOR, XNOR, NOT 게이트들과 논리 게이트를 이용하여 구성할 수 있는 반가산기와 전가산기, 디코더와 인코더, 멀티플렉서와 디멀티플렉서가 있음
- 조합논리회로는 입력값에 대한 출력값이 항상 투명하게 정해져 있음

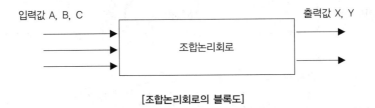

[조합논리회로의 블록도]

- 조합논리회로의 기능은 부울함수, 진리표 및 논리회로로 표시할 수 있고, 조합논리회로는 다음과 같이 분류함

1 산술연산기능 조합논리회로

(1) 가산기(Adder)

- 가산기는 숫자의 덧셈을 수행하는 디지털 회로로서, 많은 컴퓨터 및 다른 종류의 프로세서에서 산술 논리 장치 또는 ALU에 가산기가 사용됨
- 가산기는 2진화 10진수(BCD 코드, 8421 코드) 또는 3초과 코드(excess-3)와 같이 다양한 수의 표현 방식으로 표시할 수 있지만, 가장 일반적인 가산기는 2진수로 동작함

① 반가산기(HA : Half Adder)

ⓐ 반가산기는 두 개의 이진수 A와 B를 더하여 두 개의 출력인 합(S : Sum)과 캐리(C : Carry)를 출력함

ⓑ 캐리 신호는 다중 비트 가산에서 다음 비트로의 오버플로우를 나타냄

[반가산기 블록도와 진리표]

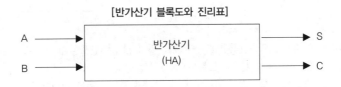

입력		출력	
A	B	합(S, sum)	올림수(C, carry)
0	0	0	0
0	1	1	0
1	0	1	0
1	1	0	1

② 전가산기(FA : Full Adder)

ⓐ 전가산기는 반가산기와 달리 캐리의 값을 고려하여 계산하는 가산기임

ⓑ 1비트 전가산기는 입력 변수 A, B 및 C_{in} 등 3개의 1비트 변수를 더하여 계산을 처리함

ⓒ A와 B는 입력 피연산자이고, C_{in}은 아랫자리에서 발생한 올림수임

ⓓ 전가산기 회로는 2개의 반가산기 회로를 OR 게이트로 연결하여 간단히 구현할 수 있음

[전가산기 블록도와 진리표]

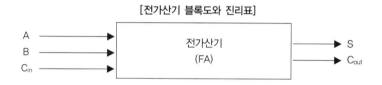

입력			출력	
A	B	올림수(C_{in})	합(S)	올림수(C_{out})
0	0	0	0	0
0	0	1	1	0
0	1	0	1	0
0	1	1	0	1
1	0	0	1	0
1	0	1	0	1
1	1	0	0	1
1	1	1	1	1

(2) 감산기(Subtracter)

① 반감산기(HS : Half Subtracter)

반감산기는 뺄셈을 위해 사용되고, 감수(A)와 피감수(B)의 두 개 입력은 차이(Difference) 출력과 빌림수(Borrow) 출력을 제공함

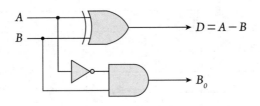

[반감산기 블록도와 회로도]

② **전감산기**(FS : Full Subtracter)
   ㉠ 전감산기도 반감산기처럼 2비트 뺄셈을 수행하며, 하나는 피감수이고 다른 하나는 감수임
   ㉡ 전감산기에서 '1'은 이전에 인접한 하위 비트에 의해 차용됨
   ㉢ 따라서 전감산기의 입력에는 3비트가 필요하고, 차이(D : Difference)와 빌림(B : Borrow)의 2개의 출력이 발생함

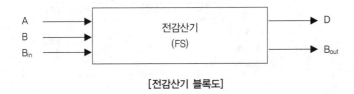

[전감산기 블록도]

(3) 2진 비교기(Binary comparator)

디지털 비교기(Digital comparator)라고도 불리는 2진 비교기는 AND, NOR 및 NOT 게이트로 구성되어 입력 단자에 있는 디지털 신호를 비교하고 해당 입력 조건에 따라 출력을 생성함

(4) 패리티 생성기/검사기(Parity generator/checker)
   ① 배타적 OR(XOR) 게이트의 중요한 응용 분야가 바로 패리티를 생성하는 것임
   ② 패리티는 잡음 등의 원인으로 전송한 데이터에서 에러를 탐지하는 용도로 사용함
   ③ 패리티 비트는 데이터 워드에 추가되는 여분의 비트이며, 홀수 또는 짝수 패리티일 수 있음
   ④ 짝수 패리티(even parity) 시스템에서는 모든 비트(패리티 비트 포함)의 합계는 짝수여야 하고, 홀수 패리티(odd parity) 시스템에서는 모든 비트의 합은 홀수여야 함
   ⑤ 송신기에서 패리티 비트를 생성하는 회로를 패리티 생성기(parity generator)라고 하고, 수신된 데이터가 정확한지를 결정하는 회로는 패리티 검사기(parity checker)라고 함
   ⑥ 패리티는 단일 비트 오류만 탐지하는 데 적합함
   ⑦ 패리티 생성기와 패리티 검사기는 모두 배타적-OR 게이트를 사용하여 구축할 수 있음
   ⑧ 짝수 패리티를 생성하기 위해 데이터 비트는 하나의 출력만 남을 때까지 두 그룹으로 함께 XOR 연산을 하고, 이 출력이 패리티 비트임
   ⑨ 홀수 패리티를 생성하려면 짝수 패리티를 반전시킴

2 데이터전송기능 조합논리회로

(1) 인코더(Encoder)

① 인코더는 2^n개의 입력 라인이 있고 그중 하나만이 하이(High)일 때, 2진 코드가 n비트 출력 라인을 생성하는 회로임

② 예를 들어 4 × 2 단순 인코더는 4개의 입력 비트를 취하여 2개의 출력 비트를 생성함

[인코더 블록도]

(2) 디코더(Decoder)

① 2진 디코더는 n개의 2진 입력 정보를 2^n개의 출력 정보로 변화하는 회로로서, 인코더의 반대 기능을 수행함

② 디코더는 여러 개의 장치 중에서 특정 값을 선택하는 용도로 사용됨

[디코더 블록도]

(3) 멀티플렉서(MUX : Multiplexer)

① 하나 이상의 아날로그 또는 디지털 신호를 서로 다른 시간 또는 다른 속도로 통신회선을 통해 전송하는 작업을 위해 사용되는 장치를 멀티플렉서라고 함

② 멀티플렉서는 제어 신호의 적용으로 여러 입력 라인 중 하나를 단일 공통 출력 라인으로 전환하도록 설계된 조합논리회로임

③ 멀티플렉서는 '채널'이라고 하는 여러 입력 라인을 한 번에 하나씩 출력에 연결하거나 제어하는 스위치처럼 작동함

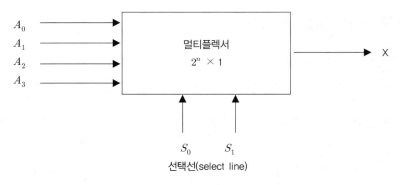

[멀티플렉서 블록도]

(4) 디멀티플렉서(DEMUX ： Demultiplexer)

① 디멀티플렉서는 멀티플렉서의 반대 기능을 수행하는 회로로, 데이터 분배기 또는 디먹스(demux)라고도 함

② 하나의 입력선과 n개의 선택선 그리고 2^n개의 출력선으로 회로가 구성됨

③ 1개의 입력선을 선택선이 하나의 출력선으로 출력하는 논리회로임

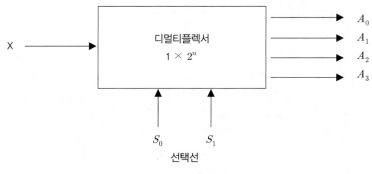

[디멀티플렉서 블록도]

3 코드변환기(Code converter)

(1) 이진 코드를 똑같은 값의 그레이 코드로 변환하는 논리회로를 바이너리–그레이 코드 변환기라고 함

(2) 그레이 코드는 값이 증가할 때마다 하나의 비트만 변화하는 특성이 있고, 주로 데이터 전송을 위한 용도나 아날로그 신호를 디지털 신호로 변환하는 용도로 많이 사용함

(3) 코드 변환은 바이너리 코드를 그레이 코드로 변환(binary to gray)하거나, 그레이 코드를 바이너리 코드로 변환(gray to binary)하는 두 가지 경우가 있음

제3절 순차논리회로

- 순차논리회로(Sequential logic circuit)는 입력 신호에 적용되는 상태에 따라 상태를 변경하는 조합논리 회로와는 달리 '플립플롭(F/F : Flip-Flop)'이라고 하는 고유한 '메모리'가 내장되어 있는데, 이는 순차논리회로가 이전의 입력 상태뿐만 아니라 현재의 상태를 고려할 수 있다는 것을 의미함
- 따라서, 순차논리회로의 출력 상태는 '현재 입력', '과거 입력' 및 (또는) '과거 출력'의 세 가지 상태를 나타낼 수 있음
- '순차적'이란 의미는 순서에 의거해서 연속적으로 발생하는 것을 의미하며, 순차논리회로에서 클록 신호 (Clock signal)는 다음의 행위가 일어날 시기를 결정함

1 순차논리회로의 종류

(1) 비동기식(asynchronous) 순차논리회로

① 비동기 순차논리회로는 클록 신호에 의해 동기화되지 않으며, 회로의 출력은 입력 신호의 변화 순서에 따라 직접 변화함

② 비동기식의 장점은 회로가 입력을 처리하기 위해 클록 신호를 기다릴 필요가 없으므로 동기식보다 빠르다는 것임

③ 장치의 속도는 잠재적으로 사용된 논리 게이트의 전파지연에 의해서만 제한될 뿐임

④ 비동기식은 설계하기가 어려우며, 주된 문제는 플립플롭이 입력 신호가 도착하는 순서에 민감하다는 것임

⑤ 거의 동시에 두 신호가 플립플롭 또는 래치에 도달하면 회로의 상태는 어느 신호가 먼저 게이트에 도착하느냐에 따라서 결정됨

⑥ 따라서 논리 게이트의 전파 지연의 작은 차이에 따라 회로가 원하지 않은 이상한 상태로 빠질 수 있는데, 이를 경쟁 조건(race condition)이라고 함

⑦ 비동기 순차 회로는 일반적으로 마이크로프로세서 및 디지털 신호 처리 회로와 같이 속도가 중요한 동기 시스템의 핵심 부분에서만 사용됨

⑧ 비동기식의 디자인은 동기식과는 다른 수학적 모델과 기법을 사용하며, 아직도 활발한 연구가 진행 중임

⑨ 그리고 비동기식은 장치가 사용되지 않을 때도 전원이 소모됨

(2) 동기식(synchronous) 순차논리회로

① 동기식 순차논리회로는 클록 신호와 입력 신호의 순서에 따라 출력 신호가 발생하는 회로이고, 현재 대부분의 순차논리회로는 동기식 회로임

② 동기식 회로에서는 전자 발진기(또는 클록 발생기)가 회로 내의 모든 메모리 소자에 분배되는 클록 신호를 생성함

③ 순차 논리의 기본 메모리 요소는 플립플롭으로, 각 플립플롭의 출력은 클록 펄스에 의해 트리거 될 때만 변경되므로 회로 전체의 논리 신호에 대한 변경 사항은 모두 클록에 의해서 일정한 간격으로 동시에 시작됨

④ 동기식에는 두 가지 단점이 있음
　　㉠ 최대 클록 속도는 회로에서 가장 느린 논리 경로(임계 경로)로 결정되는데, 그 이유는 가장 단순한 것부터 가장 복잡한 것까지의 모든 논리 계산은 한 클록 사이클에서 완료되어야 하기 때문임
　　㉡ 따라서 계산을 완료하는 논리 경로는 다음 클록 펄스를 기다리며 많은 시간을 유휴 상태로 유지해야 하기 때문에 비동기 논리보다 느려질 수 있음
⑤ 동기식 회로를 가속화하는 한 가지 방법은 복잡한 연산을 연속적인 클록 사이클에서 수행할 수 있는 몇 가지 간단한 연산으로 분할하는 파이프라이닝 기법을 이용하는 것임
⑥ 동기식 순차논리회로에는 무어(Moore)의 순차논리회로와 밀리(Mealy)의 순차논리회로가 있음
⑦ 무어의 순차논리회로는 출력이 현재의 상태 값에 의해서만 결정되는 회로이고, 밀리의 순차논리회로는 현재의 입력과 상태 값에 의해서 결정되는 회로임

[동기식 순차논리회로와 비동기식 순차논리회로의 비교]

동기식 순차논리회로	비동기식 순차논리회로
이산적 신호에 따라서 동작이 결정되는 시스템	입력 신호에 의해 동작이 결정되는 시스템
클록 신호가 플립플롭에 영향을 줌	클록이 없기 때문에 상태 변화는 논리회로의 시간 지연에 따라서 발생함
설계가 쉬움	설계가 어려움
기억소자를 플립플롭이라고 함	기억소자를 래치나 시간 지연 소자라 함

(3) 순차논리회로의 설계

① 순차논리회로에서는 입력, 출력 및 현재 상태에 의해 결정되는 다음의 상태를 발생한 순서대로 이해하기 위해 상태표를 가장 먼저 작성해야 함
② 조합논리회로에서는 진리표로 표시하지만, 순차논리회로에서는 상태표를 구함
③ 상태표에서 원은 상태(status)를 표시하고, 화살표는 상태 간의 전이(transition)를 표시함

2 플립플롭

- 플립플롭(F/F : Flip-Flop)은 두 개의 안정된 상태를 갖고 상태 정보를 저장하는 데 사용할 수 있는 회로로서, 순차논리회로의 기본 저장 요소임
- 플립플롭은 출력이 Q와 Q'인 두 개의 쌍안정(bi-stable) 상태를 가짐
- 회로는 하나 이상의 제어 입력에 적용되는 신호에 의해 상태가 변경되도록 만들 수 있으며 하나 또는 두 개의 출력을 함
- 플립플롭은 지속적으로 전기가 공급되어야 정보를 유지할 수 있음
- 플립플롭은 이진 데이터 '1' 또는 '0'의 한 개 비트를 저장하는 기억소자임
- 플립플롭은 작동방식에 따라서 RS 플립플롭, D 플립플롭, JK 플립플롭, T 플립플롭의 4가지 종류로 구분

(1) RS 플립플롭

① RS(Reset/Set) 플립플롭은 두 개의 입력선을 갖는 순차논리회로임

② RS 플립플롭은 두 개의 NOR 게이트와 NAND 게이트를 사용하여 설계하고, SET, RESET 및 현재의 상태와 관련이 있는 출력 Q를 가짐

③ 두 개의 NOR 게이트로만 구성되고 클록 신호가 없는 상태의 플립플롭을 래치(Latch)라고 함

입력		출력	동작
S	R	Q(t+1)	
0	0	Q(t)	현재의 상태가 그대로 출력(불변)
0	1	0	0을 출력(reset)
1	0	1	1을 출력(set)
1	1	X	상태가 불안정하여 출력을 인정하지 않음

(2) JK 플립플롭

① RS 플립플롭은 입력이 모두 1인 경우에는 불안정한 상태가 되기 때문에 출력을 인정하지 않는 문제점이 있는데, 이를 개선한 것이 JK 플립플롭임

② JK 플립플롭은 출력값이 RS 플립플롭과 같고 모두가 1인 경우의 출력은 현재의 상태와 반대가 됨

입력		출력	동작
J	K	Q(t+1)	
0	0	Q(t)	현재의 상태가 그대로 출력(불변)
0	1	0	0을 출력(reset)
1	0	1	1을 출력(set)
1	1	Q'(t)	값이 반전됨(toggle)

(3) D 플립플롭

D 플립플롭은 RS 플립플롭의 상태 변화를 유도하는 RS 입력이 '01' 또는 '10'만이 존재하는 플립플롭임

입력	출력	동작
D	Q(t+1)	
0	0	reset
1	1	set

(4) T 플립플롭

T 플립플롭은 JK 플립플롭에서 J와 K를 하나로 합쳐서 1과 0이 서로 교대로 바뀌는 반전 신호를 만드는 회로임

입력	출력	동작
T	Q(t+1)	
0	Q(t)	현재의 상태가 그대로 출력(불변)
1	Q'(t)	반전된 상태가 출력

3 레지스터

(1) 앞에서 설명한 플립플롭은 레지스터와 카운터의 구성요소가 됨

(2) 레지스터는 연산의 결과를 일시적으로 기억하는 중앙처리장치 내의 임시 기억장치임

(3) 주기억장치보다 처리속도가 빠르며, 범용 레지스터와 특수 목적에 사용하는 프로그램 카운터, 인덱스 레지스터, 베이스 레지스터, 누산기 등과 같은 특수 목적 레지스터로 구분됨

(4) 일반적으로 n비트 레지스터는 간단하게 저장된 데이터를 처리할 수 있는 로직과 함께 n개의 플립플롭으로 구성됨

4 카운터

(1) 카운터(counter)는 레지스터의 내용을 증가시키거나 감소시킬 수 있는 레지스터로서, 클록이 들어올 때는 항상 변화함

(2) 카운터는 비동기식과 동기식으로 구성할 수 있음

(3) 동기식은 클록이 발생하면 카운터 내의 모든 비트는 변화하고, 비동기식은 동시에 모든 비트가 변하지 않는데, 비동기 회로는 모든 플립플롭이 공통된 클록을 사용하지 않기 때문임

제3장　데이터 표현 및 연산

> • 컴퓨터는 외부의 입력 데이터를 컴퓨터가 이해할 수 있는 내부적 표현으로 변환하여 처리한 후 컴퓨터의 기억장치에 저장함
> • 그리고 필요할 때 저장된 내용을 외부적 표현방식으로 변환하여 출력함

제1절 진법과 진법변환

(1) 진법(notation of number)

① 어떤 수의 묶음을 진법(notation)이라고 함

② 즉, 2진수는 2개의 숫자로 구성되었고, 8진수는 8개의 숫자, 16진수는 16개의 숫자로 구성된 수의 집단임

[진수의 체계]

10진수	2진수	8진수	16진수
0	0000	0	0
1	0001	1	1
2	0010	2	2
3	0011	3	3
4	0010	4	4
5	0101	5	5
6	0100	6	6
7	0111	7	7
8	1000	10	8
9	1001	11	9
10	1010	12	A
11	1011	13	B
12	1100	14	C
13	1101	15	D
14	1110	16	E
15	1111	17	F

10진법 (decimal notation)	10진법은 0부터 9까지의 10개의 수를 사용하고 밑수(base)를 10으로 하며, 각각의 자리는 10^n의 가중치가 부여됨
2진법 (binary notation)	2진법은 0과 1의 2개의 수를 사용하고 밑수(base)를 2로 하며, 각각의 자리는 2^n의 가중치가 부여됨
8진법 (octal notation)	8진법은 0부터 7까지의 8개의 수를 사용하고 밑수(base)를 8로 하며, 각각의 자리는 8^n의 가중치가 부여됨
16진법 (hexadecimal notation)	16진법은 0부터 F까지의 16개의 수를 사용하고 밑수(base)를 16으로 하며, 각각의 자리는 16^n의 가중치가 부여됨

(2) 진법변환(notation conversion)

- 컴퓨터는 '0'과 '1'의 2진법을 사용하고, 인간은 10진법을 사용함
- 프로그램 개발자들은 내부자료가 컴퓨터에 어떻게 저장되는지 알아야 할 필요가 있기 때문에 2진법으로 표현된 데이터를 읽기 쉽도록 우리가 사용하는 10진법이나 주소체계에서 사용되는 16진법 등으로 변환해서 이해할 필요가 있음
- 이처럼 어떤 진법으로 표현된 수를 다른 진법으로 바꾸는 것을 진법 변환이라고 함
- 8진수는 2진수 3자리로 표현할 수 있고, 16진수는 2진수 4자리로 표현할 수 있음
- 8진수를 16진수로 변환할 때는 8진수를 2진수로 변환하고 변환된 2진수를 4비트씩 묶으면 16진수로의 변환이 완료됨
- 반대로 16진수를 8진수로 변환할 때는 16진수를 2진수로 바꾸고 바꾼 2진수를 3비트씩 묶으면 8진수로의 변환이 완료됨

① 10진수를 2진수로 변환하기
- ㉠ 양의 정수 변환하기

  10진수를 반복해서 2로 나누어 몫이 1이 될 때까지 반복 후 나머지를 밑에서부터 역순으로 쓰면 2진수로 변환이 완료됨
- ㉡ 양의 실수 변환하기
  - 소수값에 반복해서 2를 곱하여 정수 부분의 올림수를 순서대로 씀
  - 소수 부분이 0이 나올 때까지 반복함

② 2진수를 10진수로 변환하기
가중치를 취한 값을 더하면 10진수로 변환됨

③ 8진수를 16진수로 변환하기
- ㉠ 8진수의 1자리를 2진수 3비트로 변환하여 표현함
- ㉡ 8진수의 수를 2진수 4비트로 변환하면 16진수로의 표현이 완료됨

제2절 보수

(1) 컴퓨터에서 보수는 음수와 논리연산을 간단하게 처리하기 위해 사용하는 방법임

(2) 어떤 진수(r) 체계든지, 'r'과 'r−1'의 2개의 보수가 존재하는데, 예를 들어, 2진수의 경우는 2의 보수와 1의 보수가 존재하고, 10진수는 10의 보수와 9의 보수, 8진수는 8의 보수와 7의 보수가 존재함

(3) 부호화 절댓값(signed magnitude)은 최상위 비트(MSB)를 양수와 음수를 표현하기 위해 할당하는 방식으로, 음수의 경우는 '1', 양수의 경우는 '0'으로 간단하게 표현할 수 있지만 연산할 때마다 부호를 처리하기 위한 추가적인 절차가 필요하므로 경제적인 방법은 아님

(4) 1의 보수는 음수를 표현하는 방법이기 때문에, 양수를 표현하는 것은 부호화 절댓값과 같은 방식이며, 음수는 같은 수의 양의 표현에서 2진수의 각 비트를 0은 1로, 1은 0으로 바꾸어 표현함

(5) 2의 보수는 1의 보수 표현에서 최하위 비트(LSB)에 1을 더하는 것과 같은 값을 가지는데, 2의 보수 표현 방법을 사용하면 1의 보수 문제가 해결됨

[음수의 표현방법]

2진수	부호화 절댓값	1의 보수	2의 보수
0000	0	0	0
0001	1	1	1
0010	2	2	2
0011	3	3	3
0100	4	4	4
0101	5	5	5
0110	6	6	6
0111	7	7	7
1000	− 0	− 7	− 8
1001	− 1	− 6	− 7
1010	− 2	− 5	− 6
1011	− 3	− 4	− 5
1100	− 4	− 3	− 4
1101	− 5	− 2	− 3
1110	− 6	− 1	− 2
1111	− 7	− 0	− 1

제3절 데이터의 표현

> • 컴퓨터는 외부의 데이터를 컴퓨터가 이해할 수 있는 내부의 이진 데이터로 변환하여 저장하며, 또한 컴퓨터의 내부 실행 결과를 인간이 이해할 수 있는 외부 표현으로 변환하여 출력장치로 전송함
> • 데이터는 크게 수치 데이터와 비수치 데이터로 구분할 수 있음

1 비수치 데이터(non-numeric data)

비수치 데이터에는 문자를 표현하는 BCD, EDCDIC 및 ASCII 코드가 있고, 특수한 목적의 숫자를 표현하는 가중치 코드, 비가중치 코드, 에러 탐지 코드 및 에러 수정 코드 등이 있음

(1) BCD 코드

① 2진화 10진 코드 또는 8421 코드라고도 불림
② 일반적으로 이진수 체계를 사용하여 10진수를 표현하는 가장 기본적인 코드임
③ 8421 코드의 의미는 1자리의 10진수를 표현하는데 4자리의 2진수가 필요하기 때문임

(2) 표준 BCD 코드

① 숫자 코드인 BCD 코드를 확장한 문자 코드로, 6개의 데이터 비트와 1개의 패리티 비트로 구성됨
② BCD 코드로는 문자, 숫자 등의 비수치 데이터를 표현하기가 어렵기 때문에, BCD 코드에 존 비트 (zone bit)를 두어 비수치 데이터를 표현한 것임

(3) EBCDIC 코드

① 확장 2진화 10진 코드로도 불리며, 표준 BCD 코드가 문자를 64가지(2^6)만 표현할 수 있는 단점을 보완하기 위하여 8비트의 코드를 사용하여 256가지(2^8)의 문자, 숫자 등의 데이터를 표현할 수 있는 코드임
② 맨 앞에 패리티 비트를 첨가하여 총 9비트로 사용함
③ 존(zone)을 zone-1과 zone-2로 구분하여, zone의 값에 따라서 숫자, 대문자, 특수문자, 소문자 등의 데이터를 표현하였음
④ EBCDIC 코드는 컴퓨터의 내부 코드용으로 주로 사용함

(4) ASCII 코드

① 영문 알파벳을 사용하는 대표적인 문자 코드임
② 아스키는 컴퓨터와 통신 장비를 비롯한 문자를 사용하는 많은 장치에서 사용되며, 대부분의 문자 인코딩이 아스키에 기초를 두고 있음
③ 아스키는 7비트 인코딩으로, 33개의 출력 불가능한 제어 문자들과 공백을 비롯한 95개의 출력 가능한 문자들로 이루어짐

④ 출력 가능한 문자들은 52개의 영문 알파벳 대소문자와 10개의 숫자, 32개의 특수 문자, 그리고 하나
의 공백 문자로 이루어짐

⑤ ASCII 코드는 EBCDIC 코드와 달리 오른쪽에서 왼쪽으로 비트 번호가 부여됨

(5) 가중치 코드

① 4비트 그룹으로 표시했을 때 각 비트의 위치에 따라 특정 가중치가 부여되는 코드를 의미함

② 8421 코드 외에도 2421, 5421, 51111, 6311, 7421, 74-2-1, 642-3, 84-2-1 코드 등 다양한 가중
치 코드가 있음

③ 특히 각 자리의 자릿수를 0은 1로, 1은 0으로 변환함으로써 해당 코드의 10진 값에 대한 보수를 얻는
코드를 자보수 코드 또는 자기 보수 코드라고 함

④ 84-2-1 코드, 2421 코드, 51111 코드는 자기 보수 코드임

⑤ 자기 보수 코드를 사용하면 비트의 상호 교환만으로도 간단하게 보수를 구할 수 있다는 장점이 있음

(6) 비가중치 코드

가중치를 갖지 않는 코드로서, '그레이 코드'와 '3초과 코드'가 대표적임

① 그레이 코드(gray code)

그레이 부호 또는 그레이 코드는 이진법 부호의 일종으로, 연속된 수가 1개의 비트만 다른 특징을
지니며, 연산에는 쓰이지 않고 주로 데이터 전송, 입출력장치, 아날로그-디지털 장비 간의 변환과
주변장치에 사용함

2진수 → 그레이 코드	• 2진수의 MSB(맨 좌측비트)는 그대로 그레이 코드의 첫 번째 비트가 됨 • 이웃해 있는 두 비트를 XOR 연산한 결과가 두 번째 그레이 코드 값이 됨 • 이 과정을 반복
그레이 코드 → 2진수	• 그레이 코드 MSB 비트는 그대로 2진수 코드의 첫 번째 비트가 됨 • 2진수의 첫 번째 비트와 그레이 코드의 두 번째 비트를 XOR 연산하여 두 번째 2진 비트로 사용함 • 이 과정을 반복

② 엑세스-3(3초과 코드 또는 3초과 부호) 코드

㉠ 자기 보수 코드이며, 이는 BCD 코드에 0011을 더해서 만든 코드이기 때문임

㉡ 3초과 코드의 이점은 비트를 반전하는 것만으로도 10진수에서 9의 보수를 얻을 수 있으므로 감
산에 유용하다는 점임

㉢ 또한 최상위 비트(MSB)가 4(0100) 이하일 때 0, 5(0101) 이상일 때 1이 되므로, 반올림에 유용함

㉣ 모든 비트가 동시에 0이 되는 일이 없으므로, 단선 등에 의한 신호단절을 구별할 때 이용할 수
있음

[BCD 코드와 excess-3 코드의 관계]

10진수	BCD 코드	excess-3 코드
0	0000	0011
1	0001	0100
2	0010	0101
3	0011	0110
4	0100	0111
5	0101	1000
6	0110	1001
7	0111	1010
8	1000	1011
9	1001	1100

(7) 에러 탐지 코드

바이콰이너리 코드, 2 out-of 5, 패리티 코드 등이 있음

① 바이콰이너리 코드

㉠ 초기 컴퓨터에서 사용되던 코드 형태로서, 5043210 코드라고도 함

㉡ 한 개의 비트에 에러가 발생하면 1의 개수가 달라지는 것으로 에러를 검출하지만, 두 개의 비트가 서로 0이 1로, 1이 0으로 바뀌는 경우는 1의 개수가 그대로이므로 에러가 아니라고 판단하여 에러 검출이 불가능하게 됨

② 2-out of-5 코드

㉠ 통신 분야에서 많이 사용하는데, 각 십진수는 5비트로 구성된 이진 숫자로 표현되며 그중 두 비트는 '1'로, 나머지 3비트는 '0'으로 표현됨

㉡ 비트 위치에 할당된 일반적인 가중치는 0-1-2-3-6임

③ 패리티 코드

㉠ 패리티 비트를 이용하여 에러를 검사함

㉡ 패리티 검사는 통신 중 노드 간(송신 측과 수신 측)에 정확한 데이터 전송을 보장하는 프로세스임

㉢ 패리티 비트는 원래 데이터 비트에 첨부되어 짝수(even) 또는 홀수(odd) 비트 번호를 생성함

㉣ 송신 측에서는 짝수 또는 홀수인 패리티 비트가 부여된 데이터를 전송하고 수신 측에서는 수신된 데이터 내의 패리티 비트를 확인하여 에러를 검출함

(8) 에러 수정 코드

에러가 발생하면 에러를 검출하여 교정할 수 있는 능력을 갖춘 코드를 말하며, 해밍 코드(Hamming code)가 대표적임

(9) 한글 코드

① 한글 코드는 조합형 코드와 완성형 코드의 두 가지 방식이 있음

② 국내에 컴퓨터가 보급되던 초기에 사용한 방식은 조합형 코드로서, 2바이트(Byte), 즉 16비트로 한 글자(초성·중성·종성)를 표현하는 방식임

③ 완성형 코드는 한글을 완전한 글자로 만들어 메모리값에 하나씩 하나씩 저장하는 방식으로, 이러한 방식은 아스키 코드와 사용방법이 유사하며, 한 글자에 2바이트를 사용했음

④ 현대의 완성형 한글 체계는 Unicode를 기반으로 모두 11,172개의 한글 음절을 모두 코드로 제공하고 있음

2 수치 데이터(numeric data)

(1) 2진수 데이터 표현방식

① 정수(integer) 표현방식

2진수의 정수 표현방법에는 부호화 절댓값, 1의 보수 및 2의 보수 방식이 있으며, 정수는 양의 정수, 0, 음의 정수를 의미함

㉠ 부호화 절댓값
- 부호화 절댓값 방식은 최상위 비트(MSB)를 양수(0)와 음수(1)를 표현하고 나머지 비트로 수를 표현하는 방식임
- 부호화 절댓값에서 표현할 수 있는 값의 범위는 $-(2^{n-1}-1) \sim (2^{n-1}-1)$

㉡ 1의 보수
- 1의 보수 방식은 음수를 표현하는 방법으로, 양수를 표현하는 것은 부호화 절댓값과 같음
- 음수는 같은 수의 양의 표현에서 2진수의 각 비트를 0은 1로, 1은 0으로 바꾸어 표현함
- 1의 보수에서 표현할 수 있는 값의 범위는 $-(2^{n-1}-1) \sim (2^{n-1}-1)$로, 부호화 절댓값과 동일함

㉢ 2의 보수
- 1의 보수 표현에서 최하위 비트(LSB)에 1을 더하여 값을 취하는 방식
- 2의 보수 표현방법을 사용하면 '+0'과 '-0'의 문제가 해결됨
- 2의 보수로 표현할 수 있는 수의 범위는 $-(2^{n-1}) \sim (2^{n-1}-1)$로, 1의 보수보다 음수의 표현이 하나 더 많음

② 실수(real number) 표현방식

실수의 표현방식에는 고정소수점 표현방식과 부동소수점 표현방식이 있음

㉠ 고정소수점 표현방식
- 고정소수점(fixed point) 표현방식은 실행 프로세서에 부동소수점 장치(FPU : Floating Point Unit)가 없거나, 현재 사용 중인 응용 프로그램의 성능이나 정확도를 향상하는 경우에 사용함
- 예전의 컴퓨터 또는 저가 임베디드 마이크로프로세서 및 마이크로 컨트롤러에는 FPU가 없어서 고정소수점 방식을 사용함
- 고정소수점 표현방식은 매우 큰 실수나 매우 작은 실수를 표현할 때 비트 수를 많이 차지하므로 비경제적임

ⓒ 부동소수점 표현방식

- 부동소수점(floating point) 방식은 매우 작거나 매우 큰 실수를 표현할 때 정밀도가 높은 표현 방법
- 부동이라는 의미는 소수점의 위치 이동이 가능하다는 의미로서, 고정소수점 방식보다 비트의 수를 줄일 수 있어 경제적이라는 장점이 있지만, 고정소수점 방식보다는 복잡한 연산을 수행해야 하므로 처리 속도가 느린 단점이 있음
- 부호는 양수(0)와 음수(1)를 표현하고, 지수부는 소수점의 위치를 나타내며, 소수부(가수부)는 유효숫자를 나타냄

부호	지수부	소수부(가수부)
0 1	8 9	31

> ※ 부동소수점 방식으로 표현하기 위한 절차
> ① 유효숫자를 소수점 다음에 위치시키는 정규화를 수행
> ② 지수부의 값을 계산함
>   ㉠ 양수 승의 지수와 음수 승의 지수를 구분하기 위해 기준값을 설정하여 좌측값은 음수 승, 우측값은 양수 승을 표현함
>   ㉡ 이처럼 기준값을 조정하기 위해 더해지는 값을 바이어스(bias)라고 하고 조정된 지수값을 특성값(characteristics)이라고 부름

(2) 10진수 데이터(decimal data) 표현방식

10진수 데이터를 표현하는 방식에는 팩 10진수 방식과 언팩 10진수 방식이 있음

① **팩 10진수(packed decimal) 방식**
   ㉠ 1바이트(byte)에 2개의 10진수를 표시하는 방식임
   ㉡ 부호 비트는 맨 우측 4비트를 사용하여 양수는 1100, 음수는 1101로 표시함

② **언팩 10진수(unpacked decimal) 방식**
   ㉠ 부호는 팩 방식과 동일하지만 표시 위치가 다름
   ㉡ 맨 우측 바이트의 첫 4비트(0 ~ 3)에는 데이터가 표시되고, 부호는 4 ~ 7비트에 표시됨
   ㉢ 그리고 각 바이트의 우측 4비트에는 데이터가 표시되고, 나머지 4비트에는 존(zone) 영역으로 '1111'이 들어감
   ㉣ 언팩 방식은 팩 방식에 비해 기억장소를 낭비하고 연산의 효율도 떨어지는 단점이 있음

제4절 연산

- 단항 연산은 보수, 이동(move), 논리 시프트(shift), 로테이트(rotate) 등을 말하며, 이항 연산은 사칙연산, AND, OR, XOR 등이 있음
- 또한, 데이터의 성격에 따라서 산술연산(수치 연산)과 논리연산(비수치 연산)으로 구분함
- 산술연산은 덧셈, 뺄셈, 곱셈, 나눗셈이고, 논리연산은 AND, OR, NOT, 논리 시프트(shift), 로테이트(rotate) 등임

(1) 수치 연산

① 수치 연산에는 10진 연산, 고정소수점 연산과 부동소수점 연산이 있고, 모든 수치 연산은 덧셈, 뺄셈, 곱셈, 나눗셈의 사칙연산을 기본으로 함

② 시프트(shift)의 경우에는 산술 시프트와 논리 시프트가 있는데, 산술 시프트는 수치 연산을 함

③ **산술 시프트**

   ㉠ 산술 시프트에서 좌측 시프트는 곱하기 효과를 가지며, 우측 시프트는 나누기 효과를 가짐

   ㉡ 피연산자의 모든 비트는 주어진 비트 위치 수만큼 이동되고, 비어있는 비트 위치가 채워짐

   ㉢ 오른쪽으로 시프트하면 가장 왼쪽 비트(일반적으로 부호가 있는 정수 표현의 부호 비트)가 빈 위치를 채우기 위해 복제됨

(2) 비수치 연산

수치 데이터 이외의 모든 연산, 즉 부울연산의 기본이 되는 논리연산과 문자 데이터 처리에 대한 연산을 의미하며, 논리 시프트, 로테이트 등이 있음

① **논리 연산**

   ㉠ 선택적 세트 연산은 2진수의 특정 비트를 선택하여 1로 바꾸는 연산을 의미하고, OR 연산을 사용함

   ㉡ 선택적 보수 연산은 2진수의 특정 비트를 보수로 만들기 위하여 사용하고, XOR 연산을 사용함

   ㉢ 마스크 연산은 2진수의 특정 비트를 클리어(0)하기 위한 목적으로 사용하며, AND 연산을 사용함

   ㉣ 삽입 연산은 2진수 데이터 내의 특정 위치에 데이터를 삽입하기 위해서 사용하고, AND 연산과 OR 연산을 사용함

   ㉤ 비교 연산은 두 데이터를 비교하는 연산으로, XOR 연산을 사용함

② **로테이트 연산**

   ㉠ 시프트 연산은 수를 표시하는 방법에 따라서, 그리고 시프트 방향에 따라서 다른 값이 입력되지만, 로테이트는 좌측, 우측 끝단에서 밀려 나오는 비트들이 반대편으로 다시 입력되는 연산임

   ㉡ 직렬로 데이터의 손실 없이 자료를 전송할 때 사용함

제4장 CPU의 구조와 기능

- 중앙처리장치(CPU)는 산술, 논리, 제어 및 입출력(I/O) 작업을 수행하여 컴퓨터 프로그램의 명령어를 실행하는 컴퓨터 내의 전자회로임
- 전통적으로 'CPU'라는 용어는 메인 메모리 및 I/O 회로와 같은 외부 구성요소와 컴퓨터의 핵심 구성요소를 구별하는 프로세서, 특히 처리장치 및 제어장치(CU)를 의미함
- CPU의 주요 구성요소는 산술 및 논리 연산을 수행하는 산술논리연산장치(ALU), 산술 연산자를 ALU에 공급하고 ALU 연산 결과를 저장하는 프로세서 레지스터, 메모리에서 명령어를 읽어서(Fetch) 해독하고 실행을 주관하는 제어장치(CU)임
- CPU의 또 다른 중요한 구성요소는 클록(Clock)으로, 클록은 CPU의 실행을 시작시키거나 정지시키는 역할을 함
- 대부분의 CPU 기본 작동은 프로그램을 실행하기 위해 저장된 일련의 명령어를 실행하는 것임
- 실행될 명령은 기억장치에 보관되며, 거의 모든 CPU는 인출 사이클, 해독 사이클, 실행 사이클 단계를 반복하여 하나의 명령어 사이클을 처리함
- 클록의 주기에 따라서 실행되는 CPU 내의 동작을 마이크로 연산이라고 하며, 마이크로 연산은 최소 단위의 명령어임
- 일반적으로 마이크로 연산은 레지스터 간 또는 중앙처리장치(CPU)의 레지스터와 외부 버스 간 데이터 전송, 레지스터에 대한 산술 및 연산 또는 논리 연산 수행과 같이, 하나 이상의 레지스터에 저장된 데이터에 대한 기본 연산을 수행하고, 일반적인 명령어 사이클에서 매크로 명령의 각 단계는 실행 중에 분해되어 CPU가 작업을 결정하고 단계별로 진행함
- 이렇게 분해된 마이크로 연산의 실행은 CPU의 제어 하에 수행되며, CPU의 제어장치는 재정렬, 융합 및 캐싱과 같은 다양한 최적화를 수행하면서 실행을 결정하게 됨
- 마이크로 연산의 몇 단계가 모여 매크로 연산을 수행하게 됨

제1절 CPU의 구성요소

- CPU는 명령어 인출(fetch), 명령어 해독(decode), 데이터 인출(operand fetch), 명령어 실행(execution) 및 데이터 쓰기 등의 주요 기능을 처리함
- ALU는 산술 연산과 논리 연산을 수행하는 회로들로 이루어진 하드웨어 장치임
- 레지스터는 CPU 내의 기억장치로서 레지스터의 집합으로 구성되며, 컴퓨터의 기억장치 중 가장 속도가 빠름
- 제어장치는 명령어를 해석하고 명령어를 실행하기 위한 제어신호를 순차적으로 발생시키는 하드웨어 장치이며, 내부 버스는 레지스터와 ALU 간의 데이터 이동을 위한 데이터선과 제어장치에서 발생하는 제어신호선으로 구성됨
- IR은 명령어를 위한 레지스터이고, PC는 현재 실행 중인 주소를 저장하고 명령이 실행되면 다음의 명령어를 읽어 오기 위해 값이 증가함
- MAR은 기억장치의 주소를 저장하는 레지스터이고, MBR은 기억장치의 주소가 저장하고 있는 데이터를 저장하는 레지스터로서, MDR이라고도 표시함
- AC는 누산기라고도 하며, 연산 결과를 저장함

(1) 산술논리연산장치(ALU)

① ALU는 덧셈 및 뺄셈과 같은 기본 산술 연산, AND, OR 및 NOT과 같은 논리 연산 및 시프트를 수행하는 중앙처리장치 내부의 회로 장치로, 독립적으로 데이터 처리를 수행하지 못하며 반드시 레지스터들과 조합하여 처리함

② ALU를 CPU 내부의 작은 계산기로 상상할 수 있음

③ ALU를 설계할 때 가장 중요한 결정사항 중 하나는 명령어당 얼마나 많은 레지스터를 사용하고 얼마나 많은 피연산자를 메모리에서 수신할지 정하는 것인데, 이는 CPU를 설계하는 것은 레지스터의 수와 관련이 있기 때문임

④ 산술논리연산장치는 산술장치와 논리장치로 구성되어 있음

⑤ 2개의 상태선에 의해 논리장치와 연결된 2개의 입력값(2^2) 중 하나가 선택되어 논리장치와 산술장치로 입력되고, 산술장치에는 캐리값이 추가되어 연산된 결괏값이 출력됨

⑥ 산술연산은 덧셈, 전송, 증가, 감소 등을 실행함

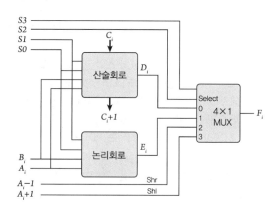

[산술논리연산장치]

[ALU의 각 내부 구성요소]

산술연산장치	덧셈, 뺄셈, 곱셈, 나눗셈의 사칙연산을 수행
논리연산장치	AND, OR, XOR, NOT 등의 논리연산을 수행
시프트 레지스터	비트를 왼쪽 또는 오른쪽으로 이동시키는 기능을 수행하는 레지스터
보수기	데이터를 보수로 취하는 회로
상태 레지스터	연산 결과의 상태를 나타내는 플래그들을 저장

[ALU 출력 테이블]

선택선		입력 캐리 (C_{in})	입력값 (B)	출력값(F)	실행 동작
S0	S1				
0	0	0	B	F= A + B	가산
0	0	1	B	F= A + B + 1	가산 (캐리 포함)
0	1	0	B′	F= A + B′	1의 보수
0	1	1	B′	F= A + B′ + 1	2의 보수
1	0	0	0	F= A	전송 (A를 전송)
1	0	1	0	F= A + 1	증가 (A값이 1 증가)
1	1	0	1	F= A − 1	감소 (A값이 1 감소)
1	1	1	1	F= A	A 전송

(2) 레지스터(Register)

- 레지스터(또는 프로세서 레지스터, CPU 레지스터)는 명령어, 주소 또는 임의의 종류의 데이터를 저장하는 목적으로 사용하는 기억장치임
- 레지스터의 크기를 나타내는 비트 수는 CPU 버스의 핀 수와 일치하는 것이 일반적임
- CPU에는 누산기, 프로그램 카운터, 명령어 레지스터, 상태 레지스터, 스택 레지스터, 인덱스 레지스터, 베이스 레지스터, 메모리 주소 레지스터와 메모리 버퍼 레지스터처럼 특별한 목적을 위해 사용하는 레지스터가 있는데, 이를 '특수 레지스터(Special Register)'라고 함
- 일반적인 목적을 위해 사용하는 '범용 레지스터'는 R0, R1, R2, … 등으로 레지스터 이름(주소)을 표시함

① 누산기(AC : Accumulator)
- ㉠ CPU에서 산술 및 논리 데이터의 입력값 또는 처리된 결괏값을 일시적으로 저장하는 레지스터임
- ㉡ 최신 컴퓨터에서는 어떤 레지스터라도 누산기로 사용할 수 있기 때문에, 누산기는 현재는 더 이상 사용하지 않는 용어임

② 프로그램 카운터(PC : Program Counter)
- ㉠ 현재 실행 중인 명령어의 주소를 포함하는 레지스터임
- ㉡ 각 명령어가 인출되면 프로그램 카운터는 저장된 값을 증가시킴
- ㉢ 컴퓨터가 다시 시작되거나 재설정되면 프로그램 카운터는 일반적으로 0으로 되돌아감

③ 인덱스 레지스터(Index Register)
- ㉠ 일반적으로 벡터, 배열 연산을 수행하기 위해 프로그램 실행 중 피연산자 주소를 수정하는 데 사용함
- ㉡ 인덱스 레지스터의 내용은 간접 주소지정 방식에서 실제 데이터(피연산자)의 '유효주소'를 계산할 때 변위값으로 사용됨

④ **베이스 레지스터(Base Register)**

기준이 되는 주소를 기억하고 있는 레지스터로서, 유효주소를 계산할 때 변위값이 여기에 더해짐

⑤ **스택 레지스터(Stack Register)**

㉠ 스택 포인터(SP)를 사용하여 데이터를 읽고 씀

㉡ 서브루틴이나 인터럽트, 루프 등이 발생하면 현재 레지스터의 내용을 저장해야 인터럽트 수행 후의 다음 명령어를 처리할 수 있는데, 이를 위한 스택 영역 메모리의 주소를 기억함

㉢ 스택 구조에서는 READ, WRITE라는 용어 대신에 POP과 PUSH라는 연산을 사용함

⑥ **상태 레지스터(Status Register)**

㉠ 프로세서에 대한 상태를 플래그 비트로 표시해 주는 레지스터임

㉡ 일반적으로 상태 레지스터의 플래그는 산술 및 비트 조작 연산의 결과에 따라서 기록됨

[상태 레지스터의 일반적인 플래그 목록]

플래그	플래그 이름	플래그의 기능
Z	제로 플래그	연산의 결과가 0일 때 1로 세트됨
C	캐리 플래그	연산의 결과 자리올림이나 자리빌림이 발생하면 1로 세트됨
S	부호 플래그 (사인 플래그)	연산 결과가 음수면 1, 양수면 0으로 세트됨
V	오버플로우 플래그	• 양수끼리 가산하여 음수가 발생하거나 음수끼리 가산하여 양수가 발생하는 경우를 범람이라고 하는데, 이 경우 1로 세트됨 • 오버플로우 플래그는 캐리 비트와 부호 비트를 XOR하여 얻을 수 있음

⑦ **메모리 주소 레지스터(MAR : Memory Address Register)**

CPU에서 데이터를 가져올 메모리 주소나 데이터를 저장할 주소를 위한 레지스터임

⑧ **메모리 버퍼 레지스터(MBR : Memory Buffer Register)**

저장장치 간에 전송되는 데이터를 저장하는 레지스터임

⑨ **명령어 레지스터(IR : Instruction Register)**

㉠ 명령어를 실행하기 위해서 잠시 정보를 보관하는 레지스터임

㉡ 기억장치에서 넘어온 동작 코드는 명령어 해독기(decoder)에 의해서 하나씩 해독되어 명령어로 변환됨

(3) 레지스터 전송

① 레지스터와 레지스터 사이의 데이터를 주고받는 것을 레지스터 전송이라고 함

② 레지스터의 전송은 클록 펄스에 따라서 실행되는 마이크로 연산을 기본으로 함

[레지스터 전송 기호]

기호	설명	예
대문자, 숫자	레지스터를 표시	MAR, IR
괄호	레지스터의 일부를 표시	R2(0-7), MBR(AD)
화살표	데이터의 전송을 표시	R2 ← R1
쉼표	마이크로 연산을 구분	R0 ← R1, R1 ← R2

(4) 논리연산장치

논리연산장치는 입력되는 데이터값이 AND, OR, XOR, NOT의 연산을 실행하며, 전가산기와 디코더로 구성됨

(5) 제어장치

① 제어장치(Control Unit)는 CPU의 내부에서 각 명령어의 실행을 제어하고 관리하는 장치로서, 명령어의 실행 단계에 따라서 필요한 제어신호를 발생함

② 컴퓨터의 기억장치, ALU 장치 및 입출력장치들 상호 간의 타이밍 및 제어신호를 제공하여 다른 장치의 작동을 지시함

③ 제어장치의 기본 동작은 마이크로 연산(Micro Operation)으로, 레지스터 간의 이동, 레지스터와 외부 버스 간의 이동 또는 간단한 ALU 연산 등을 수행함

④ 제어장치는 순서를 제어하고 실행을 제어하기 위한 내부적인 논리회로를 가지고 있음

⑤ 제어 주소 레지스터로 입력된 주솟값을 가지고 제어 메모리에서 해당되는 명령어를 찾아서 제어 버퍼 레지스터로 넣으면 이에 해당하는 적절한 제어신호가 발생함

⑥ 제어신호는 명령어의 순서를 제어하기 위한 제어신호와 입출력장치에 대한 제어신호 등 두 가지 신호를 생성함

⑦ 제어장치를 구성하는 방법에는 하드와이어 방식과 마이크로프로그램 방식이 있음

제2절 명령어 사이클

(1) 명령어 사이클(instruction cycle)은 인출, 해독, 실행 과정을 계속 순차적으로 반복하는 것으로, 각 명령어 사이클은 하나 이상의 마이크로 연산(micro operation)으로 구성되고, 마이크로 연산은 마이크로 사이클(micro cycle)에 의해서 수행됨

(2) 마이크로 연산에 걸리는 시간을 마이크로 타임이라고 하며, CPU의 속도를 나타냄

(3) 마이크로 사이클을 제어하는 방식에는 동기 고정식, 동기 가변식, 비동기식이 있음

동기 고정식 (fixed synchronous)	마이크로 연산 중에서 실행 시간이 가장 긴 것을 클록 주기로 고정하는 방식
동기 가변식 (variable synchronous)	실행 시간이 유사한 마이크로 연산들을 모아서 집단마다 서로 다른 마이크로 사이클 시간을 제공하는 방식
비동기식 (asynchronous)	모든 마이크로 연산에 대해서 서로 다른 마이크로 사이클 시간을 제공하는 방식

(4) 클록 속도(clock rate)

① 클록 속도는 CPU의 속도를 표시하는 데 사용하는 지표로서, 주파수(Hz, 헤르츠)로 표기함

② 대부분의 CPU 속도는 GHz이기 때문에, 클록 속도의 단위도 GHz로 표기하는 것이 일반적임

③ 2.4GHz 클록 속도의 의미는 매 초당 2백4십만 개의 명령어를 처리한다는 것을 의미함

제3절 명령어 파이프라이닝

(1) 파이프라인은 데이터 처리 단계의 출력이 바로 다음 단계의 입력으로 연결되는 처리 기술임

(2) 여러 단계가 서로 동시에 또는 병렬로 명령어를 처리할 수 있어 처리 효율성이 향상됨

(3) 파이프라인은 CPU의 명령어 실행을 중첩하여 성능을 향상하기 위해 사용하는 기법임

제5장 　컴퓨터 명령어

- 명령어 형식에서 가장 많이 사용되는 필드는 다음과 같음
  - 실행할 연산을 지정하는 연산 코드(operation code) 필드
  - 메모리 주소 또는 프로세서 레지스터를 지정하는 주소(address) 필드
  - 피연산자 또는 유효주소(effective address)의 결정 방법을 지정하는 모드(mode) 필드
- 연산 필드는 덧셈, 뺄셈, 보수 및 시프트 등과 같은 다양한 프로세서 연산을 정의하는 비트 그룹으로, 3비트씩 3개의 필드로 구성되고, 연산 필드 각각은 7개의 마이크로 동작을 실행함
- 주소 필드는 분기가 발생하면 분기해야 할 해당 목적지의 주소를 표시함
- 모드 필드를 정의하는 비트는 주어진 주소에서 피연산자를 선택하기 위한 여러 가지 다양한 대안을 제공함

제1절 명령어 형식

> • 명령어는 실행할 내용을 나타내는 동작 코드(OP code)와 유효주소를 계산할 데이터가 들어가 있는 피연
>   산자 부분으로 구분함
> • 명령어는 피연산자의 개수에 의해서 0-주소 명령어, 1-주소 명령어, 2-주소 명령어, 3-주소 명령어 등
>   으로 구분됨
>
> | 모드 | 연산 코드 | 주소 |
> |---|---|---|
>
> **[명령어 형식]**
>
> • 모드는 1비트로서 직접 주소 모드(모드 = 0)와 간접 주소 모드(모드 = 1)를 구분하고, 연산 코드는 3비트
>   를 사용하여 표시함
> • 직접 주소 모드는 유효주소가 해당 주소에 있는 방식이고, 간접 주소 모드는 유효주소를 찾기 위해 명령
>   어의 주소를 한 번 더 참고하는 방식임

1 연산 코드

연산 코드는 데이터 전송, 데이터 처리, 제어 분기 명령, 입출력 명령으로 구분함

(1) 데이터 전송(data transfer)

데이터 전송은 레지스터, 주기억장치, 스택 또는 I/O 장치 간의 데이터 이동에 관련된 동작으로, store, load, exchange, move, push, pop 같은 연산 코드가 있음

(2) 데이터 처리

① 데이터 처리 명령어는 일반적인 산술 명령어 또는 논리 명령어를 말함
② 산술 명령어는 기본적인 가산, 감산, 곱셈, 나눗셈의 사칙연산을 처리함
③ 논리 연산 명령은 피연산자를 비트별 처리하여, 비트를 변경하거나 비트열을 0이나 1로 하거나 새로
   운 비트를 피연산자에 넣을 수 있으며 ADD, AND, OR, XOR, CLC, ROL, ROR 등의 명령어가 있음

(3) 제어와 분기 명령

① 제어 및 분기에 대한 명령에는 BUN, BSA, ISZ, SPA, SNA, SZA, HLT, JMP, RET, CALL 등의
   명령어가 있음
② CALL과 JMP의 차이는 CALL은 복귀주소가 존재하지만, JMP는 복귀주소가 존재하지 않는다는
   것임

(4) 입출력 명령

입력과 출력에 관한 명령에는 INP, OUT, ION, IOF 등의 명령어가 있음

2 명령어 체계

명령어는 피연산자의 개수에 따라서 0-주소 명령어, 1-주소 명령어, 2-주소 명령어, 3-주소 명령어로 구분함

(1) 0-주소 명령어

① 0-주소 명령어는 명령어에 피연산자를 부여하지 않음
② 스택 구조의 컴퓨터에서 사용되며, 스택 구조에서의 주소는 스택 포인터(SP : Stack Pointer)가 대신함
③ 스택 구조에서는 스택에서 데이터를 제거(remove)하는 명령어(메모리에서 레지스터로 데이터 이동) 'POP'과 스택에 데이터를 추가(add)하는 명령어(레지스터에서 메모리로 데이터 이동) 'PUSH'의 두 가지 명령어가 있음
④ **수식 표현법**
모든 표현법을 변환할 때는 사칙연산의 우선순위에 따름

중위 표현법 (infix)	일반적으로 수학이나 대수에서 수를 표현할 때 사용하는 방법으로, 피연산자와 피연산자 사이에 연산자가 위치하는 형식
전위 표현법 (prefix)	연산자-피연산자-피연산자의 순서로 수를 표현하는 방법
후위 표현법 (postfix)	피연산자-피연산자-연산자의 순서로 수를 표현하는 방법으로, 연산자를 가장 마지막에 표현하는 방법

(2) 1-주소 명령어

① 피연산자가 하나만 있는 명령어를 1-주소 명령어라고 함
② 주로 하나의 누산기(AC)만 가지고 있는 컴퓨터에서 사용하며, 주소의 내용과 누산기의 내용을 연산한 후 결괏값은 누산기에 저장함

(3) 2-주소 명령어

① 2-주소 명령어는 가장 일반적인 상업용 컴퓨터에서 사용함
② 2-주소 명령어 형식은 주소-1과 주소-2의 내용을 연산하여 그 결과를 주소-1(명령어의 좌측 부분)에 저장함
③ 주소-1의 내용은 연산의 결과로 바뀌지만, 주소-2(명령어의 우측 부분)의 내용은 연산 후에도 변하지 않음

(4) 3-주소 명령어

① 3-주소 명령어 형식은 3개의 주소 필드를 가지고 있음

② 주소-2와 주소-3의 내용은 연산 후에도 값을 잃지 않음

③ 연산 후의 결괏값은 주소-1(명령어의 좌측 부분)에 저장됨

④ 3-주소 명령어 형식의 장점은 연산 표현을 위한 프로그램이 짧아진다는 것이고, 단점은 3-주소를 표현하기 위한 바이너리 비트값이 너무 많아진다는 것임

제2절 주소지정 방식

- 제어장치는 인출 사이클, 해독 사이클, 그리고 실행 사이클로 구성됨
- 프로그램 카운터(PC : Program Counter)는 다음에 실행될 명령어를 보관하고 명령어가 메모리에서 인출될 때마다 값이 증가함
- 해독 사이클은 실행할 연산, 명령어의 주소지정 모드와 피연산자의 주소를 결정함
- 그러면 컴퓨터는 명령어를 실행하고 연속적으로 다음 명령어를 인출하기 위해 처음의 인출 단계로 되돌아감
- 연산 코드는 실행할 연산을 지정하고 있고, 모드 필드는 연산을 위한 피연산자의 위치를 지정하고 있음
- 명령어에는 주소 필드가 있을 수도 있고 없을 수도 있음
- 만일 주소 필드가 있다면, 메모리 주소나 레지스터 주소를 나타내는 것임

(1) 묵시적 주소지정 방식

① 묵시적(암묵적) 주소지정 방식에서 피연산자는 명령어의 정의에 의해서 묵시적으로 지정됨

② 누산기를 지정하는 모든 레지스터 참조 명령어, 스택 구조 컴퓨터에서 0-주소 방식 명령어도 묵시적 명령어임

(2) 즉치 주소지정 방식

① 즉치 주소지정 방식에서 피연산자는 명령어 그 자체에 있음

② 즉치 명령어는 주소 필드가 아니라 하나의 피연산자를 가지고 있음

③ 피연산자 필드에는 명령어에서 지정하는 연산과 연결되어 사용될 실제 데이터가 들어가 있음

④ 즉치 주소지정 방식은 상숫값으로 레지스터를 초기화하기 위해 사용함

(3) 레지스터 주소지정 방식

① 레지스터 주소지정 방식에서 피연산자는 레지스터에 들어있음

② 해당 레지스터는 명령어의 레지스터 필드에서 지정함

③ 레지스터를 참조할 경우는 기억장치에 접근하여 데이터를 인출하는 시간보다 짧아 인출시간을 절약할 수 있음

(4) 레지스터 간접 주소지정 방식

① 명령어는 레지스터를 통하여 실제 데이터가 저장된 기억장치를 지정함
② 즉, 선택된 레지스터는 피연산자가 아니라 피연산자의 주소를 보관하고 있음
③ 레지스터 간접 모드 명령어의 장점은 명령어의 주소 필드가 직접 메모리 주소를 지정하는 데 필요한 것보다 적은 비트로 레지스터를 선택할 수 있다는 것임

(5) 직접 주소지정 방식

① 이 방식에서 유효주소는 명령어의 주소 부분과 같음
② 피연산자는 기억장치에 존재하고 그것의 주소는 명령어의 주소 필드에 의해서 지정됨
③ 분기 형식 명령어 주소 필드에서는 실제 분기 주소를 나타냄
④ 레지스터 주소지정 방식과 다른 점은 접근해야 하는 주소가 주기억장치에 있다는 것임

(6) 간접 주소지정 방식

① 명령어의 주소 필드는 메모리에 저장된 유효주소의 주소를 가리킴
② 제어장치는 메모리에서 명령어를 인출하여 그 명령어의 주소 필드를 유효주소를 읽기 위해 다시 메모리에 접근하기 위한 주소로 사용함
③ 레지스터 간접 지정 방식과 다른 점은 접근해야 하는 주소가 주기억장치에 있다는 것임

(7) 변위 주소지정 방식

① 변위(displacement) 주소지정 방식은 명령어의 주소 필드에 레지스터의 값을 더하여 유효주소를 결정하는 방식임
② 상대 주소지정 방식, 베이스 레지스터 주소지정 방식, 인덱스 레지스터 주소지정 방식의 세 가지 종류가 있음

상대 주소지정 방식	• 상대 주소지정 방식에서는 유효주소를 얻기 위해 프로그램 카운터(PC)의 내용이 명령어의 주소 필드에 더해짐 • 이 숫자가 프로그램 카운터의 내용에 추가되면 결과는 메모리의 위치가 다음 명령어의 주소와 관련된 실제 주소를 생성하게 됨 • 상대 주소지정 방식에서는 PC의 값을 베이스로 간주하고 이 값에 명령어의 주소 필드의 값이 변위값으로 더해져 유효주소를 얻게 됨
인덱스 레지스터 주소지정 방식	• 인덱스 레지스터 주소지정 방식은 인덱스 레지스터의 내용이 명령어의 주소 필드에 더해져 유효주소를 얻는 방식임 • 인덱스 레지스터는 특수 레지스터의 하나로, 변위값으로 사용할 인덱스의 값을 저장하고 있음 • 인덱스 레지스터 주소지정 방식은 배열과 같은 구조에서 편리하게 사용할 수 있으며, 명령어의 주소 필드는 기억장치에서 데이터 배열(data array)의 시작 주소를 나타냄
베이스 레지스터 주소지정 방식	• 베이스 레지스터 주소지정 방식에서는 베이스 레지스터의 내용이 유효주소 값을 계산하기 위해 주소 필드의 내용에 더해짐 • 인덱스 레지스터는 명령어의 주소 부분에 대한 상대적인 값을 저장하고 있는 반면에, 베이스 레지스터는 기준 주소를 보관하고 있다는 점에서 차이가 있음 • 베이스 레지스터 주소지정 방식은 메모리에서 프로그램을 재할당하기 위하여 사용함

제3절 RISC와 CISC

CPU 구조는 RISC와 CISC의 두 종류가 있음

[CISC와 RISC 비교]

구분	RISC	CISC
의미	단축 명령어 세트 컴퓨터	복잡한 명령어 세트 컴퓨터
명령어 평균 처리시간	1.5 CPI(Clock Per Instruction)	2 ~ 15 CPI
실행	소프트웨어 위주의 최적화	하드웨어에 의한 최적화
기억장치	기억장치가 없고 별도의 하드웨어를 사용함	복잡한 명령어를 실행하기 위한 기억장치를 가지고 있음
제어장치	하드와이어 방식	마이크로프로그램 방식
복잡한 주소지정	소프트웨어를 사용해서 처리	복잡한 주소지정 방식 지원
레지스터	여러 레지스터 세트 보유	단지 하나의 레지스터 세트 보유
파이프라인	파이프라이닝이 잘되어 있음	파이프라이닝이 없거나 아주 적음
복잡성의 원인	컴파일러 때문	마이크로프로그램 때문
실행시간	매우 적음	매우 큼
코드확장	문제가 될 수 있음	문제없음
명령어 디코딩	간단함	복잡함
마이크로프로세서	ARM, MIPS, SPARC 등	Intel x86, AMD 등
적용 분야	비디오처리, 통신 등 높은 수준의 응용 프로그램	보안 제품, 가정 자동화 등의 낮은 수준의 응용 프로그램

제6장 제어장치

- 하나의 명령어는 인출 사이클, 간접 사이클, 실행 사이클과 인터럽트 사이클을 구성하는데, 각 사이클은 교대로 마이크로 연산(micro operation)이라고 하는 기본 연산을 연속으로 실행하도록 구성되어 있음
- 하나의 마이크로 연산은 레지스터 간 전송, 레지스터와 외부 버스 간의 전송 또는 간단한 ALU 연산 등을 포함함
- 프로세서의 제어장치는 프로세서가 실행 중인 프로그램을 마이크로 연산으로 적절하게 순서대로 수행하도록 하고, 각 마이크로 연산이 실행되도록 제어신호를 생성함
- 제어기억장치에 저장된 마이크로 명령어를 인출, 처리하여 발생하는 출력 신호를 제어신호(control signal)라고 하고, 마이크로 명령어를 제어워드(control word)라고 함
- 제어장치를 구현하는 기법에는 조합논리회로로 구성하는 하드와이어방법과 마이크로프로그램으로 구성하는 방법이 있음

제1절 제어장치의 기능

- 프로그램을 실행할 때 컴퓨터의 동작은 사이클당 하나의 기계 명령어를 갖는 일련의 명령 사이클로 구성됨
- 각 명령어 사이클은 더 작은 단위인 인출 사이클, 간접 사이클, 실행 사이클 그리고 인출과 실행이 함께 발생하는 인터럽트 사이클로 더 나눌 수 있음
- 이러한 사이클은 더 세분화된 단계로 구성되어 있고, 이를 '마이크로 연산'이라고 함

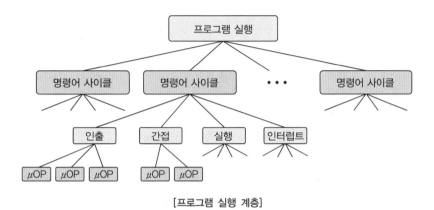

[프로그램 실행 계층]

- 명령어는 명령어 사이클 동안에 실행이 되며, 각 서브 사이클의 실행은 프로세서의 가장 최소 동작인 마이크로 연산들로 구성됨
- 각 명령어는 인출되고, 해독되고, 피연산자를 인출하고, 명령어를 실행하고 피연산자를 저장하고, 인터럽트를 처리하는 과정으로 구성됨
- 명령어들을 마이크로프로그램이라고 하고, 각 명령어는 패치, 디코드, 인터럽트 등의 여러 단계로 이루어짐

(1) 인출 사이클(Fetch Cycle)

① 인출 사이클은 명령어 사이클의 시작 단계이며, 기억장치에서 명령어를 읽어 오는 것임
② 명령어를 인출하기 위해서는 기억장치 주소 레지스터(MAR), 기억장치 버퍼 레지스터(MBR), 프로그램 카운터(PC)와 명령어 레지스터(IR) 등 4개의 레지스터가 필요함
③ MAR은 시스템 버스의 주소선과 연결되어 있고, MBR은 데이터선에 연결되어 있음
④ PC는 인출할 다음 명령어의 주소를 보관하고 있고, IR은 인출된 명령어를 담고 있음

(2) 간접 사이클(Indirect Cycle)

① 인출 사이클이 끝난 다음에 연산에 필요한 피연산자(operand)를 인출하는 단계를 간접 사이클이라고 함
② 명령어가 직접 주소 모드를 지정하고 있다면, 실행 사이클로 이동함
③ 만일 명령어가 간접 주소 모드를 지정하고 있다면, 유효주소를 계산하기 위해 한 번 더 기억장치에 접근하는 동작이 필요함

(3) 인터럽트 사이클(Interrupt Cycle)

① 실행 사이클이 끝나면 인터럽트가 발생했는지 확인하기 위한 테스트를 진행함
② 만일 인터럽트가 발생했으면 현재 실행 중인 명령어를 실행한 후 인터럽트 사이클을 시작함
③ 가장 먼저, PC의 내용을 MBR에 저장하여 인터럽트가 끝나면 복귀할 수 있도록 조치함
④ 다음에는 MAR에 PC 내용이 저장될 주소가 로드되고 PC에 인터럽트 처리 루틴의 시작 주소가 로드됨
⑤ 인터럽트의 작업이 완료되면 인터럽트 이전의 주소로 복귀함

(4) 실행 사이클(Execution Cycle)

① 인출 사이클, 간접 사이클 및 인터럽트 사이클은 고정된 마이크로 연산이 반복되기 때문에 간단하고 예측이 가능함
② 그러나 실행 사이클은 다양한 연산 코드(연산자)가 있기 때문에 별도의 마이크로 제어 순서가 있음
③ 제어장치는 연산 코드를 검사하고 연산 코드의 값에 기초하여 마이크로 연산의 순서를 생성하게 되는데, 이것을 명령어 디코딩(decoding)이라고 함
④ **실행 사이클 각 연산 코드에 대한 몇 가지 예**
　　㉠ ADD R1, X

$$
\begin{aligned}
&\bullet\ t_1 : \text{MAR} \leftarrow \text{IR(Address)} \\
&\bullet\ t_2 : \text{MBR} \leftarrow \text{Memory} \\
&\bullet\ t_3 : \text{R1} \leftarrow \text{R1} + \text{MBR}
\end{aligned}
$$

　　㉡ ISZ(Increment and Skip if Zero) X

$$
\begin{aligned}
&\bullet\ t_1 : \text{MAR} \leftarrow \text{IR(Address)} \\
&\bullet\ t_2 : \text{MBR} \leftarrow \text{Memory} \\
&\qquad\quad \text{MBR} \leftarrow \text{MBR} + 1 \\
&\qquad\quad \text{Memory} \leftarrow \text{MBR} \\
&\bullet\ t_3 : \text{If MBR} = 0 \text{ then PC} \leftarrow \text{PC} + 1
\end{aligned}
$$

⑤ 간접 사이클 후에는 항상 실행 사이클이 오며, 일반적으로 인터럽트 사이클 후에는 인출 사이클이 옴
⑥ 인출 사이클과 실행 사이클의 다음 사이클은 시스템의 상태에 따라 달라짐

제2절 제어장치와 제어신호

(1) 프로세서는 ALU, 레지스터, 제어장치, 내부 버스 등으로 구성됨

(2) 레지스터는 데이터를 저장하며 일부 레지스터는 명령어의 순서를 관리하기 위해 프로그램 상태 워드(PSW : Program Status Word)의 정보를 포함하기도 함

(3) 내부 버스(local bus)는 레지스터 간 데이터 전송과 레지스터와 ALU 간의 데이터 전송을 위해 사용하며, 외부 버스(system bus)는 레지스터와 기억장치, 입출력장치 간의 데이터 전송을 위해 사용함

(4) 제어장치는 프로세서 내부에서 일어나는 동작을 제어함

(5) 프로그램의 실행은 이와 같은 프로세서 구성요소를 포함한 동작들로 구성되고, 이러한 동작이 일련의 마이크로 연산에 의해 진행되며, 모든 마이크로 연산은 다음 중 하나의 분류에 해당함
   ① 레지스터에서 다른 레지스터로 데이터 전송
   ② 레지스터에서 시스템 버스로 데이터 전송
   ③ 외부 인터페이스에서 레지스터로 데이터 전송
   ④ 레지스터를 사용하여 산술논리연산 실행

(6) 제어장치의 두 가지 기본적인 작업 중에서, 순서 제어(control sequencing)는 제어장치가 실행될 프로그램에 기반하여 마이크로프로그램을 설정하는 것이고, 실행(execution)은 해당 마이크로 연산을 실행하는 것임

(7) 제어장치의 기능을 수행하려면 시스템의 상태를 결정할 수 있는 입력과 시스템의 동작을 제어할 수 있는 출력이 있어야 함

(8) 제어장치에서 출력되는 제어신호에는 ALU 기능을 활성화하는 제어신호, 데이터 경로를 활성화하는 제어신호, 외부 시스템 버스 또는 기타 외부 인터페이스의 신호를 활성화하는 제어신호가 있음

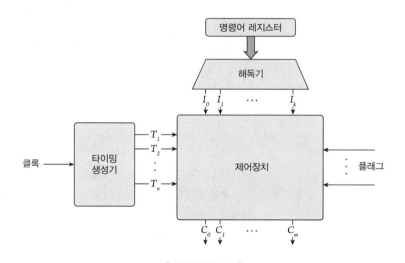

[제어장치의 구조]

제3절 제어장치의 구현 방법

- 하드와이어(hardwired) 제어방식은 제어장치의 일부인 '제어신호 발생기'가 특별한 방식으로 배선된 플립플롭, 논리게이트, 디지털 회로, 인코더 및 디코더 회로의 하드웨어로 구성되는 방식임
- 마이크로프로그램(microprogrammed) 제어방식은 마이크로프로그램 제어기억장치를 사용해서 마이크로 명령어를 인출하여 명령어 실행에 필요한 인코딩된 제어신호를 발생함

1 하드와이어 제어장치

- 하드와이어 제어장치는 조합논리회로를 사용하여 하드웨어가 제어신호를 생성하는 방식임
- 제어선(control wire)들이 제어신호를 보내면 제어장치가 이러한 신호들을 판별하여 적절한 제어를 실행하는 것임
- 하드와이어 제어장치는 명령어 레지스터, 명령어 해독기, 인코더, 제어 순서 카운터, 순서 해독기, 상태 플래그, 제어 코드로 구성됨

(1) 제어 순서 카운터(control sequence counter)

① 제어 순서 카운터는 현재 어떤 단계를 수행 중인지 파악하기 위해 사용함

② 예를 들어, 어떤 명령어를 실행하기 위한 최대 제어 순서를 n이라고 할 때, 제어 단계 카운터의 크기 (k)는 $\log_2 n$(밑의 수가 2인 로그함수) 비트가 됨

(2) 순서 해독기(step decoder)

① 순서 해독기는 $n \times 2^n$의 디코더로 구성하며, t_1, t_2, $\cdots$, t_n의 순서 제어신호(클록)를 생성함

② 예를 들어, 어떤 명령어를 수행하기 위해 7개의 순서 제어신호를 생성해야 한다면(n = 7) 제어 순서 카운터의 크기는 k = 3비트이기 때문에 제어 순서 카운터는 3비트의 카운터가 되는 것임

③ 다시 말해서 제어 순서 카운터는 3×8의 디코더로 구성이 됨

(3) 상태 플래그(status flag)

① 상태 플래그는 이전의 산술 논리 연산의 출력과 CPU의 상태를 결정하기 위해서 입력되는 신호임

② 명령어 레지스터에서 명령어의 연산자 부분이 명령어 해독기에서 해독되면 적절한 명령어 코드가 생성되고, 제어신호 생성기인 인코더에서는 최종적인 제어신호를 생성함

③ 제어신호에 따라서 제어장치는 마이크로 연산을 실행함

④ 그리고 순서 해독기에서 발생하는 제어 클록(t_1, t_2, $\cdots$, t_n)은 명령어 주기 끝에서 다시 t_1에서 시작할 수 있도록 순서 해독기를 초기화시킴

(4) 하드와이어 제어장치의 장단점

① 하드와이어 제어장치는 단순하게 회로를 구성하면 제어신호 생성을 위한 지연시간을 최소화할 수 있지만, 실제로는 많은 명령어를 처리하기 위해 회로 구성이 복잡할 수밖에 없어 실행속도가 불필요하게 느려질 수 있음

② 또한, 유사한 제어선들을 함께 연결하기가 매우 어렵고, 일부 기능이 변경되는 경우에는 전체 설계를 다시 해야 하는 등의 단점이 있음

2 마이크로프로그램 제어장치

- 마이크로프로그램 제어장치는 제어 변수를 기억장치에 저장한 제어장치임
- 제어 메모리는 마이크로프로그램을 저장하기 위한 제어장치 내의 저장 공간을 말함
- 마이크로프로그램이나 명령어는 필요에 따라서 수정이나 변경할 수 있어야 하므로 제어 메모리는 쓰기 가능한 제어 메모리(writable control memory)임
- 제어단어(control word)는 '1'과 '0'으로 표현된 제어 변수임

(1) 마이크로(micro)의 정의

① 마이크로 연산(micro operation)

마이크로 연산(micro operation)은 복잡한 기계 명령어(매크로 명령어: macro instruction)를 실행하기 위해서 더는 분해할 수 없는 가장 최소의 명령어임

② 마이크로 명령어(micro instruction)

㉠ 마이크로프로그램은 어셈블러에 의해서 그와 동일한 이진수의 형태로 변환이 되는데 이때 어셈블리 언어는 한 개 이상의 명령어로 작성되며, 각 라인을 마이크로 명령어라고 할 수 있음

㉡ 마이크로 명령어는 라벨, 마이크로 연산, 조건 필드, 분기 필드 그리고 주소 필드의 5개 필드로 구분함

③ 마이크로 프로그램(micro program)

㉠ 일련의 마이크로 명령어가 마이크로 프로그램을 구성함

㉡ 제어장치가 작동했을 때, 마이크로 프로그램이 변경되는 것을 방지하기 위해서 제어장치는 ROM으로 구현됨

㉢ ROM에 저장된 워드 데이터들이 마이크로 명령어임

④ 마이크로 코드(micro code)

㉠ 마이크로 코드 작성을 마이크로 프로그래밍이라고 함

㉡ 마이크로 코드는 짧은 마이크로 명령어, 다중 마이크로 명령어 및 레지스터 제어 연산을 수행함

㉢ 기계어는 하드웨어 추상화의 상위 계층에서 작동하고, 마이크로 코드는 하위 레벨 또는 회로 기반 조작을 처리함

㉣ 그리고 마이크로 코드는 일반적으로 하드웨어에 내장되어 있어 변경할 수 없음

(2) 주소 순서 제어(address sequencing, 순서 제어 모듈)

마이크로 명령어는 제어 메모리에 그룹으로 저장되며 각 그룹은 루틴을 지정하는데, 마이크로프로그램 제어장치에서 단일 컴퓨터 명령어를 실행하는 과정은 다음과 같음

1단계	• 컴퓨터의 전원을 켜면 초기 주소가 제어 주소 레지스터로 로드되고, 이 주소는 명령어 인출 루틴을 활성화 하는 첫 번째 마이크로 명령의 주소임 • 인출 루틴은 마이크로 명령어를 통해 제어 주소 레지스터를 증가시킴으로써 순서를 제어하며, 인출 루틴 이 끝나면 명령어는 컴퓨터의 명령어 레지스터에 있게 됨
2단계	• 기계 명령어는 간접 주소 레지스터, 직접 주소 레지스터와 같은 여러 가지 주소지정 방식을 지정하는 비트들을 가지고 있고, 제어 메모리에서 유효주소 산출 루틴은 분기 마이크로 명령어를 통해서, 인출 루틴은 마이크로 명령어를 통해 처리되는데, 이러한 분기 명령어는 명령어의 모드 비트 상태에 따름 • 유효주소 계산 루틴이 끝나면, 피연산자의 주소를 MAR에서 사용할 수 있음
3단계	• 메모리에서 인출된 명령어를 실행하는 마이크로 연산을 생성함 • 프로세서 레지스터에서 생성된 마이크로 연산 단계는 명령어의 연산코드 부분에 따르며, 각 명령어는 제어 메모리의 주어진 장소에 저장된 그 자신의 마이크로프로그램 루틴을 가지고 있음 • 명령어 코드를 그 루틴이 위치한 제어 메모리의 주소 비트로 변환하는 것을 매핑(mapping) 처리라고 함
4단계	• 필요한 루틴에 도달하면, 명령어를 실행하는 마이크로 명령어는 CAR(제어 주소 레지스터)를 증가시킴으 로써 순서 제어를 함 • 서브 루틴을 사용하는 마이크로프로그램은 복귀주소를 저장하기 위한 외부 레지스터가 필요함 • 명령어의 실행이 완료되면 제어는 인출 루틴으로 복귀해야 함 • 이것은 인출 루틴의 첫 번째 주소로 무조건 분기 마이크로 명령을 실행하여 수행됨

> ※ 위의 단계를 요약해 보면 다음과 같음
> ① 제어 주소 레지스터(CAR)를 증가시킴
> ② 상태 비트 조건에 따라서 무조건 분기나 조건부 분기를 함
> ③ 명령어의 비트를 제어 메모리를 위한 주소로 매핑함
> ④ 서브루틴 호출과 복귀 기능이 있음

3 제어방식

제어신호를 발생하는 방식에는 수평적 마이크로 명령어와 수직적 마이크로 명령어가 있음

(1) 수평적 마이크로 명령어(horizontal micro instruction)

① 분기 조건은 실행할 다음 마이크로 명령어를 선택하고, 마이크로 명령어 주소는 어떤 조건이 참이면 실행될 다음(next) 마이크로 명령어의 주소를 저장하고 있음

② 만일 조건이 거짓이면 제어 메모리의 다음 마이크로 명령어가 실행됨

③ 즉, 각각의 내부 CPU 제어신호에 대해 하나의 비트가 있고 각 시스템 버스 제어신호에 대해 하나의 비트가 있음

④ 조건 필드는 분기가 마이크로프로그램에서 실행되는 조건을 나타내고, 주소 필드는 분기가 수행될 때 실행될 다음 마이크로 명령의 주소를 포함하고 있음

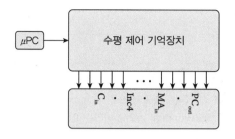

[수평적 마이크로프로그램]

(2) 수직적 마이크로 명령어(vertical micro instruction)

① 수직적 마이크로프로그램 방식은 특별한 디코더를 사용하여 제어워드의 폭을 감소시킴

② n비트 제어워드로 2^n비트의 제어신호를 만들 수 있음

③ 해독기를 사용하여 제어신호를 생성하기 때문에 해독기 통과시간만큼의 지연시간이 발생하고, 설계가 복잡함

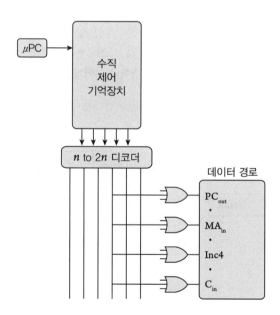

[수직적 마이크로 프로그래밍]

제7장　기억장치

- 주기억장치는 고속으로 동작하고, 중앙처리장치와 직접 데이터를 주고받지만, 보조기억장치는 대용량을 제공하는 반면에, 데이터에 접근하는 속도가 느림
- 컴퓨터의 기억장치는 가상 메모리(virtual memory)라는 메모리 관리 기법을 사용해서 컴퓨터 기억장치의 내용을 보조기억장치로 전달함
- 주기억장치(main memory)를 구성하는 반도체 메모리에는 휘발성(volatile) 메모리와 비휘발성(non-volatile) 메모리의 두 가지 종류가 있음
- 주기억장치와 CPU의 속도 차이를 보완하기 위해 캐시기억장치를 이용하며, 캐시기억장치는 접근하는 방식에 따라서 직접 사상, 연관 사상, 집합 연관 사상으로 구분함

제1절　기억장치의 개요

(1) 기억장치의 정의

① 기억장치란 프로그램과 데이터를 저장하는 물리적인 장치임

② 주기억장치는 중앙처리장치와 직접 명령을 주고받으며 현재 실행에 직접 필요한 프로그램이나 데이터를 저장하고, 현재 필요하지 않은 프로그램이나 데이터는 보조기억장치에 저장해 두었다가 필요한 시점에 접근하여 사용함

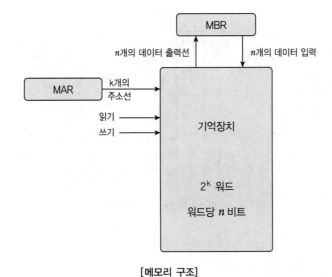

[메모리 구조]

③ 주기억장치는 RAM과 ROM으로 구성하며, 보조기억장치는 HDD와 SSD 등으로 구성함

④ RAM은 읽고 쓰기가 가능한 집적회로이고, ROM은 읽기만 가능하고 쓰기는 할 수 없는 집적회로임

⑤ 하드디스크는 데이터를 읽고 쓰는 비휘발성(non-volatile) 장치이고, SSD도 하드드라이브와 같이 데이터를 저장하는 저장장치로 사용되는데, 플래시 메모리(flash memory) 칩에 데이터가 저장된다는 점이 서로 다름

[SSD와 HDD 비교]

SSD(Solid State Drive)	HDD(Hard Disk Drive)
• 액세스가 빠름 • 진동과 충격에 강함 • 소음이 거의 없음 • 전력을 적게 사용함 • 용량당 가격이 비쌈 • 용량이 적음 • 읽고 쓰는 횟수에 제한이 있음 • 장기간 사용하지 않으면 데이터 손실이 발생함	• 액세스 속도가 느림 • 진동과 충격에 약함 • 소음과 열이 발생함 • 소비전력이 높음 • 용량당 가격이 저렴함 • 대용량임 • 데이터의 장기간 보존이 가능함

(2) 기억장치의 계층구조

계층구조의 가장 하단에는 자기디스크, 자기테이프, 자기드럼이 있으며, 빠른 속도를 지원할수록 기억장치의 가격은 비싸짐

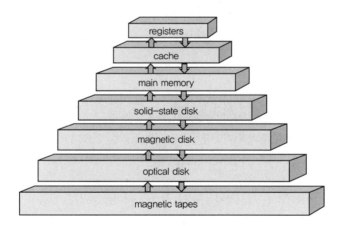

[기억장치의 계층구조]

(3) 기억장치의 종류

레지스터 (register)	레지스터는 CPU 내에 위치하는 매우 빠른 고속의 기억장치로서, 연산의 값을 임시로 저장하기 위하여 사용함
캐시메모리 (cache memory)	캐시메모리는 주기억장치의 느린 속도를 보완하기 위해 중앙처리장치와 주기억장치 사이에 있는 소용량의 고속 메모리로, CPU가 빈번히 사용하는 프로그램이나 데이터를 저장함
주기억장치 (main memory)	주기억장치는 처리할 데이터, 처리할 프로그램, 처리된 데이터 등을 기억하는 기억공간으로, 중앙처리장치가 직접 접근할 수 있는 유일한 대량 저장장치임

보조기억장치 (auxiliary memory, secondary memory)	• 주기억장치를 보조하는 기억장치로, 데이터나 프로그램을 저장했다가 필요할 때 주기억 장치로 보내 처리를 하는 대용량의 기억장치임 • 가상화의 개념을 가짐 • SSD, DISC, Magnetic Tape 등이 있음

(4) 기억장치의 접근방법

CPU가 데이터를 읽거나 쓰기 위해서는 기억장치에 접근해야 하는데, 이를 액세스(access)라고 함

① **직접 접근 방식(Direct Access)**
  ㉠ 직접 접근 방식은 주소의 순서와 관계없이 무작위로 기억장치의 어떤 위치를 찾아가는 방식이기 때문에 임의(random)라고도 표현함
  ㉡ 어느 위치를 찾아가도 걸리는 시간은 일정함
  ㉢ RAM과 ROM이 대표적인 직접 접근 기억장치임

② **순차 접근 방식(Sequential Access)**
  ㉠ 순차 접근 방식은 데이터의 시작점부터 순차적으로 원하는 데이터의 위치가 있는 곳까지 찾아가는 방식이기 때문에, 원하는 데이터가 저장된 위치에 따라서 접근 시간의 차이가 크게 남
  ㉡ 자기테이프나 자기드럼과 같은 보조기억장치 등이 대표적임

③ **접근 시간(Access Time)**
  ㉠ 접근 시간은 읽기 신호가 발생한 후 데이터가 읽혀 나올 때까지 걸리는 시간을 뜻함
  ㉡ 직접 접근 방식은 접근 시간이 동일하지만, 순차 접근 방식의 접근 시간은 데이터가 저장된 위치에 따라서 다름

④ **사이클 타임(Cycle Time)**
  ㉠ 사이클 시간은 '메모리의 접근 시간 + CPU의 처리 시간 + CPU가 동작하는 시간'으로, 명령어를 해독하는 시간이나, 데이터를 연산하는 시간이 포함됨
  ㉡ 자기코어의 경우에는 파괴적 기억장치로서 읽기 동작이 완료되면 내용이 파괴되기 때문에 다음의 데이터 접근을 위해서 복원되는 시간이 필요하며, 이 경우의 사이클 타임은 '접근 시간 + 복원 시간'으로 표시할 수 있음
  ㉢ 일반적으로 비파괴적인 기억장치는 접근 시간과 사이클 시간이 같음
  ㉣ 하드디스크의 경우에는 '탐색 시간 + 전송 시간 + 대기 시간'으로 계산할 수 있음

⑤ **데이터 전송률(data transfer rate)**
  ㉠ 데이터 전송률은 대역폭(bandwidth)이라고도 하며, 초당 전송되는 정보량을 말함
  ㉡ 기억장치의 전송속도는 데이터 전송률로 측정함

(5) 기억장치의 구성방법

① 기억장치는 워드(word) 단위로 주소가 부여되는 워드 컴퓨터와 바이트(byte) 단위로 주소가 부여되는 바이트 컴퓨터가 있음
② 바이트 컴퓨터는 바이트 단위로 데이터를 저장하고, 워드 컴퓨터는 워드 단위로 데이터를 저장하며, 64비트 컴퓨터라면 한 워드는 64비트가 됨

(6) 기억장치의 기억방식과 물리적 특성

① 기억방식

⊙ 파괴적 기억장치는 한 번 읽으면 그 내용이 파괴되어 원래 데이터를 복원하기 위해서 쓰기 동작이 필요한 기억장치이고, 비파괴적 기억장치는 데이터를 읽어 와도 데이터가 파괴되지 않고 원래대로 유지하고 있는 기억장치임

ⓛ 일반적인 반도체 소자는 비파괴적 기억장치임

② 물리적 특성

⊙ 휘발성 기억장치는 전원이 공급되는 동안에는 데이터를 기억하고 있고 전원이 차단되면 기억된 내용이 소멸하는 기억장치로서, RAM이 대표적임

ⓛ 비휘발성 기억장치는 전원이 차단되어도 데이터를 기억하는 장치로서, ROM이나 보조기억장치는 비휘발성 기억장치에 속함

③ 정적 램과 동적 램

정적 램은 전원이 공급되는 동안에는 저장하고 있는 데이터를 계속 유지할 수 있는 기억장치이고, 동적 램은 전원이 공급되고 있더라도 일정 시간마다 충전해야 저장된 데이터가 계속 유지되는 기억장치를 말함

제2절 주기억장치

- 주기억장치(main memory)는 현재 실행 중인 프로그램과 프로그램 실행에 필요한 데이터를 일시적으로 저장하는 장치이며, 시스템 프로그램과 사용자 프로그램 영역으로 구분할 수 있음
- 운영체제(OS)는 시스템 프로그램 영역으로, 현재 사용되고 있는 주기억장치 영역과 사용되지 않고 있는 영역에 대한 정보를 유지하면서 주기억장치가 필요한 프로세스에게 주기억장치를 할당하고, 프로세스가 종료되면 사용했던 주기억장치 영역을 회수하는 방식으로 주기억장치를 관리함
- 사용자 프로그램 영역은 일반 프로그램이 사용하는 영역으로, 시스템 프로그램이 제어하여 동작함
- 현재 실행하지 않는 다른 프로그램들은 디스크에 저장되었다가 필요할 때 비상주 영역으로 이동함

(1) 주기억장치의 관리

① 프로그램이 실행되기 위해서는 반드시 기억장치로 이동되어야 함

② 기억장치는 물리적 주소를 갖고 있고 CPU는 가상주소를 가지고 있으므로, 이러한 차이를 해결하지 않으면 데이터나 프로그램을 기억장치로 이동시킬 수 없으며, 이러한 이유로 인해 주소지정 모드가 필요함

③ 기억 관리 장치(MMU)는 가상주소를 물리주소로 매핑시키는 하드웨어 장치임

(2) 주기억장치의 기능

① 주기억장치는 실행에 필요한 프로그램과 데이터를 저장하고, CPU는 주기억장치에서 명령어를 읽어와서 실행하며 처리 결과는 주기억장치에 저장함

② 주기억장치의 소자는 RAM이나 ROM과 같은 집적회로를 사용함

(3) RAM(Random Access Memory)

① RAM은 임의의 영역에 접근하여 읽고 쓰기가 가능함

② RAM은 임의의 저장 위치의 주소를 즉시 읽을 수 있어 데이터의 위치가 어디에 있든지 값을 읽는데 시간 차이가 발생하지 않음

[SRAM과 DRAM 비교]

SRAM	DRAM
플립플롭에 정보를 저장함	전하를 충전하여 정보를 저장함
정보 유지를 위한 재충전이 필요 없음	정보 유지를 위해 주기적인 재충전이 필요함
속도를 중요시하는 메모리로 사용함	저비용 고용량의 주기억장치로 사용함
집적도가 낮고 소비전력이 큼	전력 소비가 적음

(4) ROM(Read Only Memory)

① ROM은 제조 때 특정 데이터로 프로그램된 집적회로로서, 컴퓨터를 구동하기 위한 기본적인 정보가 담겨있으며, 그 정보들을 기억하기 위해 다른 정보들은 기억하지 않음

② ROM은 전원을 꺼도 데이터가 지워지지 않기 때문에 바이오스(BIOS)나 운영체제(OS) 또는 펌웨어(firmware)의 저장에 쓰였으나, 최근에는 읽고 쓰기가 일부분 가능한 플래시 메모리 등으로 일부 대체되었음

마스크 ROM	제조할 때 마스크를 이용하여 내용을 영구적으로 기록하고, 기록된 내용은 다시 변경할 수 없음
PROM	프로그램이 가능한 ROM으로, 쓰기 장비를 이용해서 사용자가 데이터를 넣을 수 있지만, 한번 기록되면 다시 변경할 수 없음
EPROM	삭제가 가능한 PROM으로 한 번 쓴 내용을 지우고 몇 번이고 다시 사용할 수 있고, 강한 자외선으로 내용을 지울 수 있음
EEPROM	• 전기적 EPROM으로, 한 번 쓴 내용을 지우고 몇 번이고 다시 사용할 수 있음 • 일정한 전압을 가하면 저장된 데이터를 지우고 쓸 수 있음
플래시 메모리	• 전원 공급이 중단되어도 저장된 정보를 그대로 보존할 수 있는 ROM의 장점뿐 아니라 데이터의 읽고 쓰기가 자유로운 RAM의 장점을 동시에 지니고 있음 • 속도가 빠르고 전력 소모가 적음

(5) 기억용량의 계산

① 주기억장치를 구성하는 RAM과 ROM은 칩당 저장할 수 있는 용량의 한계가 있어서 필요한 용량을 얻기 위해서는 여러 개의 칩을 사용해야 함

② 기억용량을 계산하기 위해서는 워드의 수와 워드의 크기를 파악해야 함

ㄱ 워드의 수 = 입력번지의 수 = 주소선의 수 = MAR = PC

ㄴ 워드의 크기 = 출력 데이터선의 수 = 데이터 버스 비트의 수 = MBR = IR

제3절 캐시기억장치

- 캐시기억장치는 CPU의 속도와 주기억장치의 속도 차이를 줄이기 위해 사용하는 고속의 버퍼 기억장치로, 캐시를 이용하면 주기억장치에 접근하는 횟수가 줄기 때문에 컴퓨터의 처리속도가 향상됨
- CPU와 캐시기억장치 사이는 워드 전송을 하고, 캐시기억장치와 주기억장치 사이는 블록 전송을 함
- 캐시기억장치로는 일반적으로 SRAM을 사용함

(1) 캐시의 원칙 및 특성

① CPU가 주기억장치에서 데이터를 읽으려고 할 때는 해당하는 워드가 캐시에 있는지를 우선 확인하고, 만일 캐시에 원하는 워드가 있으면 그 워드를 읽으면 됨

② 해당하는 데이터가 캐시기억장치에 없으면 주기억장치의 블록을 캐시로 이동하고, 해당하는 데이터를 CPU로 전달함

③ 캐시에 원하는 데이터가 있는 것을 히트(hit)라고 하고, 히트율(적중률)로 표시함

$$히트율(적중률) = \frac{히트수}{기억장치\ 접근횟수}$$

(2) 캐시의 교체(대체) 알고리즘

① 캐시 미스가 발생하여 기억장치에서 원하는 데이터를 포함한 블록을 캐시로 불러올 때 비어있는 캐시 공간이 없다면 캐시에서 불필요한 블록을 선별하여 공간을 마련해야 함

② 교체 알고리즘은 직접 사상 방식에는 적용되지 않음

③ FIFO, LRU, LFU, 랜덤 방식 등이 있음

(3) 캐시의 지역성

① 캐시의 적중률은 참조의 지역성(또는 지역성)이란 용어와 관련이 있음

② 이것은 기억장치에 접근하는 패턴에 따라 동일한 값 또는 관련 저장 위치가 자주 액세스되는 현상에 대한 용어로서, 자주 사용되는 부분이 계속 사용되게 된다는 것임

③ 지역성에는 공간적 지역성, 시간적 지역성 및 순차적 지역성이 있음

    ㉠ 공간적 지역성은 프로그램이 최근에 사용된 기억장소와 가까운 곳에 있는 기억장소를 사용한다는 것으로, 어레이(배열)나 명령어처럼 인접한 기억장치가 참조되는 경향이 있기 때문임

    ㉡ 시간적 지역성은 프로그램의 루프나 반복과 같은 코드로 인해서 상대적으로 짧은 시간 내에 특정 데이터 또는 자원이 재사용된다는 것을 의미함

    ㉢ 순차적 지역성은 특수한 경우에 데이터 요소가 일차원 배열의 요소를 순회하는 것처럼 선형적으로 배열되고 액세스하는 것을 의미함

④ 캐시기억장치는 L1, L2, L3으로 구성할 수 있음

    ㉠ L1, L2 캐시는 수 KB 정도의 용량에 불과하며 CPU 내에 포함되고, L3는 CPU 외부에 있으며 MB 정도의 용량을 갖고 있음

    ㉡ CPU는 L1, L2, L3의 순서로 캐시의 데이터를 체크함

⑤ 캐시를 계층적으로 구성하면 접근 시간이 짧아져 컴퓨터의 성능이 향상됨

⑥ 주기억장치에서 캐시로 데이터를 전송하는 것을 매핑(사상)이라고 하는데, write through(즉시 쓰기), write back(나중 쓰기)과 같은 캐시 쓰기 정책을 사용하여 캐시가 CPU에 의해 사용될 때 캐시에 데이터가 쓰이는(writing) 것을 말함

(4) 캐시의 읽기

캐시의 크기는 주기억장치보다 작기 때문에 주기억장치의 블록(block)을 캐시의 라인(line)에 매핑시켜야 함

(5) 캐시의 쓰기 정책

캐시의 블록이 변경되면 그 내용을 주기억장치와 항상 일치시켜야 하는데, 갱신하는 시간과 방법을 결정하는 것을 쓰기 정책이라고 하며, 즉시 쓰기(write through) 정책과 나중 쓰기(write back) 정책이 있음

즉시 쓰기	• 즉시 쓰기는 변경되는 블록이 캐시기억장치와 주기억장치에 동시에 쓰이는 것을 말함 • 이 방식은 캐시에 적재된 블록 내용과 주기억장치의 블록 내용이 항상 일치함 • 다만 쓰기 동작에 주기억장치 쓰기 시간이 포함되므로, 쓰기 시간이 길어짐
나중 쓰기	• 나중 쓰기는 캐시기억장치에서 데이터가 변경되어도 주기억장치에는 갱신되지 않는 방식임 • 기억장치에 대한 쓰기 동작의 횟수가 줄어들어 쓰기 시간이 단축되지만, 캐시기억장치의 내용과 주기억장치의 갱신 시간이 다르므로 해당 내용이 서로 다를 수 있음

(6) 캐시의 매핑 방법

주기억장치의 블록을 캐시기억장치의 라인으로 매핑시키는 방법에는 직접 매핑, 연관 매핑, 집합 연관 매핑의 세 가지가 있음

직접 매핑 (direct mapping)	직접 매핑은 주기억장치의 각 블록을 단지 하나의 캐시 라인에 매핑시킴
연관 매핑 (associative mapping)	• 연관 매핑은 주기억장치의 블록이 캐시기억장치의 어느 위치라도 저장될 수 있음 • 융통성은 있으나 모든 태그를 검사해야 하므로 시간이 오래 걸림 • 만약 주기억장치에서 읽어 캐시에 쓰려고 할 때 캐시가 가득 차 있으면 교체 알고리즘을 적용해야 함
집합 연관 매핑 (set associative mapping)	• 집합 연관 매핑은 캐시기억장치의 같은 인덱스 주소에 여러 개의 블록을 저장하는 것이 가능하도록 하여 직접 매핑의 단점을 보완한 방식임 • 데이터 워드는 태그와 함께 저장되며 캐시의 한 워드는 한 세트로 구성됨 • 같은 집합 내에서는 연관 사상을 적용함

[사상 방식의 비교]

매핑 방법	매핑의 복잡성	태그 연관검색	캐시 효율	교체 알고리즘
직접 매핑	단순함	필요 없음	효율이 떨어짐	불필요
연관 매핑	복잡함	필요함	효율이 매우 좋음	필요
집합 연관 매핑	약간 복잡함	인덱스와 태그로 찾음	효율이 좋음	필요

제4절 가상기억장치

(1) 가상기억장치의 정의

① 주기억장치 안에서 프로그램의 양이 많아질 때, 사용하지 않는 프로그램을 보조기억장치 안의 특별한 영역으로 옮겨서 그 보조기억장치 부분을 주기억장치처럼 사용할 수 있는 개념임

② 가상기억장치는 컴퓨터의 속도 증가보다 주소 공간의 확대를 목적으로 함

③ 가상기억장치를 사용하는 이유는 사용자가 기억공간을 할당하는 불편을 없애고, 프로그램과 프로그램 실행 중에 사용하는 기억장치의 구성이나 용량이 무관하도록 하며, 다수의 사용자가 기억공간을 효율적으로 사용하도록 하기 위함

(2) 가상주소와 물리주소

① 지금 당장 실행에 필요한 프로그램은 가상기억장치에서 주기억장치로 보내고(roll-in), 당장 필요하지 않은 프로그램은 가상 기억장치로 보내면(roll-out) 기억공간을 효율적으로 사용할 수 있음

② 일반적으로 프로그램에 사용하는 주소를 가상주소라 하고, 주기억장치의 주소를 물리주소라 함

③ CPU에서 사용하는 가상주소는 주기억장치의 실제 주소로 변환되어야 하는데, 이것을 사상이라고 함

④ 사상에는 페이징 기법과 세그먼트 기법이 있음

⑤ 가상공간과 주기억장치의 기억공간이 일정한 크기의 연속된 기억공간으로 나눈 것을 페이지(page)라고 하고, 크기가 일정하지 않은 연속된 기억공간으로 구분하는 것을 세그먼트(segment)라고 함

⑥ 메모리를 할당하는 것은 쉬운 일이지만 운영체제의 입장에서는 프로세스마다 페이지 테이블을 할당해야 하는데, 이 경우 외부 단편화는 없지만 내부 단편화가 발생함

(3) 내부 단편화와 외부 단편화

① 내부 단편화(internal fragmentation)는 모든 기본적인 입출력이 블록 단위로 이뤄져서 발생함

  ㉠ 페이징 기법에서 내부 단편화는 프로세스에게 할당된 마지막 페이지에 남은 영역에서 발생함

  ㉡ 페이지 크기가 작을수록 내부 단편화 영역은 줄어들지만, 무작정 페이지 크기를 줄일 수만은 없음

② 이와는 반대로 분할한 영역보다 프로그램이 커서 할당 자체를 할 수 없어 영역 전체가 낭비될 때, 이 부분을 외부 단편화(external fragmentation)라고 함

제5절 기억장치 인터리빙

(1) 기억장치 인터리빙은 주기억장치에 대한 접근하는 속도를 빠르게 하기 위해 사용함

(2) 주소 지정방식을 적절하게 조정하여 순차적으로 실행되는 명령어나 데이터를 기억장치 모듈에 분산 저장하는 기술임

(3) 인접한 메모리 위치를 서로 다른 뱅크(bank)에 둠으로써 동시에 여러 곳에 접근할 수 있게 하는 것으로, 병렬 처리가 가능함

(4) 다른 기억장소에 분산 배치하면 CPU에서 n개의 연속된 명령어를 순차적으로 실행하더라도 차례대로 처리해야 할 필요가 없어 시간을 절약할 수 있음

(5) 기억장치 인터리빙은 블록 단위 전송이 가능하게 하므로 캐시나 기억장치, 주변장치 사이의 빠른 데이터 전송을 위한 DMA(Direct Memory Access)에서 많이 사용함

제8장　보조기억장치

- 보조기억장치는 상대적으로 저가의 기억소자를 이용하여 용량을 필요한 만큼 확장할 수 있음
- 현재 실행에 필요한 프로그램이나 데이터는 주기억장치에 넣어 두고 처리하지만, 보조기억장치는 현재 사용하지 않는 데이터 등을 보관하고 있다가 필요한 시점에 인출하여 사용하므로 주기억장치의 용량 문제를 해결해주는 역할을 함
- 보조기억장치의 특성은 매체(media), 용량(capacity), 저장 장치(storage devices) 및 접근 속도(access speed)의 4가지 요소임
- 보조기억장치는 직접접근기억장치(DASD : Direct Access Storage Devices)와 순차접근기억장치(SASD : Sequential Access Storage Devices)로 구분함

제1절 자기디스크

자기디스크는 프로그램을 포함한 데이터를 저장할 수 있는 입출력장치로서, 디스크 제어 레지스터가 메모리 매핑 입출력을 통해서 직접 액세스할 수 있지만, 디스크에 저장된 데이터는 디스크와 메모리 간의 블록 전송을 통해서만 액세스할 수 있음

(1) 디스크의 구성

① 디스크는 플래터(platter), 트랙(track), 실린더(cylinder)와 섹터(sector)로 구성되고, 섹터는 주소가 지정되는 최소 단위 영역을 말함
② 섹터는 디스크를 포맷하는 동안에 설정되고, 윈도우에서 섹터의 크기는 512바이트임
③ 디스크에서 데이터를 읽어 오고 쓰기 위한 순서는 다음과 같음
　㉠ 헤드를 해당 트랙으로 이동함
　㉡ 원하는 데이터가 저장된 섹터의 주소를 찾아감
　㉢ 데이터를 저장함

(2) 데이터 접근시간

① **탐색시간(seek time)** : 원하는 데이터가 저장된 트랙을 찾는데 걸리는 시간
② **회전지연시간(rotational delay time)** : 원하는 데이터가 있는 섹터에 디스크 헤드가 도달하는 시간
③ **데이터 전송시간(data transfer time)** : 디스크 헤드가 데이터를 읽기 위한 시간
④ **데이터 접근시간(data access time)** : 탐색시간 + 회전지연시간 + 전송시간

(3) 디스크 처리량

① 디스크 처리량(disk throughput)은 초당 데이터 처리 능력을 말하는 것으로, 스토리지의 성능을 평가하는 중요한 지표로 활용됨
② 일반적으로 초당 입출력(IOPS : Input Output Per Sec)을 활용하지만, 제조사에 따라 블록 크기, 액세스, 트랜잭션 등에 따라 측정 결과가 다른 경우가 많음
③ 처리량은 데이터 크기를 데이터 전달시간으로 나눈 값으로 표시함

(4) 인터페이스의 종류

병렬 ATA	• PATA : Parallel Advanced Technology Attachment • 개인용 컴퓨터 안에서 하드디스크, CD-ROM 드라이브와 같은 기억장치를 연결하는 표준 인터페이스임 • 40개의 많은 핀을 사용하다 보니 데이터 전송 도중에 신호의 누락이나 오류가 발생할 여지가 컸고, 이는 데이터 전송 시 안정성과 속도를 저하시키는 요인으로 작용함 • 수년 동안 가장 일반적이면서 가장 값싼 인터페이스를 제공하였고, 직렬 ATA로 대체되었음
직렬 ATA	• SATA : Serial ATA • 병렬 ATA에 비해 빠른 전송을 지원하고, 전원이 켜진 상태에서도 하드디스크 드라이브를 교체할 수 있는 핫스왑(hot swap) 기능을 제공함

SCSI	• SCSI : Small Computer System Interface • 스카시라고도 불리는 SCSI는 직렬 방식으로 컴퓨터에 주변기기를 연결할 때 사용하는 표준 인터페이스임 • 입출력 버스를 접속하는 데에 필요한 기계적, 전기적인 요구 사항과 모든 주변기기 장치를 중심으로 명령어 집합에 대한 규격을 말함
광 채널	광 채널(Optical Channel)은 광섬유 케이블에 의해 전송된 광신호로 입출력 자료를 실행하는 인터페이스임
SAS	SAS(Serial Attached SCSI)는 주기억장치로 데이터를 송/수신할 수 있는 점대점 직렬 프로토콜임

제2절 광기억장치

(1) CD-ROM(Compact Disk Read Only Memory)

① CD-ROM은 오디오용 콤팩트 디스크와 크기와 작동방식이 같으며, CD-ROM 안의 데이터를 지우거나 바꾸거나 새로운 내용을 더 삽입할 수는 없음

② 표준 규격의 CD-ROM은 약 650메가바이트(MB)의 용량을 저장할 수 있음

③ 사용자가 데이터를 한 번만 기록할 수 있는 CD-R(CD-recordable)과 데이터를 지우고 쓰는 것이 언제나 가능한 CD-RW(CD-writable)가 있음

④ CD-RW는 사용자가 약 1,000번 정도 읽고 쓸 수 있음

(2) DVD(Digital Versatile Disk)

① DVD는 CD에서 더 발전한 저장 매체로 UDF라는 형식으로 파일을 저장함

② 싱글 레이어 DVD의 용량은 4.7GB이고, 듀얼 레이어 DVD는 8.5GB의 데이터를 저장할 수 있고, 최대 9.4GB를 저장할 수 있는 DVD-RAM도 있음

③ DVD-R은 DVD를 기록할 수 있는 포맷이고, DVD-RW는 언제든지 데이터의 지우고 쓰기가 가능한 포맷임

(3) Flash Drive

① 플래시 드라이브는 USB 포트에 꽂아 쓰는 플래시 메모리를 이용한 이동형 저장장치를 말함

② 크기가 매우 작아 휴대하기도 매우 간편하고, 큰 용량의 파일을 가지고 다닐 때나 파일을 옮길 때 편리하며 보안용 암호장치도 있어 자료를 안전하게 보관할 수 있음

제3절 레이드(RAID)

(1) 개요

① CPU나 Memory의 속도는 나노세크(ns, nano second, 10^{-9}초, 10억 분의 1초)를 사용하지만, hard disk의 속도 단위는 밀리세크(ms, mili second, 10^{-3}초, 1000분의 1초)임

② 이러한 속도의 차이를 줄이기 위해 비용 면에서 경제적인 레이드(RAID)라는 데이터 저장 가상화 기술(data storage virtualization)을 사용함

③ 데이터 저장 가상화 기술은 데이터 중복성, 성능 향상 또는 그 모두를 위해 여러 대의 물리적 디스크 드라이브를 마치 1개의 디스크처럼 결합하는 기술로서, 고가의 대용량 디스크를 사용하는 것과 비교하면 신뢰성은 다소 떨어지지만 저렴하게 데이터의 저장을 가능하도록 한 기술로, 운영체제에서 레이드를 구성함

(2) RAID 구성방식

① RAID-0

㉠ RAID-0는 스트라이프(stripe) 방식이라고도 부르며, 데이터를 블록으로 나누어 블록별로 서로 다른 디스크에 저장하는 방식임

㉡ 예를 들어, A, B, C, D라는 데이터를 입력하면 디스크 1에 A, 디스크 2에 B, 디스크 3에 C, 디스크 4에 D를 입력하고, 불러들일 때도 1, 2, 3, 4에 저장된 순으로 A, B, C, D를 불러들이기 때문에 I/O 로드가 1/4이 되어 속도가 4배가 됨

㉢ 하드디스크의 용량을 증설할 때 주의할 점은 서로 동일한 용량의 하드디스크를 사용해야 한다는 것임

㉣ 매우 빠른 속도를 지원하지만, 드라이브가 하나라도 고장 나면 전체 디스크 배열이 고장 날 수 있다는 단점이 있으며, 이러한 단점 때문에 디스크를 추가할수록 위험이 증가함

② RAID-1

㉠ RAID-1은 미러링(mirroring) 방식이라고도 하며, 저장되는 모든 데이터는 N개의 물리적인 디스크에 각각 저장되고 모든 데이터는 복제됨

㉡ 데이터의 손실이나 유실을 방지하기 위한 목적으로 사용함

㉢ RAID-1은 드라이브 하나가 고장 나더라도 똑같은 내용의 다른 드라이브가 하나 더 있기 때문에 매우 안전하다는 장점이 있음

㉣ 그러나 각 드라이브는 복제되기 때문에 전체 용량의 절반밖에 사용하지 못하는 단점이 있음

㉤ 드라이브 두 개에 동일한 데이터를 써야 하기 때문에 쓰기 성능이 나쁘지만, 다른 RAID 방식의 쓰기 성능보다는 훨씬 우수함

③ RAID-2

㉠ 오류 정정 부호(ECC : Error Correcting Code)를 기록하는 전용의 하드디스크를 이용해서 안정성을 확보한 방식으로, RAID-2는 비트 단위에 해밍코드를 적용한 것임

㉡ 하나의 멤버 디스크가 고장 나도 ECC를 이용하여 정상적으로 작동할 수 있지만, 추가적인 연산이 필요하여 입출력 속도가 매우 떨어지며, 현재는 사용하지 않음

④ RAID-3

㉠ RAID-3 방식에서 데이터는 바이트 단위로 쪼개져서 모든 디스크에 균등하게 분산 저장되고 패리티 정보는 별도의 전용 디스크에 저장됨

㉡ 장점은 한 개의 드라이브가 고장 나는 것을 허용하며 순차적 쓰기(sequential write) 성능과 순차적 읽기(sequential read) 성능이 우수하다는 것임

㉢ 단점은 패리티 디스크에 장애가 발생하면 복구가 불가능하다는 것임

⑤ RAID-4
  ㉠ RAID-4에서 모든 파일은 블록으로 쪼개지고 각 블록은 여러 디스크에 저장되지만 균등하진 않음
  ㉡ RAID-3처럼 RAID-4도 패리티를 처리하기 위해 별도의 디스크를 사용함
  ㉢ 동시 트랜잭션 사용량이 많은 시스템에서 읽기 속도는 매우 중요한데, 이런 시스템에 적합함
  ㉣ 드라이브 하나가 고장 나는 것을 허용하고 블록 읽기 성능이 좋다는 장점이 있지만, 쓰기 성능이 나쁘다는 단점도 있음
  ㉤ RAID-3은 바이트 단위로 데이터를 저장하지만, RAID-4는 블록 단위로 데이터를 저장한다는 점에서 차이가 있음

⑥ RAID-5
  ㉠ 데이터의 블록은 모든 디스크에 분산 저장하지만 항상 균등하진 않고, 패리티 정보도 모든 디스크에 나뉘어 저장됨
  ㉡ 장점은 지원하는 회사가 많고 한 개의 드라이브가 고장 나도 운영상 문제는 없다는 점임
  ㉢ 디스크 재구성(rebuild)이 매우 느리고 쓰기 성능도 패리티 정보를 끊임없이 갱신해야 하기 때문에 RAID-0보다 빠르지는 않음

⑦ RAID-6
  ㉠ 데이터의 블록은 모든 디스크에 분산 저장되지만, 패리티 정보도 모든 디스크에 나뉘어 저장됨
  ㉡ 두 개의 드라이브까지 고장 나는 것을 허용하고 읽기 성능이 우수함
  ㉢ 쓰기 성능은 패리티를 여러 번 갱신해야 하기 때문에 RAID-5보다 나쁨

⑧ RAID 1+0
  ㉠ RAID-1 방식으로 먼저 묶고, 그다음 RAID-0 방식으로 묶는 방법임
  ㉡ RAID-0의 속도와 RAID-1의 안정성이라는 각 장점을 합친 방식

⑨ RAID 0+1
  ㉠ RAID-0으로 먼저 묶고, 그다음 RAID-1 방식으로 묶는 방법임
  ㉡ RAID-0의 빠른 속도와 RAID-1의 안정성이라는 각 장점을 합친 방식
  ㉢ RAID 1+0에 비해 기술적으로 단순함
  ㉣ RAID 1+0에 비해 확률적으로 안정성이 떨어지고, 복구 시간이 오래 걸린다는 단점이 있음

제9장 시스템 버스 및 입출력장치

- 컴퓨터 버스(bus)는 중앙처리장치 내에서 산술논리연산장치(ALU), 레지스터와 제어장치에 연결된 내부 버스와 중앙처리장치, 기억장치, 입력 및 출력장치와 연결된 시스템 버스로 구분됨
- 시스템 버스는 제어, 타이밍 및 조정 신호를 전달하여 시스템 전반의 다양한 기능을 관리하는 제어 버스, 전송되는 데이터의 메모리 위치를 지정하는 데 사용하는 주소 버스, 프로세서와 메모리 및 주변장치 간에 실제 데이터를 전달하는 데이터 버스 등 세 가지 버스 기능을 결합하고 있음
- 버스는 클록의 제공 여부에 따라서 동기식 버스와 비동기식 버스의 두 가지 방식으로 구분할 수 있음

제1절 시스템 버스

(1) 개요

① 시스템 버스(system bus)는 중앙처리장치, 기억장치와 입출력장치를 상호 연결하여 컴퓨터 신호를 전송하는 전기적인 연결선뿐만 아니라 하드웨어(버스 아키텍처), 프로토콜, 소프트웨어 및 버스 컨트롤러 모두를 포함함

② 전기적인 회선은 데이터 버스, 주소 버스, 제어 버스로 구분할 수 있음

③ 주소 버스는 주기억장치의 주소를 전달하고, 데이터 버스는 데이터를 전달함

④ 제어 버스는 CPU가 주기억장치로부터 데이터를 읽거나 쓰기 위한 제어 정보를 전달함

(2) 데이터 버스(data bus)

① 데이터 버스는 시스템 모듈 간에 데이터를 전송하는 양방향 통로를 제공함

② 데이터 버스의 선의 개수는 데이터 버스 폭으로 간주할 수 있으며, 버스 폭은 전체 시스템의 성능을 결정함

③ 데이터 버스의 전송용량(대역폭)은 버스 사이클이라고 하는 하나의 동작을 할 때 전송할 수 있는 비트의 수를 말함

④ 버스 사이클은 완료하는데 몇 개의 사이클이 필요할 수도 있음

⑤ 속도는 버스의 처리량을 나타내고 '바이트/초(bytes/s)'로 표시하며, 버스의 폭이 넓을수록 처리량은 더욱 커짐

⑥ 예를 들어 16비트 버스는 초당 100메가바이트로 데이터를 전송할 수 있는데, 32비트로 버스의 폭이 두 배로 늘어나면 처리량은 초당 200메가바이트가 됨

(3) 주소 버스(address bus)

① 주소 버스는 단방향으로 주소를 지정만 하며, 데이터 버스에 실어야 할 주소를 지정함

② 버스의 폭은 시스템의 최대 메모리 용량을 결정하게 됨

③ 중앙처리장치와 같은 장치가 기억장치에 접근하기 위해서는 데이터의 출발지나 목적지 주소를 지정해야 하므로, 데이터 전송을 통제하는 버스 마스터는 데이터에 대한 주소를 제공해야만 함

④ 대부분의 컴퓨터 시스템은 데이터 버스와 병렬로 작동하는 주소 버스를 제공함

⑤ 프로세서가 데이터를 메모리에 쓸 때 데이터가 데이터 버스에서 전송되는 동시에 한 개의 주소가 주소 버스의 메모리 시스템으로 전송됨

⑥ 일부 시스템에서는 주소와 데이터 버스를 멀티플렉스를 사용하여 하나의 주소와 데이터 통합 버스로 제공하기도 하는데, 이 같은 버스를 시분할(time division)이라고 함

(4) 제어 버스(control bus)

① 제어 버스는 양방향으로 동작하며, 제어선은 데이터선과 주소선의 사용과 접근을 제어하기 위한 용도이고, 중앙처리장치와 기억장치 간에 명령과 시간 정보를 전달함

② 시간 신호(timing signal)는 데이터와 주소 정보의 유효성을 나타내고, 명령 신호(command signal)는 실행할 연산을 지정함

※ 제어 신호의 종류

• 쓰기 신호는 중앙처리장치가 신호를 주면 데이터 버스의 내용이 지정된 주소에 저장되고, 읽기 신호는 지정된 주소의 데이터가 버스에 실림

• 입/출력 쓰기 신호는 지정된 입/출력 포트로 버스에 실린 데이터가 출력되고, 입/출력 읽기 신호는 지정된 입/출력 포트로부터 데이터가 버스에 실림

• 클록 신호는 동작을 동기화하기 위하여 사용하고, 리셋 신호는 모든 모듈을 초기화하는 데 사용함

• 전송 ACK 신호는 데이터가 버스에 실렸거나 버스로부터 다른 곳으로 전달되었음을 나타내는 신호이고, 버스 요청(BR) 신호는 모듈이 버스의 사용권을 얻는 데 필요한 신호임

• 버스 승인(BG) 신호는 버스의 사용권을 승인받았음을 나타내는 신호임

• 인터럽트 요청 신호는 외부에서 인터럽트가 발생했음을 알리는 신호임

• 인터럽트 ACK 신호는 요청한 인터럽트를 승인했다는 신호임

---

(5) 시스템 버스의 동작

① 시스템 버스는 읽기/쓰기의 기본적인 동작, 인접한 여러 개의 기억장치 주소를 읽거나 쓰는 블록 전송 동작, 인터럽트 동작 등 여러 가지 동작을 수행함

② 이러한 동작을 수행하기 위한 방식으로는 버스 클록 신호가 필요한 '동기식 버스'와 클록 신호가 필요하지 않은 '비동기식 버스'가 있음

[동기식 버스와 비동기식 버스의 비교]

동기식 버스	비동기식 버스
클록으로 동작	클록 없음
클록 왜곡 때문에 길게 구성하지 못함	클록 왜곡을 걱정할 필요가 없기 때문에 길이에 제한이 없음
버스상 모든 장치는 동일한 클록 속도가 적용	핸드셰이킹 프로토콜 사용
구현이 쉽고 로직이 간단함	버스 트랜잭션을 관리하기 위해 별도의 제어선과 로직 필요함
속도가 빠름	빠르지 않음

(6) 시스템 버스의 데이터 전송

프로그램에 의한 방식	입출력장치가 직접 기억장치에 접근하지 못하기 때문에 CPU를 경유하여 데이터 전송을 할 수 있음
인터럽트에 의한 방식	CPU가 항상 상태 레지스터를 검사하지 않고 데이터 전송 준비가 되면 인터페이스가 인터럽트를 이용하여 데이터를 전송하는 방식
DMA 방식	입출력장치와 기억장치가 직접 데이터를 전송하는 방식

① 프로그램에 의한 입출력 방식

㉠ CPU가 직접 입출력에 대해서 제어를 하는 방식임

㉡ 상태 레지스터를 검사할 별도의 프로그램이 필요하고, 플래그를 검사한 결과에 따라서 읽기 또는 쓰기 명령에 의해 데이터를 전송함

㉢ CPU는 계속해서 플래그를 검사해야 하고 입출력 실행이 완료될 때까지 기다려야 하기 때문에 CPU 시간을 낭비하게 됨

㉣ 이 방식은 저속의 소형 컴퓨터에서 사용함

② 인터럽트에 의한 입출력 방식

㉠ CPU가 기다리는 문제를 해결할 수 있고, CPU가 반복해서 입출력장치의 상태를 검사할 필요가 없음

㉡ 상태 비트가 활성화되어 입출력장치가 인터럽트를 요청하면 현재 실행 중인 프로그램은 중단되고 입출력 전송을 시작하는 방식임

㉢ 인터럽트가 발생하면 복귀주소를 스택에 저장하고 서비스할 루틴으로 분기(branch)함

㉣ 서비스 루틴의 분기 주소는 벡터(vector) 인터럽트 방식과 비벡터(non-vector) 인터럽트 방식으로 분류함

③ DMA에 의한 입출력 방식

㉠ 인터럽트에 의한 방식이나 프로그램에 의한 입출력 방식은 CPU의 간섭을 요청하는 방식임

㉡ 이 경우 CPU가 입출력장치를 검사하고 서비스하는 속도에 의해 전송률이 제한되고 입출력 때문에 CPU의 시간을 낭비하게 됨

ⓒ DMA라는 하드웨어를 버스에 설치하고 입출력하는 동안에는 CPU로부터 모든 권한을 위임받는 방식임

ⓔ DMA가 CPU에게 버스 제어권을 요청하면 CPU는 현재 실행 중인 명령을 끝내고 주소 버스, 데이터 버스와 제어선을 활성화 상태로 만든 후에 DMA에게 버스 승인 신호를 보냄

ⓜ 그러면 DMA가 CPU의 개입 없이 기억장치와 직접 데이터를 전송하게 됨

제2절 버스 중재

- 프로세서와 DMA 컨트롤러 또는 두 개의 DMA 컨트롤러가 주기억장치에 액세스하려고 동시에 버스를 요청한 경우는 충돌(collision)이 발생할 수 있으므로, 이 문제를 해결하려면 버스에 대한 중재(arbitration) 절차가 필요함
- 주어진 시간에 버스에서 데이터 전송을 초기화할 수 있는 장치를 버스 마스터라고 함
- 현재 마스터가 버스 제어를 포기하면 다른 장치가 이 상태를 획득할 수 있는데, 버스 중재는 다음 장치가 버스 마스터로부터 버스에 대한 액세스를 얻도록 우선순위 시스템을 설정하여 다양한 장치의 요구를 고려하는 과정임
- 버스 중재 과정에서 사용되는 제어 신호선들의 연결 형태에 따라서 직렬(serial) 중재 방식과 병렬(parallel) 중재 방식으로도 구분할 수 있음

(1) 중앙집중식 중재 방식(centralized arbitration)

중앙집중식 중재 방식은 하나의 버스 중재기가 중재를 하는 방식으로, 이 방식에는 데이지 체인 방식, 폴링 방식과 독립 방식이 있음

① 데이지 체인 방식(daisy chain)

ⓐ 버스 중재기는 CPU일 수도 있고 또는 버스에 연결된 독립적인 장치일 수 있음

ⓑ DMA 컨트롤러는 버스 요청(BR)선을 활성화하여 버스 제어를 요청하고, 이에 대한 응답으로 CPU는 버스 승인(BG)선을 활성화하여 버스를 사용할 수 있음

ⓒ BG 신호는 데이지 체인 방식으로 모든 DMA 컨트롤러에 연결되고, 버스 사용 중(BB) 신호가 0이면 버스가 사용 중이라는 의미이고 BB 신호가 1이면 DMA 컨트롤러는 버스 제어권을 획득할 수 있음

ⓓ 이 방식은 동일한 버스 요청선, 버스 승인선, 버스 사용선을 사용하는 간단하고 경제적인 방식으로, 하나의 중재선이 모든 장치에 직렬로 연결되고 중재기에 가장 가까운 장치의 우선순위를 높게 할당하며, 데이지 체인 방식을 직렬 중재 방식이라고도 부름

ⓔ 데이지 체인 방식은 장치 중 하나에 장애가 발생하면 신호를 전송할 수 없는 단점이 있음

> ※ 버스의 제어권을 얻는 단계
> ① 모든 마스터는 동일한 버스 요청(BR : Bus Request)선을 사용함
> ② 버스 요청에 대해서 중재기(컨트롤러)는 버스가 사용 가능할 경우에 버스 승인(BG, Bus Grant) 신호를 해당 마스터로 보냄
> ③ 버스 승인(BG) 신호는 버스에 대한 액세스를 요청하는 첫 번째 신호를 만날 때까지 각 마스터를 통해 직렬로 전파되며, 신호를 만난 마스터는 BG 신호를 차단하고 버스선을 활성화하여 버스 제어권을 얻음
> ④ 따라서 다른 요청 모듈은 승인 신호를 받지 못하므로 버스 액세스를 얻을 수 없음
> ⑤ 해당 마스터가 버스 사용을 완료하고 버스 사용(BB : Bus Busy) 신호를 해제함

② 폴링 방식(polling)
  ㉠ 폴링 방식은 중재기가 마스터에게 버스 사용 여부를 주기적으로 체크하는 방식으로, 중재기와 마스터 간에 별도의 폴링 주소선이 있음
  ㉡ 필요한 주소선의 개수는 시스템에 연결된 마스터의 개수와 비례함
  ㉢ BR 신호에 대해서 중재기는 마스터의 주소를 순차적으로 생성하고, 요청한 마스터가 그의 주소를 인식하면 마스터에게 버스 사용을 할 것인지 체크함
  ㉣ 만일 해당 마스터가 버스를 사용한다고 하면 BR 신호를 발행하고, 버스 사용을 허가하는데, 이때 BB 신호도 함께 활성화됨
  ㉤ 만일 지정된 마스터가 버스 사용을 하지 않을 경우는 순차적으로 다음 마스터에게 우선순위가 넘어가는 방식임
  ㉥ 폴링 방식은 하드웨어 구성방식과 소프트웨어 구성방식이 있는데, 소프트웨어 방식은 하드웨어 방식보다 속도가 느린 단점이 있고, 하드웨어 방식은 폴링 순서의 우선순위를 변경하기 어려운 융통성의 문제가 있음
③ 독립 방식(independent)
  ㉠ 독립 방식은 중재기와 마스터 간에 별도의 독립된 버스 요청(BR)선, 버스 승인(BG)선을 갖고 있는데, 다만 버스 사용(BB)선은 중재기와 모든 마스터 간에 공통으로 사용함
  ㉡ 중재기 안에 있는 디코더가 가장 높은 우선순위를 선택하고 버스 승인 신호를 발생하면 해당 마스터는 버스를 사용할 수 있음

(2) 분산형 중재 방식(decentralized)
① 분산형 중재 방식은 버스 마스터가 별도의 중재기를 갖추고 있는 방식으로, 버스 중재 동작은 각 버스 마스터의 버스 중재기에 의해서 이루어짐
② 회로 구성이 간단하고 동작 속도가 빠르며, 버스 중재기에 장애가 발생해도 다른 중재기에 영향을 주지 않기 때문에 신뢰성이 우수하다는 장점이 있지만, 장애를 일으킨 중재기를 찾는 방법이 복잡하고 한 중재기의 장애가 전체 시스템에 영향을 줄 수도 있음

제3절 입출력장치의 제어

(1) 개요

① 입출력 구조는 컴퓨터의 크기와 컴퓨터에 연결된 주변장치에 의해서 결정됨

② 컴퓨터의 입출력 하위 시스템은 중앙 시스템과 외부와의 효율적인 통신 모드를 제공함

③ 컴퓨터의 직접적인 제어 하에 있는 장비들은 온라인으로 연결되어 있음

④ 이러한 장비들이 컴퓨터와 장애 없이 데이터를 주고받기 위해서는 서로의 특성을 파악하여 장애 없는 데이터 전송을 수행해야 함

⑤ 이러한 제반의 사항을 고려하여 컴퓨터는 입출력 장비와 기타 주변장치 간의 데이터나 신호 전송을 제어하고 적절한 동작을 실행할 수 있는 인터페이스(interface)가 필요함

⑥ I/O 인터페이스는 내부 저장장치와 외부의 I/O 장치 간의 정보 전송을 위한 방법을 제공함

(2) 입출력장치의 구성요소

① 입출력장치의 구성요소로는 키보드・마우스・모니터 등의 입출력장치, 입출력장치와 입출력 인터페이스 사이의 상호작용을 제어하는 입출력 제어장치, 포트라는 주소를 갖는 입출력장치 인터페이스, 마더 보드 내에 설치되어 중앙처리장치 기능을 갖는 입출력 제어기 등이 있음

② 입출력 인터페이스는 중앙처리장치와 입출력장치 간의 정보 전송을 담당함

③ 입출력장치는 기계적인 장치이기 때문에 전기/전자 장치인 컴퓨터와의 데이터 전송을 위해서는 이러한 차이를 제어할 장치가 필요한데, 인터페이스가 이런 기능을 담당함

④ I/O 인터페이스의 기능은 신호 변환, 동기 절차 및 제어, 데이터의 형식 변환 등임

⑤ 입출력 제어기(I/O controller)는 DMA 제어기, 입출력 프로세서(IOP), 채널 제어기 등이 대표적임

(3) 입출력장치 인터페이스의 목적

① 컴퓨터에 연결된 주변장치는 중앙처리장치와 연결하기 위한 특별한 통신 링크가 필요함

② 통신 링크의 목적은 중앙 컴퓨터와 주변장치 간에 존재하는 차이점을 해결하기 위해서임

③ 중요한 차이점은 신호변환, 동기화, 데이터 형식 변환과 CPU에 연결된 다른 주변 장치들의 동작 제어 등임

제4절 입출력장치의 주소지정

(1) 개요

① 입출력 버스는 데이터선, 주소선 및 제어선으로 구성됨

② 프로세서와 연결된 입출력 버스에는 모든 주변장치의 인터페이스들이 연결되어 있음

③ 어떤 장비와 통신을 하기 위해서는 프로세서가 주소선에 장비의 주소를 올려주어야 함

④ 각 인터페이스는 입출력 버스에서 받은 주소와 제어를 해독하고 주변장치의 제어장치(controller)로 신호를 보냄

⑤ 이 신호가 주변장치와 프로세서 간에 데이터 흐름을 동기화하고 전송을 관리함
⑥ 입출력 명령에는 제어 명령, 상태 명령, 출력 명령, 입력 명령이 있음

(2) 입출력 버스와 기억장치 버스

- 입출력장치와 통신하기 위해서는 CPU는 기억장치와도 통신을 해야 함
- 입출력 버스처럼 기억장치 버스도 데이터선, 주소선, 읽기/쓰기 제어선으로 구성됨
- 컴퓨터 버스가 기억장치, CPU와 통신하는 방법에는 세 가지가 있음

① 전용 프로세서(IOP)를 사용하는 방법
ㄱ 기억장치 사용을 위한 데이터 버스, 주소 버스, 제어 버스와는 별도로 입출력을 위한 전용 버스를 구성하는 방법임
ㄴ 컴퓨터가 별도의 입출력 프로세서(IOP : I/O Processor)를 제공하는 것으로, IOP의 목적은 외부장치와 내부 기억장치 간의 정보 전송을 위한 독립된 경로를 제공하는 것임
ㄷ DMA와의 차이점은 기억장치에 저장된 입출력 프로그램을 실행할 수 있는 기능이 있다는 것임
ㄹ 입출력 프로그램의 실행은 CPU 명령에 의해서 시작하고, 이 명령은 IOP 번호, 입출력장치 번호, 입출력 프로그램 주소 등을 포함하고 있음

② 분리형 입출력 방식
ㄱ 기억장치 전송과 입출력 전송을 위한 데이터와 주소 버스는 공통으로 사용하고 읽기와 쓰기를 위한 제어 버스만 분리하여 사용하는 방법임
ㄴ 입출력용 데이터 주소는 주소선에 배치하고 읽기와 쓰기 제어는 분리된 제어선에 설정함
ㄷ 기억장치와 입출력의 주소 공간을 분리(isolated)해서 사용하기 때문에 이러한 이름을 갖게 되었음
ㄹ 여기서 입출력을 위한 주소를 포트(port)라고 하며, 이 방식은 기억장치와 입출력장치들이 별도의 명령어를 사용함

③ 기억 사상 입출력 방식
ㄱ 기억 사상(memory mapped) 입출력 방식은 기억장치나 입출력장치를 위해 동일한 명령어를 사용함
ㄴ 하지만 일부의 기억장소가 입출력을 위해 할당해야 하기 때문에 기억장치의 주소 용량은 감소함

[분리형 입출력 방식과 기억 사상 입출력 방식의 비교]

분리형 입출력 방식	기억 사상 입출력 방식
기억장치와 입출력장치가 서로 다른 주소 공간을 가짐	동일한 주소 공간을 사용함
모드 주소는 기억장치에 의해서 사용됨	입출력 주소 공간 때문에 기억장치의 공간이 줄어듦
기억장치와 입출력장치를 위해 서로 다른 명령어를 사용함	동일한 명령어를 사용함
입출력 주소를 포트라고 부름	일반적인 기억장치 주소와 같음
별도의 버스를 사용하기 때문에 효율적임	효율성이 떨어짐
버스가 많기 때문에 크기가 커짐	크기가 작음
별도의 로직 때문에 복잡함	로직이 간단함

제5절 입출력 방식의 종류

(1) 인터럽트를 이용하지 않는 방식

① 프로그램 입출력 방식은 인터럽트를 사용하지 않고 드라이버 소프트웨어 제어 하에 CPU가 장치의 레지스터 또는 메모리에 액세스하기 위해 시작하는 데이터 전송을 의미함

② CPU의 속도가 입출력장치보다 빨라서 생기는 프로그램 입출력 방식의 문제는 CPU가 데이터의 수신 또는 전송을 위해 준비된 입출력장치에 대해 오랜 시간 동안 대기해야 한다는 것임

④ CPU는 대기하는 동안 입출력 모듈의 상태를 반복적으로 확인해야 하며, 이 프로세스를 폴링 (polling)이라고 함

⑤ 입출력장치의 속도가 적당한 범위에 있고, CPU가 신호 비트를 읽고 쓰는 속도가 너무 빠르지 않고, CPU가 해당 활동을 기다리는 데 너무 느린 것도 아닌 경우에는 프로그램 입출력 방식을 사용해도 무관함

⑥ 프로그램 입출력 방식의 가장 큰 단점은 CPU가 프로그램이 실행될 때마다 항상 장치를 모니터링해야 한다는 것이며, CPU는 입출력장치가 데이터 전송 준비가 되었음을 나타낼 때까지 프로그램 루프 상태를 유지해야 함

⑦ 이것은 시간이 많이 소요되는 프로세스이며, CPU 시간을 소비하는 요인이 되고, 결과적으로 전체 시스템의 성능 수준이 심각하게 저하될 수밖에 없음

⑧ 이 문제를 제거하기 위해 인터럽트 방식과 DMA 방식을 사용함

(2) 인터럽트를 이용하는 방식

- 인터럽트 기능은 입출력 인터페이스 장치가 데이터 전송이 필요할 때 CPU에게 요청하는 방식이기 때문에 CPU는 항상 플래그를 체크할 필요가 없어 이로 인한 CPU의 시간 낭비를 없앨 수 있으며, 그동안 CPU는 다른 프로그램을 실행할 수 있음
- 인터페이스 장치가 데이터 전송 준비가 되었다고 판단하면 인터럽트 요청을 생성하여 CPU로 보내고, CPU는 이러한 신호를 받으면 일시적으로 프로그램 실행을 중단하고 서비스 프로그램으로 분기하여 입출력 전송을 처리하고 완료한 후에 다시 원래대로 수행한 작업으로 복귀하여 중단했던 프로그램을 수행함
- 여러 종류의 인터럽트가 동시에 발생할 경우에는 (i) 정전/전원 이상 인터럽트, (ii) 출력장치 인터럽트, (iii) 내부 인터럽트, (iv) 소프트웨어 인터럽트의 순서대로 인터럽트가 처리됨
- 인터럽트를 이용하는 방식에는 폴링 방식과 데이지 체인 방식이 있음

① **폴링 방식**

㉠ 폴링(polling) 방식은 소프트웨어적인 방식으로, CPU가 사용 가능한 데이터가 있거나 데이터를 수락할 입출력장치가 있는지를 지속적으로 확인하는 방식임

㉡ 인터럽트가 발생하면 우선순위에 따라서 각 장치를 순차적으로 검사하여 해당하는 서비스 루틴을 실행함

② **직렬 우선순위 인터럽트 방식**

　㉠ 폴링 방식의 단점은 하드웨어 우선순위(priority) 방식을 사용하여 보완할 수 있음

　㉡ 인터럽트 요청장비의 동작 속도를 빠르게 하기 위하여 각 장비는 인터럽트 벡터를 가지고 있음

　㉢ 폴링이 필요 없고, 모든 결정은 하드웨어 우선순위 인터럽트 장치에 의해서 결정됨

　㉣ 인터럽트 선은 직렬 또는 병렬로 구성할 수 있음

　㉤ 데이지 체인(daisy chain) 방식은 인터럽트 회선을 직렬로 연결하여 우선순위를 결정하고, 인터럽트 신호를 CPU에 전달하는 방식이며, 우선순위가 높은 장치를 먼저 배열함

③ **병렬 우선순위 인터럽트 방식**

　㉠ 병렬 우선순위 인터럽트 방식은 인터럽트 레지스터를 사용하여 레지스터 비트의 위치에 따라서 우선순위가 결정되는 방식임

　㉡ 마스크 레지스터는 우선순위가 낮은 장치가 서비스될 때라도 우선순위가 높은 장치가 인터럽트를 요구할 수 있도록 하거나 우선순위가 높은 장치가 처리될 때는 모든 우선순위가 낮은 장치를 사용하지 않도록 설정하는 데 사용함

　㉢ 해당 인터럽트 비트와 마스크 비트가 AND 연산되어 우선순위 인코더에 적용되며, 우선순위 인코더는 2비트의 벡터 주소를 생성함

　㉣ 다른 출력은 인터럽트 상태 플립플롭(IST)을 설정함

(3) DMA를 이용한 입출력 방식

① **개요**

　㉠ 인터럽트에 의한 입출력 방식은 프로그램에 의한 입출력 방식보다 효율적이기는 하지만, CPU가 직접 입출력장치를 체크하고 서비스하는 속도 때문에 CPU의 시간이 낭비되는 문제를 안고 있음

　㉡ DMA(Direct Memory Access)를 이용한 입출력 방식은 입출력장치와 기억장치가 직접 데이터를 전송하도록 하여 전송속도를 개선하고 CPU를 효율적으로 사용할 수 있는 기법으로, 기억장치와 입출력장치가 직접 전송을 실행하므로 직접 메모리 제어 방식이라고도 함

　㉢ DMA가 데이터를 전송하는 동안 CPU는 기억장치의 제어로부터 자유롭게 되고, DMA 제어기가 직접 입출력장치와 기억장치 간의 데이터 전송을 관리함

　㉣ 마이크로프로세서에서 일반적으로 사용하는 방법으로 버스 요청(BR : Bus Request)과 버스 승인(BG : Bus Grant)의 두 가지 특별한 제어 신호를 통해서 버스를 제어할 수 있음

　㉤ DMA 전송에는 데이터가 한 블록씩 연속적으로 전송되는 대량전송(burst transfer)과 한 번에 한 워드씩만 데이터를 전송하는 사이클 스틸링(cycle stealing)이 있음

> ※ **DMA 전송 실행과정**
> ① CPU는 주소와 데이터 버스를 통해서 DMA 통신을 함
> ② 그 자신의 주소를 가지고 있는 DMA는 DS와 RS선을 활성화함
> ③ CPU는 데이터 버스를 통해 DMA를 초기화하고 DMA가 시작 신호 명령을 받는 즉시, 입출력장치와 기억장치 간의 전송을 시작하게 됨
> ④ BG = 0이면 RD와 WR은 DMA 레지스터와 통신할 수 있는 입력선이 되고, BG = 1이면 RD와 WR은 DMA 제어기에서 기억장치에 읽거나 쓰기 위한 출력선이 됨

② DMA의 초기화 내용

㉠ CPU는 DMA 레지스터 주소가 포함된 입출력 명령으로 다음과 같이 DMA 제어기의 관련 레지스터를 초기화함

> • 입출력할 기억장치 블록의 시작 주소를 담고 있는 주소 레지스터
> • 기억장치 블록의 워드 개수를 표시하는 워드 카운트 레지스터
> • 읽기나 쓰기와 같은 전송 모드를 지정하는 제어 레지스터
> • DMA 전송 시작 신호

㉡ DMA가 초기화되면 인터럽트가 발생하거나 전송된 워드 수를 검사하는 경우를 제외하고는 CPU 와 DMA 간의 통신은 중단됨

(4) 채널에 의한 입출력 방식

① 개요

㉠ 입출력 프로세서(IOP)라고도 불리는 채널(channel)에 의한 입출력 방식은 입출력 동작만을 위해서 설계되었다는 점을 제외하면 CPU와 유사함

㉡ CPU에 의해서 초기화되는 DMA와는 달리, IOP는 스스로 명령어를 인출하고 실행할 수 있음

㉢ IOP 명령어는 입출력 동작만을 위해서 특별하게 설계되었음

② 채널의 종류

㉠ 한 번에 하나의 입출력 동작을 처리하며 고속장치에서 사용하는 셀렉트 채널, 한 번에 한 바이트 씩 전송하고, 동시에 여러 대의 저속 입출력장치를 시분할하여 처리하는 멀티플렉서 채널, 셀렉트 채널과 멀티플렉서 채널을 혼합한 방식으로 블록 단위로 전송하고 다수의 고속장치를 지원하는 블록 멀티플렉서 채널이 있음

㉡ 전송속도는 '셀렉트 채널 〉 블록 멀티플렉서 채널 〉 멀티플렉서 채널'의 순으로, 셀렉트 채널이 가장 빠름

제10장 | 컴퓨터 구조의 경향

제1절 컴퓨터 성능 평가

(1) 컴퓨터의 성능 향상, 성능 비교, 연산속도 측정, 성능 예측, 기대하는 바에 대한 성능 달성 여부의 검증, 시스템의 조율 등의 평가에 사용되는 항목에는 정량적 평가항목과 정성적 평가항목이 있음

(2) 단위 시간당 처리량, 응답시간, 벤치마크 등은 정량적 평가항목이고, 시스템의 신뢰성, 사용 가능성 등은 추상적이며 정성적 평가항목임

제2절 병렬 컴퓨터

(1) 병렬 컴퓨터의 분류

명령어가 처리하는 데이터의 수에 따라 분류하는 플린(Flynn)의 방식과 병렬 수행의 정도에 따라 컴퓨터를 구분하는 팽(Feng)의 분류가 있음

① 플린의 분류

플린은 컴퓨터 구조를 명령어 스트림과 데이터 스트림의 수에 따라서 컴퓨터 시스템을 4가지로 분류함

[플린의 분류표]

	단일 명령어	다중 명령어
단일 데이터	SISD	MISD
다중 데이터	SIMD	MIMD

SISD	• 한 개의 제어장치, 처리장치, 기억장치를 갖는 구조로 일반적인 직렬 컴퓨터 구조 • 명령어 실행 과정은 파이프라이닝이 되어 있음 • 단일 프로세서로 현재 가장 많이 사용하고 있는 일반적인 컴퓨터의 구조
SIMD	• 여러 개의 처리장치(프로세서)가 하나의 제어장치에 연결되고 각 처리장치는 독립된 기억장치 또는 공통의 기억장치로 구성할 수 있음 • 배열 프로세서(array processor)는 대표적인 SIMD 구조임
MISD	• 여러 개의 프로세서가 하나의 데이터 스트림을 처리하는 구조 • 프로세서가 파이프라인으로 연결되어 한 프로세서의 처리 결과가 다음 프로세서의 입력으로 전달됨 • 현실성이 없어 실생활에서는 거의 사용하지는 않음
MIMD	• 다수의 프로세서가 서로 다른 명령어와 데이터를 처리함 • 분산시스템은 MIMD 구조를 갖추고 있음 • 기억장치는 공유메모리 또는 분산 메모리 구조를 모두 사용함 • 대부분의 다중 프로세서 시스템과 다중 컴퓨터 시스템이 MIMD 구조에 속함 • MIMD 시스템은 프로세서 간의 상호작용 정도에 따라서 밀결합 시스템과 소결합 시스템으로 구분됨

② 팽의 분류

팽(Feng)은 병렬 수행 정도에 따라 컴퓨터의 구조를 4가지로 분류함

워드순차 비트순차(WSBS)	한 워드 내의 비트가 한 비트씩 순차적으로 처리되는 방식으로 초기 컴퓨터의 방식
워드순차 비트병렬(WSBP)	한 번에 한 워드씩 처리하는 방식으로 가장 많이 사용하는 방식
워드병렬 비트순차(WPBS)	비트 슬라이스 방식이라고도 하며, 여러 개의 워드를 묶어서 그중에서 1개의 비트를 순차적으로 처리하는 방식
워드병렬 비트병렬(WPBP)	n × m 배열의 비트가 한 번에 처리되는 방식으로, 최대 병렬 처리가 가능

(2) 배열 프로세서와 다중 프로세서

배열 프로세서 (array processor)	• 배열 프로세서는 벡터나 행렬 연산을 빠르고 효율적으로 실행하도록 구성되었고, SIMD 조직에 해당함 • 공간적 병렬성을 실현하기 위해 한 컴퓨터 내에 여러 대의 동기화된 처리장치들이 배열 형태로 구성되어 있음 • 프로그램 실행은 배열 처리기에서 하고, 프로그램은 제어처리기의 제어기억장치에 기억하며 상호연결망에 의해 데이터를 주고받음
다중 프로세서 (multi processor)	• 다중 프로세서는 시스템상의 여러 처리기에 각각의 독립적인 작업을 할당하고 두 개 이상의 처리기를 동시에 실행할 수 있도록 한 시스템을 말함 • 하드웨어 시스템의 구성은 기억장치와 처리기 간 또는 기억장치와 입출력 채널 간의 상호연결구조에 의해서 결정됨 • 전체 시스템은 하나의 운영체제에 의해서 제어됨

(3) 상호연결망(interconnection network)

동적 상호연결망	• 모든 형태의 통신이 가능하고 범용 시스템 구축에 적합하지만, 스위치와 중계기 등 별도의 하드웨어가 필요함 • 오메가 네트워크와 델타 네트워크가 있음
정적 상호연결망	• 연결구조가 고정되어 변경할 수 없지만, 통신 경로를 예측할 수 있음 • 1차원 구조 : 선형(line) • 2차원 구조 : 성형, 원형, 트리, 메시와 토러스 • 3차원 구조 : 완전연결, 코달 원형, 큐브

제3절 클러스터링 컴퓨터

(1) 개요

① 컴퓨터 클러스터(computer cluster) 또는 클러스터 컴퓨터는 여러 대의 컴퓨터들이 연결되어 하나의 시스템처럼 동작하는 컴퓨터들의 집합을 말함
② 클러스터의 구성요소들은 일반적으로 고속의 근거리 통신망으로 연결되며, 서버로 사용되는 노드에는 각각의 운영체제가 실행됨
③ 클러스터는 일반적으로 단일 컴퓨터보다 더 뛰어난 성능과 안정성을 제공하며, 비슷한 성능과 안정성을 제공하는 단일 컴퓨터보다 비용 면에서 훨씬 더 효율적임

(2) 클러스터의 중요 기능

시스템 관리, 즉, 노드 관리 외에도 작업 스케줄링, 노드 장애 관리 기능 등이 중요한 기능임

가장 큰 영광은 한 번도 실패하지 않음이 아니라
실패할 때마다 다시 일어서는 데에 있다.

– 공자 –

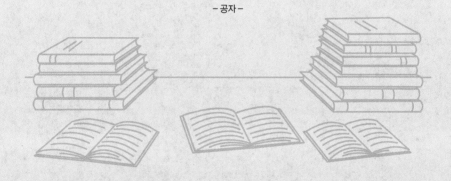

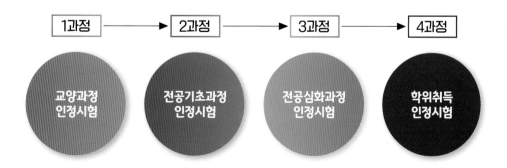

독학사 2단계 컴퓨터공학과

컴퓨터구조 핵심요약집

한번에

Pass!

독학사 컴퓨터공학과 2~4과정 교재 시리즈

독학학위제 공식 평가영역을 100% 반영한 이론과 문제로 구성된 완벽한 최신 기본서 라인업!

START

2과정

▶ 전공 기본서 [6종]
- 논리회로
- C프로그래밍
- 자료구조
- 컴퓨터구조
- 운영체제
- 이산수학

▶ 6과목 벼락치기
논리회로 + C프로그래밍 + 자료구조 +
컴퓨터구조 + 운영체제 + 이산수학

3과정

▶ 전공 기본서 [6종]
- 인공지능
- 컴퓨터네트워크
- 임베디드시스템
- 소프트웨어공학
- 프로그래밍언어론
- 정보보호

4과정

▶ 전공 기본서 [4종]
- 알고리즘
- 통합컴퓨터시스템
- 통합프로그래밍
- 데이터베이스

GOAL!

※ 표지 이미지 및 구성은 변경될 수 있습니다.

➕ **독학사 전문컨설턴트가 개인별 맞춤형 학습플랜을 제공해 드립니다.**

시대에듀 홈페이지 **www.sdedu.co.kr** 상담문의 **1600-3600** 평일 9~18시 / 토요일·공휴일 휴무

나는 이렇게
합격했다

당신의 합격 스토리를 들려주세요
추첨을 통해 선물을 드립니다

베스트 리뷰
갤럭시탭 / 버즈 2

상/하반기 추천 리뷰
상품권 / 스벅커피

인터뷰 참여
백화점 상품권

이벤트 참여방법

합격수기

| 시대에듀와 함께한 도서 or 강의 **선택** | ▷ | 나만의 합격 노하우 정성껏 **작성** | ▷ | 상반기/하반기 추첨을 통해 **선물 증정** |

인터뷰

| 시대에듀와 함께한 강의 **선택** | ▷ | 합격증명서 or 자격증 사본 **첨부**, 간단한 소개 작성 | ▷ | 인터뷰 완료 후 **백화점 상품권 증정** |

이벤트 참여방법
다음 합격의 주인공은 바로 여러분입니다!

QR코드 스캔하고 ▷ ▷ ▶
이벤트 참여하여 푸짐한 경품받자!

합격의 공식
시대에듀